이 책의 한국어판 저작권은 EYA(Eric Yang Agency)를 통해 케임브리지대학교 출판부(Cambridge University Press)와 독점계약한 (주)소와당에 있습니다. 저작권법에 의하여 보호를 받는 저작물이므로 무단전재와 복제를 금합니다.

Korean translation copyright © 2021 by SOWADANG
Korean translation rights arranged with Cambridge University Press through EYA(Eric Yang Agency)

CAMBRIDGE WORLD HISTORY: Volume VII(PART 1)
Copyright © Cambridge University Press 2015

케임브리지 세계사
Cambridge World History
15

생산, 파괴, 접속 1
세계 경제와 질병

존 로버트 맥닐·케네스 포메란츠 편집 / 류충기 옮김

기원후 1750년 – 현대

Cambridge World History
VOL. VII Part 1 Ch.1-10

소와당

케임브리지 세계사 시리즈 소개

케임브리지 세계사 시리즈는 활발한 연구가 펼쳐지고 있는 세계사 분야를 새롭게 개괄하는 권위 있는 개론이다. 세계사 및 지구사의 최근 연구 경향을 반영함으로써 포괄하는 시간적 범위를 확대했으며, 문헌 기록 이후의 역사뿐 아니라 인류의 전체 역사를 대상으로 했다. 국제적으로 다양한 분과 학문에서 선도적인 연구 업적을 내는 필자들을 섭외했고, 200명 이상의 저자들이 참여하여 오늘날까지 인류의 과거를 종합적으로 설명했다. 세계사는 다양한 방법론을 통해, 그리고 다양한 시공간적 범위에서 검토되어야 한다는 인식이 성장하고 있음을 감안하여, 시리즈의 각 권에서는 지역별 연구, 주제별 연구, 비교 연구의 성과를 수록했으며, 사례 연구를 더하여 넓은 시각의 연구를 깊이 있게 들여다볼 수 있도록 기획했다. 바로 이런 점이 케임브리지 세계사 시리즈의 특징이라 하겠다.

시리즈 편집 총괄
메리 위스너-행크스(Merry E. Wiesner-Hanks)
- Department of History, University of Wisconsin-Milwaukee

편집위원회
그레이엄 바커(Graeme Barker)
- Department of Archaeology, Cambridge University

크레이그 벤저민(Craig Benjamin)

- Department of History, Grand Valley State University

제리 벤틀리(Jerry Bentley)

- Department of History, University of Hawaii

데이비드 크리스천(David Christian)

- Department of Modern History, Macquarie University

로스 던(Ross Dunn)

- Department of History, San Diego State University

캔디스 가우처(Candice Goucher)

- Department of History, Washington State University

마니 휴스-워링턴(Marnie Hughes-Warrington)

- Department of Modern History, Monash University

앨런 캐러스(Alan Karras)

- International and Area Studies Program, University of California, Berkeley

베냐민 케다르(Benjamin Z. Kedar)

- Department of History, Hebrew University

존 맥닐(John R. McNeill)

- School of Foreign Service and Department of History, Georgetown University

케네스 포메란츠(Kenneth Pomeranz)

- Department of History, University of Chicago

베린 셰퍼드(Verene Shepherd)

- Department of History, University of the West Indies

산자이 수브라마니암(Sanjay Subrahmanyam)
- Department of History, UCLA and Collège de France

스기하라 가오루(杉原 薫)
- Department of Economics, Kyoto University

마르설 판 데르 린던(Marcel van der Linden)
- International Institute of Social History, Amsterdam

에드워드 왕(Q. Edward Wang)
- Department of History, Rowan University

노먼 요피(Norman Yoffee)
- Departments of Near Eastern Studies and Anthropology, University of Michigan; Institute for the Study of the Ancient World, New York University

한국어판 영어판 분권 대조표

케임브리지 세계사 시리즈 영어판은 7권 9책으로 구성되어 있지만, 번역본 한국어판은 18권으로 출간한다. 그 이유는 분량 때문이다. 분량이 워낙 많은 데다 번역하는 과정에서 페이지 수가 더욱 늘어나 때로는 1000페이지가 넘는 경우가 생기므로, 부득이 영어판 각 1권을 한국어판 2권으로 나눴다. 다만 세계사 서술에서는 시대구분 문제가 중요한 주제 중 하나이며, 영어판의 구성 자체가 시리즈 기획자들의 의도를 담고 있으므로, 페이지 분량 문제로 한국어판에서 부득이 분권을 하더라도 영어판의 구성을 최대한 존중하고자 했다. 그리하여 각 권의 표지에서 영어판의 분권 체제를 명시했으며, 또한 아래와 같이 한국어판과 영어판의 분권 구성과 시대구분을 정리했다. — 옮긴이

영어판		한국어판
Cambridge World History Vol. I (to 10,000 BCE)	Part 1	케임브리지 세계사 01
	Part 2	케임브리지 세계사 02
Cambridge World History Vol. II (12,000 BCE~500 CE)	Ch.1~7	케임브리지 세계사 03
	Ch. 8~23	케임브리지 세계사 04
Cambridge World History Vol. III (4000 BCE~1200 CE)	Part 1~3	케임브리지 세계사 05
	Part 4~6	케임브리지 세계사 06
Cambridge World History Vol. IV (1200 BCE~900 CE)	Part 1	케임브리지 세계사 07
	Part 2	케임브리지 세계사 08

영어판		한국어판
Cambridge World History Vol. V (500~1500 CE)	Part 1~3	케임브리지 세계사 09
	Part 4~5	케임브리지 세계사 10
Cambridge World History Vol. VI (1400~1800 CE)	Part I Ch. 1~10	케임브리지 세계사 11
	Part I Ch. 11~18	케임브리지 세계사 12
	Part II Ch. 1~12	케임브리지 세계사 13
	Part II Ch. 13~18	케임브리지 세계사 14
Cambridge World History Vol. VII (1750~Present)	Part I Ch. 1~10	케임브리지 세계사 15
	Part I Ch. 11~23	케임브리지 세계사 16
	Part II Ch. 1~11	케임브리지 세계사 17
	Part II Ch. 12~21	케임브리지 세계사 18

케임브리지 세계사 VOL. Ⅶ 소개

1750년 이후 세계는 점점 더 긴밀하게 연결되기 시작했다. 생산과 파괴의 과정은 이제 육지나 바다의 교통과 통신 수단에만 국한되지 않았다. 《케임브리지 세계사》 VOL. 7(한국어판 15~18권)은 갈수록 밀접해지는 인류의 역사를 다양한 시각에서 조명한다. 제15~16권은 현대 세계가 만들어진 구조와 공간, 그리고 그 과정들을 다룬다. 여기에는 환경, 에너지, 기술, 인구, 질병, 법률, 산업화, 제국주의, 탈식민화, 민족주의, 사회주의뿐 아니라 주요 지역의 역사까지 폭넓게 포함된다. 제17~18권은 현대 세계의 변화가 과연 얼마나 전 세계적으로 공유되었는지 질문을 던진다. 이를 위해 도시화, 인구 이동(이주), 가족과 성(性)의 변화 같은 사회적 현상을 살펴본다. 또한 종교, 과학, 음악, 스포츠 등 다양한 문화적 교류도 중점적으로 다룬다. 세계화의 핵심 요소인 고무, 약물, 자동차 등과 같은 상품들에 대해서도 논의하며, 대서양 혁명에서 1989년에 이르는 중요한 역사적 사건들도 함께 다룬다.

책임 편집 / 존 로버트 맥닐(J. R. McNeill)

조지타운(Georgetown) 대학교 역사학 교수. 주요 저서로는 *The Atlantic Empires of France and Spain, 1700-1763* (UNC Press, 1985), *The Mountains of the Mediterranean World* (Cambridge University Press, 1992), *Something New Under the Sun: An Environmental History of the Twentieth-century World* (Norton & Company, 2000), *The Human Web: A Bird's-eye View of World History* (Norton & Company, 2003), *Mosquito Empires: Ecology and War in the Greater Caribbean, 1620-1914* (Cambridge University Press, 2010) 등이 있다.

책임 편집 / 케네스 포메란츠(Kenneth Pomeranz)

시카고(Chicago) 대학교 역사학 교수. 주요 저서로는 *The Great Divergence: China, Europe, and the Making of the Modern World Economy* (Princeton University Press, 2000), *The Making of a Hinterland: State, Society and Economy in Inland North China, 1853-1937* (University of California Press, 1993), *The World That Trade Created: Society, Culture, and the World Economy, 1400 to the Present* (공저, Routledge, 2012) 등이 있다.

15권 저자 목록

케네스 포메란츠(Kenneth Pomeranz). University of Chicago.
존 맥닐(John R. McNeill). Georgetown University.
조반니 페데리코(Giovanni Federico). European University Institute.

스기하라 가오루(杉原 薫, Kaoru Sugihara). 政策研究大学院大学.

폴 조지프슨(Paul Josephson). Colby College.

바츨라프 스밀(Vaclav Smil). University of Manitoba.

마시모 리비-바치(Massimo Livi-Bacci). University of Florence.

앨리슨 배쉬포드(Alison Bashford). University of Cambridge.

마크 해리슨(Mark Harrison). University of Oxford.

에레즈 마넬라(Erez Manela). Harvard University.

16권 저자 목록

앤서니 클라크 아렌드(Anthony Clark Arend). Georgetown University.

아빌 로쉬월드(Aviel Roshwald). Georgetown University.

다니엘 킨지(Danielle Kinsey). Carleton University.

왕국빈(王國斌, R. Bin Wong). University of California, Los Angeles.

프라센짓 두아라(Prasenjit Duara). National University of Singapore.

마크 레빈(Mark Levene). University of Southampton.

로버트 스트레이어(Robert Strayer). California State University, Monterey Bay.

존 오버트 볼(John Obert Voll). Georgetown University.

마크 셀던(Mark Selden). Cornell University.

줄리 찰립(Julie A. Charlip). Whitman College.

프레드릭 쿠퍼(Frederick Cooper). New York University.

이안 티럴(Ian Tyrrell). University of New South Wales.

라이오넬 프로스트(Lionel Frost). Monash University.

케임브리지 세계사 시리즈 서문

케임브리지 역사 시리즈는 오래전부터 역사학의 특정 주제를 선정하여 권위 있는 개론을 제공해왔다. 전문가들이 각 장별로 집필을 맡아서 여러 권으로 구성된 시리즈를 제작하는 방식이었다. 이런 방식으로 만들어진 첫 번째 시리즈는 〈케임브리지 근대사〉였다. 액턴 경(Lord Acton)이 기획을 맡았는데, 그가 사망한 직후 1902년부터 1912년까지 14권으로 출간되었다. 이는 이후 시리즈 구성의 모범이 되었다. 후속 시리즈로는 7권으로 구성된 〈케임브리지 중세사〉(1911~1936), 12권으로 구성된 〈케임브리지 고대사〉(1924~1939), 13권으로 구성된 〈케임브리지 중국사〉(1978~2009) 등이 있었다. 이외에도 국가별, 종교별, 지역별, 사건별, 주제별, 장르별로 전문화된 시리즈가 있었다. 이러한 시리즈들은 〈케임브리지 중국사〉가 표방했듯이 해당 주제에 대해서 영어로 된 "가장 방대하고 가장 종합적인" 역사서였고, 〈케임브리지 정치사상사〉가 주장했듯이 해당 분야의 "주요 주제를 모두" 포괄하고자 했다.

〈케임브리지 세계사〉 시리즈는 위대한 선배들의 업적을 본받았지만 동시에 차이도 있다. "가장 방대하고 가장 종합적인" 세계사 시리즈로서 "주요 주제를 모두" 포괄하려면 적어도 300권 규모가 필요할 것이다(시간은 100년쯤 걸리지 않을까?). 그 대신 이번 시리즈는 세계사 중에서 활발히 논의되는 분야를 개괄하고자 했고, 전체는 7권(volume) 9책(book)으로 구성되었다. 시간 범위는 문자 기록이 발달한 이후로 한정하지 않고 인류의 역사 전체를 포괄했다. 이러한 범위 설정은 최근 세계사 연구 경향을 반영한 것이다. 이처럼 폭넓게 시간 범위를 설정하면 고고학과 역사학의 경계가 모호해지고, 인류의 과거를 밝혀내기 위해 두 학문이 서로 보충적 관계에 놓이게 된다. 그래서 시리즈 각 권의 책임 편집에는 역사학자뿐만 아니라 고고학자도 참여했다. 이들은 미국, 영국, 프랑스, 오스트레일리아, 이스라엘 등지의 대학교에 재직하는 학자다. 또한 저자들의 연구 분야 역시 지역 범위 못지않게 폭이 넓다. 역사학, 미술사, 인류학, 고전학, 고고학, 경제학, 언어학, 사회학, 생물학, 지리학, 지역학 전문가가 참여했다. 이들은 오스트레일리아, 영국, 캐나다, 중국, 에스토니아, 프랑스, 독일, 인도, 이스라엘, 이탈리아, 일본, 네덜란드, 뉴질랜드, 폴란드, 포르투갈, 스웨덴, 스위스, 싱가포르, 미국 등지의 대학교에 재직하는 학자다. 연구를 통해 세계사 분야를 형성하는 데 기여한 원로 학자도 포함되어 있으며, 중견 및 소장 학자는 앞으로 세계사 분야를 만들어갈 사람들이다. 저자들 중 일부는 독립된 학문 분과이자 교육 분과로서의 세계사를 구축하는 데 긴밀한 노력을 기울였다. 학계에서는 이들의 활동을 지구사(global history), 초국사(transnational history), 국제사(international history), 비교사(comparative history) 등으로 일컬었다. (이들 분야는 서로 겹치거나 얽혀 있고 때로는 경쟁 관계에 놓여 있다. VOL.I 에 이 분야의 발전을 추적하는 글이 몇 편 수록되었다.) 대부분의 저자는 자기 분야의 전문가일 뿐이라고 생각하지만, 편집자들이 보기에는 폭넓은 대중에게 해당 분야를 가장 잘 설명할 수 있는 전문가, 혹은 자신에게 익숙한 영역을 넘어 새로운 영역으로 나아갈 수 있는 학자다.

세계사에 접근하는 길은 여러 갈래가 있고, 시공간적 범위를 다양하게 설정해야 한다는 인식이 날로 심화되고 있다. 이를 반영해서 각 권에는 다양한 분야의 글이 수록되었다. 지역 연구, 주제 연구, 비교 연구뿐만 아니라 사례 연구도 포함되었다. 사례 연구는 세계사 특유의 폭넓은 시야에 깊이를 부여해줄 것이다.

VOL. I(한국어판 01~02권)에서는 핵심적인 분석의 틀을 소개한다. 시대를 관통하는 세계사를 어떻게 서술할 것인지, 가장 중요한 접근 방법과 주제는 무엇인지 등에 대한 내용이다. 그리고 인류 역사의 95퍼센트를 차지하는 구석기 시대부터 기원전 1만 년까지를 다룬다. 이후로 각 권이 포괄하는 시간 범위는 갈수록 줄어들 것이며, 각 권별로 시간 범위가 다소 겹칠 수도 있다. 여기에는 복잡한 시대구분 문제가 반영되어 있다. 진정으로 글로벌한 역사를 다루려면 시대구분 문제가 복잡할 수밖에 없다. 편집자들은 겹치는 시간 범위를 억지로 조정하지 않았고, (예컨대 고전기, 근대 등의) 전통적 시대구분에 얽매이지 않았다. 이는 기존의 시대구분에 도전하고자 하는 의미도 있다. 또한 각 권별로 시간 범위를 조금씩 겹치게 함으로써 다양한 지역 간의 고립과 불균형, 서로가 서로에게 영향을 미치는 방식을 강조할 수 있었다. 각 권은 고유의 주제, 혹은 일정한 범위 내의 주제에 집중한다. 주제 선정은 편집자들이 맡았는데, 각 권에서 포괄하는 시대의 핵심인 동시에 세계사 전체를 이해하는 데 기본이 되는 주제들이 선정되었다.

VOL. II(한국어판 03~04권) "농업과 세계사(1만 2000 BCE~500 CE)"는 신석기 시대 이전부터 시작해서 이후 농업의 기원과 세계 여러 지역의 농경 공동체를 살펴본다. 더불어 유목 경제와 사냥·어로·채집 경제 관련 이슈들도 검토한다. 농업을 통해 형성된 더욱 복합적인 사회 구조 및 문화 양식의 공통점을 추적하고, 세계 여러 지역을 개관하며, 해당 지역의 사례 연구를 제시한다.

VOL. Ⅲ(한국어판 05~06권) "고대의 도시들(4000 BCE~1200 CE)"은 초기 도시에 초점을 맞춘다. 도시는 인류 사회 변화의 원동력이었다. 도시 및 공통 이슈 비교 연구를 통해 행정 및 정보 기술의 탄생과 전승, 의례, 권력의 분배, 도시와 그 배후지의 관계를 추적한다. 세계 여러 지역을 대상으로 도시의 발전과 일부 도시가 제국의 수도로 전환되는 과정을 살펴보기 때문에, VOL. Ⅲ이 포괄하는 시간 범위는 매우 폭넓다.

VOL. Ⅳ(한국어판 07~08권) "제국과 네트워크(1200 BCE~900 CE)"는 대규모 정치 단위와 상호 교환 네트워크가 형성되는 과정을 분석한다. 여기에는 "고대 문명"이라고 일컬어지던 내용이 포함된다. 그러나 세계의 다른 지역까지 포함하다 보니 시간 범위가 더 넓어졌다. 노예, 종교, 과학, 예술, 성차별에 대한 장을 포함해 사회·경제·문화·정치·기술 발전의 공통점을 분석한다. 또한 지역별 개관을 제시하는데, 지역별로 한두 군데 사례 연구도 포함되어 있다. 이는 해당 지역을 보다 깊이 있게 들여다보도록 하기 위함이다.

VOL. Ⅴ(한국어판 09~10권) "교역과 분쟁(500~1500 CE)"은 당시 1000년 동안 특징적으로 나타났던 무역 네트워크 및 문화 교류의 확장을 조명한다. 여기에는 경전 중심 종교의 확장과 과학, 철학, 기술의 전파도 포함된다. 사회 구조, 문화 제도, 환경, 전쟁, 교육, 가족, 법정 문화 같은 의미 있는 주제들이 전 지구적 차원 혹은 유라시아 차원에서 논의된다. 그리고 아시아, 아프리카, 유럽, 아메리카의 정치 및 제국 연구에서는 VOL. IV에서 시작된 국가 형성에 관한 논의가 계속 이어진다.

이상 VOL. I~V는 모두 각 1책(book)이다. 그러나 VOL. VI~VII은 각 2책이다. 기존의 시대구분으로 보면 근현대에 해당하는 부분이다. 최근 500년에 해당하는 이 시대의 특징은 갈수록 복잡해졌다는 데 있다. 전례 없는 세계화가 진행되었기 때문이다. 뿐만 아니라 그리 멀지 않은 과거이기 때문에 자료도 풍부하고 연구 성과도 많이 남아 있다.

VOL. VI(한국어판 11~14권) "세계화의 시대(1400~1800 CE)"는 갈수록 확대되는 생물학적·상업적·문화적 교류를 추적하고, 정치·문화·지성의 발달을 살펴본다.

VOL. VI 제1책(한국어판 11~12권)은 갈수록 상호 의존성이 심화되는 세계가 어떻게 만들어지게 되었는지 그 기초를 살펴본다. 여기에는 환경이나 기술 혹은 질병 등의 주제, 카리브해나 인도양 혹은 동남아시아처럼 특히 교류가 집중되었던 지역, 해양 제국이나 러시아 같은 육지 중심의 제국, 이슬람 제국, 대륙과 해양 모두 진출한 이베리아반도의 제국(포르투갈과 스페인) 같은 대규모 정치 체제 등이 연구 대상에 포함된다.

VOL. VI 제2책(한국어판 13~14권)은 전 세계적 혹은 지역적 이주와 서로의 만남을 검토한다. 이주를 일으킨 경제·사회·문화·제도적 구조를 살펴보고, 또한 이주를 통해 이러한 구조가 어떻게 바뀌었는지 검토한다. 여기에는 무역 네트워크, 법, 생필품 유통, 생산 과정, 종교 체제 등의 논의가 포함된다.

VOL. Ⅶ(한국어판 15~18권) "생산, 파괴, 접속(1750~현재)"은 세계가 화석 연료 사용 단계로 접어드는 과정을 추적하고, 인구 폭발과 세계화 과정을 통한 활발한 교류의 시대를 다룬다.

VOL. Ⅶ 제1책(한국어판 15~16권)은 인구 과잉의 지구가 만들어진 물질적 조건에 대해 논의한다. 여기에는 환경, 농업, 기술, 에너지, 질병 등의 주제와, 국가주의, 제국주의, 탈식민화, 공산주의 등 현대 사회를 만든 정치적 흐름, 그리고 몇몇 핵심 지역 연구가 포함된다.

VOL. Ⅶ 제2책(한국어판 17~18권)은 앞에서 논의된 주제들을 다시 검토한다. 가족, 도시화, 이민, 종교, 과학 등의 주제뿐만 아니라 스포츠, 음악, 자동차 등 이 시대에 특징적으로 나타난 글로벌한 현상, 냉전과 1989년 같은 변화의 특별한 계기 등에 대한 연구가 포함된다.

〈케임브리지 세계사〉 시리즈에는 모두 200여 편의 논문이 수록된 만큼 종합적이라고 할 수 있다. 그러나 결코 충분하지 않다. 각 권별 책임 편집자는 무엇을 포함하고 무엇을 배제할지 고심을 거듭했다. 이는 세계사 연구자라면 누구나 맞닥뜨리는 문제다. 2000년도 더 지난 과거에 헤로도토스(Herodotos)도 그랬고, 사마천(司馬遷)도 마찬가지였다. 각 권에서 논문의 배열 순서는 해당 시대의 특성을 고려하여 책임 편집자(들)가 판단했다. 그래서 각 권의 구성이 조금씩 다르다. 권별로 시대도 조금씩 겹치므로 어떤 주제는 여러 권에 걸쳐서 등장하기도 한다. 이는 각 권의 역사적 흐름을 이해하는 데 모두 중요하다고 판단되는 주제였기 때문이다. 특히 시리즈 편집자들은 중요한 요소의 발전 과정을 각기 다른 관점에서 살펴보는 것이 세계사 연구에 가장 적합한 방향이라고 생각했다. 각주는 다른 케임브리지 역사 시리즈들과 마찬가지로 상대적으로 가볍게 달았고, 처음 이 분야에 주목하는 독자들을 위한 배려로 각 장이 끝날 때마다 "더 읽어보기" 목록을 제시했다. 또한 이 시리즈는 이전의 시리즈들과 달리 전권이 한꺼번에 출간되었다(영어판의 경우 - 옮긴이). 시리즈를 출간하는 데 10여 년씩 걸리던 출판계의 여유로운 속도가 21세기 디지털 시대에 이르러 달라진 것인지도 모르겠다.

다시 말해 〈케임브리지 세계사〉 시리즈는 책이 기획 및 생산되는 시점의 시대상을 반영하고 있다. 〈케임브리지 근대사〉 시리즈도 이와 다르지 않았다. 케임브리지대학교 출판부의 설명에 따르면, 액턴 경이 기획한 것은 "세계사"였다. 그러나 실제로 그 시리즈에 수록된 수백 편의 글 중에서 주인공이나 사건 혹은 정치 단위가 유럽과 북아메리카를 벗어난 경우는 손에 꼽을 정도에 불과했다. 〈새로운 케임브리지 근대사〉(1957~1979) 시리즈도 마찬가지로 세계사를 자처했지만 지역 편중은 별로 개선되지 않았다. 이는 놀라운 일이 아니다. 1957년, 심지어 시리즈의 마지막 권이 출간된 1979년에도 유럽은 곧 "세계"였고, 근대의 모든 것은 유럽에서 비롯되었다고 믿었다. 이런 관점을 우리는 "유럽 중심주의"라 부른다. (다른 언어권에서도 세계사가 집필되는 해당 지역을 중심으로 세계를 바라보는 관점이 없지 않았다.) 20세기 중반에도 유럽 중심은 지속되었고, 세계사와 지구사 분야는 미약했다. 강연회, 학회, 학술지 등 신생 분야를 형성해간 주역들은 1980년대에 이르러서야 등장했다. 그중에는 시작된 지 10년도 안 지난 것들도 있다. 가령 〈세계사 저널(Journal of World History)〉이 1990년 처음 출간되었고, 〈지구사 저널

《Journal of Global History》〉이 2005년, 〈뉴 글로벌 스터디즈(New Global Studies)〉가 2007년 시작되었다.

세계사 혹은 지구사의 발전은 다른 모든 학문 분과에서 치열한 자기 반성이 이루어지던 시대와 맥을 같이했다. 자신의 존재를 돌아보지 않고는 어떤 연구도 불가능했고, 기존의 모든 범주가 혼란스러워졌다. 포함과 배제, 다양성에 대한 우려가 역사학의 하위 분야에서 기본으로 자리 잡았고, 이러한 분위기에서 역사학 관련 교육이 이루어졌다. 그래서 이 시리즈의 편집자들은 균형을 추구하려고 노력했다. 전통적으로 세계사 분야에서 중점을 둔 것은 거대 규모의 정치·경제적 과정이었고, 정부나 경제 엘리트들이 주체가 된 역사였다. 이것과 문화적 요인, 사고방식, 의미 등 새로운 관심 주제들의 균형을 고려해야 했다. 뿐만 아니라 우리는 세계 여러 나라의 역사에서 중요한 주제들도 포함시키고자 노력했다. 저자의 구성에서도 지역적 안배와 세대별 안배를 고려했다. 〈케임브리지 근대사〉와 비교하자면 저자군의 지역적 범위가 훨씬 더 넓고, 저자의 성별도 더 균형이 맞는다. 그러나 우리가 원한 만큼 글로벌하지는 못했다. 현재 세계사와 지구사 연구는 영어권에서 압도적으로 많이 진행되고 있다. 그래서 학자들의 분포 또한 영국과 미국의 대학교에 편중되어 있다. 현대 세계의 여러 가지 불평등한 현실도 그렇지만, 세계사 연구의 이 같은 격차는 그야말로 이 시리즈에서 서술하는 세계사의 결과다. 그중 어느 시대가 핵심 요인이었는가, 그리고 어느 정도 비중으로 기원의 문제를 다룰 것인가 하는 문제는 저자마다 의견이 다를 수 있다.

나는 다만 이 시리즈가 액턴 경의 시리즈만큼 편차가 크지 않기를 바랄 뿐이다. 가능하면 2권으로 구성된 〈케임브리지 인도 경제사〉 (1982) 정도였으면 좋겠다. 〈케임브리지 인도 경제사〉의 편집자들(Tapan Raychaudhuri, Irfan Habib)은 서문에서 이렇게 말했다. "우리는 감히 우리의 노력이 새로운 지식을 형성하는 데 촉매가 되기를 바랄 뿐이다. 그래서 머지않아 새로운 지식이 이 책에 수록된 내용을 대체할 수 있기를 기원한다." 세계사와 지구사는 활발한 분야라서 머지않아 틀림없이 새로운 지식이 등장할 것이다. 다만 우리의 시리즈가 21세기 초라는 시점에 한해서나마 세계사 분야로 들어가는 문이 되고 전체를 조망할 수 있는 유용한 개론이 되기를 기대해본다.

메리 위스너-행크스(Merry E. Wiesner-Hanks)

케임브리지 세계사 15 차례

케임브리지 세계사 시리즈 소개 4
한국어판 영어판 분권 대조표 7
케임브리지 세계사 VOL. Ⅶ 소개 9
케임브리지 세계사 시리즈 서문 13

PART 1 물질적 기반

CHAPTER 1	서론: 생산, 파괴, 접속: 1750년-현재	29
CHAPTER 2	에너지, 인구 및 환경 변화: 1750년 이후 인류세 진입	103
CHAPTER 3	농업경제사	155
CHAPTER 4	다중심적 관점에서 본 세계의 산업화	193
CHAPTER 5	기술의 세계사	241
CHAPTER 6	새로운 에너지의 세계	285

PART 2 인구와 질병

CHAPTER 7	인구동향과 인구	321
CHAPTER 8	인구정책	359
CHAPTER 9	질병과 세계사	401
CHAPTER 10	천연두 퇴치	435

케임브리지 세계사 16 차례

PART 3 정치

CHAPTER 11	국제법의 발전
CHAPTER 12	민족주의에 대하여
CHAPTER 13	제국주의에 대하여
CHAPTER 14	유럽의 팽창에 맞선 정치적 대응 - 자강운동을 중심으로
CHAPTER 15	식민지 해체와 그 유산
CHAPTER 16	인종학살
CHAPTER 17	공산주의와 파시즘

PART 4 세계의 지역 질서

CHAPTER 18	세계사 속의 중동
CHAPTER 19	세계사 속의 동아시아
CHAPTER 20	세계사 속의 라틴 아메리카
CHAPTER 21	세계사 속의 아프리카
CHAPTER 22	세계사 속의 미국
CHAPTER 23	태평양 경제사

그림 목록

2-1. 페르시아 유전 개발 초기의 유정탑. 1909년   113
2-2. 커피 플랜테이션 농장, 브라질   117
2-3. 1920년대 이후 산업 성장을 홍보하는 소련의 포스터   120
2-4. 시카고의 축사 조감도, 1950년대   122
2-5. 몬테스 아술레스(Montes Azules) 벌목 지대를
지나가는 멕시코의 관리들   140
2-6. 남태평양 어장의 포경선. 존 워드(John Ward of Hull) 그림   143
3-1. 농업 생산량과 인구   159
4-1. 세계 산업생산의 지리적 구성, 1750년-1913년   220
4-2. 세계 무역의 구조, 1840년   226
4-3. 세계 무역의 구조, 1910년   227
4-4. 세계 무역의 상품 구성, 1913년-2006년   233
4-5. 세계 에너지 집약도, 1925년-2030년   236
5-1. 런던-서북 철도를 운행하던 초기의 증기기관차   246
5-2. 포드 자동차 회사의 조립 라인, 1900년대 초엽   247
5-3. 베이클라이트 라디오   253
5-4. 삼협댐   258
5-5. 축사에 갇혀 곡물사료를 먹는 젖소   281
7-1 등(等)성장(isogrowth) 곡선   328
7-2. 인구변천 모델   339
9-1. 스페인 독감(1918-19년) 당시 병동으로 개조된 미국의 학교 체육관   419
9-2. 보건부 주최 뎅기열 예방 캠페인. 2012년 페루 리마의 판자촌   430

지도 목록

1-1. 1800년의 정치 지형도   36
1-2. 2015년의 세계 정치 지도   74
2-1. 인구밀도지도, 1800년   125
2-2. 인구밀도지도, 2000년   125

표 목록

2-1. 세계 석탄 생산량   114
2-2. 세계 석유 생산량   115
2-3. 세계 인구 성장률, 기원후 1000년부터   124
2-4. 세계 인구, 기원후 1000년부터   126
2-5. 연단위 세계 인구 증가, 1950년-2010년   127
3-1. 농업 노동 인구   161
3-2. 농지 면적   163
3-3. 총요소생산성의 성장, 1938년 이전   166
6-1. 농장에서 사용되는 동력의 최대 출력   300
6-2. 교통수단에서 사용되는 동력의 최대 출력   301
6-3. 실내 조명의 효율성   304
6-4. 내연기관 효율 순위   306
6-5. 연평균 1차 에너지 소비량   308
6-6. 무기의 최대 폭발 에너지, 1900년-2000년   313
7-1. 대륙별 인구 분포, 1700년-2000년   325
7-2. 저개발국가의 인구와 선진국의 인구, 1900년-2010년   344
7-3. 세계 인구의 통계학적 지표, 1950년-2010년   346

그림 출처

〔그림 2-1〕 © Hulton-Deutsch Collection/Corbis. 〔그림 2-2〕 © Bettmann/Corbis. 〔그림 2-3〕 World History Archive/Alamy. 〔그림 2-4〕 ClassicStock/Alamy. 〔그림 2-5〕 © Reuters/Corbis. 〔그림 2-6〕 Christie's Images/ Corbis. 〔그림 5-1〕 Science & Society Picture Library/SSPL/Getty Images. 〔그림 5-2〕 Everett Collection Historical/Alamy. 〔그림 5-3〕 Interfoto/Alamy. 〔그림 5-4〕 Top Photo Corporation/Alamy. 〔그림 5-5〕 © Paul Damien/National Geographic Society/ Corbis. 〔그림 9-1〕 Everett Collection Historical/ Alamy. 〔그림 9-2〕 © Pilar Olivares/Reuters/Corbis.

PART 1

물질적 기반

CHAPTER 1

서론: 생산, 파괴, 접속: 1750년–현재

케네스 포메란츠, 존 맥닐
Kenneth Pomeranz,
John R. McNeill

현대사를 모두 포괄하고자 한다면 관점에 따라 마흔세 편의 논문(한국어판 제15-18권)이 너무 많을 수도 있고 너무 적을 수도 있다. 또한 논의의 기점을 1750년으로 잡는다면, 현대사를 논의하기에 너무 늦을 수도 있고 너무 빠를 수도 있다. 우리가 이 모든 시각을 감당할 수는 없다. 그러나 우리는 가능한 세계사의 다양한 접근 방식을 보여주고 싶었고, 그래서 종교와 역사적 전환점, 상품, 사회의 거시적 변천 과정 등 다양한 주제에 논의의 초점을 맞추었다. 대신 이 중에서 하나를 선택하여 풍부한 논의를 전개하는 방식은 취하지 않았다. 어떤 범주 안에서 세부 주제를 선택할 때 우리는, 때로는 섭외 가능한 필진 때문에, 때로는 그 주제가 다른 주제보다 중요하기 때문에, 또 때로는 다른 식의 어떤 균형이 필요했기 때문에 해당 주제를 선택했다. (예컨대 중동보다는 라틴 아메리카를 다룰 때 어떤 주제가 훨씬 더 부각된다고 판단했다면, 그 다음에는 중동을 다룰 때 더 부각될 수 있는 다른 주제를 찾아보는 식이었다.) 그러나 궁극적으로 우리의 제안은, 마치 아침 시장에서 구할 수 있는 식재료에 따라 저녁 메뉴를 정하는 요리사와 비슷했다. 우리가 세계사의 모든 이야기를 다 한다고 주장하려는 것이 아니다. 다만 이 책에 수록된 많은 글들이, 그 자체로서뿐만 아니라 세계사에서 어떤 실마리를 보여주는 것만은 틀림없다. 우리는 고무나 자동차의 세계사를 읽은 독자들께서 커피나 철도의 세계사를 떠올릴 수 있기를, 혹은 1956년의 세계에 관한 글을 읽고서 1968년의 세계에 관한 글을 떠올릴 수 있기를 희망했다. 만약 그렇게 된다면, 세계사라고 하는 다양하고도 광범위한 분야에서 더 많은 욕구를 불러일으킨 것만으로도 우리는 만족할 것이다.

우리의 시대구분 또한 어쩔 수 없이 어느 정도는 자의적인 면이 있다. 우리 책에 실린 여러 글의 저자들이 필요하다고 생각하는 경우 시대 범위 설정을 벗어나더라도 우리는 그것이 전혀 문제라고 생각지 않는다. 실제로 우리 시리즈의 권별로 시대가 들쭉날쭉하고 겹치는 부분도 있지만, 그것은 실수가 아니라 일부러 그렇게 만든 것이다. 주제가 다르면 시대구분도 다를 뿐만 아니라, 하나의 주제라도 시대 범위를 바꾸면 사뭇 달라보이기도 한다. 그에 따라 추세의 등장과 소멸 혹은 역전이 드러나며, 세계의 다른 지역이 개입되며, 다른 결과가 더 혹은 덜 중요하게 보이기도 한다. 여기서 핵심은, 대개 여러 가지 시대구분 중 어느 하나가 "진정한" 관점을 대표하지 않는다는 사실이다. 오히려 어떤 현상의 의미를 파악하기 위해서는, 당시에 경험했던 의미든 오늘날 우리의 시점에서 이해하는 의미든, 여러 가지 시대구분을 명확하게 병치시켜 보아야 한다.

그렇다고 해서 모든 시대구분이 다 좋다는 말은 아니다. 우리 책에서는 시대구분과 관련해서 적어도 두 가지 문제는 논의할 가치가 있다고 보았다.

(1) 원하든 원하지 않든, 케임브리지 세계사의 "근현대편"으로 일컬어질 이 책의 대략적인 시작점을 왜 1750년으로 잡았는가?
(2) 왜 이와 같은 거대한 변화의 시기를 둘로 나누어, 말하자면 1750년-1900

년을 한 권으로 하고, 1900년 이후를 한 권으로 하지 않았는가?

이런 질문은 물론 특정 주제와 관련해서 답해야 할 문제다. 우리 책의 제목 "생산, 파괴, 접속"은 우리가 주제를 선정할 때 영향을 미쳤지만, 이 제목이 우리 책에 수록된 모든 글의 내용을 포괄하지는 못한다. 경우에 따라 책의 제목에 보다 긴밀하게 부합하는 글이 없지 않지만, 엄밀하게 하나의 주제에 집중하는 학술대회에서 볼 수 있는 정도의 통일성은 우리가 의도한 목표가 아니었다. 더욱이 우리의 주제 선택이 삶의 물질적 측면을 지나치게 강조하는 것이 아닌가 하는 우려도 있었다. 그 또한 우리의 목적은 아니었다. 하지만 그러한 주제가 크게 부각된 데에는 역사학적인 이유와 함께 역사적인(시대적인) 이유도 있다는 점에 주목할 필요가 있다. "접속(연결)"은 세계에서 일어난 다른 어떤 역사보다도 특히 "세계사"의 중심이 되는 주제다. 비교와 함께 접속(연결)은 멀리 떨어진 곳에 사는 사람들과 그들의 현장을 하나의 분석틀 속으로 끌어들이는 방법이다. 둘째, 생활의 물질적 측면은 비교를 하기가 가장 쉬운 부분이며(두 사회를 비교할 때 젠더의 역할이나 예술 양식보다는 생활을 비교하는 편이 더 쉽다), 또한 원거리 이동의 흐름이 가장 쉽게 추적 가능한 부분이기도 하다.(선적화물 목록에 사상이나 관념 같은 내용은 적어두지 않는다.) 셋째, 역사란 어디까지나 시대에 따른 변화를 관찰하는 것이기 때문에, 여러 측면에서 볼 때 인류 역사상 다른 어떤 시대보다도 우리 시대에 물질의 생산과 파괴가 극적으로 변했던 것도, 우리 시대의 역사를 서술할 때 물질생활을 강조하는 이유가 된다.

그러므로 우리는 독자들께서 우리 책에 수록된 여러 글들을 통해 단순한 종합 이상의 어떤 것을 발견하기를 기대한다. 그런 취지에서 우리가 제시하는 제목 아래 최근 250년이 왜 하나의 시대로 묶이는지, 그 이유를 살펴보고자 한다.

1750년: 파괴, 접속, 그리고 세계 제국의 충돌

세계대전의 확대는 우리 시대의 시작을 분명하게 표시해 주었다. 파괴적 정복 행위가 중첩되는 가운데 전쟁은 세계 각지를 긴밀하게 연결했고, 그 규모는 역사상 전례가 없을 정도로 거대했으며, 그 결과는 세계적 변화를 초래했다. 이전에는 분쟁이 폭넓은 지역에서 산발적인 전투로 나타나는 경향이 있었다. 특히 오래도록 이어졌던 네덜란드와 이베리아 세력의 분쟁이 그랬다. 그러나 7년 전쟁(1754-63년)은 장소로 보나 결과로 보나 이전의 분쟁에 비해 훨씬 세계적이었다. 프랑스는 퀘벡과 루이지애나를 잃었고(루이지애나의 일부 지역은 머지 않아 회복했지만 1803년에 미국에 매각했다), 그에 따라 아메리카 원주민, 유럽 이주민, 영국 왕실 간 힘의 균형이 달라졌으며, 이후 북아메리카의 역사가 근본적으로 바뀌었다. 플라시 전투(1757년)에서 영국이 벵골의 나와브(당시 프랑스의 동맹)를 상대로 승리했던 일도, 남아시아는 물론 세계 제국주의 역사의 획기적 사건이었다. 이는 무엇보다도 유럽 세력이 작으나마 항구를 넘어 아시아 본토를 획득한 최초의 사례였다. 이로써 영국 동인도회사는 지역의 통치자로서, 토지세를 걷고 분쟁을 심판하며 독점을 강제하고 상당한 규모의 군대를 양성 및 활용하는, 말하자면 제2의 인생을(결과적으로 더 중요했던) 시작하게 되었다. 다른 지역에서도, 마닐라에서 세네갈, 하바나, 드레스덴, 퐁디셰리, 브라질의 사크라멘토에 이르기까지, 사람이 살던 거의 모든 대륙에서 이 시기에 일시적으로 혹은 영원히 주인이 바뀌었다.(지도 1-1) 전쟁의 재정적, 전략적 결과는 결국 1775년-1825년 전후의 대서양 혁명으로 이어졌다. 전쟁과 대서양 혁명이 결합된 당시의 변화는, 유럽 식민지의 중점이 서반구에서 동반구로 이동하는 거대한 변화를 촉발했다.

더욱이 대서양 혁명과 전쟁은 적어도 다른 두 가지 의미에서 획기적이었다. 돌이켜보면 유럽의 식민지 팽창은 1415년 포르투갈의 세우타(아프리카 북단) 정복부터 시작되었는데, 이후 대서양 혁명의 시대에 처음으로 식민지의 파도가 멈추었다. 이처럼 당시의 혁명 과정에서 훗날 20세기의 제2차 탈식민지 물결에 영감을 주었던 선례이자 영웅과 상징들, 즉 조지 워싱턴, 시몬 볼리바르, 투생 루베르튀르, 인권선언 등이 탄생했다. 그에 못지않게 중요한 점이 또 있었다. 대서양 혁명으로 세계 대부분의 지역 정치 질서가 재편되었다. 오늘날의 세계를 주도하고 있는 정치 구조(대규모 공화정, 어떤 의미에서는 민족국가 체제 그 자체)가 그때 도입되었다.

18세기 중엽을 보다 세계적인 지정학적 판세가 시작된 시기로 보는 이유가 7년 전쟁과 그 여파 하나만은 아니다. 1759년 몽골의 준가르 연맹이 청 제국에 최종적으로 패배한 일도 또한 팽창의 시대를 마감하는 사건이었다. 청 제국의 대대적인 물류 체계 개선과 함께 러시아의 팽창도 당시의 판세에 중대한 영향을 미쳤다. 러시아 때문에 준가르는 예전처럼 안전지대로 후퇴하는 전략을 쉽게 구사할 수 없었다. 그 결과 오늘날 우리가 알고 있는 것과 같은 방식의 분명한 지리적 경계가 더욱 중요해졌고, 농업(이후에는 산업) 정치 체제가 유목민들을 주변부로 몰아내

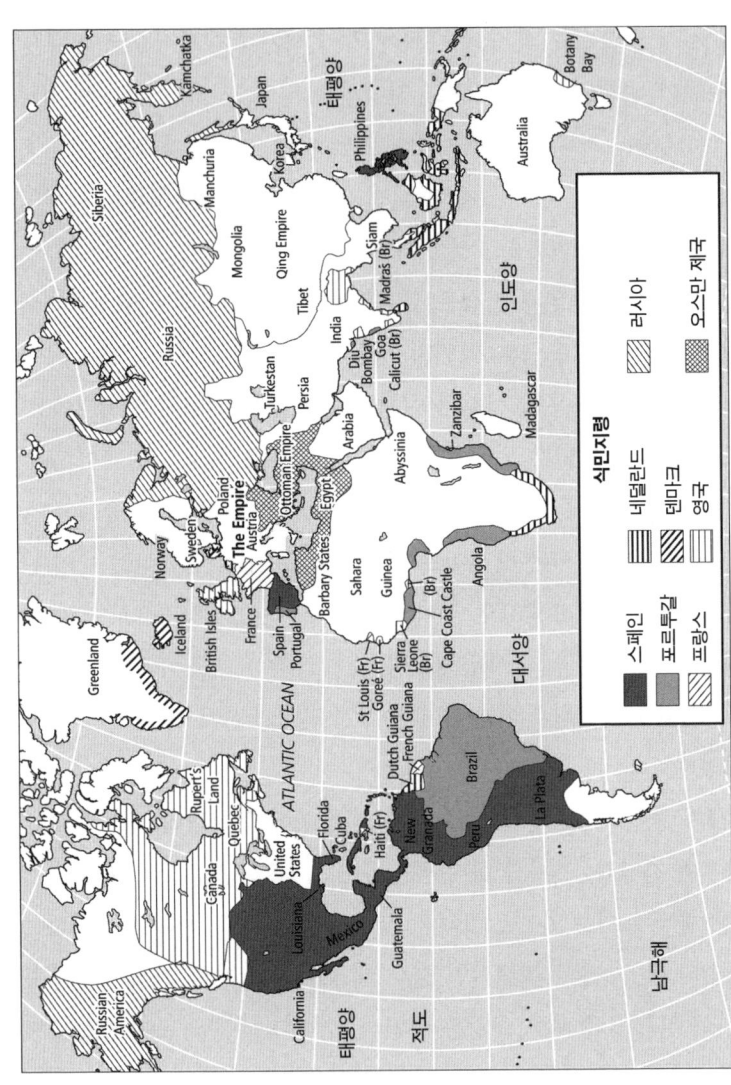

[지도 1-1] 1800년의 정치 지형도

었다. 역사적으로 유목민의 지위가 이토록 주변화된 적은 결코 없었다. 1768-74년 러시아가 오스만 제국을 상대로 승리를 거두었던 일도(그로 인해 약 10만 명의 크림 타타르인이 탈출했다) 마찬가지로 정주민과 영토 국가가 팽창하는 과정의 일부였다.

준가르 연맹의 패배는 특히 오랜 세계사적 과정의 이정표가 되었다. 정주국가와 기마유목 연맹체는 서로 다른 종류의 정치 형태였다. 이들 사이에 거의 3,000년에 달하는 경쟁과 협력의 관계가 이어져오다가, 마침내 정주국가가 기마유목 연맹체를 상대로 승리를 거두었다. 이 이야기는, 곧 다시 논의하겠지만, 1759년에도 아직 완전히 끝난 것은 아니었다. 마지막 사건은 아마도 19세기, 수족과 코만치를 비롯한 아메리카 원주민 연맹의 패배였을 것이다. 그러나 북아메리카에서 기마민족은 참신한 것이었다. 말 자체가 비교적 최근에 수입된 동물이었기 때문이다. 반면 유라시아 스텝 지역의 기마유목민족은 훨씬 오래 전부터 국가를 형성했다. 중앙유라시아에서 두 개의 거대 농업 제국(청과 러시아)이 만나 몽골의 잔존 세력을 멸망시킨 사건은, 유목민과 정주민 사이의 오랜 역사에 비추어 특히 중요한 순간이었다.

더욱이 준가르의 패배는 훨씬 더 큰 이야기 속의 일부로도 볼 수 있다. 이른바 '부족민' 일반의 복속 혹은 파괴의 이야기다. 부족민들은 숲이나 늪지를 비롯한 다양한 환경에서 살아가고 있었다. 유목민족과 달리 그들은 농경민의 정치 공동체에 별다른 위협이 되지 않았다. 다만 농경 세력이 팽창하고자 할 때, 그 길목에 부족민이 자리잡고 있는 경우가 많았다. 부족민의 파괴 또한 18세기에 세계적으로 나타났던 현상이다. 완전히 최종적이라고 할 수는 없겠지만 오랜 투쟁의 운명적 전환이 이

때 이루어졌다.

1750년에 도달하기 수십 년 전, 브라질 내륙에서 금광과 다이아몬드 광산이 발견되어 대규모 인구 이동을 촉발했다.(아프리카 노예 포함) 해안 지역에 살던 사람들은 기존에는 내륙에 거의 관심이 없었다. 그러나 광산이 발견되자 앞다투어 내륙으로 몰려들었다. 앞서 언급했듯이 7년 전쟁이 끝나면서 북아메리카의 식민지는 애팔래치아 산맥 서쪽의 광대하고 비옥한 평원까지 명목상 하나의 깃발 아래 놓였다.(기존에는 애팔래치아 산맥을 기준으로 서쪽은 프랑스, 동쪽은 영국이 차지하고 있었다. ─ 옮긴이) 강력했던 원주민들의 동맹 세력(프랑스)은 사라졌다.(프랑스는 농업 정착보다는 모피 무역에 더 많은 관심을 두었기 때문에 아메리카 원주민들과 합의점을 찾기가 쉬웠다.) 그 결과 유목민과 정주민을 막론하고 모든 원주민은 더욱 충격적인 공격에 노출되었다. 뿐만 아니라 7년 전쟁의 여파로 북아메리카의 일부 영국 식민지들은 독립을 선언했고, 결국 독립에 성공했다. 그 뒤로 영국은 조지아가 아닌 오스트레일리아로 죄수들을 이송하기 시작했다. 이로써 사람이 살고 있었지만 아직 7년 전쟁의 영향을 받지 않았던 다른 하나의 대륙에도 전쟁의 여파가 미치게 되었다. 전쟁이 지속되면서 아메리카에서 태어난 유럽인의 후손들(대게 크레올 creoles이라 함)도 과거 스페인령이었던 메소아메리카와 남아메리카 대륙에서 여러 독립국가를 건설했다. 이들은 원주민 공동체를 향해 과거 선조들이 그랬던 것보다 더욱 공격적인 태도를 취했다.

이 전쟁이 지속되는 동안 동남아시아에서는 영국의 식민지 체제가 구축되었다. 그 과정은 1750년대 벵골 지역에서 시작되었으며, 동남아시아가 영국과 프랑스의 전쟁에 휘말려들었을 때 최고조에 달했다. 동남아시아에 존재했던 과거의 지역 왕조들이 그랬던 것처럼 영국의 식민지 정권 또한 비-농업(혹은 반-농업) 인구에 적대적 태도를 취했다. 아메리카 식민지에서는 유럽에서 건너 온 정착민들이 직접 지배를 했지만, 동남아시아 식민지에서 영국은 직접 지배보다는 세금을 원했다. 그래서 단일 품종 집약형 농업과 상품작물을 권장했다. 또한 과거의 왕조들은 현지인에 의존하여 기마병과 말먹이를 조달했지만, 영국은 현지인에게 군사적 역량을 기대하지 않았다.¹ 더욱이 토지를 "개선"하지 못한다고 여겨지는 사람들에게 영국은 이념적으로 적대감을 나타냈다. 그런 사람들은 흔히 옮겨다녔고, 토지 개량에는 관심이 없는 듯이 보였다. 그래서 이들은 보다 보편적인 "문명화"로 나아가는 길에 걸림돌로 인식되었다.

영국이 인도에서 식민지 제국 체제를 구축하는 동안 바로 옆에서는 새로운 전쟁들이 벌어져 대륙 동남아시아를 재편하고 있었다. 1740년경 버마에서는 프랑스의 지원을 등에 업은 몬족이 반란을 일으켜 전쟁이 시작되었다. 그러나 중앙 권력이 회복된 뒤로 몬족은 갈수록 주변부로 밀려났다. 그로부터 수십 년 뒤에는 베트남이 중앙집권을 강화했다. 크메르족과 참족은 이전보다 더욱 강하게 베트남에 예속되었다. 한편

---

1 Mahesh Rangarajan, "Environmental histories of India: of states, landscapes, and ecologies," in Edmund T. Burke III and Kenneth Pomeranz, eds., *The Environment and World History* (Berkeley, CA: University of California Press, 2009), pp. 232-237, 240; Kaushik Roy, "The hybrid military establishment of the East India Company in South Asia: 1750-1849," *Journal of Global History* 6:2 (July 2011), 18. 17-19세기 오스만 제국 역시 간헐적으로 자국 내 유목민 집단을 정착시키거나 파괴하는 정책을 추구했으며, 그 동기도 영국과 비슷했다. Resat Kasaba, *A Moveable Empire: Ottoman Nomads, Migrants, and Refugees* (Seattle, WA: University of Washington Press, 2009).

시암 왕국은 강력한 종주권을 유지하며 말레이족, 라오족, 크메르족 왕조로부터 조공을 받고 있었다. 날로 확대되던 해상 무역에 참여하여 얻은 수익과 새로 수입한 총기는 정복 전쟁에 힘을 보태고 있었다. 결국 통합 왕국들(특히 버마와 시암) 사이에 전쟁이 확대되었다.[2] 북부 전선과 동부 전선에서는 중국 문제도 대두되었다. 농업 제국이 성공 가도를 달릴 때보다 혼란에 빠졌을 때가 오히려 이웃 나라에는 위협이 될 수 있었다. 1789년경부터 중국 국경 지역에서는 "소소한 반란들"이 잇달아 일어났다. 중국 내륙에서 재난을 당한 농민들이 국경 지대로 몰리면서 소동이 일어나기도 했고, 혹은 중앙 정부의 행정 체제가 워낙 멀리 뻗어나가다 보니 관리 능력이 부족해서 일어나는 반란도 있었다. 그렇다고 해서 원주민들이 입는 피해가 크게 달라질 것은 없었다. 반란 세력이 침입할 때나 체계적인 정복군이 쳐들어올 때나, 국경 지대 원주민들의 처지는 마찬가지였다. 이와 같은 다양한 과정을 다른 사례와 비교하자면, 청 제국과 러시아 제국이 몽골인들을 압박했던 경우는 오히려 느슨했고, 아메리카에서 크레올 정권의 팽창은 훨씬 더 느슨한 경우였다. 그럼에도 불구하고, 공식적인 조약이나 동맹이 아니더라도, 또한 국경 지대 민족들의 실질적 위협이 없었더라도, 중앙집권화와 세력 팽창에 나선 제국들이 갈수록 서로 비슷한, 또한 서로 얽히는 사업에 참여하는 경우가 많았던 현실은 주목할 만한 현상이라 하겠다.

    조심해야 할 것이, 우리가 과거를 돌이켜보면서 알게 된 사실을 당

---

[2] Victor Lieberman, *Strange Parallels: Southeast Asia in a Global Context, c. 800-1830*, Vol. 1: Integration of the Mainland (Cambridge University Press, 2003), pp. 202-206, 335, 430-435.

시에도 사람들이 알고 있었을 것으로 가정해서는 안 된다. 정주민과 기마유목민의 전투는 앞에서 언급했던 것처럼 거의 1900년에 걸쳐 진행되었던 일이다. 숲지대에 사는 많은 사람들의 생존을 위한 투쟁은 오늘날에도 계속되고 있다. 특히 유목민은 농경민족과의 투쟁에서 승리했던 경우가 많았다. 그러나 언제부턴가, 그것도 철도, 기관총, 철조망 등 19세기의 발명품들이 아직 알려지지 않았던 시기에, 특히 치명적인 패배의 연속이 그들을 기다리고 있을 거라고 예상하기란 거의 불가능했을 것이다. 실제로 18세기 말엽에는 여러 지역에서 겉으로 보기에 반대되는 방향의 일들이 뚜렷하게 나타나고 있었다. 유목민 혹은 반유목민 정복자들이 주변의 약한 농업 국가를 공격하는 중이었다. 이러한 "부족민의 탈주"는[3] 오스만에서 자와에 이르기까지, 남아시아의 무슬림 제국 지대에 심각한 타격을 주었다.("부족민의 탈주"란 Christopher Bayly가 제시한 개념으로, 국경 지역의 일부 부족의 세력이 급성장하여 결국 제국 본국에 치명상을 입히게 된 경우를 일컫는다. — 옮긴이) 이란을 통일했던 나디르 샤, 인도의 마라타인, 이란에서 카자르 왕조를 세운 사람들, 아라비아 반도에서 오스만 세력에 도전했던 사우드 가문의 사람들, 이들 모두가 지금에 와서 돌이켜보면 유목세력의 마지막 몸부림인 듯도 하지만, 이는 어디까지나 돌이켜봤을 때 분명하게 드러나는 사실일 뿐이다. 기마(혹은 낙타) 유목 세력의 일시적 팽창은 결국 해양세력 정복자를 도운 셈이 되었다. 해양세력은 나중에 (특정 유목 민족이 아니라 유목민 일반에 대하여)

---

3 Christopher Bayly, *Imperial Meridian: The British Empire and the World, 1780-1830* (London: Longman, 1989), pp. 33-54.

토착 정주 국가보다 더 가혹한 압박을 가하게 될 것이다. 이는 기나긴 역사적 과정을 더욱 복잡하게 만들었지만, 18세기 중엽이 주목할 만한 변곡점 중의 하나였다는 사실에는 변함이 없다.

생산과 접속의 연대기: 전례 없는 인구 및 경제 성장

인구, 경제, 환경의 측면에서 1750년은 하나의 분수령과도 같았다. 이 점에 대해서는 20세기의 시대적 특성으로 강력한 사례를 제시할 수도 있겠지만(이 글의 저자 중 한 사람인 존 맥닐이 한 권의 책으로 발표했듯이), 그러나 18세기를 기원으로 잡아도 할 이야기는 많다. 인구 문제로 논의를 시작해 보자. 이 문제는 우리 책의 제7장에서 주로 다루어졌고, 제2장과 제8장에서도 함께 논의가 되었다.

1610년-1680년 사이 오랜 시간 동안 세계 인구는 거의 성장하지 않았거나 심지어 전혀 성장하지 않았다. 반면 18세기에는 세계 인구가 거의 50퍼센트나 성장했다. 100년 사이에 이 정도로 인구가 성장했던 일은 과거 역사상 결코 일어난 적이 없었다. 19세기에는 인구가 거의 80퍼센트까지 성장했고, 20세기는 인구 16억 명으로 시작해서 한 세기를 거치는 동안 거의 세 배에 달하는(275퍼센트) 44억 명이 추가되어 61억 명에 도달했다.

우리 책의 제7장에서 강조했듯이, 변화의 원동력과 지리적 중심지는 시대에 따라 완전히 달라졌다. 적어도 1850년까지는 지역을 막론하고 기대수명에 큰 변화가 없었다. 인구 성장은 대개 출산율 증가에서 비롯되었다. 1710년경 소빙하기 최악의 단계가 끝나면서 세계적으로 생존율이 향상되었다. 또한 17세기에 극심한 공포를 경험했던 몇몇 사회에서 구성원의 안전을 위해 더 많은 노력을 기울였다.[4] 19세기(대개는 후반기)에는 서구를 중심으로 기대수명이 약간 늘어나기 시작했다. 이후 수십 년이 지나자 출산율 감소가 시작되었다. 20세기, 특히 제2차 세계대전 이후, 거의 모든 지역에서 사망률이 급격히 줄어들었다. 출산율도 감소했지만 그 속도와 범위가 세계 전체를 포괄하지는 않았다. 여기서도 우리는 18세기의 어느 시점부터 시작해서 오늘날까지, 완전히 동일하지는 않지만 크게 보아 하나의 흐름이 이어지고 있음을 알 수 있다.

초기에 사망률의 감소를 주도했던 원인은 대개 영양개선과 전염병의 감소였다. 다시 말해 과거 인구 변동을 주도했던 요인들이 여전히 동일하게 작동하고 있었다. 그러나 19세기 후반기에 이르러, 위생과 공중보건의 변화(특히 깨끗한 물의 공급)가 점점 더 중요해졌다. 20세기에는 의학의 직접적 기여가 이전과 비교할 수 없을 정도로 강화되었다.(약물 문제를 다룬 우리 시리즈의 제18권 제19장에 따르면, 그럼에도 불구하고 최소한 세계 인구의 3분의 2가 현대 의약품에 안정적으로 접근하지 못하고 있다.)

이는 과학과 기술이 주도한 변화로 보일 수도 있다. 그러나 더 정확히 말하면 이는 단지 활용 가능한 수단에 불과했다. 우리 책의 제9장과 제10장에서 분명히 지적했듯이, 공공 의료와 민간 의료의 발전을 시공간적으로 분석해 보면, 그것은 예나 지금이나 정치의 영향을 강하게 받

---

4 Geoffrey Parker, *Global Crisis: War, Climate Change and Catastrophe in the Seventeenth Century* (New Haven, CT: Yale University Press, 2013). 1600년대의 기후 재앙 관련 주요 저작이다. 이 시기의 경험이 이후 최소한의 복지 제도 형성에 결정적인 역할을 했다는 주장이 담겨 있다. 또한 복지 제도가 특정 사회의 사람들에게 충분한 안정감을 제공하여, 다시 18세기에는 생산적 위험을 감수하도록 장려했다고 본다.

고 있다. 제8장에 따르면 출산율 감소에 정치적 영향이 훨씬 더 크게 미친다. 출산의 자유 보장과 산아제한의 문제와 그 수단을 둘러싸고 정치가나 지식인을 비롯하여 많은 논객들이 논쟁에 참여했다. 당연히 그 결과는 사회에 따라 달라졌으며, 이는 논쟁이 세계적으로 확산된 뒤에도 마찬가지였다. 더욱이 공적 논쟁에서 승리했다고 해서 남녀 개인의 생각과 욕망을 무시할 수도 없었다. 제8장에서 보여주듯이, 출산장려 정책도 성공한 경우보다 실패한 경우가 많았고, 일부 불임 캠페인도 강력한 저항에 부딪혔다. 1980년 이후 중국에서 특히 강력한 산아제한 정책이 실시되어 출산율의 극적인 하락에 기여했다. 그럼에도 불구하고 국가는 시골 지역의 규범과 어느 정도 타협할 수밖에 없었다.[5] 전 세계 대부분의 지역에서 출산율 감소는 최근에 발생한 일이었고, 대개는 규범과 이익의 변화에 따른 자발적인 결정이 빚어낸 결과였다.

경제와 관련해서는 대개 시대 구분의 조금 다른 사례를 볼 수 있는데, 1750년 이후보다는, 1800년-1825년의 특성이 더 뚜렷한 차이를 보인다. 18세기에도 일부 경제 단위에서 중요한 구조적 변화의 징후가 여러 모로 확인되었지만, 그럼에도 불구하고 일반적으로는, 1815년 나폴레옹 전쟁이 종료된 이후에도 몇 년이 지나도록, 심지어 영국에서조차 1인당 소득의 지속적이고 뚜렷한 변화가 나타나지 않았다. 일반인의 생활수준에서 분명한 변화가 감지된 시기는 그로부터 한 세대가 지난 뒤였다. 1830년의 영국은 여전히 증기기관 못지않게 수차 동력을 이용하

---

5 Susan Greenhalgh, "Controlling bodies and births in village China," *American Ethnologist* 21:1 (February 1994), 1-30에 몇 가지 주목할 만한 사례가 소개되어 있다.

고 있었다. 그러나 1840년의 영국은 세계 다른 지역을 다 합친 것보다 더 많은 증기기관을 설치해 두고 있었다.[6] 우리가 19세기와 관련해서 언급하는 극적인 변화의 양상은(제2차 세계대전 이후 훨씬 더 컸던 양적 변화는 물론이고), 유럽에서조차 여전히 진행 중이었고, 나머지 세계 대부분의 지역은 아직도 머나먼 남의 일이었다.

아마도 가장 충격적이고 근본적인 단절은 "식물 연료에서 화석 연료로, 축력 기반 원동기에서 화석 연료를 이용한 기계로 넘어간 에너지의 전환"이었을 것이다.(제6장) 그 수치나, 혹은 그보다 조금 더 높게 나타난 제2장의 수치를 이 자리에서 상세히 논할 필요는 없을 것이다. 다만 전체 인류의 에너지 사용이 1750년 이후 50배에서 100배 사이 어디쯤까지 증가했고, 20세기에 증가폭이 가장 컸다는 정도만 언급해 두기로 하자. 다만 에너지 효율성의 증가가 너무 과소평가된 면이 있다. 연소를 통해 운동, 열, 빛으로 변환시키는 기술의 효율성은 35배(1750년의 증기 엔진과 오늘날 최고 수준의 디젤 엔진 비교)에서 1600배(양초와 오늘날의 할로겐 등불 비교)의 사이 어디쯤까지 발달했다. 더욱이 변화의 민감도가 훨씬 떨어지는 몇몇 "엔진들"도 있기 때문에(특히 인간의 소화기관은 효율성이 향상되지 않았고, 더 많은 칼로리를 섭취함으로써 기능이 급격히 저하되거나 부정적인 결과를 초래했다), 교통이나 금속제련 등 변화에 민감한 부문들은 평균보다 변화의 폭이 훨씬 더 컸다. 제5장에는 가장 중요한 신기술에 관한 몇 가지 연구가 포함되어 있다.

---

6 Robert C. Allen, *The British Industrial Revolution in Global Perspective* (Cambridge University Press, 2009), pp. 173, 179.

물론 에너지가 이야기의 전부는 아니다. 그러나 세계의 GDP가 1750년 이후 약 100배 성장한 것은 우연이 아니었다.[7] 이와 같은 거대한 변화 속에서 일반적인 시공간적 패턴이 드러난다. 1750년-1870년 사이에는 몇몇 지역(대개 북대서양)과 분야의 성장률이 특히 높았고, 이후 1930년대까지는 전반적으로 훨씬 더 급격한 성장이 뒤따랐다. 대공황과 제2차 세계대전으로 단절이 발생했지만, 대서양 지역에서는 급격한 성장이 회복되었고, 다른 지역, 특히 동아시아로 회복세가 훨씬 더 빠르게 확산되었다.(물론 그 지역에만 국한된 것은 아니다.) 세계 경제 변화 최초의 원동력은, 전형적으로는 "산업혁명"이라고 하지만, 위에서 말한 회복세의 확산과 함께, 지역에 따라 산업 기술을 현지 상황에 맞게끔, "서양"의 일부 지역보다 더 성공적으로 안착시킨 자생적 과정이 있었고, 제4장에서 강조했듯이 그것이 최초의 원동력 못지않은 세계 경제 변화의 핵심이었다.

그러나 근현대 경제 성장의 결정적인 제1막을 구성했던 18세기의 이야기들이 있다. 그 중 가장 유명한 이야기는 영국에서 면직물 생산의 초기 단계 기계화였다. 주요 기술 혁신은 1750-70년대 사이에 일어났다. 1836년에 이르러 목화 1파운드를 가지고 16수 면사(綿紗)를 만들 때 들어가는 인건비가, 1760년에 비해 97퍼센트 하락했다.(16수 면사는

---

7 Angus Maddison은 1820-2001년 동안의 수치를 약 50배가 조금 넘는다고 제시한다 (www.ggdc.net/maddison/other_books/Growth_and_Interaction_in_the_World_Economy.pdf, table 2). 1750년부터 1820년까지 1인당 GDP의 변화가 매우 적었을 것이라는 가정이 타당하므로, 여기에 2001년 이후 총 성장을 약 3분의 1로 보는 일반적인 추정치를 더하면, 전체 수치는 약 100배에 이르게 된다.

당시 중간 등급 품질의 천을 만드는 데 사용하던 실이었다.)[8] 직조의 기계화는 더 오랜 시간이 걸렸고, 다른 섬유에 적용되는 데도 시간이 더 필요했으며, 목화 수확 기계화는 20세기 중엽까지도 불가능했다. 그럼에도 이는 기념비적인 사건이었다. "산업혁명을 이야기하는 사람은 누구나 면화를 이야기한다"고 했던 에릭 홉스봄의 말에 우리는 더 이상 동의하지 않는다. 그보다는 훨씬 더 느리게 변했던 다른 결정적인 분야를 강조하고자 하기 때문이다. 그러나 당시 면직물 생산에 일어났던 혁신에, 규모와 속도 면에서 비교할 만한 그 이전 사례는 거의 없었다는 사실은 변함이 없다. 당시의 혁신은 이후 세기에 일어났던 여러 가지 놀라운 변화의 선례가 되었다. 편안하고 저렴한 직물을 생산할 수 있는 새로운 가능성은 수천만 목화 재배자들의 삶과 여러 정부 당국의 정책, 전 세계 소비자들의 습관에 영향을 미쳤다.

공장은 도시를 일으켜 세웠다. 그러나 20세기에 이르기까지 세계에서 가장 빠르게 성장했던 도시를 끌어올렸던 것은 생산기계 그 자체보다는, 교통의 발달에 의해 촉발된 상업과 이주였다. 상해(상하이), 시카고, 부에노스아이레스, 콜카타는 모두 상품을 생산했지만, 제조업의 중심지라기보다는 대형시장 중심지였고, 모두가 맨체스터(Manchester)보다 더 빠르게 성장했다. 더욱이 도시화에 관해서도 대대적인 양적 변화가 나타난 것은 20세기에 이른 뒤였다.(제17권 제2장) 1900년 당시에는 인류의 약 6분의 1이 도시에서 살았다. 이는 1800년에 비하면 두 배로 늘어난 수치였다. 2000년에는 세계 인구의 거의 절반이 도시에서 살았

8 Computed from Allen, *British Industrial Revolution*, p. 185.

다. 그러나 질적인 측면에서 보면 오늘날 우리가 도시의 첫인상이라 생각하는 대부분의 물리적 제도적 형태는 19세기에 형성되었다. 대규모 하수도 시스템, 전차(그에 따른 주거 공간의 분리), 부랑자 관리법, 공장, 중심 상가(이 또한 전차에 따른 결과) 등이 그 때 나타났다. 그리고 20세기에 이르러 최초의 고층빌딩과 지하철, 약간의 자동차, 그리고 (보편적이지는 않았지만) 실내 배관의 보급 등이었다.

전부는 아니지만 이 중에 상당 부분이 유럽과 북아메리카뿐만 아니라 비서구권 지역에서도 그대로 나타났다. 제17권 제6장에서는 특정 도시에 백화점이 들어서기가 얼마나 어려운지를 명확하게 설명했다. 그리고 케이프타운, 모스크바, 카이로 등이 백화점과 같은 대형 상점이 들어선 가장 이른 시기의 도시들이었다는 사실도 밝혔다.(1888년 엘 엥칸토 El Encanto 백화점 개설을 고려하면 하바나도 여기에 추가할 수 있다.) 유럽 최초의 가로등은 아마도 1878년 프랑스 파리에 설치된 것이었다. 상해(상하이)의 가로등은 1882년경으로, 아테네(1902년)나 바르샤바(1908년)보다 훨씬 더 빨랐다.⁹

그렇다고 해서 19세기의 도시가 오늘날의 런던이나 도쿄, 뭄바이, 혹은 멕시코시티를 닮았다는 말은 아니다. 한 가지 예로, 1900년의 가장 현대적인 도시에도 축력에 사용되는 동물의 개체수가 많았으며, 또한 증가추세에 있었다. 1898년 뉴욕에서 세계 최초의 국제도시계획회의가 열렸는데, 참석자들은 증가하는 동물 분뇨 처리 문제에 상당한 관심을

---

9   www.nature.com/nature/journal/v132/n3345/abs/132888c0.html; www.globaltimes.cn/content/813893.shtml; www.anagnosis.gr/index.php?la=eng%26pageID=236; http://en.wikipedia.org/wiki/History_of_Warsaw.

기울였다.¹⁰ 그러나 분명한 것은, 20세기가 시작되면서 도시의 모습은 100년 전의 그것과는 근본적으로 달라졌다. 새로운 도시의 원형이 만들어졌고, 여러 모로 국제적인 면모를 갖추고 있었다. 19세기 유럽 대부분과 중동 일부 도시에서 외곽 성벽이 사라졌다. 20세기에는 중국의 대부분과 중동의 더 많은 도시 성벽이 사라졌다. 거리가 더 넓어졌고, 대개 격자형 구조로 만들어졌으며, 더 많은 개방 공간이 조성되었다. "도시계획"이 전문 직업으로 등장했으며, 일부 도시계획 전문가들은 세계 여러 도시에서 일을 했다.(패트릭 게디스 Patrick Geddes는 흔히 최초의 도시설계사로 일컬어진다.) 한편 많은 도시들이 조용했지만 못지않게 중요한 과제를 극복했다. 출산율이 사망률을 넘어섰고, 최소 몇 개의 도시에서는 인구 유지를 위한 이주자가 더 이상 필요치 않았다.¹¹

이렇게 줄거리를 요약하고 보면, 지금까지 가장 큰 양적 변화는 최근 150년 사이, 특히 지난 70년 사이에 일어난 일이었다. 다른 물질 부문에서도 이러한 양상은, 약간의 차이는 있겠지만 거의 비슷하게 나타났다.

10 Eric Morris, "From horse power to horsepower," *Access* 30 (Spring 2007), 2-9.
11 Leo Lucassen, Osamu Saito, and Ryuto Shimada, "Cross-cultural migrations in Japan in a comparative perspective, 1600-2000," in Jan Lucassen and Leo Lucassen, eds., *Globalising Migration History* (Leiden: Brill, 2014), p. 371에 따르면, '도시 무덤 효과(urban graveyard effect)'는 유럽과 일본 모두 19세기 중반까지 극복되지 않았으며, 일반적으로 그 전환은 다른 지역에서는 더 늦게 발생한 것으로 추정된다. 그러나 Romola Davenport (Cambridge) and Jeremy Boulton (Newcastle)가 진행 중인 연구에 따르면, 이 현상은 이미 그보다 앞선 세기에 영국의 여러 도시에서 발생했다고 한다. 더욱이 도시 인구의 자연 감소가 자연 증가로 바뀐 메커니즘은 분명하지 않은데, 대부분의 학자들이 과거 도시의 매우 높은 사망률이 감소한 점에 가장 큰 비중을 두는 반면, 다른 학자들은 도시 출생률을 매우 낮게 유지하던 요인들이 사라졌다는 점을 강조한다. 유럽의 경우에도 데이터의 결론을 내리기 어렵다. Allan Sharlin, "Natural decrease in early modern cities: a reappraisal," *Past and Present* 79 (May 1978), 126-138 참조.

우리 책의 제3장에서는 1750년이 아니라 1800년의 농업으로 논의를 시작하는데, 이러한 가속화된 추세를 도표로 보여주었다. 더욱이 그가 보여준 도표 중 일부는 이전 시대부터 전해지는 것이었지만, 또 일부는, 화학비료에 전폭적으로 의존한 농업처럼 초기 근대에는 전혀 선례가 없던 것들이었다.(제3장)

18세기에는 특히 인도와 중국 및 아메리카의 일부 지역에서 토지 개간이 상당히 많이 이루어졌지만, 1850년-1920년 세계적으로 발생한 경작 면적 증가(75퍼센트)에 견줄 바는 아니었다.[12] 더욱이 18세기를 거치는 동안은 물론 19세기가 상당히 진행될 때까지도, 인력, 축력, 자본의 투입량이 세계 대부분의 지역에서 지속적으로 성장했고, 총량뿐만 아니라 단위면적당 투입량도 마찬가지였다. 잉글랜드에서는 세계 다른 어느 지역보다 먼저 단위면적당 투입되는 고용 노동자의 수가 줄어들기 시작했다. 동시에 투입되는 노동자의 노동 시간은 지속적으로 늘어났다.(1800년경 연간 4,000시간 이상으로 정점을 찍었다.) "농업에서 노동의 해방"같은 현대적 현상은 아직은 뚜렷하게 나타나지 않았다. 더욱이 잉글랜드 농업에서 노동 생산성은 1500년 이후 장기적으로 약간 상승했지만, 대략 1750년-1800년경에는 하락한 것으로 보인다.[13] 노동력은

---

12 John Richards, "Land transformation," in B. L. Turner II et al., eds., *The Earth as Transformed by Human Action* (Cambridge University Press, 1990), p. 165.
13 Robert C. Allen, "Economic structure and agricultural productivity in Europe, 1300-1800," *European Review of Economic History* 3:1 (2000), 20; Gregory Clark and Ysbrand van der Werff, "The industrious revolution," *Journal of Economic History* 58:3 (September 1998), 830-843은 더 큰 증가세를 제시하지만, 이는 대략 1500년경 이미 대부분의 학자들이 생각하는 것보다 훨씬 더 강도 높은 노동 체제가 존재했다는 가정에 기반을 두고 있다.

부족하고 땅은 풍부했던 북아메리카에서도 19세기 중반에 이르러 농장 노동력을 대폭 절감할 수 있는 기계가 등장했다. 또한 1920년 이전까지 널리 사용되었던 기계는 맥코믹 수확기(McCormick reaper)가 거의 유일했다. 다만 목화에서 씨를 제거하는 조면기(cotton gin) 같은 수확 후 가공 기계는 이보다 더 일찍, 그리고 더 빠르게 보급되었다.[14] 1910년 이전에 농민 인구수가 줄어든 경우는 유럽에서 세 나라뿐이었다.[15] 한편 면적당 생산량을 획기적으로 개선한 기술, 즉 화학비료, 살충제, 대규모 관개시설 건설, 과학적 종자 개량 등은 거의 모두가 1850년 이후의 세계에서 도입되었고, 전 세계적으로 확산된 시기는 대개 1945년 이후였다. 우리가 논의하고 있는 시대의 초엽에도 일부 농민들은 단위면적당 수확량을 더 끌어올리고자 했지만, 이는 주로 이웃한 농장만큼 집약적으로 농장을 운영하지 못했던 농장에서 그 비슷한 수준으로 수확량을 개선하는 정도였다. 오늘날과 같이 획기적으로 높은 생산량을 끌어내게 된 것은 산업화의 결과가 투입된 이후의 일이었다. 산업화의 결과로 더 작은 토지에 더 적은 노동력을 이용하더라도 수확량을 증가시킬 수 있게 되었다. 그런 점에서 고대부터 적어도 19세기 중엽까지 이어져 왔던 수확량 확대의 표준적 패턴이 어느 정도는 역전되었다고 말할 수 있겠다.

근현대 경제는 언제 시작되었나?

약간의 차이는 있지만 생산과 관련해서 경제적 "접속(연결)"의 측면

---

14 Giovanni Federico, *Feeding the World: An Economic History of Agriculture, 1800-2000* (Princeton University Press, 2005), pp. 90-91.
15 Ibid. p. 56.

에서도 비슷한 이야기가 있다. 몇몇 사회에서는 산업화로 인해 가정에서 쉽게 생산할 수 없는 상품의 수요가 급성장하는 경우가 있었다. 고무(제18권 제18장), 면화, 황마를 비롯한 주요 상품들은 잠재적 수익성이 막대했다. 그와 같은 목표를 추구하기 위해 주변 경관은 극적인 변화를 맞이했다. 어떤 사람들은 강제이주를 당했고, 어떤 사람들은 인력수입으로 팔려갔다.(강제성의 정도는 경우에 따라 달랐다) 수입국들은 공장이나 운송이나 군대에 필요한 물품 생산지를 장악하기 위해 영토를 점령하기도 했다. 무역의 많은 부문은 1800년 이전, 식민지 플랜테이션과 대서양 횡단 노예 무역의 시대부터 시작되었다.(고무는 예외) 그러나 19세기와 20세기에는 훨씬 더 큰 규모로 성장했다. 19세기 말엽에는 또 다른 역학관계가 작동했다.(이는 특히 고무 무역에서 두드러졌다.) 원자재 생산지가 너무 멀리 떨어져 있음을 우려한 수입국과 기업들은 화학적으로 대체품을 생산하고자 했다. 이로써 이미 요동치던 시장에 또 하나의 와일드카드가 추가되었다. 그러므로 제2차 산업혁명(second industrial revolution, 19세기말-20세기초 – 옮긴이)은 원자재 호황의 절정과 동시에 깊고 파국적인 불황을 모두 나타내는 것이다.

제17권 제1장에서 분석한 바와 같이 18세기 말엽에는 장거리 이주가 뚜렷한 성장세를 보였다. 특히 당시의 대륙 간 이주는 역사상 유례가 없는 대규모로 나타났는데, 그것도 매우 우울한 방식으로 이루어졌다. 즉 대서양 노예 무역이 급격히 성장해서 1780년경에 절정에 이르렀다. (나중에는 노예 무역이 다양한 측면에서 불법으로 간주되었고, 영국 해군이 이를 통제하려고 노력하는 가운데, 1840년경에도 다시 한 번 절정을 맞이하였다.) 사하라 무역과 인도양 무역에서 노예 무역의 수량 관련 증거를 찾기란 쉽지 않지만, 그럼에도 18세기 후기에도 여전히 성장하고 있었다고 믿을 만한 이유가 있다.(제16권 제21장) 아시아의 거대 정치 단위에서도 전례 없는 많은 인구가 국경 지대로 이주했다. 최소한 중국에서 이주의 붐은 17세기 말엽에 시작되었고, 19세기 중엽에 이르러서는 약 2,000만 명이 이주의 물결에 참여했던 것으로 보인다. 그들 중 압도적 다수는 자유 이민자들이었다. 따라서 그들은 바야흐로 새로운 종류의 장거리 이주를 실천한 선구자들이었다.

그러나 이들의 이주는 규모나 지역 면에서 볼 때 그 이후에 나타난 이주 흐름에 비하면 제한적인 편이었다. 1840년경부터 약 5,000만 명의 유럽인이 대서양을 건너갔고, 그보다 조금 뒤에는 인도인과 중국인을 포함한 약 4,000만 명이 바다를 건넜다. 물론 전쟁, 억압, 법적 제약 등으로 인해 특히 1920년 이후부터 이러한 흐름이 왜곡되기도 했다.[16] 그럼에도 최근 수십 년 동안에는 새로운, 더욱 큰 이주의 물결이(출발지와 도착지의 다양성을 포함해) 세계적인 현실이 되었다.[17]

대륙 간 무역과 투자는(그리고 이를 통해 통합된 세계 시장은) 대개 1830년경부터 질적으로 다른 양상을 보였다. 사실 증기기관이 개발되기 전에 이미 대양 무역의 규모가 급증했으며, 일부 대륙 간 항로의 해상운송 비용이 급격히 떨어졌다. 18세기 북아메리카 항로는 특히 비용

---

16 19세기에는 많은 잠재적 이주지에서 아시아인을 배척하였기 때문에, 이주의 흐름은 그리 매력적이지 않은 지역들에 불균형적으로 집중되었다. 제1차 세계대전 이후 유럽 이민자들 역시 점점 더 제한적인 환경에 직면하게 되었다.
17 19세기 말과 20세기 말 이주의 흐름을 비교한 연구 성과는 다음을 참조. Giovanni Gozzini, "The global system of international migrations, 1900 and 2000: a comparative approach," *Journal of Global History* 1:3 (Fall 2006), 321-341.

이 저렴했다. 영국 해군이 해적을 막아주었고, 덕분에 보험료가 급락했으며, 상선들이 더 이상 무장 세력을 만날 일이 없었기 때문에 선원의 수도 훨씬 더 줄었다. 결국 총 인건비도 절감되었고, 화물을 선적할 수 있는 공간도 늘어났다.[18] 그러나 1830년 이전에는 주요 무역 품목의 가격이 주요 항구들마다 서로 달랐다. 이로 보아 세계 시장의 통합이 아직은 매우 제한적이었음을 알 수 있다.[19] 주요 무역 상품의 품목 자체도 상당히 눈길을 끈다. 금과 은(주로 화폐 형태), 차, 설탕, 향신료, 커피, 담배가 있었고, 18세기 말경에(특히 19세기에) 아편이 있었다. 이들 상품을 소비하는 많은 나라가 직접 생산할 수 없었기 때문에 경쟁 압력은 약한 편이었다. 모두가 비싼 품목들이었고, 일부는 약한 중독을 일으키는 상품들이었다. 그래서 높은 세금, 독점 공급, 기타 수수료에도 수요가 굳건한 편이었다. 통합된 경쟁 시장을 통해 유통되는 것이 아니었기 때문이다.(윌리엄 맥알리스터 William McAllister가 지적했듯이, 이러한 요인들 때문에 불법 약물이나 공식적으로 규제를 받는 합법 약품 모두 정부, 반군, 범죄단체, 기타 폭력과 보호를 조직할 수 있는 주체에게는 매우 중요한 문제가 되었다.) 1830년 이전의 성장도 사실이었고 또한 중요했지만, 그러나 19세기 중엽 이후 지속적이면서도 빠르게 진행되었던 혁신 성장에 비할 바

---

18 James F. Shepherd and Gary M. Walton, *Shipping, Maritime Trade and the Economic Development of Colonial North America* (Cambridge University Press, 1972). 생산성 변화에 대해서는 pp. 49-73; 보안, 보험 비용, 선박 및 승무원 규모에 대해서는 pp. 73-77, 80-85를 참조할 것.
19 Kevin O'Rourke and Jeffrey Williamson, "After Columbus: explaining Europe's overseas trade boom, 1500-1800," *Journal of Economic History* 62:2 (June 2002), 417-456.

는 아니었다.

1830년 이후에 이루어진 보다 광범위하고 근본적인 무역 확대는, 우리 시리즈의 제18권 제17장에서 설명한 것처럼 화석 연료(특히 육로 운송의 혁명적 발전)와 전기(특히 통신)를 활용한 새로운 기술 덕분이었다. 19세기 후기에 대양 화물 운송 비용은 40년 동안 2분의 1 내지 3분의 2로 떨어졌다. 버마에서 유럽까지 쌀을 운송하는 비용은 상품가의 74퍼센트를 차지했지만, 나중에는 18퍼센트까지 떨어졌다. 1840년 면화 가격은 알렉산드리아보다 리버풀(영국 제2의 항구도시 – 옮긴이)에서 63퍼센트 더 비쌌지만, 1895년에는 불과 5퍼센트 더 비쌀 따름이었다.[20] 이러한 결과는 20세기에 들어서서, 특히 부패가능한 상품을 생산하는 생산자에게 극적인 변화를 안겨주었다. 예컨대 1900년에는 규모가 작은 지방이었던 델라웨어(Delaware)와 그보다 조금 컸던 뉴저지(New Jersey)가 미국 4대 농산물 생산지에 속했다.(다른 두 곳은 뉴욕과 펜실베니아였다.) 이유는 단지 그곳이 동부 해안의 거대 도시와 가까운 위치에 있어서 비싼 과일과 채소 시장에 접근하기가 유리했기 때문이다.[21] 불과 수십 년이 지난 뒤에는 철도 덕분에 멀리 떨어진 캘리포니아가 미국의 주요 농산물 생산지가 되었다. 안정적인 냉장 장치 덕분에 트럭은 이런 추세를 더욱 밀고 나갔고, 마침내 비행기가 등장했다. 오늘날 칠레, 남아프리카공화국, 뉴질랜드에서 생산한 신선 과일이 북반구의 소비자들에게

---

20 Kevin O'Rourke and Jeffrey Williamson, "When did globalization begin?" NBER Working Paper 7632 (April 2000). Available at www.nber.org/papers/w7632.
21 Steven Stoll, *The Fruits of Natural Advantage: Making the Industrial Countryside in California* (Berkeley, CA: University of California Press, 1998), pp. 52-53.

판매되고 있다. 점차 식생활이 변해갔고, 세계 시장 속에서 21세기 농업은 전례없는 극단적 전문화로 나아갔으며, 그에 따라 자연환경에 미치는 영향도 변해갔다. 거리의 장벽이 큰 폭으로 줄어들면서 경쟁은 심화되었고, 외국의 효율성을 따라잡기 위해 기회와 압력이 동시에 강화되었다. 우리 시리즈의 제18권 제21장에서 논의한, "세계화(globalization)"가 만들어낸 모든 양상들을 보면, 그것이 단순히 장거리 교류의 증가 문제에 국한되지 않음을 알 수 있다.(교류 증가는 주기적 반전에도 불구하고 수천 년 동안 지속되어온 경향이었다.)

그러나 19세기 후기-20세기의 이와 같은 변화는, 1750년이나 심지어 1830년에도 아직은 상상하기 어려운 일이었다. 19세기 중엽 이전에는, 심지어 대서양 연안 지역에서도 세계 시장에 따른 가격이나 임금의 조정이 나타나지 않았다. 이로 보아 세계 시장은 아직은 대부분의 생산자들에게 강력한 경쟁 압력을 미치지 않았던 것 같다. 예컨대 프랑스 보르도 인근에 살던 밀 생산 농민이나 제화공은, 멀리 떨어진 중국 천진(天津, 톈진)은커녕 가까운 바다 건너 필라델피아에서 무슨 일이 일어나는지조차 신경 쓸 필요가 없었다. 물리적 운송 비용, 수수료, 다양한 취향, 독점 등등 여러 가지 요소들이 작용해서 일부 상품들이 거래된다 하더라도, 아직은 세계 경제가 느슨하게 연결된 상태일 따름이었다. 세계 무역에서 가장 비중이 큰 상품은, 앞에서 살펴본 것처럼 대부분은 직접적인 경쟁을 유발하는 상품이 아니라, 수입처에서는 생산할 수 없는 종류의 상품들이었다. 대서양 연안 지역에서조차 경제의 세계화 징후는 1840년 이후에야 뚜렷하게 나타났고, 다른 지역은 그보다 더 늦게 나타났다.

하지만 그렇다고 해서 경제 세계화 논의의 시점을 19세기 중엽으로 잡을 수는 없다. 우선 1840년 이후의 통합 과정은 갑자기 나타난 것이 아니었다. 오히려 그것은 이전 시대에 만들어놓은 궤도를 따라 움직였다. 식민지 건설, 인프라 건설, 시장 개척 등 많은 일들이 폭력이나 노예무역, 이윤의 독점, 기타 부정적 수단들이 없이는 불가능한 일들이었다. 앞서 언급한 것처럼 그것이 때로 부드러운 시장 통합을 방해하는 장벽을 만들기도 했다. 아시아에서는 기존에 구자라트 상인, 복건 상인, 아르메니아 상인, 기타 여러 디아스포라를 통해 진행되었던 국제적 접속(연결)이 다시금 확대되는 과정에서, 유럽 독점주의자들의 폭력적 침략 행위가 자주 발생했고, 식민지 시기 내내 여러 곳에서 강압이 주요 수단으로 활용되었다. 제16권 제21장에서 보듯이, 아프리카는 대륙 간 노예 무역이 종식되고 합법적 무역이 도입된 이후에도 다양한 폭력에서 벗어나지 못했다. 세기말 식민지 무역 수출이 이루어지던 시기에도 이러한 폭력은 여전히 지속되었다.

18세기 이래로 노예제의 도덕적, 지적 토대는 지속적이고도 강렬한 비판에 직면했다. 수천 년 동안 저마다의 방식으로 노예제를 자연스럽거나 도덕적으로 문제없다고 여겼던 많은 사회에서 노예해방은 역사적으로 대단히 획기적인 사건이었다.[22] 그러므로 19세기의 노예해방은 초

---

22 고전적인 저작으로는 David Brion Davis의 저서 참조(전3권). *The Problem of Slavery in Western Culture* (Ithaca, NY: Cornell University Press, 1966); *The Problem of Slavery in the Age of Revolution, 1770-1823* (Ithaca, NY: Cornell University Press, 1975); *The Problem of Slavery in the Age of Emancipation* (NY: Alfred A. Knopf, 2014).

기 근대 폭력의 성과에 힘입은 무역 호황 때문이 아니라, 18세기의 사상에서 비롯된 것이었다. 그러나 노예해방의 문제에서조차 자유사상의 구현 그 자체는 훨씬 더 복잡한 역사를 내포하고 있으므로, 자유의 시대와 억압의 시대를 분명하게 나누기란 쉽지 않은 일이다.

노예제 폐지를 다룬 제17권 제5장의 견해는 전혀 다르다. 저자는 기존에 흔히 사용되던 자유 노동과 예속 노동의 이분법에 문제를 제기했다. 그는 비교적 엄격한 제도였던 러시아의 "농노제" 안에서도 법적으로나 현실적으로 많은 단계가 나뉘어 있었다는 점을 지적했다.(그러므로 "농노제"라는 명칭 자체가 문제가 있다고 본다.) 19세기는 물론 18세기에도 수많은 사람들이 주어진 시스템 안에서 자신의 지위를 바꾸기 위해 많은 노력을 기울였다. 그래서 러시아의 신분제 폐지는 매우 점진적인 과정을 거쳤다. 그 시작은 1861년보다 훨씬 이전이었으며, 거의 완성된 것으로 추정되는 시기는 1900년경이었다. 그러나 제1차 세계대전 당시 과중한 강제노역이 실시되면서 해방의 분위기가 역전되었고, 소비에트 연방 체제 아래 강제노동 정책에 따라 상황은 완전히 악화되었다. 또한 저자는 카리브해와 미국에서 노예해방이 얼마나 불완전했는지, 그리고 남북전쟁 당시 미국이 수출 물량을 극단적으로 축소한 결과 발생했던 "목화 기근"이, 이집트, 인도, 러시아, 브라질 등 강제노동에 기반한 농업 수출 지역의 확대 및 강화에 어떻게 기여했는지를 보여주었다. 강제노동의 폐지는 아프리카 식민주의자들의 중요한 명분이었음에도 불구하고 식민지 아프리카에서 강제노동은 사라지지 않았다.(제16권 21장에서도 이 문제를 다루었다.) 오스만 제국에서도 강제노동은 여전히 지속되었다.(여기에 미국령 필리핀도 추가될 수 있을 것이다.)[23] 마지막으로 20세기에도 정부 운영 형태(강제수용소와 교도소)나 민간 운영 형태(흔히 아동노동 포함)로 대규모 강제노동이 실시되었음을 지적했다. 세계 전체적으로 노예노동의 비중이나 중요성은 분명 줄었지만, 절대 인구 수의 측면에서 1860년보다 오늘날의 노예가 더 많다.[24] 수많은 반자유주의적 행태(네덜란드 동인도회사가 전형적으로 보여주었던 식민지 수탈, 폭력적 수단은 아니지만 미국의 높은 관세 장벽이 만들어내는 "시장 왜곡")에 이와 같은 수정주의적 시각을 더하고 보면, 기존 세계화 모델의 제도적 기반(18세기의 중상주의와 19세기의 자유주의)은 더 이상 유지되기 어려울 것이다.

1900년 이전 세계 사상의 유행

무엇보다도 장거리 교역이 세계 통합 시장을 형성하기 전에 먼저 사상, 신앙, 취향, 기술, 식물, 동물, 세균 등의 이동에 필요한 인프라의 대부분을 제공했다는 사실을 기억해야 할 것이다. 가격 통합의 문제는 실제 교역량에 직접적으로 연관되었지만(특히 식량 관련 상품), 이러한 문제들은 그와 같은 직접적인 상관관계가 없었다. 그래서 신흥 세계 시장의 엄밀한 수량적 지표보다 훨씬 앞서 나갈 수 있었던 것이다. 이는 1400년-1800년 무렵 대륙 간 교류가 보다 빈번해지고 영향력이 점차 강화되던 세계를 일컬어 "원시 세계화"의 시대로 보는 입장을 뒷받침한

---

23 Michael Salman, *The Embarrassment of Slavery: Controversies over Bondage and Nationalism in the American Colonial Philippines* (Berkeley, CA: University of California Press, 2001).
24 Kevin Bales, *Disposable People: New Slavery in the Global Economy* (Berkeley, CA: University of California Press, 2004).

다.²⁵ (혹은 우리 시리즈의 제9-10권에서 다루었던 1000년-1400년 사이의 시대를 이렇게 보는 입장도 있을 수 있다.) 오늘날의 정치경제학에서 통용되는 의미와 같은 "세계화(globalization)" 현상을 발견할 수 없지만(세계시장이 워낙 긴밀하게 통합되면서, 시장논리로서의 "세계화"는 정부나 노동운동, 환경운동가를 옴짝달싹 못하게 하는 "구속복"과도 같아서, 어떤 정책 제안을 사업비용이 많이 든다는 이유로 비난할 때 사용되기도 한다),²⁶ 그러나 다른 측면에서 보자면, 18-19세기의 교류 증가는 그 이후의 결과 못지 않게, 그 자체로 막대한 의미를 지녔다.

우리 시리즈의 제18권 제12장에서 분석된 바와 같이, 대서양 혁명은 1750년 이후 뉴스와 사상이 보다 치열하게, 또한 치명적으로 유통된 대표적인 사례일 것이다. 노예폐지론의 부상과 이후 비슷한 경로를 거쳤던 유행은, 노예제를 다룬 제17권 제5장에서도 핵심적 요인으로 거론되었다. 그러나 스페인의 1812년 카디스(Cadiz) 헌법에 대한 람모한 로이(Rammohan Roy)의 비평 등 극소수의 경우를 제외하면, 이들이 논의한

---

25 See, e.g., Geoffrey Gunn, *First Globalization: The Eurasian Exchange, 1500-1800* (Lanham, MD: Rowman & Littlefield, 2003); C. A. Bayly, *The Birth of the Modern World, 1780-1914: Global Connections and Comparisons* (Oxford: Blackwell, 2004); Dennis Flynn and Arturo Giraldez, "Born with a silver spoon: the origin of world trade in 1571," *Journal of World History* 6:2 (Fall 1995), 201-221.
26 따라서 세계화의 역사에 관한 다음의 논쟁은 사실관계가 아니라 정의에 대한 이견에서 비롯된 것이었다. O'Rourke and Williamson, "When did globalization begin?"; Dennis Flynn and Arturo Giraldez, "Path dependence, time lags and the birth of globalization: a critique of O'Rourke and Williamson," *European Review of Economic History* 8:1 (April 2004), 81-108; O'Rourke and Williamson, "Once more: when did globalization begin?" *European Review of Economic History* 8:1 (April 2004), 109-117.

범위는 대개 대서양 권역에 국한되었다.

제17권 제8장에서 주목했듯이, 계몽주의 시대의 과학은, 약간의 예외가 없지 않지만, 대부분의 경우 대서양 세계의 현상이었다. 초기 환경학(environmental science)은 모리셔스(Mauritius) 같은 열대의 섬에서 살았던 유럽인들의 경험에서 중요한 자극을 받았는데, 그들은 때로 원주민 식물학자나 다른 과학 분야로부터 영향을 받기도 했다. 역사언어학은 산스크리트어 전문 학자들로부터 강력한 영향을 받았다. 일본 나가사키의 난학(蘭学, 네덜란드 연구)은 서구의 자연과학에 기여하기보다는 그를 추종하고자 했다. 대서양 권역을 넘어 전 세계로 전파되었던 기술은 추상적인 과학보다 더 멀리, 더 다양한 방향으로 뻗어 나갔다. 가장 빠르게, 가장 폭넓게 전해진 기술은 군사 기술이었지만, 농업, 도로 건설, 물 관리, 직조와 염색 등과 관련된 기술 또한 서양에서 동양으로, 동양에서 서양으로 전달되었다. 이와 관련해서 제15권 제10장에서 논의된 것처럼 천연두의 예방은 흥미로운 사례였다. 보스톤에 있던 코튼 매터(Cotton Mather)는 1707년 아프리카 노예로부터 천연두 예방에 관한 지식을 배웠다. 그로부터 몇 년 뒤 오스만 제국 궁정에서 근무하던 영국 대사의 부인 매리 워틀리 몬태규 여사(Lady Mary Wortley Montagu)도 그곳에서 예방 관습을 배웠으며, 영국으로 귀국한 뒤에 자신의 아이들에게 예방법을 실시하고, 천연두 예방접종을 옹호했다. 런던에 있던 영국 왕립학회(Royal Society)의 보고서에는 천연두 예방법이 (중국을 포함하여) "다른 아시아의 국가들"에서도 잘 알려진 관습이라고 정확하게 기록되어 있다. 세기말에 이르러서는 최고의 백신 기술이 영국에서 개발되어, 유럽에서부터 세계를 향한 길고도 느린 여정이 시작되었다.

우리가 논의하는 시대의 대부분에 걸쳐 과학사상의 전파는 북대서양에서 세계로 나간 흐름이 비서구권 지역 간 전파보다 훨씬 더 결정적인 영향을 미쳤다. 19-20세기에는 이러한 흐름이 오늘날 세계적으로 인정되는 과학 이론의 범주와 학문적 전제 및 가장 영향력 있는 이론으로 규정되었다.(다만 일부 분야에서는 변화가 없지 않다.) 그러나 서구 학문의 주도권이 절정에 이른 때에도, 비서구권에서 얻은 정보가(때로는 단지 그것이 유럽-아메리카의 경험에 기반한 가정이 통용되지 않는 "다른 어떤 곳"이 있다는 사실만으로도) 중요한 자극이 되기도 한다. 세계적으로 상호 교류가 어느 지역에 혹은 어떤 사건에 미친 영향을 일일이 거론하는 것이 지루할 수도 있다. 그러나 우리 책의 전제 중 하나는, 어떤 전파의 흐름이, 흔히 물질적 전파에 의거함에도 불구하고 명확히 드러나지 않는 어떤 흐름이 존재한다는 입장이다. 사회나 문화 혹은 지적 현상을 다루는, 혹은 주로 지역 차원이나 그 하위 지역 수준에서 발생한 사건 혹은 경향을 다루는, 우리 책에 수록된 많은 글에서 이 흐름은 근본적인 배경 중 일부를 차지하고 있다. 이제 그들을 좀더 살펴보아야 할 차례다.

다시 시작된 파괴

그러나 먼저 오늘날까지 이어지는 파괴의 문제로 논의를 확장해볼 필요가 있다. 흥미롭게도 서두에서 언급했던 18세기의 전쟁은 지리적 범위와 비용 면에서 전례가 없는 경우였다. 그럼에도 18세기는 전쟁으로 인한 파괴의 시대는 아니었다. 7년 전쟁, 미국 독립 혁명, 프랑스 혁명, 나폴레옹 전쟁을 모두 종합하더라도, 직접적인 사망자 수는 유럽의 30년 전쟁(1618-48년)보다 적었다. 더욱이 나폴레옹 전쟁(실제로 19년 동안 진행됨)만 제외하면, 사망자 수는 현저하게 차이가 난다. 유럽 내 분쟁을 분석한 잭 레비(Jack Levy)의 통계에 따르면, 17세기에 비해 18세기의 전쟁 사망자 수가 훨씬 더 적었고, 19세기는 그보다 더 적었다.[27] 18세기의 청나라는 팽창 과정에서 준가르인을 거의 전멸시키기도 했지만, 17세기 중원을 장악할 당시의 사망자 수는 그리 많지 않았다.[28] 방식은 달랐지만 물류의 개선이 양쪽 모두 중요한 원인으로 작용했다. 18세기 유럽 군대의 보급은, 제도 개선과 수확량 증가에 따라 17세기보다 훨씬 더 안정화되었고, 시민들의 식량 피해도 훨씬 줄어들었다. 청나라는 몽골과 싸울 때 멀리 스텝 지역에 나가서 싸웠다. 그곳은 명청 교체기의 중심지들에 비하면 인구밀도가 훨씬 낮았다. 그리고 청나라 원정군의 식량 사정은 명나라 시기의 원정군에 비해 훨씬 더 안정적이었다. 1796년-1804년에는 백련교(白蓮敎)의 난으로 중원 지역은 또 다시 오랜 전쟁에 휘말렸다.(그래도 중국에서 가장 인구밀도가 높은 곳은 아니었다.) 19세기에 이 지역에서 겪게 될 재앙보다 그때 더 많은 희생자가 발생했다. 정확한 통계는 없지만 학자들의 연구에 따르면 반란 진압 과정에서 최소 100만 명이 사망했다고 한다.[29] 남아시아의 경우, 특히 내전

---

27 Charles Tilly, *Coercion, Capital, and European States, AD 990-1992* (Malden, MA, and Oxford: Wiley-Blackwell, 1992), pp. 72-74의 요약 참조.
28 Peter Perdue, *China Marches West: The Qing Conquest of Central Eurasia* (Cambridge, MA: Harvard University Press, 2005), p. 285는 아마도 18만 명의 준가르인이 살해되었고, 또 다른 24만 명이 천연두로 사망했을 것으로 추정한다. 청군이 겪은 가장 심각한 패배 중 병사 8,000명이 사망하고, 몽골 동맹군에서도 상당한 사상자가 발생한 경우도 있었다.(ibid. p. 254) 이에 비해 명나라 말기 사천성에서 발생한 장헌충의 반란에서는 사망자 수가 수백만 명에 이르렀다.
29 Gu Haicheng, *Chuan Shan Chu Bai lian jiao luan shi mo* (Taizhong, 1976), p. 1.

의 희생자와 관련해서 믿을 수 있는 통계를 구하기가 더욱 어렵다. 그러나 무굴 제국이 해체되면서 계승 전쟁이라든가, 영국과 무굴 제국을 계승한 여러 군벌들 사이의 전쟁 등 더 큰 전쟁의 자료는 남아 있다. 그에 따르면, 금융비용은 올라갔지만 희생자 수는 그렇지 않았다. 당시 적을 파괴하기보다는 병합하는 전략이 확산된 결과로 추정된다.(이러한 상황이 탈영을 유도하기 위해 금전을 제공할 수 있었던 유럽인들에게 유리하게 작용했다.)[30]

유럽의 경우, 1815년-1914년은 상대적으로 평화로웠던 시기로 유명하다. 수치상으로는 19세기 청나라에서 가장 큰 죽음의 들판이 펼쳐졌다. 1851년에서 1878년 사이 청나라에서 네 차례의 거대한 내전이 벌어졌다. 당시 최소 5,000만 명 이상이 희생되었을 것으로 추정된다.(실제 수치는 훨씬 더 높았을 것이다.)[31] 그곳의 전쟁에 분명 세계의 흐름이 영향을 미쳤다. 예를 들어 당시에 벌어졌던 첫 번째 대란이었던 태평천국(太平天國)의 난은 가장 큰 결과를 초래했다. 그들은 미국 테네시 주 출신의 침례교 선교사로부터 영향을 받은 천년왕국설 교리를 믿었

---

30 See, for instance, Kaushik Roy, *The Oxford Companion to Modern Warfare in India* (Oxford University Press, 2009), pp. 15-16, 31-32, 48, 69-70, 80, 82, 86, 92, 97; Roy, "The armed expansion of the English East India Company, 1740s-1849," in Daniel P. Marston and Chandar S. Sundaram, eds., *A Military History of India and South Asia* (Bloomington, in: Indiana University Press, 2007), pp. 1-15; Gurcharn Singh Sandhu, *A Military History of Medieval India* (New Delhi: Vision Books, 2003), pp. 812-836.
31 Cao Shuji, *Zhongguo renkou shi* (Shanghai: Fudan daxue chubanshe, 2000), Vol. 5, p. 553은 태평천국 운동만으로 7,000만 명 이상 희생되었다고 주장하여, 믿을 수 있는 추정치 중 최고치를 제시했다. 그러나 대부분의 학자들은 이 수치에는 사망자가 아니라 인구 등록에서 누락된 인구가 상당수 포함되었다고 본다.

고, 그들의 지도자가 자칭 예수의 동생이라고 주장했다. 당시 그들의 공격을 받았던 청나라는 아편무역과 제1차 아편전쟁(1839-42년) 등 여러 모로 약해진 상태였다. 그러나 많은 측면에서 분쟁은 자생적인 것이었다. 1850년 이후의 몇몇 전쟁은 최소한 부분적으로나마 산업화가 진행된 두 나라 사이의 전쟁이었다. 무엇보다 미국의 남북전쟁(1861-65년)뿐만 아니라 프로이센-프랑스 전쟁(普佛戰爭, 1870-71년)과 러일전쟁(1904-05년)도 마찬가지였다. 이런 사례들은 앞으로 일어나게 될 대량 파괴행위의 전조와도 같았다. 그러나 지금에 와서 돌이켜보면 분명한 전조였지만, 당시로서는 알 수 없는 일이었다. 미국 남북전쟁의 사망자는 60만이었지만, 6개월에 걸친 나폴레옹의 프로이센 침략 당시의 사망자보다 그리 많지는 않았다. 가장 충격적인 변화는 치사율보다는 군대의 기동력이었다. 나폴레옹의 부대와 보급은 율리우스 카이사르의 진군에 비해 조금 빠른 정도에 불과했다. 미국 남북전쟁 당시 북군의 장군 율리시스 그랜트(Ulysses S. Grant)의 부대는 철로를 끊임없이 건설하고 재건하며 전진했다. 철로를 활용했을 때는 나폴레옹의 부대보다 훨씬 더 빨리 이동할 수 있었다. 당시의 세계와, 그로부터 한 세기 뒤 제1차 세계대전의 참호 사이에는 물리적인 만큼이나 정신적으로 엄청난 격차가 가로놓여 있었다.[32]

중국 이외의 지역에서 19세기에 벌어진 가장 파괴적인 전쟁은 대개 식민지를 차지하려는 분쟁이거나, 백인 정착민들이 영토를 확장하면

---

32 William H. McNeill, T*he Pursuit of Power: Technology, Armed Force, and Society Since a.d. 1000* (University of Chicago Press, 1982), p. 223.

서 원주민과 충돌한 경우였다. 이러한 전쟁에서는 대개 중무장한 소규모 유럽 군대가 현지에서 보조 인력을 모집하여 지원을 받았다. 보조 인력으로 투입된 원주민들은 주로 이전에 원주민들 사이에 벌어진 전투에서 패배한 자들이었다. 일단 전쟁이 벌어지면 원주민은 전투요원과 민간인을 막론하고 많은 인원이 죽거나 다쳤다. 오히려 유럽인들은 비교적 큰 피해를 입지 않았다. 1825년-1830년에 벌어진 자와 전쟁(Java War)에서는 원주민 약 20만 명이 목숨을 잃었다. 전쟁이 벌어진 곳은 자와 섬의 일부 지역으로, 그곳의 인구가 도합 200만 가량이었다. 이는 앞으로 벌어질 유럽 식민지 팽창의 전조와도 같았다. 유럽인의 관심은 아메리카에서 아시아로, 이후 아프리카로 넘어갔다. 자와 전쟁에서 네덜란드인은 7,000명(더불어 "원주민" 보조인력 8,000명)이 목숨을 잃었는데, 인구 규모가 작은 나라였던 네덜란드로서는 적은 인원이 아니었다.[33] 식민지 피지배층은 강렬하고도 창의적인 저항전에 나섰다. 또한 풍토병에도 더 유리한 입장이었다. 그럼에도 불구하고 기술 격차가 극심할 경우 사망자의 비중이 대단히 편향적이었다. 자와 전쟁은 이러한 사실을 입증하는 이른 시기의 사례였다.(아프리카에서도 풍토병 문제가 있었지만, 북아메리카 같은 온대지방에서 일어난 전쟁에서는 그 비중이 그리 크지 않았다.) 약 2,000명의 앵글로-인디언(anglo-Indians, 영국인과 인도인의 혼혈)이 1857-58년의 반란(세포이 항쟁) 중에 사망한 것으로 추정된다. 같은

---

33 J. A. de Moor, "Warmakers in the Archipelago: Dutch expeditions in nineteenth century Indonesia," in J. A. de Moor and H. L. Wesseling, eds., *Imperialism and War: Essays on Colonial Wars in Asia and Africa* (Leiden: Brill, 1989), p. 52에서 인용한 사상자 수치.

시기 인도인 사망자 추정 수치는 편차가 워낙 크다. 그러나 최소치가 약 10만 명이고, 최근 연구 성과에 따르면 (10년이 지난 뒤에도 지속되었던 영국인들의 복수극까지 포함해서) 그 수가 1,000만 명에 달하기도 한다.[34] 20세기 초엽의 대규모 전쟁 혹은 인종학살은 또 다른 사례에 해당한다. 독일의 나미비아 식민지에서 약 1,400명의 군인과 민간인들이 희생되었고, 그 대가로 약 7만 명의 원주민들이 굶어죽거나 학살당했다. 수단의 도시 옴두르만(Omdurman, 오늘날 수단의 수도 근처)에서 영국군과 이집트 지원군은 40명의 병력을 잃었고, 그들의 적은 불과 몇 시간만에 1만 1,000명이 목숨을 잃었다.[35] 원주민 정치 세력이 식민지 지배자들을 축출하거나 그에 저항하는 사례도 없지 않았다. 19세기 초엽의 아이티와 19세기 말엽의 에티오피아가 가장 충격적인 사례였다. 그러나 이는 매우 예외적인 경우에 속했다.

　기존 정치 구조를 완전히 정복하기 어려운 곳, 또는 유럽인들끼리 분쟁이 발생할 위험이 큰 곳에서는 유럽인들도 가급적 전쟁을 피하고자 했다. 중국, 일본, 오스만 제국, 남아메리카의 여러 신생 독립국, 시암 왕국(태국) 등이 바로 그런 지역이었다. 여기서는 장기간의 전쟁 대신 단기적으로 군사 작전을 펼치거나, 비공식적 지배 정도로 만족했다. "자강(自强)"이라는 주제를 논의한 우리 시리즈의 제16권 제14장에서 설명

---

34 AmareshMisra, *War of Civilisations: India ad 1857* (New Delhi: Rupa & Co., 2008); for a review see Randeep Ramesh, "India's secret history," *The Guardian*, August 24, 2007, www.theguardian.com/world/2007/aug/24/india.randeepramesh.
35 Daniel Headrick, *The Tools of Empire: Technology and European Imperialism in the Nineteenth Century* (Oxford University Press, 1981), p. 118.

했듯이, 이러한 국가들은 유럽의 규범을 일정정도 받아들이면서 주권을 보호할 수 있었다. 동시에 "서구의 부국강병을 모범으로 삼아 국내 정치의 우선순위와 경제적 제도를 정비하고자" 했다.(그러나 성공의 정도는 국가마다 크게 달랐다.) 이 글에서 특히 동아시아를 강조할 만한 이유가 있었다. 동아시아에서는 그러한 시도가 성공적으로 작동해서, 그들의 다양한 토착 사상과 관습이 오늘날까지도 전 세계적으로 인정받고 있기 때문이다. 지금 여기서 말하고자 하는 바는, 19세기에 심지어 유럽인들과 가장 강력한 비-유럽 국가들이 무력충돌을 했을 때조차, 순수 식민지에서 벌어졌던 더 큰 분쟁에 비하면 상대적으로 사상자가 적었고, 18세기의 전쟁과 비교하면 그 수치는 더더욱 적었다. 양측을 합해서 중국-프랑스 전쟁(1883-85년)에서는 약 1만 5,000명이 사망했고, 제1차 아편전쟁(1839-42년)에서는 약 2만 명, 프랑스의 멕시코 재식민지화 시도(1862-67년)에서는 2만 5,000명이 희생되었다.(1800년대 수차례에 걸쳐 일어났던 러시아-오스만 전쟁에서는 예외적으로 사상자가 많았다.) 워털루 전쟁(1815년) 이후부터 사라예보 사건(1914년) 이전까지는 유럽 세력들 간에(혹은 신대륙에 있던 그 후예들을 포함해서) 그다지 분쟁이 없었기 때문에, 19세기의 전쟁은 1754년-1814년의 전쟁처럼(7년 전쟁에서 나폴레옹 전쟁까지를 의미함 — 옮긴이) 세계적 차원으로 비화되지는 않았다. 이는 물론 유럽인을 상대하는 사람들이 예전처럼 동맹 세력을 확보하지 못했음을 의미할 수도 있다. 쿠바나 필리핀에서 일어났던 반-스페인 반란을 미국이 지원했던 일은 기간도 짧았을 뿐더러 예외적인 사건이었을 뿐이다. 19세기 말엽, 에티오피아인들은 유럽의 총기를 구입해 이탈리아 침략군을 물리치고, 사모리 투레(Samori Touré)가 이끄는 부대는 최신

라이플 소총을 구입해 서아프리카에서 프랑스를 상대로 12년을 버텨냈다. 이 무렵 유럽인들은 세 차례에 걸쳐(1890년, 1892년, 1899년) 아프리카인들에게 최신 무기 판매를 금지하는 조약에 서명했다.[36]

그러나 전쟁은 다른 식으로도 연결되었다. 글로벌 시장에는 무기뿐만 아니라 군인의 노동력도 판매되고 있었다. 새로운 기술을 잘 설명할 수 있는 사람은 흔히 막대한 대가를 받았다. 미국 남북전쟁 참전용사와 그때 잃어버린 무기들은 중국, 멕시코, 일본 등 다른 곳에서 다시 모습을 드러내었다. 무기 제조에 전례 없는 자본이 투입되면서, 국내 판매에 국한해서 무기를 생산하는 기업은 제한 없이 판매에 나서는 기업과 가격 경쟁을 할 수 없었다. 강대국들은 거대한 관료 조직과 군수산업 복합체를 구축하여 서로 간의 대규모 전쟁에 대비했으며, 다른 많은 나라들은 빨리 현대식 군대를 육성하기 위해 시장을 통해 그 대안을 찾았다.

가장 규모가 거대했던 영국과 프랑스 양대 제국의 경우, 식민지에서 매우 빈번하게 전쟁이 일어났기 때문에 상비군을 보유할 필요가 충분했다. 그러나 유럽인으로 구성된 부대보다는 유지비가 저렴해야 했다. 대안은 유럽인 장교와 식민지 병력으로 기동력 있는 특공대를 조직하는 것이었다. 소수민족에서 선발한 병사들은 용맹하면서도 충성심을 겸비했다. 이를 위해 영국은 주로 시크교도와 여러 고산지대 민족에서 병력을 모집했다. 프랑스는 세네갈 병사를 등용했으며, 유럽 전역에서 고향을 떠나 이주한 사람들로 구성된 "외인부대"로 이를 보충했다. 실패한 폴란드의 혁명가, 해체된 프랑스 왕실 근위대 출신의 스위스 용병 등이

36　Ibid. pp. 110, 118-120.

외인부대 구성원으로 포함되었다. 제국의 식민지 전쟁에는 대부분 이들이 참전했고, 치안을 담당했으며, 나중에는(20세기) 유럽의 분쟁에도 투입되었다. 한편으로 그들은 글로벌 용병 시장에서 일종의 단기적 비상수단을 장기적으로 대체 가능한 방안이었으며, 19세기 중국이나 파라과이 같은 나라는 도입하기 어려운 방안이었다.

1914-45년은 다시 돌아온 세계전쟁의 시대였다. 이제는 19세기의 신기술(고폭탄, 기관총, 전신, 철도 등)과 더불어 비행기, 독가스, 탱크, 무전기 등 20세기의 신기술도 동원되었다. 급기야는 신무기로 핵폭탄이 만들어졌다. 우리 책의 제5장에서 논의했듯이, 히로시마와 나가사키에 핵폭탄을 투하한 이유는 전쟁을 끝내기 위해서였지만, 동시에 위력을 실험할 기회라는 의미도 있었다. 19세기의 제국 건설, 유럽에서 민족주의의 강화, 러시아와 미국의 영토 팽창 등의 과정을 거친 뒤, 20세기의 세계 전쟁은 그 어느 때보다 더 거대해졌다. 그들은 보유 자원을 잘 파악하고 있었고, 사람들을 동원해서 어디든 적재적소로 자원을 운반했다. 결국 20세기 군대는 과거의 어느 때보다 강력한 전력을 발휘할 수 있었고, 그렇게 할 수밖에 없다고 느낄 때도 많았다. 우리 시리즈의 제18권 13장에서 분명하게 보여주었듯이, 그 결과 군인과 민간인을 막론하고 놀라울 정도로 많은 사람들이 죽었다. 의학의 급성장으로 부상자와 질병으로 인한 사망자가 크게 줄어들었음에도 불구하고 사망자가 절대적으로 많았다. 특히 민간인 사망자 수는 정확히 파악하기 어렵지만 (총탄에 희생된 사람보다 전쟁 때문에 식량 부족으로 죽은 사람이 더 많았다), 제2차 세계대전만 하더라도 총 6,000만 명 정도가 목숨을 잃었다.

이와 같은 엄청난 수치는 단순히 수많은 전투와 기술, 조직적 능력의 발전에 따른 결과만은 아니었다. 이를 보여주는 한 가지 지표로, 20세기에도 정부나 정부 연계 준군사조직, 혹은 반란군이나 침략자 등 미래의 정부 세력에 의해, 고의로 혹은 실수에 의해 수많은 민간인들이 살해되었다.

이러한 사례 중 일부 사건에서는 살해의 의도가 불분명하거나, 또는 다른 목표를 수행하는 중에 일어난 부수적인 사망 사건이었다. 우리 시리즈의 제16권 제16장에서 분석했듯이, 특정 인구의 축소, 제거, 심지어 말살 그 자체가 목적인 경우도 있었다. 제16권 제17장에서는 파시즘과 공산주의에 초점을 맞추었는데, 존재 자체가 그들이 원하는 사회 변혁과 공존할 수 없다고 간주된 집단을 "청소"하려는 목적이 있었다. 특히 파시즘의 경우, "폭력과 전쟁의 미화"가 (적어도 남성들에게는) "고상한" 것으로 여겨지기도 했다.

제16권 제16장에서 주목했듯이, 대량살상이 유독 근현대만의 문제는 아니었다. 또한 모든 살상이 흔히들 이해하는 "집단학살(genocide)"의 개념에 맞는 것도 아니었다. 근대의 많은 살상은 자원 확보라는 비교적 단순한 동기에서 비롯된 결과였다. 이런 패턴이 특히 19세기 말엽 "아프리카 쟁탈전(scramble for Africa)"에 집중되었고, 다른 시도 또한 열대 자원을 수탈하는 과정에서 나타났다. 열대지방에 정착하려는 백인은 거의 없었고, 매우 적은 임금을 받고 거기서 일하려는 원주민도 거의 없었기 때문이다. 고무를 논의한 제18권 13장과, 아프리카를 다룬 제16권 21장에서도 간략하게 언급되었듯이, 가장 악명 높은 사례는 거의 500만 명이 희생된 벨기에령 콩고였을 것이다. 그럼에도 그때가 이와 같은 살상의 최초 전성기는 아니었다. 16세기와 17세기 아메리카를 정복하는 과정에서 분명한 선례가 이미 존재했다. 어떤 관점에서 보더라도, "우리 안의 적"을 철저하게 복종시키거나 혹은 제거하려는 목적의 살상이 근현대에만 국한되지 않았다.

그러나 제16권 제16장에서 지적한 것처럼, 20세기 집단학살의 증가를 19세기의 여러 가지 유산과 연결해볼 충분한 이유가 있을 것 같다. 근대 정치의 이상으로 갈수록 다민족 제국보다는 단일민족국가가 대두되었고, 국가의 영토 경계 안에서 민족의 동질성을 요구하는 배타적 목소리가 갈수록 강화되면서, 민족주의 이데올로기(제16권 제12장에서 논의됨)는 현실 국가와 바람직한 국가상 모두를 장악해 나갔다. 그로 인해 20세기의 집단학살은 특정 지역에 대단히 집중적으로 몰려 있었다. 예컨대 이전에 합스부르크 가문, 오스만 제국, 로마노프 가문이 통치했던 지역이나, 혹은 과거 유럽 식민지였던 지역이 그랬다. 식민지 시기 유럽인들이 그려 놓은 경계 안에서 "민족국가" 체제를 건설하려다 보니, 국가 경계와 실제 그곳에 거주하는 공동체들의 민족적 경계가 일치하지 않는 경우가 발생했다. 둘째, "절정의 제국주의"가 내포한 극단적인 폭력성(앞에서 살펴보았듯이 신기술 덕분에 간혹 소수의 유럽인들이 대규모 인명을 무차별적으로 학살할 수 있었다)은 20세기에 들어와 과거 19세기 유럽에서 나타났던 어떤 태도를 부추기는 면이 흔히 있었다.(제16권 제13장의 제국주의 논의 참조)[37] 셋째, 식민지 팽창의 와중에 최고조에 달했

---

[37] 식민지 경험과 기타 요인들을 종합적으로 평가한 사례 연구는 Isabel Hull, *Absolute Destruction: Military Culture and the Practices of War in Imperial Germany* (Ithaca, NY: Cornell University Press, 2005), pp. 3-90, 329-333 참조. 유럽의 제국주의가 자국으로 귀환하여 자행된 인종학살이라는, 보다 일반적인 논의는 Hannah Arendt,

던 인종주의와 사회진화론적 사상은, "열등"하다고 생각되는 어떤 집단의 제거가 불가피하다거나 혹은 그래야 한다고 합리화했다.(이후 수많은 비-유럽 국가들이 이를 흡수 및 변용했다.) 이와 같은 다양한 요소들의 혼합(자원 확보, 이방인과 반역자 제거, 인종오염 배제 등 다양한 요인들을 결합하여 스스로를 역사 혹은 진화의 필연을 수행하는 대리인으로 자처하며 합리화)은, 특히 통치자들이 제국이나 국가의 팽창 경쟁에서 뒤처지고 있다고 느끼는 순간, 강력한 독이 되었다. 제16권 제16장에서 논의되었듯이, 이 또한 이미 20세기 이전 한 세기 반 동안 글로벌 국가 체제가 급속도로 변화 발전하는 과정에서 반복적으로 발생하던 상황이었다.

　마지막으로 우리가 간과해서는 안 될 것은, 근현대에 자행된 유례 없는 인간의 파괴 행위가 단지 다른 인간을 향한 것만이 아니었다는 사실이다. 여기서는 "생산"과 "파괴" 사이를 명확히 구분하기란 불가능하다. 예컨대 농지의 확대 혹은 교외 택지 개발과 동시에 숲이 제거되는 경우가 흔히 발생했다. 또한 인간의 서식지가 조금씩 늘어날 때마다 코끼리, 사자, 기타 대형동물의 서식지는 줄어들었다. 이는 20세기의 특징적인 면모였지만, 당연히 이 또한 과거의 기원에서 비롯되는 분명한 흔적을 확인할 수 있다. 우리 책의 제2장에서 보여주었듯이, 환경에 대한 인간의 영향은 19세기에 이미 급격히 증가하고 있었지만 20세기에는 훨씬 더 가속화되었다. 무엇보다 심각한 것은 멸종의 속도였다. 지난 6,500만 년을 돌이켜 보더라도, 최근의 멸종 속도는 역사상 그 어느 때보다도 빨라지고 있으며, 여전히 더욱 가속화되고 있다. 18-19세기에는 삼림벌채

The Origins of Totalitarianism (New York: Meridian, 1958) 참조.

[지도 1-2a] 2015년의 세계 정치 지도

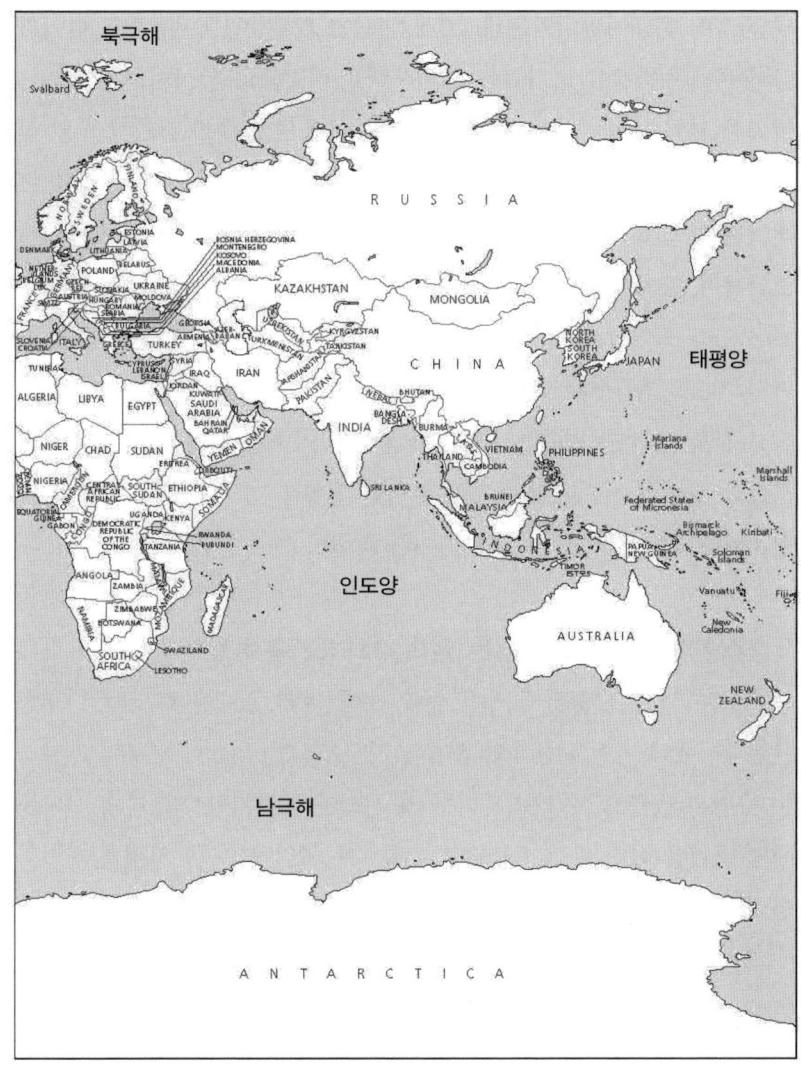

〔지도 1-2b〕

의 중점이 온대지방이었는데, 20세기에는 그것이 열대지방으로 넘어가면서 문제는 더욱 악화되었다. 단위구역을 비교해보면, 아마존 숲에서는 비슷한 크기의 캐나다 숲보다 서식하는 생물의 종수가 100배 혹은 심지어 1000배에 이른다. 한편 연료 사용 증가는 여전히 기후 변화를 초래하는 핵심 요인이다. 이제 기후 변화는 돌이킬 수 없는 지점에 넉넉히 도달하여, 자기제한 공정(self-limiting process)보다는 자기강화 공정(self-reinforcing process)에 접어든 것으로 보인다. 예컨대 북극빙하가 감소하면서 지표면의 태양광 반사율이 낮아졌고, 영구동토층이 녹으면서 그 아래 갇혀 있던 막대한 양의 메탄이 방출될 가능성이 커졌다. 우리 시대 생산과 파괴의 폭증이 가져올 최종적인 영향은 먼 미래가 되어서야 느껴지거나 혹은 제대로 측정될 수 있을 것이다.(지도 1-2)

생산과 파괴를 넘어서는 접속, 그리고 유대감

제목에서 강조했던 세 가지 주제, 생산, 파괴, 접속은 1750년 이후의 근현대사에서 어떤 근본적인 문제를 시사하지만, 이것이 전부라고 말하는 사람은 없을 것이다. 더욱이 우리 시리즈에 참여한 대부분의 저자들에게 그것은 어떤 관점의 틀로 작용할 수는 있겠지만 그 자체가 직접적인 관심의 대상은 아니었다.

물질적 생산과 파괴를 우선시하는 접근에서 벗어나려면, 물질적 측면이 다소 약한 접속의 문제를 논의해보는 것이 도움이 될 수 있다. 물질적 접속은 연결된 사람들이 인식하지 못하더라도 현실적으로 존재할 수 있다. 예를 들어 여러 대륙의 농민들이 서로 모르면서도 같은 시장을 목표로 농산물을 생산하거나, 인도의 벵골 지역 지방관(나와브)과 북아메리카의 오지브와족 추장이 동시에 영국과 싸우는 상황을 생각할 수 있다. 또 중국의 공장에서 미국 소비자를 위한 제품을 만들면서 내보낸 대기오염 물질이 태평양의 섬 지역에서 홍수를 증가시키는 사례 역시 비슷하다. 이런 문제들은 당사자들보다는 연구자들의 관심을 더 많이 받고 있다. 또한 서로 만난 적도 아예 없으며 다만 미약한 물질적 연결성만 존재하는 경우에도, 서로 간에 연대감을 느낄 수 있다. 여기서 말하는 연대감이란 목적의식, 도덕성, 일상생활에 강력한 영향을 미치는 특정 공동체(때로는 라이벌 관계)에 속해 있다는 의식을 말한다.

개인적 접촉이 없는 가운데 이와 같은 의식 구조를 가장 지속적으로 유지하는(베네딕트 앤더슨이 "상상의 공동체"라고 말했던) 경우는 대개 종교라 할 수 있다. 근현대에는 종교가 "세속화" 되었다는 일부 주장에도 불구하고(제17권 제7장), 종교 공동체는 대개 강력한 실체로 유지되고 있다. 그들은 국가와 같은 다른 상상 속의 연대로 대체되지 않았으며, 오히려 국가가 종교의 품속에 들어갔다.

18세기에는 선교 활동의 쇠퇴 혹은 정체가 나타났다. 주요 이슬람 제국의 위기로 아시아에서는 이슬람의 팽창이 둔화되었고, 전 세계 어디에나 진출했던 예수회는 18세기를 거치는 동안 남아메리카를 포함해서 비서구권 대부분의 지역에서 추방되었다. 그러나 더 넓은 관점에서 보자면, 오늘날 우리가 말하는 4대 종교(불교, 기독교, 힌두교, 이슬람)는 18세기에도 성장을 지속한 반면, 오히려 그보다 작은 규모의 종교들이 쇠퇴하거나 사라졌다. 이슬람은 사하라 이남 아프리카에서 더 멀리까지 진출했다. 가톨릭과 프로테스탄트 모두 아메리카 내륙 지방에서 뿌리를 내렸으며, 정교회가 확산되면서 시베리아와 중앙아시아의 다양한 샤

머니즘이 희생되었다. 나폴레옹 시대 이후, 프로테스탄트의 전파가 크게 확대되어 당시 유럽의 팽창과 어깨를 나란히 했다. 관련 연구 성과에 따르면, 세기말에 이르러 아프리카에만 10만 명의 기독교 선교사가 활동했다고 하며, 그에 비하면 당시 인구가 훨씬 더 많았던 인도나 중국에서 활동하는 선교사는 너무 적은 편이었다.[38] 노력을 집중해서 그랬는지는 모르겠지만, 19-20세기에 프로테스탄트와 가톨릭이 가장 많은 신규 신도를 확보한 지역은 아프리카였다.(인구가 희박했지만 많은 선교사가 파견되었던 폴리네시아나, 다른 아시아의 어느 지역에 비하더라도 월등히 많았다.) 이는 아메리카 정복 이후 최대의 성과였다.(오늘날 중국에서 기독교가 급격하게 성장하고 있고, 대만과 한국에서 프로테스탄트의 일부 교파가 이미 크게 성공한 사례가 있는 것으로 보아, 수십 년만 지나면 전체 줄거리가 달리 보일 수도 있겠다. 또한 아프리카 일부 지역에서 격화되고 있는 기독교와 무슬림 분쟁의 결말에 따라 달라질 수도 있는 문제다.) 이와 같은 팽창의 과정에서 특정 지역의 제례를 흡수하여 종교적으로 융합하는 사례들이 많았다. 그래서 세계 종교는 그만큼 내부적 다양성을 띠게 되었다. 그 결과 특정 종교 안에서 얼마만큼의 다양성을 수용할 것인지, 종종 복잡한 논

---

38 Bayly, *Birth of the Modern World*, p. 349. 1900년 당시 중국 내 기독교 선교사는 아마도 2,000명을 크게 넘지 않았지만, 1925년까지 개신교 선교사만 해도 8,000명으로 늘어났다. 이 문제는 다음 글을 참조. Jessie G. Lutz, "China and Protestantism: historical perspectives, 1807-1949," in Stephen Uhalley and Xiaoxin Wu, eds., *China and Christianity: Burdened Past, Hopeful Future* (Armonk, NY: M. E. Sharpe, 2001), p. 187 참조. Daniel H. Bays, "Christianity in China 1900-1950: the history that shaped the present," www.globalchinacenter.org/analysis/christianity-in-china/christianity-inchina-19001950-the-history-that-shaped-the-present.php. 인도의 경우 이보다 다소 적었던 것으로 추정된다.

란이 일어나기도 한다.

　한편 19세기 말엽에는 이른바 "세계 종교(world religion)"라는 범주가 제도화되었다. 연구의 대상으로서 개념화가 되기도 했고, 특정 행동양식이나 처우가 예상되는 공동체로서의 의미도 있었다. 예컨대 20세기 불교가 불교청년회(Young Men's and Women's Buddhist Associations)를 결성했던 것도 우연이 아니었다. 그들의 모델은 YMCA와 YWCA였다. 무슬림은 적십자사를 모델로 삼아 국제 적신월사(Red Crescent Society)를 설립했다. 또한 공식적으로 국교가 없는 중국도 헌법에서 (세계) "종교"의 자유를 보장했다. 반면 지방의 "미신"은 불법화했다. 그러나 세계 종교의 이상적인 모델이 단순히 외부에서 수입된 것만은 아니었다. 오히려 오랜 경쟁의 역사 속에서 지역마다 참여자들이 새로운 모델을 기회이자 위협으로 간주하면서 논란의 장이 만들어졌다.(물론 생활의 많은 영역에서 수입된 모델이 있었던 것도 사실이다. 그 중 일부는 식민지 통치자들의 직접적인 후원에 따른 것이었다. 제16권 제13장의 제국주의 논의나, 같은 책 제14장의 "자강自强"의 주제에서도 이 점이 강조되었다.)

　우리 시대 상상의 공동체가 새롭게 발달하면서, 종교적 연대에 뿌리를 두지 않은 다른 식의 연대감도 대규모로 확산되었다. 새로운 통신 기술의 발달이 그 과정을 촉진했으며, 그것이 우리 논의에서 강조하는 정치상업적 팽창의 프로젝트와 긴밀하게 얽혀 있었다. 여러 가지 측면에서 "민족" 개념 형성의 역사는 우리가 논의하는 시대가 시작되기 전에, 15세기 말에서 16세기의 교류를 통해 가장 중요한 굴절의 지점을 지나왔다. 우리 책에서는 1750년경 이후에 보다 두드러진 몇몇 집단을 중심으로 비교적 좁은 범위에서 이 문제를 다룰 것이다.

그 영향이 가장 크게 나타난 결과는, 제16권 제12장에서 보여주듯이, 바로 민족(nation)이었다.(이것이 민족국가national state라는 인접 개념과 혼동되는 경우가 많다.) 다른 많은 학자들과 마찬가지로 제12장에서 강조하는 바는, 개별 민족주의 하나가 세계적 현상이 된 적은 없지만(민족주의의 개념적 정의 자체로 그것은 불가능하다), 민족주의에 속하는 부류를 하나의 유형으로 묶어서 보면, 이는 놀라울 정도의 성공을 거두었다. 오늘날 민족국가는 세계 전역에서 기본적인 정치 형태로 당연시되고 있다. 천여 년 동안 대부분의 사람들이 다민족 제국 체제에서 살아왔지만, 어느 순간 갑자기 변화가 찾아왔다.[39] 사회주의와 공산주의는 민족 개념이 다른 정치적 정체성으로 대체될 것으로 전망했던 가장 강력한 정치 운동이었다. 그러나 권력을 잡기 위해서는 심지어 사회주의나 공산주의조차 민족주의를 대신할 수는 없었다.

민족주의적 행동에 제한을 가하는 법과 조직도 증가하는 추세였다.(제16권 제11장) 그러나 그러한 제한을 가하는 주체는 대부분 민족주의 정부였다. 그러므로 제한의 목적이 시민들의 주요 정치적 정체성을 민족이 아닌 다른 방향으로 끌고 가려는 것은 아니었다. 더욱 놀라운 점은, 무리하게 민족주의를 추진했음에도 불구하고 민족주의가 전혀 약화되지 않았다는 사실이다. 동유럽과 중앙유럽, 탈식민지화된 남아시아, 아프리카, 중동 등에서 실제 거주 패턴은 결코 균질하지 않았다. 이러한 현실 속에서 어떤 동질적인 민족 정체성을 만들고자 하는 과정에서 수

---

39 E.g. Jane Burbank and Frederick Cooper, *Empires in World History: Power and the Politics of Difference* (Princeton University Press, 2010).

많은 재앙이 발생했다. 그럼에도 불구하고 일반적인 민족주의 개념은 전혀 약화될 기미가 보이지 않았다. 오히려 이와 같은 노선의 실패는 흔히 민족성 혹은 근대성을 달성하려는 노력을 배가시키는 결과로 이어졌다. 여기서 제16권 제12장의 논의는 소수자의 운명을 조명했던 같은 책의 16장을 떠올리게 한다. 후발주자의 "따라잡기(catching up)"에서 소수자는 방해요소로 인식되었다. 또한 같은 책 제17장에서는 특히 공산주의 및 파시즘 국가에서 내부적 동질성을 강조했던 사례를 보여주었다.

민족주의의 성장 도구는 정부였지만(대중 교육, 징병제, 정부가 후원하는 기념비 등), 더 넓은 시장을 추구하는 기업들, 예를 들어 도서 및 신문 출판사의 역할도 컸다. 그럼에도 불구하고 한편으로 상업화와 생산의 기계화로 다른 종류의 상상의 공동체가 만들어졌다. 이는 상품에 보다 직접적으로 연결된 것이었다. 이러한 공동체는 국가보다는 일시적이었지만(전혀 자리를 잡지 못한 경우도 있었다), 그러나 이를 대표하는 광범위한 현상은 규모나 중요성 면에서 성장을 지속하고 있다.

공장에서는 역사상 유례가 없을 정도로 많은 양의 상품을 생산했다. 기업가나 사회사상가들도 모두 그 상품을 기꺼이 사용할 사용자가 있을지 걱정했다. 정치인과 지식인들은 관세에서부터 제국의 확장, 경제적 재분배, 혁명에 이르기까지 다양한 해결책을 제시했다. 그러나 아마도 가장 강력한 변화는 특정 상품 수요를 확장시키는 수많은 전문가들의 등장일 것이다. 이러한 변화의 가장 뚜렷한 사례는 전문 광고 회사의 출현이었다. 그러나 마케팅의 부상은 이보다 훨씬 더 큰 범위를 아우르는 현상이었다. 백화점과 패션, 커뮤니케이션과 미디어, 레코드 음악과 스포츠 이벤트 마케팅 같은 새로운 "문화" 산업 등 우리 책 곳곳에 흩어져 있는 수많은 주제들이 마케팅 안에서 서로 연결된다.

    마케팅 활동의 효과에 대해서는 사회과학적으로 합의된 바가 없다. 다양한 의견의 스펙트럼이 존재하는 가운데, 많은 경제학자들은 그것이 단지 중립적인 "정보"로서, 사람들이 기존에 가지고 있던 "선호도"에 맞는 선택을 하게끔 도와준 것뿐이라고 본다. 다른 한편으로 "숨은 설득자"에 의한 조작을 걱정하는 사람들도 일부 있었다. 하지만 마케팅이 만들어내는 관계는 그보다 더 복잡할 가능성이 크다. 마케팅은 어떤 종류의 소비를 하면 사회적으로 어떤 역할을 수행하는 데 도움이 된다는 제안을 하고, 그것이 지역 안팎에서 자신이 누구인지를 알리고자 하는 욕구를 가진 소비자들의 의도에 맞물렸던 것이다.(자동차에 관한 제18권 제20장에서는, 단지 자동차의 기능이 아니라 자유, 성년, 다양한 감정 상태가 특정 자동차 모델이나 자동차 전반의 수요에 얼마나 중요했는지를 보여준다.) 실제로 일부 학자들은 새로운 직물과 의류 스타일, 이국적인 음식과 기호식품(설탕, 담배, 커피), 그리고 다양한 가정생활용품에 주목하면서, 17-18세기 유럽, 동아시아, 아메리카 식민지, 그리고 그 외의 어딘가에서 나타났을 법한 "소비자 혁명"의 징후를 지적한 바 있었다.[40] 이러한

---

[40] Jan de Vries, *The Industrious Revolution: Consumer Behavior and the Household Economy, 1650 to the Present* (Cambridge University Press, 2008); Kenneth Pomeranz, *The Great Divergence: China, Europe, and the Making of the Modern World Economy* (Princeton University Press, 2000), pp. 91-106, 116-162; Susan Hanley, *Everyday Things in Premodern Japan* (Berkeley, CA: University of California Press, 1997); Wu Renshu, *Pinwei she hua: Wan Ming de xiaofei shehui yu shidafu* (Taibei: Linajing chuban gongsi, 2006); T. H. Breen, "Baubles of Britain: the American and consumer revolutions of the eighteenth century," *Past and Present* 119 (1988), 73-104.

변화는 분명 대량 생산과 마케팅 이전에 나타났던 것으로, 시장(대륙 간 시장 포함)이 두터워지고 사회적 이동성이 커지면서 개인 소비자 선택의 폭이 넓어진 현실을 반영하고 있다.

개인의 행위 주체성을 어떻게 생각하더라도, 분명 매스 마케팅(mass marketing)은 더 큰 변화의 한 부분이었다. 사람들의 상상 속에 존재하는 준거집단(peer group)은 갈수록 지역 연고성이나 개인 연고성이 줄어들었다. 다시 말해 사람들은 갈수록 스스로가 어떤 거대한 집단의 일부라고 생각하게 되었지만, 그 집단에 소속된 사람들은 서로 만난 적도 없었다. 그 구성원들은 상상 속 다른 구성원들을 보고 행동의 단서를 찾는 경우가 많아졌다. 즉 자신이 속해 있거나 속하고 싶은 국가, 민족집단, 세대, 계급 등의 집단에 맞게끔, 그에 따라 옷을 입고, 밥을 먹고, 개인 위생과 오락의 방식을 선택했다. 그 과정에서 생물학적 친족 관계나 직접적인 이웃 관계는, 여전히 중요했지만 중심성은 갈수록 약화되었다. 예컨대 아무도 브라질 "펩시 세대(Pepsi generation)"의 리더나 구성원 혹은 동료를 만난 적은 없지만, 그 집단 소속처럼 보이게 하는 방법을 알고 있거나, 혹은 그들에게 걸맞는 확실한 이미지를 만들 수 있다고 주장하는 전문가들에게 강력한 힘이 주어졌다. 사람들은 그 힘이 어떻게 작동하는지 알지 못했다.

그렇다면 우리 논의와 관련해서 가장 중요한 문제는, 탈지역성 준거집단(reference group)의 증가가 근현대의 가장 큰 특징이라는 점이다. 이러한 준거집단이 근현대에만 존재했던 것은 아니다. 특히 엘리트 계층은 흔히 이국적인 유행을 받아들였으며, 비록 멀리 떨어져 있더라도 높은 지위에 있는 본인들에게 걸맞는 취향을 가진 사람들과 동질성을 느졌다. 우리가 논의할 시대가 도래하기 직전 몽테스키외는, 대도시의 익명성 때문에 겉으로 자기보다 지위가 높은 사람을 모방하여 꾸미고 다니면 잠재적 보상을 더 크게 얻을 수 있다는 점을 알아차렸다.[41] 그러나 1850년경 이후로 새로운 물질적 가능성이 다양화되면서 그와 같은 경향은 유례 없는 힘을 얻게 되었다. 소리와 도상(圖像)이 저렴하게 복제 및 보급되었고(종이나 직물의 인쇄는 더욱 저렴했다), 더불어 교통의 발달로 부패 가능한 식품의 세계적 유통 비용도 저렴하고 신속해졌다. 1800년 이전에 비해 연료 소비 혁명은 훨씬 폭넓고 심도 깊게 전개되었다. 정부가 조직한 초등 및 중등 교육 시스템에 따라 연령대별로 무리가 형성되었으며, 그들에게 표준화된 메시지 전달이 가능해졌다. 도시나 외국으로 이주한 이주자들은 부모의 간섭이 미치지 않는 곳으로 들어간 셈이었다. 이 모든 요소들이 발전하고 또한 다른 요인들도 더해지면서, 사람들은 스스로를 다양한 규모와 형태의 상상 속 집단에 포함시켰고, 일상생활의 방식도 그에 따라 결정했다.

점점 더 강력해진 정부는 민족을 강조했다. 그리고 그들은 민족적 준거집단을 강화할 수 있는 수많은 도구를 보유하고 있었다. 19-20세기에 세계적으로 확산된 의무교육은 가장 명백한 하나의 수단이었을 뿐이며, 이외에도 기념비 건립이나 20세기의 방송 같은 수단들도 있었다. 정치적으로 중립적인 자발적 결사(結社)와 새로운 커뮤니케이션 기술 덕분에 지역성을 뛰어넘기가 더욱 수월해졌다. 종교가 보편적인 삶의 지

---

41 Montesquieu, *The Spirit of the Laws*, trans. Thomas Nugent, 2 vols. (London: G. Bell and Sons, 1888), Vol. 1, pp. 95-97.

향과 관련된 공동체라면, 그 이외에도 특정 행위와 관련되는 상상의 공동체가 활성화되었다. 이런 공동체는 흔히 민족주의와 상업 등 복잡한 관계로 얽혀 있었다.

그 과정에서 그러한 집단은 흔히 애초에 설립 기반이 되었던 활동을 변화시키는 결과를 가져오기도 했다. 제17권 제10장에서 지적했듯이, 오늘날 스포츠 문화의 기본에 "기록"이라는 개념이 자리잡고 있다. 그 자체는 어떤 상상의 공동체를 전제로 하는 것인데, 1,500미터 경기를 하는 선수들이라면, 그곳이 케냐든 캐나다든 한국이든, 모두가 하나의 공동체에 소속된 것과 같다.(모두 세계 기록을 목표로 달리며, 장소와 상관없이 어디서 기록을 갱신하더라도 세계 기록으로 인정된다. ─ 옮긴이) 오늘날 제트엔진이 교통수단으로 사용되면서, 이와 같은 체육 공동체에 소속된 수많은 사람들이 자발적으로 모일 수 있게 되었다. 최근 뉴욕 마라톤에 참가한 인원은 5만 명 이상이었다. 그러나 대부분의 경우(최근까지도) 정기적으로 만날 수 있는 사람들은 국가적 혹은 세계적 스포츠 공동체에 소속된 엘리트 선수들뿐이었다. 상상의 공동체에 포함된 훨씬 더 많은 사람들은 현실 속에서 그와 같은 경기의 관중이나, 잡지 구독자나, 런닝화 구매자로 모습을 드러냈다. 그들의 일부 혹은 전부가 지역적 공공 행사(자선 기금 모집이나 도로 유지를 위한 압력 운동)나 국제 문제(불매 운동, 차별반대운동)에 모습을 드러내는 경우는 더 흔했다. 21세기의 국가들이 스포츠 단체를 조직하고 국제 경기 참가를 통제하는 등의 노력을 기울이는 것으로 보아, 이와 같은 공동체들이 특정 활동 이상의 의미를 가진다는 것은 명백한 사실이다.

이 외에 다른 사례들도 많지만 세부 내용은 전혀 다르다. 제17권 제

9장에서 설명하는 것처럼, 예컨대 음악의 상품화 및 세계화는 여가 활동의 상품화, 원거리 관람을 가능하게 한 새로운 기술, 제국주의와 이주를 통한 특정 스포츠나 음악의 확산, 세계적으로 인정받는 슈퍼스타의 등장 등으로 보아, 제10장에서 말하는 스포츠와 어느 정도 비슷한 양상을 보이기도 했다. 하지만 스포츠와 달리 음악은 공연 및 소비 메커니즘이 매우 다르고, 스포츠 경기와 달리 장르 혼합이 가능하며, 측정과 경쟁의 역할이 스포츠보다 훨씬 작다는 점에서, 음악의 세계화 및 상품화는 스포츠와 비교하면 매우 다른 양상을 보였다. 한편으로 음악은 스포츠보다 다원적이기도 하다. 음악의 경우, 경제적으로 가난한 지역에 뿌리를 둔 음악이 부유한 나라의 음악 문화에서 큰 역할을 하는 경우가 있지만, 스포츠에서는 이와 같은 경우를 찾아보기가 어렵다. 다른 한편으로 음악에서는 개인 취향이 강화되고 소비가 원자화되는 경향이 있지만, 스포츠에서는 그와 비슷한 양상이 거의 없다.[42]

세계 영화를 논의한 제17권 제11장에서도 서로 다른 나라에서 만든 영화의 상호참조 현상을 강조하며, 특히 전혀 평등하지 않은 상황 속에서 세계적으로 이러한 교류가 이루어지는 점에 주목했다.

하지만 큰 그림에서 아마도 가장 중요한 문제는, 상상의 공동체가 다양한 규모, 다양한 범위로 어지럽게 확산되고 있으며, 그것이 지금도 여

---

42 Robert Putnam, *Bowling Alone*은 2000년에 출간되어 미국 내 공동체의 쇠퇴를 주제로 많은 인기를 모았던 책이다. 이 제목이 특히 관심을 모았던 이유는, 집단에 속하지 않고 혼자 스포츠를 한다는 개념 자체가 특별히 가슴 아프게 느껴졌기 때문이다. 오늘날 혼자서 음악을 듣거나 연주한다는 제목의 책이 있다 하더라도, 수십 년 전과 같은 반응을 얻기는 어려울 것이다.

전히 지역 기반으로 살아가고 있는 일상생활의 어떤 부분들과 복잡한 관계를 맺는다는 점이다. 필자(맥닐)가 다른 맥락에서 언급했듯이, "인간의 역사는 단순한 유사성(simple sameness)에서 다양성(diversity)으로, 다시 복잡한 유사성(complex sameness)으로 진화하고 있다"는 사실을 인정한다면,[43] 우리의 시대는 분명 복잡한 유사성이 우세해지는 방향으로 가고 있다. 만약 1750년까지의 세계사를 저술한다면, 통합의 초기 징후가 없지 않을지라도, 아직은 다양성의 확대에 더 큰 비중을 두었을 것이다. 이러한 변화는 생산의 확대, 더 값싸고 효율적인 커뮤니케이션, 초지역적 경쟁의 강화에 달려 있었다. 또한 사람들이 미디어 기반 공동체를 신뢰하고 참여하도록 했으며, 그 규범에 맞추는 과정에서 서로가 서로를 그 어느 때보다 더욱 강화시켰던 것도 그 원인이었다.

다양성, 다양한 척도, 통합의 한계

앞서 언급한 바와 같이 상상의 공동체 또는 미디어를 통한 공동체는 규모나 범위, 지속성, 정서적 영향력의 정도 등의 측면에서 엄청나게 다양할 수 있다. 또한 사람들이 살아가는 지역적 현실의 차이는 여전히 컸기 때문에, 상상의 공동체 또한 여러 가지 방식으로 현실과 충돌하거나 결합되었다. 이제 우리는 다른 역사의 이야기로 되돌아가고자 한다. 여기서는 여전히 얼굴을 마주하는 직접적인 만남의 중요성이 컸다. 또한

---

43 J. R. McNeill and William H. McNeill, *The Human Web: A Bird's-Eye View of World History* (New York: Norton, 2003), p. 322. 어쩌면 제목을 '복잡한 동일성(complex sameness)을 향하여'라고 하는 편이 나왔을 지도 모른다. 왜냐하면 우리는 아직 거기에 완전히 도달하지 못했고, 어쩌면 결코 도달하지 못할 수도 있기 때문이다.

세계의 접속(연결)이 복잡한 유사성(complex sameness)으로 나아갈 가능성이 있었던 만큼이나, 차이를 유지하거나 심지어 새로운 차이를 만들어낼 가능성도 있었다.

제17권 제4장에서 논의한 섹슈얼리티는 다양성을 유지 혹은 심지어 확대시킨 분야였다. 글로벌 통합의 경향 못지 않게 이 또한 분명한 현상이었다. 섹슈얼리티는 결국 대단히 개인적인 차원의 문제다. 동시에 그것은 영향력 있는 세계의 여러 종교나 기타 도덕적 시스템과 구조적으로 맞물려 있었다. 많은 사회에서 그것을 "문명화" 척도로, 혹은 미래 세대 교육을 위한 가치로 아주 엄격하게 규정하기도 한다. 갈수록 세계화되는 정치경제적 경쟁에 이끌려 삶의 다른 많은 측면들이 세계적 표준을 따라가는 경향을 보였지만, 섹슈얼리티는 그렇지 않았다. 특히 오늘날 섹슈얼리티와 관련된 가장 세계적인 트렌드는, 갈수록 그것이 재생산과 분리되는 경향을 보인다는 점이며(대개는 산아제한 정책의 결과와 더불어, 가임기를 훌쩍 넘어서는 수명 연장 때문이다), 정부 당국과 사회 정책을 수립하는 측에서도 이 문제에 깊은 관심을 가지고 있다. (제15권 제8장에서는 섹슈얼리티가 지정학과 젠더 정치 문제에 결부되어 때로 놀라울 정도의 정치적 개입으로 이어졌고, 산아제한이 세계적으로 폭넓게 시행되었던 과정을 보여주었다.) 필자의 다른 글에서도 지적했듯이, 섹슈얼리티 또한 글로벌 통합과 "복잡한 유사성(complex sameness)"을 향해 가는 경향을 벗어나지 못하는 측면이 있다. 예컨대 의학적 담론의 다양성은 분명 예전보다 더 줄어들었다. 또한 광고와 글로벌 문화 산업으로 선정적 육체에 대한 관념의 다양성을 상당히 감소시켰다. 세계적인 통합 트렌드 속에서 다양성은 점차 사라져가는 추세였지만, 섹슈얼리티는 오히려 다양성을 더 많이 만들어낸 영역이었다.

가족에 관한 문제를 논의한 제17권 제3장에서는 섹슈얼리티보다 훨씬 더 심도 깊은 통합의 결과를 확인했다. 섹슈얼리티와 재생산(출산)이 어느 정도 분리된 상황 속에서 가족은 여전히 (넓은 의미에서) 재생산의 중심으로 남아 있었다. 저자가 강조한 바는, 가족 문제에서 나타난 몇몇 글로벌 통합의 요소들이, 대개는 공통적으로 사회경제적 과정에서, 또한 임금 노동의 부상에서 비롯되었다는 사실이다. 그 때문에 개인이 감당해야 할 기능적 의무가 변화되었고, 가족의 기능 또한 마찬가지였다. 또한 저자가 주목했듯이, 제국 세력이 자신의 우월성과 내밀하게 연결된다고 믿었던 가치, 즉 일부일처제나 아동 결혼 반대 등을 세계적으로 권장 혹은 심지어 강요하려는 시도에서 가족 문제가 비롯된 부분도 있었다. 이와 같은 작용을 고려할 때, 예컨대 아동 노동과 중매 결혼의 회피, 일부일처제와 자녀 수의 축소, 노인 부양 책임의 분산과 불안정화 등의 가족 문제는, 위에서 언급한 여러가지 요소들이 상호작용하면서, 세계의 많은 지역 혹은 거의 모든 지역에서 나타나는 공통된 경향성이 되었다. 또한 저자는 지역적, 민족적, 계급적 차별의 중요성이 지속되는 측면도 강조했다. 이와 같은 차별에 대해 사회 집단은 가끔은 "뒤처졌다"는 방어적 인식도 없지 않지만, 대개는 지극히 자랑스러워하는 자부심을 가졌다. "뒤처졌다"는 인식에 대한 반작용도 있었다. 이는 특히 20세기 초엽 식민지 민족주의자들 사이에서 강하게 나타났다. 그들은 다른 맥락에서는 제국주의 세력에 저항했지만, 가족 개혁 문제에 있어서는 제국주의 세력이 선호하는 방식을, 오히려 의구심을 품은 동포들에게 선전해야 하는 곤란한 입장에 놓이는 경우가 많았다. 이러한 논쟁은 종종 폭발적인 반응을 일으켰다. 가족과 양육이 모든 사람에게 미치는 명백한 영향력, 그것이 생물학과 문화의 교차점에 위치하는 문제라는 사실, "인종", "문명", "후진성" 등등을 논의할 때 흔히 따라붙는 민감한 이해관계를 고려할 때, 그러한 반응은 결코 놀라운 일이 아니다.

가족은(또한 기타 얼굴을 마주하는 대면 접촉 집단은) 흔히 앞에서 지역 및 개인 연고를 초월하는 강력한 도구로 언급했던 것과 같은 기술을 사용함으로써 연대를 강화하는 경우가 많다. 사진, 저렴한 우편 서비스, 대중적 문자 교양은 1850년 이후의 많은 이주민들에게 필요한 연대를 강화하는 데 도움이 되었다. 이는 21세기 이주민으로 말하자면 휴대폰과 이메일의 역할과도 같았다. 사진과 휴대폰은 특히 세계 전역으로 신속하게 확산되었고, 일반인들도 비교적 쉽게 받아들일 수 있을 만큼 저렴했다. 물론 이주를 하지 않은 사람들에게도, 수 년 전 그 사람의 모습이나 목소리가 어땠는지를 안정적으로 보존할 수 있는 기술은 의심할 여지 없이 기존의 대면 커뮤니케이션을 심화시켰을 것이다. 그러한 공동체는 단순히 "전통"을 이어가는 곳일뿐만 아니라, 지속적인 창조와 변화의 장소이기도 했다. "상상의 공동체"가 폭발적으로 증가했던 일보다 충격적이지 않다고 해서, 또한 "복잡한 유사성(complex sameness)"보다 잘 드러나지 않는 경향이라고 해서 그러한 변화를 간과해서는 안 된다.

젠더는 글로벌 트렌드가 발견되는 또 하나의 중요한 분야다.(제15권-제18권, 즉 1750년 이후를 다룬 많은 글에서 이 문제가 언급되었지만, 독자적으로 이 주제를 다룬 장은 없다.) 그러나 젠더 또한 반드시 통합의 방향으로 나아갔던 것은 아니다. 오늘날 거의 모든 사회와 정부는 적어도 빈말로라도 젠더 평등을 지지하는 입장이다. 이는 1750년 이전의 그 어느 때보다 더 급진적인 변화를 의미한다. 젠더 평등의 의미는 사회에 따라 폭넓은 차이가 있지만, 그를 정의하는 일부 요소는 광범위하게 공유되어 있었다. 즉 교육 접근성, 직업 다양성, 자유의사에 따른 결혼 등이 그것이다. 서구에서는 올랭프 드 구즈(Olympe de Gouges)의 《여성과 시민의 권리 선언(Déclaration des droits de la femme et de la citoyenne)》(1791년)과 메리 울스턴크래프트(Mary Wollstonecraft)의 《여성의 권리 옹호(Vindication of the Rights of Woman)》(1792년)의 출간이 그러한 변화의 출발점이 되었고, 우리 시대의 또 한 가지의 특징을 시사했다. 다른 지역에서는 훨씬 늦은 시기까지도 이와 유사한 선언문을 찾아보기 어렵다. 이여진(李汝珍)의 판타지 소설 《경화연(鏡花緣)》(거울에 비친 꽃의 인연, 1827년)에서는 여자가 나라를 다스리고 남자는 집에 머물며 전족(纏足)을 했는데, 이 또한 페미니스트 작품으로 보이지만 그 영향력은 훨씬 적었다.

실제로 젠더 평등의 성과는 훨씬 더 다양했다. 여기서도 전 세계는 아니지만 광범위하게 확산되었던 주목할 만한 변화가 있었다. 미국, 스리랑카, 남아프리카공화국, 이란, 엘살바도르, 우크라이나, 중국처럼 배경이 전혀 다른 나라들에서, 대학 학부 등록자 수에서 여성이 남성보다 많다는 사실은, 아프리카와 남중앙아시아를 제외한 대부분의 국가에서 일어난 놀라운 변화의 일단을 보여준다.[44] 그러나 다른 많은 분야에서 변화의 패턴은 지역에 따라 매우 달랐다. 한편 1750년의 어느 두 나라를 비교해보면 그 격차보다, 말하자면 오늘날 사우디아라비아와 핀란드의 차이가 더 크다는 결과를 확인할 수 있을 것이다.

---

44 http://data.worldbank.org/indicator/SE.ENR.TERT.FM.ZS.

어떤 분야의 통합을 강조할지, 다양성의 지속을 강조할지, 혹은 심지어 새로운 차이의 생성을 강조할지는, 때로 물컵의 물이 반쯤 차있다고 해야할지 반쯤 비었다고 해야할지를 결정하는 것처럼, 자의적 판단에 따른 결과일 뿐이다. 어떤 경우에는 시간적 범위나 관심을 두는 현상에 따라 다른 결과가 나타나기도 한다. 예컨대 정치에 관심을 가질 때와 다른 분야에 주목할 때 질문은 전혀 달라질 것이다. 예를 들면 냉전 시기 양측을 나누었던 문제는 당사자들에게는 매우 중요한 문제였다. 분쟁의 과정에서 수백만 명이 목숨을 잃었지만, 제18권 제14장에서 주목했듯이, 경우에 따라서는 그 수치가 몇 배로 더 불어날 수도 있을 것이다. 그 차이는 그로부터 한 세대가 지난 오늘날의 우리에게까지 여전히 중요한 문제다. 그러나 최악의 결과인 핵전쟁은 일어나지 않았기 때문에, 우리는 양대 진영의 차이를 분산시켜 볼 수 있는 여유를 누렸다. 양대 슈퍼파워가 추진했던(비록 균등하지 않았지만) 사업은 많은 분야에서 서로 비슷했다. 경제발전, 기술변화, 도시화, "자유선택"에 따른 결혼으로 형성된 핵가족, 대중교육, 공식적인 탈식민화와 비공식적 종속국(대부분의 국가들이 동맹의 구성원으로 편입됨) 등이었다.

제16권 제15장에서 보여주듯이 탈식민화는 모호한 면이 있었다. 한편으로는 식민지 지배자들로부터 공식적으로 주권을 회복하는 것도 분명 작은 일은 아니었지만, 다른 한편으로는 이러한 노력이 성공할 수 있는 유일한 조건은, 민족국가(nation-state)의 형태를 채택하고, 서구 열강의 주도로 만들어진 국제 체제에 참여하는 것이었다. 제18권 제15장에서는 "1956년의 세계"를 다루었는데, 그 해에 일어난 일련의 사건들, 특히 제2차 중동전쟁(Suez crisis)은 탈식민화를 앞당겼지만, 동시에 그것은 과정의 "최종적 성격"을 미리 보여주는 전조이기도 했다. 구식민지 세력이 약화되어 새로운 독립국이 등장할 때마다 동시에 초강대국도 등장했다. 그 중 하나의 국가, 혹은 두 개의 국가가 동시에 신흥국을 후원하거나 제약을 가하기도 했다. 제18권 제15장에서 엄밀하게 살펴본 바와 같이, 그 해의 다른 사건들은(가장 비극적이었던 헝가리 혁명뿐만 아니라 다른 사건들도) 서로를 견제할 수 없는 양극단의 위계적 동맹이 버티고 있는 한, 한 국가가 가지는 운신의 폭이 얼마나 제한적인지를 보여주어다. 그로부터 한 해 전에 반둥(Bandung, 인도네시아)에서 열렸던 "비동맹" 국가 회의는 최근 식민지를 벗어난 많은 나라들이 양대 세력에 흡수되기를 원치 않았다는 사실과, 동시에 그것이 얼마나 회피하기 어려운 일인지를 보여주었다.

국제 사회의 경쟁 압력과 민족적 자부심 때문에 식민지 이후 시대의 지도층도 위로부터 민족을 다시 일으키고자 했다. 이들은 식민지 시대의 계획을 지속하거나 혹은 더욱 강력한 계획을 추진했다. 이는 식민지 시절의 개발주의자들이 가졌던 태도와 크게 다를 바가 없었다. 제16권 제15장에서 저자는 식민지 시기에서 냉전 시기로 이어지는 연속성을 강조하는 도발적인 주장을 펼쳤다. 일본 제국은 산업화와 민족주의가 이미 전 세계적으로 자리 잡은 뒤에 등장한 후발 주자로서 시대를 대표하는 사례였다. 식민지 전후의 시기로 각 민족은 여러 가지 공통된 목표를 갖고 있었다. 중심부와 주변부를 막론하고 추진했던 산업화, 표면적으로는 독립을 허용하지만 실제로는 위계적 동맹 체제로 편입시키는 방식(예를 들면 만주국의 경우), 고유의 민족문화를 보호하면서 동시에 근대화를 이루겠다는 목표 등이었다. 물론 20세기에는 이러한 개발주의 자체를 거부하는 더 급진적인 운동 세력이 등장했다. 그러나 이들은 대개 국가 권력을 잡지 못했고, 잡더라도 오래가지 못했으며, 애초에 내세웠던 이상을 금세 잊어버렸다.

    1989년을 논의한 제18권 제16장은, 세계적 "순간"을 다룬 우리 책의 글 중에 가장 최근의 현대를 다루었는데, 시간 범위에 대한 문제를 분명히 했다. 1989년의 정치적 사건들(베를린 장벽의 붕괴, 천안문 사태, 벨벳 혁명, 대한민국, 남아프리카공화국, 칠레 등 다른 많은 나라에서 억압 통치의 종식 등) 때문에 그 시대를 거쳐온 우리들 대부분에게 그 해는 중요한 한 해였지만, 그러나 인터넷의 시작이나 유조선 엑손 발데즈(Exxon Valdez)호의 원유 유출 사고(보다 폭넓은 환경문제의 상징적 사건) 등이 언젠가 돌이켜보면 그에 못지 않게 중요한 문제였을 수도 있다.

    우리 책에는 지역 문제를 세계사적 관점에서 검토한 글들이 수록되어 있다. 여기서는 앞에서 논의했던 글로벌 통합과 다양성의 문제가 또 다른 방식으로 논의된다. 이것이 우리가 마지막으로 살펴볼 논점이다. 중동의 문제를 다룬 제16권 제18장에서는, 중동의 역사가 언제나 다른 지역과 관계를 맺고 있었다는 사실을 강조했다. 그래서 지역 내외의 행위 주체들이 끊임없이 서로 영향을 주고 받았다.(흔히 구분 자체가 힘들 정도였다.) 특히 오스만 제국의 문제를, 그것이 합스부르크 가문이나 로마노프 왕조와 비슷한 시기까지 존속했음을 지적하며, "유럽"의 침범에 따른 "중동"의 위기가 아니라, "서구"와 "비서구"를 막론하고 "다민족 제국"이라는 정치적 구조의 변화 과정이라는 새로운 틀에서 해석했다. 1900년경의 이란과 터키에서 일어났던 입헌주의 운동 또한 저자가 보기에는 더 큰 세계적 흐름의 일환이었다. 이집트, 모로코, 튀니지가 외부의 금융 통제와 보호령 아래 놓였던 것도 마찬가지다. 이런 측면에서는 유럽의 일부 지역보다는 중국, 태국, 남아메리카의 일부 공화국이 비슷한 처지였다. 또한 저자는 이 시대를 거치는 동안 중동이 사상의 수입처가 아니라 중요한 수출지역이었다는 점을 지적했다.(수입-수출이라 표현한 것은 해당 글의 저자가 아니라 필자의 서투른 비유일 뿐이다.) 18세기 후기 중앙아시아와 중국 내 이슬람에 강력한 영향을 미쳤던 수피 형제단에서부터, 복고주의 와하비즘(Wahhabism, 이 또한 18세기 말엽에 등장했지만, 제2차 세계대전 이후 주요 후원국인 사우디아라비아의 오일머니가 두둑해진 뒤로 훨씬 더 영향력이 강해졌다), 19세기 후기의 이슬람 모더니즘(Islamic modernism), 최근 수십 년 동안 부상한 이슬람 복고주의(시아파와 수니파 모두)까지, 중동의 사상은 바깥 세계의 여러 지역에 지속적으로 영향을 미쳤다. 제16권 제18장의 논의에서처럼, 우리가 중동을 역사적 편견으로 보지 않는다면, 기존에 알고 있던 몇몇 이야기들은 전혀 다르게 보일 것이다. 우리가 "근대 세계"를 세속의 관점에서 본다면, 중동 정치의 중심에는 "아직도" 종교 사상이 강하게 자리잡고 있으며, 중동 문화는 "후진적"으로 보일 것이다. 이와 달리 우리가 최근 수십 년을 종교적 복고의 시대(미국의 복음주의 프로테스탄티즘, 인도의 힌두교 부활, 모택동 이후 중국의 불교, 기독교, "신유교"의 부흥)로 간주한다면, 1970년대부터 시작된 새로운 이슬람의 부상을 중동 지역의 문화적 주류로, 나아가 세계적인 세속주의 재평가의 선두주자로 볼 수 있을 것이다. 석유 산업의 부상과 같은, 지역적으로 중요한 다른 몇몇 이야기들을 보면 중동이 세계적 흐름의 주요 수입처였던 것으로 보일 수도 있겠지만(최소한 1970년대 이후), 제16권 제18장의 논의는 우리에게, 중동을 외부자의 간

혈적 자극에 "반응"하는 지역으로 보는 것이 아니라 세계사의 관점에서 보는 것이 얼마나 중요한 문제인지를 알려주었다.

제16권 제19장과 제23장은 "동아시아"와 "환태평양"이라는 중첩되는 지역 범위를 매우 다른 식으로 접근하는 방식을 보여주었다. 이 두 편의 글은 모두 경제 문제에 강하게 초점을 맞추었지만, 그 외의 문제는 다른 방향으로 전개되었다. 제23장에서는 내부의 활력을 전혀 부정하지 않으면서도, 결론적으로 "18세기 이후 태평양의 역사는 외부의 충격에 의해 결정되었으며, 그에 따라 제도적 변화가 시작되었고, 이후 사회경제적 상황이 의존적 방향으로 만들어졌다."고 주장했다. 이 논의에서 성장의 동력은 주로 기술적 변화, 시장의 통합, 국가의 교육 및 인프라 투자였다. 저자가 보기에 캘리포니아, 오스트레일리아, 중국과 일본을 비롯한 수많은 장소가 포함되는 환태평양 지역은 너무 다양했던 것 같았다. 그래서 그는 문화나 제도적으로 이 지역의 특수성이나 외부 세계에 미친 영향을 찾는 데는 비교적 관심이 적었다. 말하자면 그 자체로도 너무 큰 세계였기 때문이다. 저자의 초점은 그보다는 세계적 과정이 이 지역에 어떻게 작용했는지, 그리고 그것이 대체로 외부에서 기원한 것임에도 불구하고, 세계의 다른 지역과 달리 이곳에서는 왜 긍정적인 효과를 가져왔는지를 보여주는 것이었다. 그러나 제16권 제19장에서는 동아시아를 두 가지 독특한 자본주의가 탄생한 곳으로 보았다. 저자에 따르면 이 두 가지는 최근 수십 년 동안 상당한 정도로 융합되었다. 여기서 저자는 현지의 지역적 특성이 제23장에서 보여주고자 했던 것보다 훨씬 더 중요하다는 데 논의의 중점을 두었다. 이 두 편의 글을 놓고 본다면, 세계 경제의 성장을 융합과 확산 중 어느 쪽에서 보아야 할지 중요한 문제가 제기된다. 또한 그 속에는 어떤 지역을 역사 연구에 합당한 "지역" 단위로 만드는 것이 무엇인지, 또한 그 단위가 단지 편의에 불과한 것인지, 유기적 전체를 대표하는 것인지(최소한 어느 순간 혹은 어떤 목적에 한해서라도)에 대한 질문도 암묵적으로 포함되어 있다.

라틴 아메리카 다룬 제16권 제20장은 앞에서 논의한 제19장과 제23장의 사이 어디쯤에 위치하고 있는 것 같다. 이 글은 지역의 역사를 만들어간 외부 세력의 영향을 강조하는 대신 그 지역이 외부에 미친 영향은 간략하게 살펴보았다는 점에서는 제23장에 가깝지만, 그 지역의 행위자들이 세계적 흐름에 반응하여 도전과 전통을 번갈아가며 고유의 색채를 만들어내는 경향을 살펴보았다는 점에서는 제19장에 가깝다. 제16권 제22장은, 유례없이 강력한 국민국가로 통합된 "지역"으로서, 여전히 새로운 전략을 필요로 하는 미국을 다루었다. 저자는 이야기의 중심에 국가를 두었지만, 그것은 사실 수많은 이야기 중의 하나에 불과하며, 전혀 충분하지 않고 독특한 이야기일 뿐이라는 사실을 상기시키며, 또 다른 서사가 필요하다고 주장했다. 모든 저자들이 회피하고자 했던 것은, 때로 다른 지역 연구에서 엿보이는 것과 같은 엄격한 고립주의적 혹은 본질주의적 서사였다. 이를 통해 저자들은 단순히 지역의 병렬적 합계를 넘어서는 세계사를 구축하고자 했던 것이다.

결론에 대신하여

글을 마감하며 우리의 책을 몇 개의 단락으로 요약하는 주제넘는 짓은 하지 않으려 한다. 그보다는 우리 책에 수록된 글들이 세계사 연구를 위해 제안하는 바를 몇 가지 지적하는 편이 더 나을 것이다.

첫째, 우리 책은 흔히 생각하는 바와 달리, 새로운 지식을 생산하지 않으면서도 얼마나 많은 성과를 낼 수 있는지를 보여주었다. 우리 책의 글들은 1차 자료를 거의 혹은 전혀 다루지 않았다. 대신 기존에 알려진 정보를 새로운 방식으로 결합하여 새로운 이해를 도모했다.

둘째, 우리 책에 실린 글들은 세계사를 서술하는 다양한 방식이 존재한다는 점을 보여준다. 예를 들어 특정 물건을 중심으로 서술할 수도 있고, 개념이나 사건, 계기, 혹은 장소를 중심으로 서술할 수도 있다. 또한 이러한 다양한 주제들을 함께 모아 놓으면, 그 안에서 드러나는 공통점이나 반복되는 흐름이 존재한다. 산업화, 스포츠, 고무, 에너지, 가족, 대량학살 등 언뜻 서로 관련 없어 보이는 주제들도, 시간이 흐르면서 서로 겹치거나 반복되는 특징이 나타난다. 셋째, 책에 수록된 글들은 반복되는 패턴 중 하나가 바로 '시간의 흐름' 그 자체라는 점을 보여준다. 우리 책에 등장하는 모든 주제가 갈수록 뚜렷해지는 하나의 목표를 향하는 것은 아니지만, 최소한 그 이야기들이 모두 1750년 이후의 시대를 다루고 있다는 점은 분명하다. 물론 다른 식의 시대구분도 가능하겠지만, 1750년부터 현재까지가 하나의 시간 단위로서 수많은 세계적 이야기를 담아내기에 적절한 범위라고 본다. 이 정도 시간 범위가 전체적인 흐름을 파악하기에 충분하다. 동시에 최근 약 100년 사이에 일어났던 놀라운 변화에 대해서도 어느 정도 거리를 갖게 해 줄 것이다. 즉 그것이 마냥 자연스럽고 당연한 일이 아니라 역사적 맥락에서 발생한 독특한 일이었다는 사실이 보다 분명하게 드러날 것이다. 그러면서도 우리가 설정한 시간 범위는 이야기의 흐름에 결정적인 반전이 생길 만큼 너무 길지도 않다. 시간의 범위는 전하고자 하는 메시지에 대단히 중요한 영향을 미칠 수밖에 없다. 예컨대 산업화라는 주제를 다룰 때 그것이 생산적이었는지, 혹은 파괴적이었는지 판단하는 문제는 관찰하는 시점에 따라 달라질 수 있다. 1850년부터 살펴보는지, 2000년부터 보는지, 아니면 미래의 데이터를 통해 보는지에 따라 그 평가는 완전히 달라질 수 있다는 뜻이다.

마지막으로, 우리가 논의하는 시대에 원거리 접속(연결)이 발달했던 사실을 강조하고자 한다. 접속(연결)의 발전 양상은 시공간에 따라 편차가 있었지만, 어쨌든 그에 따라 우리는 하나의 사태를 더 많은 차원에서 조명할 수 있게 되었다. 우리의 관심사가 무엇이든, 상품, 병균, 사람의 이동이든, 사상과 문화의 영향이든, 자신과 자신이 속한 공동체를 멀리 떨어진 사람들과 비교하는 문제든, 혹은 멀리서 시작된 경쟁이 어느 지역의 행동에 영향을 준 방식이든, 그 어느 것이라도 글로벌과 로컬을 나누어 생각하기가 어렵게 되었다. 글로벌과 로컬, 그리고 그 사이에 있는 모든 것의 경계가 과거의 그 어느 때보다도 불분명해졌기 때문이다. 이는 역사학자에게도 중요한 의미를 지닌다. 때로는 어떤 사건이 당시 사람들로서는 전혀 알지 못했던 멀리 떨어진 곳에 미친 영향까지 살펴보아야 할 것이다. 또한 역사 속의 인물이 세계적으로 사고하거나 보편적 원칙을 따른다고 말했더라도, 그 말 속에 숨겨진 지역적이고 구체적인 맥락이 무엇이었는지를 밝혀내는 것이 필요할 때도 있다. 어떤 경우든 현대의 역사학자라면, 지역사를 다룰 때조차도 일정 부분 세계사적 관점을 고려하지 않을 수 없게 되었다. 풍성하고도 흥미로운 세계를 탐험하는 그들에게, 우리 책이 유용한 길잡이가 되기를 기대한다.

더 읽어보기

Allen, Robert C. *The British Industrial Revolution in Global Perspective*. Cambridge University Press, 2009.
Armitage, David, and Sanjay Subrahmanyam, eds. *The Age of Revolutions in Global Context, c. 1760-1840*. New York: Palgrave, 2010.
Bayly, C. A. *The Birth of the Modern World, 1780-1914*. Oxford: Blackwell, 2004.
   Imperial Meridian: The British Empire and the World, 1780-1830. London: Longman, 1989.
Belich, James. *Replenishing the Earth: The Settler Revolution and the Rise of the Anglo-World*. Oxford University Press, 2009.
Burke, Edmund III, and Kenneth Pomeranz, eds. *The Environment and World History*. Berkeley, CA: University of California Press, 2009.
Cain, P. J., and A. G. Hopkins. *British Imperialism 1688-2000*. New York: Longman, 2002.
Carmagnani, Marcello. *The Other West: Latin America from Invasion to Globalization*, trans. Rosanna M. Giammanco Frongia. Berkeley, CA: University of California Press, 2011.
Chakrabarty, Dipesh. *Provincializing Europe: Postcolonial Thought and Historical Difference*. Princeton University Press, 2000.
Cooper, Frederick, Thomas Holt, and Rebecca Scott. *Beyond Slavery: Explorations of Race, Labor, and Citizenship in Postemancipation Societies*. Chapel Hill, NC: University of North Carolina Press, 2000.
Cooper, Frederick, and Ann Laura Stoler, eds. *Tensions of Empire: Colonial Cultures in a Bourgeois World*. Berkeley, CA: University of California Press, 1997.
Darwin, John. *After Tamerlane: The Global History of Empire Since 1405*. London: Allen Lane, 2007.
Davis, David Brion. *The Problem of Slavery in the Age of Emancipation*. New York: Alfred A. Knopf, 2014.
   The Problem of Slavery in the Age of Revolution, 1770-1823. Ithaca, NY: Cornell University Press, 1975.
Davis, Mike. *Late Victorian Holocausts: El Niño Famines and the Making of the Third World*. New York: Verso, 2001.
Duara, Prasenjit, ed. *Decolonization: Perspectives from Now and Then*. London: Routledge, 2003.
Gabaccia, Donna, and Dirk Hoerder, eds. *Connecting Seas and Connected Ocean*

Rims: Indian, Atlantic, and Pacific Oceans and China Seas Migrations from the 1830s to the 1930s. Boston, MA: Brill, 2011.

Gaddis, John Lewis. *We Now Know: Rethinking Cold War History*. Oxford University Press, 1997.

Geyer, Michael, and Sheila Fitzpatrick, eds. *Beyond Totalitarianism: Stalinism and Nazism Compared*. Cambridge University Press, 2009.

Headrick, Daniel R. *The Tools of Empire: Technology and European Imperialism in the Nineteenth Century*. Oxford University Press, 1981.

― *When Information Came of Age: Technologies of Knowledge in the Age of Reason and Revolution, 1700-1850*. Oxford University Press, 2000.

Hobsbawm, Eric. *The Age of Extremes: A History of the World, 1914-1991*. New York: Pantheon Books, 1994.

― *The Age of Revolution, 1789-1848*. New York: New American Library, 1962.

― *Industry and Empire: From 1750 to the Present Day*. Baltimore: Penguin, 1975.

Jones, Eric L. *Cultures Merging: A Historical and Economic Critique of Culture*. Princeton University Press, 2006.

Judt, Tony. *Postwar: A History of Europe since 1945*. New York: Penguin Press, 2005.

Kershaw, Ian, and Moshe Lewin, eds. *Stalinism and Nazism: Dictatorships in Comparison*. Cambridge University Press, 1997.

Kiernan, Ben. *Blood and Soil: A World History of Genocide and Extermination from Sparta to Darfur*. New Haven, CT: Yale University Press, 2007.

LaFeber, Walter. *America, Russia, and the Cold War, 1945-2002*, 9th edn. Boston, MA: McGraw-Hill, 2004.

Maier, Charles S. *Among Empires: American Ascendancy and its Predecessors*. Cambridge, MA: Harvard University Press, 2006.

Mann, Michael. *The Sources of Social Power*, Vol. 2: *The Rise of Classes and Nation-states, 1760-1914*. Cambridge University Press, 2012.

McNeill, J. R. *Something New Under the Sun: An Environmental History of the Twentieth Century*. New York: Norton, 2000.

McNeill, William H. *The Pursuit of Power: Technology, Armed Force, and Society Since a.d. 1000*. University of Chicago Press, 1982.

Metcalf, Thomas R. *Imperial Connections: India in the Indian Ocean Arena 1860-1920*. Berkeley, CA: University of California Press, 2007.

Northrup, David. *How English Became the Global Language*. New York: Palgrave Macmillan, 2013.

Osterhammel, Jürgen. *The Transformation of the World: A Global History of the Nineteenth Century*, trans. Patrick Camiller. Princeton University Press, 2014.

Pomeranz, Kenneth. *The Great Divergence: China, Europe, and the Making of the Modern World Economy*. Princeton University Press, 2000.

Radkau, Joachim. *Nature and Power: A Global History of the Environment*, trans. Thomas Dunlap. Cambridge University Press, 2008.

Reid, Anthony, ed. *The Last Stand of Asian Autonomies: Responses to Modernity in the Diverse States of Southeast Asia and Korea, 1750-1900*. New York: St. Martin's Press, 1997.

Rosenberg, Emily S. *Transnational Currents in a Shrinking World, 1870-1945*. Cambridge, MA: Belknap Press of Harvard University Press, 2014.

Rosenberg, Emily S., ed. *A World Connecting, 1870-1945*. Cambridge, MA: Belknap Press of Harvard University Press, 2012.

Tilly, Charles. *Coercion, Capital, and European States, ad 990-1992*. Malden, ma, and Oxford: Wiley-Blackwell, 1990.

Westad, Odd Arne. *The Global Cold War: Third World Interventions and the Making of Our Times*. Cambridge University Press, 2005.

Wong, R. Bin. *China Transformed: Historical Change and the Limits of European Experience*. Ithaca, NY: Cornell University Press, 1997.

CHAPTER 2

에너지, 인구 및 환경 변화: 1750년 이후 인류세 진입

존 맥닐
John R. McNeill

서론: 인류세를 향한 웅크린 발걸음

마침내 그의 시간이 다가오면 그 험악한 짐승의 웅크린 육신은 세상에 태어나기 위해 베들레헴으로 향한다.

— 예이츠(W. B. Yeats), "재림(The Second Coming)" 중에서

최근 수많은 학자, 과학자, 언론인 등이 "인류세(Anthropocene)"라는 용어를 사용하기 시작했다. 이는 네덜란드의 대기화학 연구자 파울 크뤼천(Paul Crutzen)이 2000년도부터 대중화시켰던 용어다.[1] 그는 이 용어를, 대개 인류가 지구환경에 심각한, 대규모의, 주도적인 영향을 미쳤던 시기라는 의미로 사용했다. 물론 이 용어를 사용하는 사람들 사이에서도 인간의 영향이 어느 정도인지, 어떤 부류의 사람들이 다른 부류의 사람들에 비해 더 많은 영향을 미치는지, 심지어 그것이 나쁜지 좋은지, 혹은 (만약 존재한다면) 인류세의 시작은 언제인지에 대한 합의는 없다.

---

1 Paul Crutzen and Eugene Stoermer, "The 'Anthropocene,'" *IGBP Newsletter* 41 (2000), 17-18. 구글 엔그램 뷰어(Google Ngram Viewer)에 따르면 이 단어는 1958-62년 사이에 처음 등장했다가 사라졌고, 1980년대에 다시 부활했으며, 널리 사용되기 시작한 것은 2000년부터다.

시작 시점은 전문가들마다 의견이 다양하다. 1만 5,000년 전 플라이스토세(Pleistocene) 말기 이후에 시작되었다는 의견도 있고, 아직은 인류보다 다른 자연의 순환과정이 더 강력하기 때문에, 아직 시작도 되지 않았다는 의견도 있다.² 그럼에도 불구하고 이 개념은, 인간사에서 환경변화의 규모, 범위, 속도, 중심성을 강조하기 때문에 세계사 연구에 도움이 된다.

지구 역사의 시대구분을 최종적으로 확정한다고 자부하는 지질학에서는 미오세(Miocene)나 홀로세(Holocene)와 같은 다른 시대를 정의할 때와 마찬가지로, "인류세"를 정의할 수 있는 공통된 성격을 찾으려 했으나 성과는 없었다. 지질학에서 시대를 규정하기 위해 필요로 하는 기본적인 조건 중의 하나가 동시성(synchronicity)이다. 지질학자들이 보기에는 인류세가 지구상 어디에서나 동시에 시작되어야 하나의 시대로서 요건을 충족할 수 있다. 더욱이 지질학자들은 "결정적인 증거(golden spike)"로, 지층 속에서 어느 시대의 시작을 알리는 특정 가능한 지표를 요구한다. 영예의 후보 중 하나는 방사능 낙진층이다. 1945년 7월 앨라모고도(Alamogordo, 뉴멕시코)에서 첫 핵실험이 시작된 이후부터 1963년 대기 중 핵실험이 금지될 때까지 낙진층이 축적되었다. 또 다른 후보

---

2 Bruce Smith and Melinda Zeder, "The onset of the Anthropocene," *Anthropocene* 4 (June 2013), http://dx.doi.org/10.1016/j.ancene.2013.05.001. 하나의 합리적인 제안은 인간이 환경에 영향을 끼친 긴 시대를 고인류세(Palaeoanthropocene)라 부르고, 인류세(Anthropocene)라는 명칭 자체는 화석 연료 사용과 인구 증가가 급증한 이후의 기간으로 제한하여 사용하자는 것이다. Stephen F. Foley et al., "The Palaeoanthropocene-the beginnings of anthropogenic environmental change," *Anthropocene* 3 (2013), 83-88 참조.

는 1945년 이후에 형성된 콘크리트 잔해층이다. 콘크리트는 새로 만들어진 암석으로 자연에서 생성된 것이 아니지만, 현재 지구 표면 1제곱미터당 3톤의 콘크리트가 존재한다. (베를린의 가장 높은 언덕인 토이펠스베르크(Teufelsberg) 같은 것도 있다. 이것은 1945년 전쟁으로 파괴된 콘크리트 잔해의 더미다. 고고학자들이 말하는 고대 시리아의 텔(tell, 언덕)과 같은 것이 오늘날 새롭게 만들어진 셈이다. 시리아의 텔은 수천년 동안 존속되었다.) 역사가들은 말하자면 그렇게 엄밀함을 추구하는 부족은 아니므로, "결정적인 증거" 같은 것은 요구하지 않는다. 또한 동시성도 요구하지 않는다. 신석기 시대가 시작된 시기는 장소에 따라 달랐고, 르네상스나 산업혁명도 마찬가지였다.

우리 글의 목적은 지질학보다는 역사학의 관습을 따르는 것이므로, 우리가 말하는 인류세는 장소에 따라 시작되는 시간이 다르다. 예를 들어 베네치아나 멕시코시티 같은 몇몇 장소에서는 1750년이면 이미 인류세가 시작되어 있었다. 베네치아와 멕시코시티 모두 습지를 도시로 바꾸어 놓은 뒤였다. 파타고니아의 봉우리나 마리아나 해구의 심연 같은 다른 곳에서는, 1750년이면 아무도 그곳에 들어가본 적이 없는 상태였고, 내 생각엔 아마도 최근 몇 세기 동안 변함이 없었을 것이다.[3] 그러므로 어떤 측면에서 지구는 1750년이면 이미, 실은 그보다 훨씬 이전에 인류세로 접어들었다. 그러나 다른 측면에서 보면 지구에서 아직 인류세가 시작되지 않았다. 지질학자라면 이런 상황을 용납할 수 없겠지만,

---

3 파타고니아 산맥의 빙하가 이전보다 약간 더 빠르게 녹고 있으므로, 어떤 변수를 강조하느냐에 따라 어쩌면 그곳에서도 이미 인류세(Anthropocene)가 시작되었을지 모른다.

역사가들은 충분히 받아들일 수 있다. 이번 장에서 논하는 시간 범위, 즉 1750년부터 지금까지의 시기를 거치는 동안, 인류와 지구 전체적으로는 인류세로 접어들고 있으며, 처음에는 웅크린 자세로 느린 걸음을 시작했으나 이후 갈수록 점점 더 속도가 빨라졌다. 인간이 지구에 미치는 영향은 갈수록 지역적 범위를 넘어 세계적 차원으로 확대되고 있다.

이 시대 안에서 두 개의 시기를 구분하는 것이 합리적이다. 첫 번째 시기는 1750년경부터 1950년경까지로, 그때는 석탄의 시대였으며, 매년 인구 성장이 거의 1퍼센트 정도였다. 두 번째 시기는 1950년경부터 지금까지로, 이때는 석유의 시대였으며, 매년 인구 성장이 거의 2퍼센트 정도였다. 첫 번째 시기는 워낙 격동적이었지만 두 번째 시기도 꽤나 소란스러웠다. 그러나 1950년 이후의 소란은 헤겔의 안티테제와 같은 반작용을 불러일으켰다. 이는 현대 대중환경운동을 자극하여, 젊은 문화와 정치세력이 형성되었다. 그들의 기반은 혼란한 환경변화를 꺼리고 환경의 안정성을 추구하며, 오염되지 않은 공기와 물을 비롯하여, 전반적으로 독성이 없는 환경에 접근하는 것이 곧 인권이라는 신념이었다.

에너지와 산업

인류세에 접어들기까지 몇 가지 큰 변화가 있었지만, 그중에서도 가장 큰 변화는 1750년 이후 화석연료의 도입과 에너지 사용량의 비약적 증가였다. 인류의 조상은 불과 언어의 사용을 통해 완전한 인간이 될 수 있었다. 농업의 도입은 도시, 문명, 국가 건설의 기반이 되었다. 화석 연료의 도입은 우리에게 근대를 가져다주었다. 이와 같은 각각의 변화는 인간의 주변 상황에 큰 변화를 가져왔다. 그 상황에 따라 인간의 사회,

그리고 인간 대 자연의 관계는 더욱 복잡한 단계로 나아갔다.

수렵채집 생활을 하던 우리의 조상들은 태양에너지 체제에서 살았다. 식물은 광합성을 통해 태양 에너지의 극히 일부(1퍼센트 미만)를 화학 에너지로 변환시켰다. 인간은 그 식물의 극히 일부를 먹었고, 또한 다른 동물들도 그 식물을 먹었다. 그 동물 중 인간이 식량으로 잡아먹은 동물의 비중은 식물의 경우보다 훨씬 더 적었다. 음식으로 섭취한 화학 에너지의 일부는 몸속에서 열에너지와 운동(근육) 에너지로 변환되었다. 지구에 도달하는 태양 에너지의 극히 일부만이 이러한 과정을 거쳐 포획되었다. 21세기 인류에 비하면 우리 조상들은 1인당 평균 약 2퍼센트 이하의 에너지를 수확했다.

동물의 사육과 식물의 재배는 약 1만 년 남짓 전부터 시작되어, 에너지 수확이 증가하게 되었다. 농경사회는 동물 사육과 식물 재배를 최대한도로 활용했으며, 수렵채집 사회에 비해 4배-6배의 에너지를 수확했다. 마침내 수력과 풍력이 인류에게 더 많은 에너지를 공급했다. 그러나 1750년 당시 사용되던 모든 풍력과 수력을 합하더라도, 전체 에너지 사용량에 비하면 극히 일부에 지나지 않았다. 충분히 신뢰할 수 있는 풍력과 수력은 일부 지역에서만 존재했기 때문이다. 이와 같은 태양 에너지 체제에서 인간의 삶은 매우 제한적이었다. 대부분의 조상들은 빈약하고 불확실한 수확을 기대하며 힘들고 오랜 노동에 시달려야 했다.[4]

---

4 열을 얻기 위해 사람들은 에너지의 흐름(flows)뿐만 아니라 축적된 저장분(stocks)에도 의지할 수 있었다. 나무는 수십 년 혹은 수백 년 동안 축적된 광합성의 산물이었다. 난방과 요리, 일부 산업에서 유용했던 목재와 숯은 대부분의 인간 사회에 필수적이었다. 그러나 그것은 단지 열 에너지의 양을 증가시킬 뿐, 기계적 에너지는 제공하지 못했다. 기계적 에너지를 얻기

1750년 이후, 화석연료가 이러한 제한을 혁파하기 시작했다. 토탄, 석탄, 석유, 가스는 약 5억 년에 걸쳐 축적된, 화석화된 태양 에너지의 거대한 저장고였다. 토탄은 반화석화된 식물의 잔해로, 대부분 6,000년-1만 년 전에 형성되었다. 이를 잘 건조하면, 일부 용도에 쓸 만한 연료가 되었다. (불꽃이 약해서 제철 등의 용도에는 사용할 수 없었다.) 이를 생활경제의 중심 연료로 사용한 나라는 네덜란드밖에 없었다. 그 주변에는 거대한 토탄층이 형성되어 있었고, 해수면의 높이에서 대량으로 채취하여 쉽게 운송할 수 있는 환경이었기 때문이다. 네덜란드의 황금기(약 1560년-1670년경)에 토탄은 네덜란드가 사용한 에너지의 절반을 차지했다. 유럽, 중국 등 다른 지역에서 연료용 목재 수급에 어려움을 겪던 시기에 네덜란드는 비용상 유리한 에너지를 사용함으로써, 양조, 설탕 정제, 소금 제조, 기타 에너지 집약적 산업의 국제 경쟁력을 높일 수 있었다.

토탄이 세계 속 네덜란드의 위상을 바꾸어 놓았다면, 석탄은 세계 전체를 바꾸어 놓았다. 석탄은 집적된 태양에너지가 수억 년에 걸쳐 고착화된 것이다. 석탄은 최고 품질의 연료용 목재에 비하면 톤당 절반의 에너지를, 토탄에 비하면 3배의 에너지를 공급한다. 석탄을 유의미한 연료로 사용한 최초의 사회는 중국 송나라였다. 중국 북서부 지역에서 풍부했던 석탄은 11세기 후기부터 금속산업에 사용되었고, 1700년에 이르러서는 중국의 철 생산량이 유럽 전역의 철 생산량을 합한 것보다 많았다. 중국의 석탄 및 제철 산업은 12세기 이후 쇠퇴의 길을 걸었는데, 그

위해서는 근육 외에는 대체 수단이 없었다.

이유는 아직 분명하게 밝혀지지 않았다.

　석탄의 고유의 단점이 있었다. 대부분의 석탄층은 지하에 묻혀 있었고, 이를 캐내려면 위험한 고비용의 노동이 투입되어야 했다. 갱도를 파면 물이 고이는 지역이 많았고, 그런 경우 광부들의 임무 수행은 거의 불가능했다. 더욱이 대부분의 석탄은 제철에 사용할 수 있을 정도로 충분히 고온으로 태운다 하더라도 여러 가지 불순물을 포함하고 있어서, 석탄을 이용하여 철을 만들면 철이 부서지기 일쑤였다. 또한 석탄은 운송비도 많이 들었다. 영국은 1700년-1840년 사이 이 모든 단점을 극복했다. 그 비결은 기술의 발전, 운하 건설, 갱도에 고인 물을 퍼내는 증기 기관의 개선 등이었다. 덕분에 산업혁명이 초기에 주저앉지 않고 버텨낼 수 있었다.

　영국은 실레시아(Silesia, 폴란드)에서 스코틀랜드까지 이어지는 석탄지대의 북서쪽 끝에 위치한다. 산업화 시대의 비옥한 석탄지대는 농경시대의 비옥한 초승달 지대보다 훨씬 더 중요한 의미를 지녔다. 1750년 이 지역에서는 매년 5백만 톤 이하의 석탄을 생산했고, 대부분은 영국에서 생산되었다. 1900년에 이르면 매년 4억 톤의 석탄을 생산했고, 그 중 영국에서 60퍼센트가 생산되었다. 이제 석탄은 유럽 에너지 수요의 대부분과 세계 에너지 수요의 절반을 충족했다. 석탄이 대량으로 사용되면서, 토탄은 결코 할 수 없었던 태양 에너지 체제의 제약을 혁파했고, 지금까지는 상상할 수도 없었고 도저히 도달할 수도 없었던 새로운 기회를 열었다.

　석탄은 두 세대에 걸쳐 제왕의 지위를 유지했다. 1900년에 이르러 원시적인 내연기관이 개발되었고, 마침내 거대한 석유 시장이 만들어졌다.(그림 2-1) 태양 에너지를 축적한 액체인 석유는 석탄에 비해 톤당 2배의 에너지를 생산했다. 파이프라인과 유조선은 어떠한 석탄 운송 수단보다 저렴한 비용으로 석유를 운송할 수 있었다. 1960년에 이르러 세계 에너지 사용량에서 석유가 석탄을 추월했다. 석유는 석탄이 할 수 있는 모든 것을 할 수 있으며, 더불어 항공기 동력 제공 등 석탄이 할 수 없는 몇 가지 다른 역할을 수행할 수 있었다. 20세기 중엽 석탄과 공동지배 체제를 끝낸 석유는, 그 후 두 세대가 지난 지금까지도 왕좌를 지키고 있다.

1750년부터 2015년 사이, 전체 세계 에너지 사용은 90-100배가 증가했다. 이는 농경의 출현 이후 가장 혁명적인 과정이었다. 1870년경부터 인류는 매년 전 세계 광합성 에너지 생산량의 총합보다 더 많은 에너지를 사용하기 시작했다. 에너지 성장의 대부분은 화석연료가 차지했으며, 오늘날 모든 에너지의 약 75-80퍼센트를 화석연료가 공급하고 있다.

인류세에 즈음하여, 최근 수십 년은 에너지 남용의 시대였다. 1920년 이후 인류가 사용한 에너지는 아마도 그 이전 인류의 역사 전체를 합한 것보다 많은 양이었을 것이다. 1945년-2015년 사이 인류는 태양 에너지를 약 5,000만-1억 5,000만 년 동안 축적해야 만들어질 수 있는 양의 화석연료를 사용했다. 아직도 풍부하게 남아 있는 화석 연료는 대부분이 석탄이다.

전 세계의 평균과 총량만 보면 당연히 뚜렷한 차이가 잘 드러나지 않는다. 1960년에는 유럽과 북아메리카를 제외한 세계 대부분의 지역에서 여전히 화석 연료를 거의 사용하지 않고 있었다. 세계 인구의 5분

[그림 2-1] 페르시아 유전 개발 초기의 유정탑. 1909년

연도	백만 톤
1800	15
1900	825
1950	1,800
2000	4,700
2012	7,900

출처: HYDE 데이터베이스에서 반올림한 수치; BP Statistical Review of World Energy (2013)

[표 2-1] 세계 석탄 생산량

의 1 정도에게만 에너지 집약적 생활방식이 적용되고 있었다. 그러나 이후 20세기에는 1880년경부터 시작되어 왔던 이와 같은 패턴에 급격한 변화가 나타났다. 1965년 이후 45년 사이에 에너지 사용량은 중국이 12배, 인도는 9배, 이집트는 9-10배가 증가했다. 한편 미국의 에너지 사용량은 약 40퍼센트 증가에 그쳤다. 1965년 미국은 세계 에너지 사용량의 3분의 1을 소비했다. 중국은 1965년 세계 에너지 사용량의 5퍼센트를 사용했지만, 2009년에는 5분의 1을 사용했고, 2010년에는 미국을 넘어 세계 최대 에너지 소비국이 되었다.

요약하자면 현대 에너지 사용량 급증으로 우리 시대는 인류의 과거와는 전혀 다른 시대가 되었다. 1850년 이후 약 한 세기 동안 에너지 사용량은 유럽과 북아메리카에 집중되었고 나중에는 일본까지도 여기에 어느 정도 포함되었다. 이는 사실상 이들 지역이 국제 체제에서 정치 경제적 우위를 점할 수 있었던 가장 큰 이유였다. 1965년 이후 에너지 사용량 총량의 증가율이 다소 완만해졌다. 그러나 에너지 사용량 증가

연도	백만 톤
1850	0
1900	20
1950	520
2000	3,620
2012	4,120

출처: HYDE 데이터베이스에서 반올림한 수치; BP Statistical Review of World Energy (2013)

[표 2-2] 세계 석유 생산량

의 대부분은 유럽과 북아메리카 이외 지역, 특히 동아시아가 중심이었다.(표 2-1, 표 2-2 참조)

풍부하고 값싼 에너지는 인간의 환경영향을 넓혔다. 채굴, 운송, 연소의 명백한 환경영향(그 자체만으로도 환경혼란이지만)에도 불구하고, 화석연료는 전례 없이 산업화를 촉진시켰다.[5] 산업경제는 수공업 생산에 필요한 양보다 훨씬 더 많은 원자재를 필요로 했고, 그 대부분은 전 세계에 산재한 플랜테이션 농장에서 생산되었다.

플랜테이션 농장은 천 년 동안 존재해 왔던 것이지만, 16-18세기에는 다양한 작물을 생산하는 표준적인 시스템으로 성장했다. 1840년 이후 증기-동력 기계를 이용하면서 목화로 면직물을 생산하는 비용이 매우 낮아졌다. 그 영향으로 아메리카 남부 지역에서는 숲을 훼손하여 목

---

5 영국의 에너지 가격에 대해서는 다음을 참조. Roger Fouquet and P. J. G. Pearson, "Five centuries of energy prices," *World Economics* 4:3 (2003), 93-119.

화밭을 개간했고, 인도, 이집트, 앵글로-이집트 수단, 프랑스령 폴리네시아를 비롯하여, 중앙아시아, 동남아시아, 남아메리카의 여러 지역에서도 목화 재배를 위한 노력이 가속화되었다.

그러나 목화는 산업화가 만들어낸 새로운 플랜테이션 시스템의 일부에 지나지 않았다. 차, 커피, 담배, 황마, 팜유, 코프라 및 기타 다양한 각성제, 윤활제, 식품, 섬유 등을 기반으로 산업혁명이 순조롭게 진행될 수 있었다. 새로운 플랜테이션은 대부분 기존의 숲지대를 개간해서 조성한 것이었고, 토양의 양분을 빠르게 고갈시키는 방식으로 재배했기 때문에 흔히 윤작 시스템을 따랐다. 담배, 면화, 커피는 토양의 양분을 특히 빨리 고갈시켰다. 이 경우 토양의 양분을 유지하기 위해서는 많은 비용을 투입해야 했기 때문에, 숲에 불을 질러서 재가 농축된 새로운 농지를 조성하는 편이 오히려 경제적이었다. 새로운 산업화 도시의 인구를 유지하기 위해서는 식량, 의복, 카페인을 공급해야 했다. 그래서 앨라배마, 쿠바, 브라질에서 대대적으로 노예가 수입되었고, 다른 곳에서도 수많은 노동자들이 투입되어 수백만 헥타르의 오랜 숲을 불태웠다.(그림 2-2)

식량작물과 섬유작물 재배를 위한 개척은 화석연료의 시대가 토지에 미친 영향의 일부에 불과하다. 철도와 증기선의 발달로 운송비가 하락하면서 멀리 떨어진 곳의 광석도 경제성을 얻게 되었다. 산업도시는 칠레, 말레이시아, 오스트레일리아, 시베리아, 자메이카에서 생산되는 구리, 주석, 철, 보크사이트를 비롯한 원광석을 모두 사들였다. 증기-동력 유압호스 이용 등 산업화 시대의 새로운 방법으로, 19세기라면 손도 대지 않았을 층위에서도 채굴이 가능해졌다. 1849년 캘리포니아 산맥

(그림 2-2) 커피 플랜테이션 농장, 브라질

을 시작으로 이후 오스트레일리아, 뉴질랜드, 클론다이크(Klondike, 캐나다)를 돌며 환태평양 지역의 금광에서 이러한 방법이 사용되었다. 남아프리카의 금광이나 다이아몬드광, 혹은 칠레의 구리광을 막론하고, 단단한 암석을 뚫기 위해서는 화석연료를 동력으로 하는 기계와 운송수단이 필요했다. 광산을 뚫으면 필연적으로 구멍이 생길 수밖에 없었고, 때로는 지표면이 무너져 지형이 바뀌기도 했다. 20세기 말엽에 이르러서는, 거대한 석유-동력 기계가 산과 계곡을 누비며, 웨스트버지니아의 석탄에서부터 서부 오스트레일리아의 금까지 채굴하고 있었다. 값싼 에너지가 없었다면 이와 같은 환경 변화는 나타나지 않았을 것이며, 곡괭이를

든 노예를 아무리 많이 투입했더라도 경제성을 맞출 수 없었을 것이다.

더욱이 저렴한 에너지로 교통 네트워크를 구축하여, 수천만 인구의 대륙 간 이주가 가능했다. 1840년부터 1913년 사이 약 6,000만 명의 유럽인들이 더 나은 삶을 꿈꾸며 대양을 건넜고, 이들 중 상당수는 아메리카의 농장이나 광산에서 일자리를 얻었으며, 다시 태평양을 건너가기도 했다.(시베리아로도 수백 만 명이 들어갔다.) 인도인과 중국인도 2,000만-4,000만 명이 가이아나, 트리니다드, 모리셔스, 말라야, 태국, 버마, 나탈(남아공), 퀸즐랜드(오스트레일리아), 피지 등으로 이주했다. 이와 같은 수많은 사람들의 튼튼한 등과 능숙한 손이 없었다면, 그렇게 많은 숲이 개간되지 못했을 것이며, 그렇게 많은 늪지가 메워지지 못했을 것이고, 그렇게 많은 토양이 침식되지 않았을 것이며, 그렇게 많은 초원을 갈아엎지 못했을 것이다.

화석연료와 산업화는 세계적으로 멀리 떨어진 플랜테이션지대와 광산 캠프만 바꿔놓은 것이 아니었다. 산업도시 안팎에서도 변혁의 마법이 일어났다. 화석연료의 시대 초기에 가장 눈에 띄는 변화는, 맨체스터, 베를린, 시카고, 그리고 나중에는 상해(상하이), 오사카, 마그니토고르스크(러시아) 같은, 과거에 작은 마을이나 소도시였던 곳에서 형성된 산업도시에서 나타났다. 이들은 산업혁명이 불러온 "충격의 도시"였다. 그곳에서 수력과 석탄, 고향을 떠나온 농민들, 목화, 철광석이 합쳐져 수익을 만들어냈다.[6] 루르(Ruhr, 독일)나 실레시아(Silesia, 폴란드) 등 비옥한 석탄

---

6 Harold Platt, *Shock Cities: The Environmental Transformation and Reform of Manchester and Chicago* (University of Chicago Press, 2005).

지대에서는 하룻밤 사이에 농지가 제철소로, 석탄광산으로, 야금 공장으로, 철도차량 기지로 바뀌었다.

이러한 도시와 산업벨트의 경관은 19세기에 가장 오염이 심하고 건강에 해로운 서식지가 되었다. 강과 운하로 온갖 종류의 산업화학 폐기물과 생물학적 폐기물이 흘러들었다. 영국왕립위원회(British royal commission)는 1866년 칼더강(Calder River)의 강물이 "꽤 좋은 잉크"가 되었다고 평했다. 강과 호수에 거품이 생기면서 거의 모든 수생 생물이 독성을 띠게 되었다. 일부 강과 운하에서는 화재도 자주 발생했다. 한편 굴뚝으로는 재, 먼지, 연기, 그을음, 이산화황이 뿜어져 나왔고, 집과 정원, 길거리, 목초지, 들판을 뒤덮었으며, 인간의 폐를 독소로 가득 채웠다. 1800년 이후 도시의 대기오염으로 수천만 명, 혹은 1억 명 이상의 수명이 단축되었다. 영국의 신문사 편집자들은 바람이 잦아들거나 안개가 끼면 부고 기사를 위한 지면을 남겨두어야 한다는 사실을 알고 있었다. 이러한 "골칫거리"의 피해자들이 더 이상의 피해를 막기 위해, 혹은 보상을 받기 위해 노력하면서, 도시 안에서 혹은 도시 주변에서 환경분쟁이 일어났다. 수십 년 동안 그들은 승리보다는 패배를 더 많이 겪어야 했다.

1950년대 이후 도시의 공기와 수질오염은 악화와 개선을 반복했다. 자동차가 중산층의 필수품이 되면서(미국은 1920년대, 서유럽은 1950년대), 배기가스는 도시공기오염의 주범이 되었다. 광화학 스모그(Photochemical smog)는 유독성 대기의 한 요소가 되었다. 1943년의 로스앤젤레스처럼, 강한 햇빛과 수백만 대의 자동차가 함께 있는 곳에서는 스모그 때문에 주민들이 화학무기 공격을 받았다고 착각할 정도였다. 한

[그림 2-3] 1920년대 이후 산업 성장을 홍보하는 소련의 포스터

편 석유화학 산업의 부상으로 새로운 조합이 등장했다. 수년 혹은 수십 년 동안 잔류하는 유기 화학 물질이 증가하면서, 산업 공정의 영향권에 있는 지역에서는 건강과 생명 위험이 더욱 높아졌다. 1965년 이후 대중적인 환경주의, 정부 규제, 연료 대체(가스 사용 증가, 석탄 사용 감소)가 결합하여 서유럽, 일본, 북미 대부분의 도시에서 대기 정화가 이루어졌다.

그러나 곧 중국, 인도, 브라질 등을 비롯한 다른 나라의 산업화 도시에서도, 주로 화석연료의 연소로 인한 수많은 오염물질이 대기를 가득 메웠다. 중국의 고황탄(high-sulfur coal)은 세계 역사상 가장 빠른 산업혁명의 동력을 제공했다. 그러나 수천만 명의 중국인(일부 한국인과 일본인 포함)이 그로 인한 폐질환으로 사망했다. 2000년 이후 급증하는 자동차들이 북경, 뉴델리, 상파울루, 기타 수많은 도시를 누비면서, 도시의 공기와 주민들의 폐 속에는 오염된 공기가 막대한 양으로 유입되었다. 21세기 초기, 중국 및 인도에서 수십 개 혹은 그 이상의 도시에서 세계 최악의 공기질이 확인되었다. 그런 도시들은 아마도 한 세기 전의 피츠버그(Pittsburgh)나 글래스고(Glasgow) 혹은 에센(Essen)보다 더 위험한 곳이 되었다. 이 치명적인 상황이 얼마나 오랫동안 지속될지는 아직은 더 지켜봐야 한다.

화석연료 기반의 산업화는 도시의 수질에도 악영향을 끼쳤다. 제철, 화학, 기타 공장들은 대개 하수구로 도시의 수로를 활용했다. 온갖 종류의 독소는 공장으로서는 경제적이지만 수생생물로서는 치명적이었다. 그 중에서 가장 독한 화학물질을 제외하면, 인간에게 가장 위험한 오염은 박테리아였다. 1820년 이후 산업수송 덕분에 도시로 충분한 식량과 연료가 공급되었고, 일부 도시는 메가시티로 성장했다. 19세기를 거

[그림 2-4] 시카고의 축사 조감도, 1950년대

치면서 런던의 인구는 100만에서 700만으로 늘어났다. 아무 것도 없었던 시카고는 1880년에 인구 50만의 도시가 되었으며, 1890년에는 100만, 1910년에는 200만 인구를 기록했다. 한편 1890년에서 1920년 사이 석탄 소비량도 두 배로 증가했다. 시카고에서 세계 최대 규모의 축사와 도축장이 건설되어, 매년 1,300만 두의 가축을 도축했다.(그림 2-4) 대규모 인구와 가축이 함께 수용되면서, 엄청난 양의 배설물과 내장이 흘러나와, 도시의 거리와 특히 수질을 오염시켰다. 콜레라, 장티푸스, 기타 수인성 질병이 도시를 중심으로 확산되어 수백만 명이 목숨을 잃었다. 다행히 20세기 초, 여과 및 기타 형태의 오염 통제 기술이 발달하여, 도시의 수질오염으로 인한 치사율을 크게 낮추었다. 이런 장치는 비교적 저렴하고 설치도 쉬워서, 세계의 부유한 국가에는 1940년 이전에 거의 모두 설치를 마쳤다. 19세기 중엽에는 "유럽 지배 지역"에 국한되기는 했지만, 수백 개의 식민지 도시에도 같은 시설이 도입되었다. 식민지 체제가 막을 내린 이후에도 여전히 수질정화시설이 확산되고 있지만, 최빈국 중에서도 급성장하는 많은 도시들, 예컨대 다카나 포르토프랭스 등은 아직도 주민들에게 맑은 물을 공급하지 못하고 있다. 이런 치명적인 상황이 얼마나 오래도록 지속될지는, 또한 지켜보아야 할 문제다.

인구와 도시화

인류세에는 세계 인구가 전례 없이 크게 증가했다. 실제로 인구 증가는 인류세의 결정적인 특징이었다. 어느 정도는(물론 정확하게 측정하기는 어렵지만) 인구 증가가 인류세를 이끌었던 것도 사실이다. 인류세의 독특한 성격을 인식하는 방법 중의 하나는 인구성장률을 검토해보는 것이다.

인류 역사상 대부분의 시기에 인구 성장률은 극히 미미했다.(표 2-3, 지도 2-1) 19세기 인구성장률은 매년 0.5퍼센트 가량이었고, 20세기 전반기는 약 0.9퍼센트였다. 제2차 세계대전 이후 대대적인 성장세가 나타났다. 1970년경에는 성장률이 최고조에 달해 매년 거의 2퍼센트에 육박했다. 1975년부터 성장률이 둔화되기 시작했고, 1990년 이후에는 빠르게 하락해서 2010년에는 매년 1.1퍼센트의 성장률을 보였다. 미래는 누구나 예측할 수 있지만, 유엔 인구학 프로젝트에서는 2050년에

기간	연평균
1000–1500	0.1%
1500–1820	0.3%
1820–1870	0.4%
1870–1913	0.8%
1913–1950	0.9%
1950–1973	1.9%
1973–2001	1.6%
2001–2014	1.2%

출처: Angus Maddison, *The World Economy: Historical Statistics* (Paris: OECD, 2003), p. 257; UN 인구국 자료.

〔표 2-3〕 세계 인구 성장률, 기원후 1000년부터

0.34퍼센트로 떨어질 것으로 전망했다. 이는 1800년보다 낮은 성장률이다. 어쨌든 1950년부터 1990년 사이, 세계적으로 출산율과 생존율이 폭발적으로 성장해서, 인구 성장률이 매년 1.75퍼센트를 초과했다. 이와 같은 사례는 인류 역사상 전례가 없었고, 다시는 그런 일이 반복되지 않을 것이다. 현대의 이와 같은 성장 속도는 인류 역사상 대부분의 시기에 나타났던 성장률에 비해 50배 내지 200배에 달하는 빠른 성장세였다. 1945년에서 2015년 사이 인류 역사상 인구 증가의 약 3분의 2가 일어났다. 불과 한 사람의 일생 정도의 기간에 일어난 일이었다.(지도 2-2) 만약 우리의 후손들이 이런 속도를 몇 세기 더 유지한다면, 지구는 거의 빛의 속도로 팽창하는 인류 집단의 육체에 둘러싸일 것이다. 물론 그럴 가능성은 매우 낮다.

인류세 인구 변화의 특성을 검토할 두 번째 방법은 규모 자체에 초

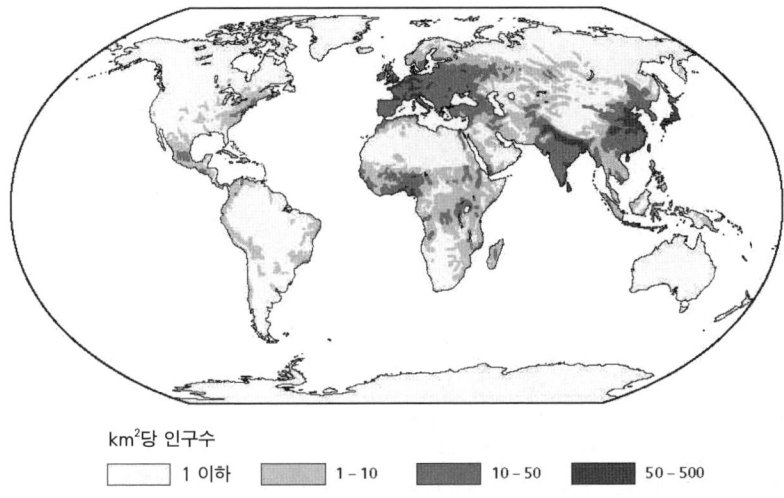

[지도 2-1] 인구밀도지도, 1800년

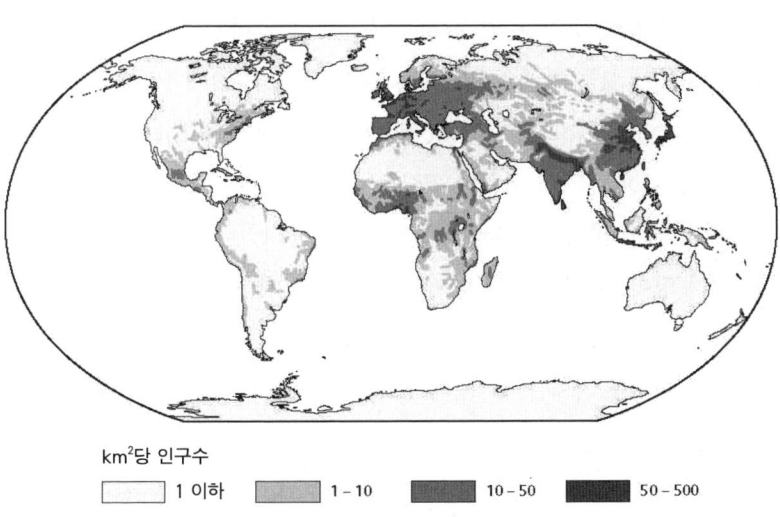

[지도 2-2] 인구밀도지도, 2000년

연도	단위: 100만 명
1000	268
1500	438
1600	556
1700	603
1800	989
1900	1,654
1950	2,545
2000	6,145
2014	7,100

출처: Angus Maddison, *The World Economy: Historical Statistics* (Paris: OECD, 2003), p. 256; RIVM HYDE 데이터베이스; 미국 인구조사국.

[표 2-4] 세계 인구, 기원후 1000년부터(단위: 100만)

점을 맞추어보는 것이다. 인류가 10억 명에 도달하기까지 수만 년이 걸렸고, 그 사이 한두 차례의 멸종 위기도 겪었다. 마침내 10억 명에 도달한 때는 1800년-1820년 사이였다. 그런데 1930년에 이르러서는 그로부터 2배인 20억 명이 되었다. 그 다음에 10억 명이 늘어나는 데는 30년밖에 걸리지 않아서, 1960년에 30억 명이 되었다. 그 때가 정점이었다. 40억 명이 된 때는 1975년이었고, 1987년에 50억 명, 1999년에 60억 명이 되었다. 2011년 혹은 2012년 세계 인구는 70억 명으로 집계되었다. 두 세대를 거치는 동안, 매 12년 내지 15년 마다 10억 명이 추가된 셈이다.(표 2-4)

1950년과 2000년을 비교하면 세계 인구가 두 배 이상 늘어났다. 인류 역사상 그 이전의 어느 시기에서도, 50년만에 세계 인구가 두 배로

기간	단위: 100만 명
1950-1955	47
1955-1960	52
1960-1965	62
1965-1970	71
1970-1975	75
1975-1980	75
1980-1985	82
1985-1990	89
1990-1995	85
1995-2000	80
2000-2005	79
2005-2010	79

출처: UN 인구국 자료에서 반올림하여 정리.

〔표 2-5〕 연단위 세계 인구 증가, 1950년-2010년

불어난 적은 없었다. 그 어떤 영장류도, 아마 포유동물 전체로 보더라도, 지구의 역사상 이와 비슷한 일은 일어난 적이 없을 것이다.

이 놀라운 인구 폭발을 검토할 마지막 방법은, 매년 절대인구증가의 수치, 즉 연간 증가 혹은 출생 수치에서 사망자 수치를 빼는 것이다. 1920년부터 1945년까지, 세계적으로 매년 2,000만 명이 조금 넘는 수의 인구가 추가되었다. 1950년에 이르러서는 연간 증가수가 5,000만 명에 근접했으며, 1970년대 초에는 약 7,500만 명으로 급증했다가, 잠시 안정기를 거친 후 1980년대 말에는 매년 최대 약 8,900만 명에 도달했다. 말하자면 매년 독일이나 베트남이 (각각 2010년 통계로) 하나씩 추가되는 셈이었다.

최근 인류의 생물학적 성공은 생물학적 측면에서도 놀라운 일이다. 2015년 기준으로 인간은 지구상의 다른 어떤 대형 포유류보다 개체수가 많고, 격차도 매우 큰 편이다. 실제로 인간의 배설물 총량(약 1억 톤)은 소를 제외한 어떤 포유동물도 능가한다. 같은 해 소의 개체수는 약 13억 마리, 배설물 총량은 1억 5,600만 톤이다. 1800년에서 2000년 사이 인간의 신체 크기도 달라졌다. 인간의 배설물은 지구상 동물의 배설물 전체에서 약 5퍼센트를 차지하며, 모든 가축을 합한 총량에 비하면 절반 정도 된다. 하지만 생물학적 성공에 너무 자만해서는 안 된다. 개미 전체의 무게 총합이 아직은 인간보다 크다.[7]

인구통계학상 근현대에 나타난 특이한 현상이 발생한 이유는 무엇인가? 가장 기본적으로는 전 세계 사망률이 1800년 기준 연간 1,000명당 30-35명에서 1945년 기준 20명으로 줄었고, 1980년대에는 10명으로 급감했기 때문이다. 오늘날은 8.4명 정도 된다. 출생률도 하락했지만 사망률보다는 더 완만하게 줄어들었고, 일부 지역에서는 감소세가 시작되기 전 수십 년 동안 오히려 상승한 곳도 있었다. 세계적으로 일반출생률은 1950년의 1,000명당 37명에서 2010년 20명으로 상당히 줄어들었지만, 사망률의 급격한 감소에 비하면 하락세가 완만했다.

좀더 전문적으로 들어가면, 일시적이나마 사망률 통제 기술이 출생률 통제 기술을 능가하는 일이 일어났다. 18세기 중국과 서유럽을 비롯한 일부 지역에서는 정부의 식량 부족 문제 대응이 개선되고 질병 저항

---

7 FAO (Food and Agriculture Organization of the United Nations) 2014. Statistical database 참조(http://faostat.fao.org/site/573/default.aspx#ancor).

력이 점차 강화되면서 사망률이 서서히 줄어들었다. 19세기에도 이와 같은 과정이 지속되는 가운데, 1880년경부터 시작된 깨끗한 식수의 보급 등 도시위생의 혁명적 변화가 추가되었다. 더불어 20세기 초기부터 시작된 예방접종과 항생제 보급이 중요한 역할을 했다. 각국(나중에는 식민지 정부 포함)은 공중보건기구를 설립했고, 가능한 모든 곳에서 예방접종과 위생 시스템을 실시하려고 노력했다. 또한 의학 연구를 통해 이, 진드기, 모기 등 여러 가지 병원균 운반체들이 밝혀졌고, 경우에 따라서는 이와 같은 운반체들과 인간의 생활을 격리하는 방법을 찾기도 했다. 예컨대 모기 방제에 성공하면서 황열병과 말라리아 피해는 급격히 줄어들었다. 더욱이 식품학자들은 1920년대와 1930년대에 영양실조 관련 질병을 분석하여 비타민과 미네랄의 역할을 구체적으로 밝혀냈다. 1970년대에는 국제적 노력을 통해 수천 년 동안 인류와 함께 했던 치명적인 천적 천연두를 박멸했다. 사망률을 줄이고 수명을 연장하는 데는 전염병 퇴치가 가장 효과적인 개입으로 확인되었다. 그 다음 순위는 기근의 감소였다.

이와 같은 발전을 통해 1945년 이후 세계 대부분의 지역에서 사망자 수가 빠르게 감소했다. 그에 따라 기대수명이 급증했는데, 주로는 이전 시대의 유아사망률이 개선되면서 수십억 명의 어린이가 생존한 데 따른 결과였다. 20세기 후반에는 가난한 사람들도 한 세기 전의 선조들보다 훨씬 오래 살았다.(평균 20년 이상) 기대수명의 빈부격차는 농경의 시작 이후 처음으로 거의 0에 가까울 정도로 좁혀졌다.

이와 같은 기대수명의 연장은 인류의 대표적인 업적이며 현대사회의 가장 큰 변화 중 하나였다. 그러나 20세기 말에 두 가지 예외가 발생했다. 첫째, 러시아와 우크라이나를 비롯한 그 주변의 몇몇 나라에서 1975년 이후, 적어도 남성의 경우 기대수명이 감소했다.(구소련 시기인 1946-65년 사이에는 기대수명이 급격히 늘어난 바 있다.) 그들이 일반적인 추세를 벗어난 이유는 알코올 중독과 흡연 때문이다. 둘째, 1990년 이후 아프리카에서 에이즈 환자가 많은 짐바브웨, 남아프리카공화국, 보츠와나, 케냐 등지의 기대수명이 10-15년 정도 줄어들었다.

1750년 이후 인류의 특징적인 주거지는 마을에서 도시로 바뀌었다. 최초의 도시는 약 6,000년-7,000년 전에 등장했다. 8세기 바그다드 이전에 인구 100만에 도달한 도시가 거의 없었고, 바그다드 인구 규모도 오래 유지되지는 못했다. 1750년 북경이 유일하게 인구 100만을 넘었고, 당시 세계 전체적으로 도시에 거주하는 인구는 3퍼센트 미만이었다. 그럴 수 밖에 없었던 이유는, 밀집한 인구에 충분한 식량과 연료를 보급하기가 기술적으로나 경제적으로 쉽지 않았기 때문이다. 온대지방(북유럽과 중국)의 도시에 적절한 연료를 공급하려면 도시의 크기보다 50배 내지 200배 더 큰 숲지대가 필요했다. 일찍이 16세기부터 석탄을 연료로 사용했던 런던은 유일한 예외에 속했다. 이런 이유로 도시화는 상당히 제한적이었다. 농업생산성의 한계 또한 마찬가지 제약으로 작용했다.

그러나 1800년 이후, 화석연료의 발달로 연료용 화목 수요가 감소했고, 엔진 기술과 교통수단이 발달하면서 도시의 범위 혹은 권역은 더 멀리까지 확장될 수 있었다. 1900년에는 세계적으로 14퍼센트의 인구가 도시에 살았지만, 2000년에는 거의 50퍼센트가 도시에 살았다. 그러므로 도시 거주자의 비율은 19세기에 4배로 증가했고, 20세기에 다시 3배가 증가했다. 단순 수치만으로 보자면 1800년도의 도시 인구는 3,000

만, 1900년도는 2억 2,500만, 2000년도에는 약 30억 명이었다. 불과 200년만에 도시 인구는 100배로 불어났는데, 이는 에너지 사용량 증가와 거의 비슷한 수치였다. 인류 역사상 이런 일은 없었고, 앞으로도 없을 것이다.

한 세기 전까지만 해도 도시는 목숨을 위협하는 환경이었다. 전염병 때문에 사람들이 태어나는 속도보다 죽는 속도가 더 빨랐다. 예컨대 1750년경 런던의 병원균은 인구 증가의 절반을 갉아먹었다. 1796년 어느 독일인 의사는 도시를 "열려 있는 무덤"이라고 말했다.[8] 그러나 1850년에서 1930년 사이 위생시설이 개선되면서 도시 인구에 혁명이 일어났다. 5,500년 동안 인류를 빨아들이는 블랙홀이었던 도시는 20세기 초부터는 더 이상 인구 성장의 발목을 잡지 않았다. 마을에서는 계속해서 수많은 젊은 이주자들을 도시로 보내주었다. 그러나 이제 더 많은 사람들이 도시에서 살아남았고 재생산에 성공했다. 그 결과 거대도시가 탄생했고, 인류의 도시화가 급속히 진행되었다.

20만 년 동안 인류의 서식 환경은 사바나 초원이나 관목지대였다. 7,000년 동안 농촌 마을이 기본적인 인류의 서식지였고, 기원후 2000년까지도 그 사실은 변함이 없었다. 그러나 이제는 도시가 그 자리를 차지했다. 도시는 지구 표면적의 극히 일부(1퍼센트 미만)를 차지하지만, 대부분의 사람들이 일생의 대부분을 경험하는 공간은 도시가 되었다.

---

8 다음에서 재인용. Christoph Wilhelm Hufeland, Joachim Radkau, *Nature and Power: A Global History of the Environment* (Cambridge University Press, 2008), p. 144.

정치 : 제국주의와 국제적 긴장 관계

에너지와 산업화, 인구증가와 도시화로 인류세가 도래했다. 그러나 인류세의 특성이 만들어지기까지는 정치와 같은 다른 힘들의 기여도 있었다. 1750년 당시 대부분의 정치단위는 군주정이었고, 주로 남성 등 좁은 파벌에 의해 운영되었다.(가끔 여성도 없지는 않았다.) 그러나 19세기 초엽부터 점점 더 많은 정부가 일부 통치 대상 인구의 의견을 반영했으며, 그 대상 인구의 폭도 점점 더 넓어졌다. 그것이 바로 민주주의였다. 19세기에 서서히, 불규칙하게 진행되었던 민주주의는, 20세기 일부 지역에서 후퇴하기도 했지만, 1960년 이후 카리브해, 아프리카, 아시아의 탈식민지화, 동남아시아 일부 지역의 조용한 혁명, 소비에트 제국의 몰락 등을 거치면서 더욱 발전하였다. 일부 대중의 참정권 획득으로 소비의 비율은 더 높아졌고, 산업화와 환경파괴의 비중도 높아졌다. 그러나 그로부터 수십 년이 지난 뒤에는, 더 건강한 공기와 물을 위한, 때로는 특정 환경생태계 보존을 위한 시위가 벌어지는 등, 그와 반대 방향의 흐름으로 이어졌다. (근현대 시기 세계적 환경운동의 급증은 뒤에서 다시 논의한다.)

많은 국가 내지 사회가 민주화되던 시기, 국제 사회의 위계는 더욱 강화되었다. 18세기의 몇몇 나라들, 청나라, 러시아, 영국 등은 무력과 강압적 외교 수단을 동원하여 중앙아시아와 남아시아로 세력을 확장하기 위해 노력했다. 19세기 서유럽 국가들(나중에는 일본과 미국도 포함)은 아프리카, 동남아시아, 혹은 태평양 지역에서 거대 제국을 건설했다. 이를 가능하게 했던 저력은 무엇보다도 그들의 산업 역량이었다.

다른 모든 정치적 과정과 마찬가지로 제국주의 자체도 환경에 영향을 미쳤다. 무엇보다 제국주의 체제로 산업경제에 필요한 원자재(앞서 언급했던 광산이나 플랜테이션)의 채취가 용이해졌다. 또한 제국의 건설자들은 수많은 사람들과 동식물의 세계적 이동을 권장했다. 수백만 명의 영국인이 오스트레일리아로, 프랑스인은 알제리로, 혹은 남아시아나 남아프리카, 트리니다드, 피지로 이주했고, 유칼립투스 나무는 오스트레일리아에서 포르투갈로, 낙타는 아프가니스탄에서 호주로 이동했다. 물론 인류는 수천 년 동안 지구의 생물학적 판도를 재편하는 데 기여했다. 그러나 이제 제국주의와 더 싸고 빠른 교통수단 덕분에 그 속도가 더욱 빨라졌다. 다시 말해 제국주의는 현재 진행 중인 생태학적 세계화 과정에 유리하게 작용했다.

제국은 또한 환경관리에 편리한 환경을 조성했다. 경제발전, 질병통제, 기타 몇몇 가치 있는 목적을 위해 제국의 관료와 기술자들은 식민지 주민들을 대상으로 관개시설, 늪지 배수, 댐 건설, 테라스형 농지 조성, 목초지 울타리 설치, 가축 도태, 혹은 환경 개선 등을 가르쳐 주었다. 동식물이 제국 체제에 따라 전파되었듯이, 전문지식 또한 세계의 어느 한 지역에서 다른 지역으로, 본국에서 식민지로, 하나의 식민지에서 다른 식민지로 전파되는 경우가 많았다. 생물학적 이동과 마찬가지로 전문지식의 전파는 때로는 의도한 대로 작동했지만 때로는 예상치 못한 불쾌한 결과를 초래하기도 했다. 예를 들면 관개시설 주위로 말라리아나 빌하르지아(住血吸蟲)가 확산되는 등이었다.

언제나 그랬듯이 국제정치에는 제국주의뿐만 아니라 전쟁도 포함되어 있었다. 전투 중에는 종종 초토화 전술이나 우물에 독극물을 살포하는 등 환경파괴 프로그램이 포함되었다. 이 모두는 전쟁의 역사만큼이나 오래된 전술들이었다. 전쟁의 준비와 동원에도 생태학적 측면이 있었다. 1870년 이전에는 소나무나 참나무 숲을 보호하는 프로그램이 전쟁의 과정에 포함되었다. 전함을 건조할 막대한 양의 목재를 확보하기 위해서였다.(1870년 이후의 전함은 점차 목재보다는 철로 만들어졌다.) 군대에는 기마대와 야포 운반을 위해 충분한 말을 확보해야 했고, 1920년 이전에는 그에 적합한 환경이 조성되어 있었다. 전쟁 준비의 일환으로 도로나 철도 건설도 포함되었다. 군사 목적으로 사용하지 않을 때에는 농경지의 확대, 목재 채취, 광산 지역의 확장에 이용되었다. 1891년에 시작된 시베리아 횡단철도는 주로 군사적 이유로 건설되었지만 앞서 언급한 모든 기능을 수행했다.

1890년 이후 지속가능한 군산복합체 건설의 필요성이 강해졌다. 기존에도 전시에 그와 같은 산업체가 존재했지만, 평시에는 대개 해체했었다. 그러나 1890년부터는 강대국의 경쟁이 지속되었고, 두 차례의 세계대전이 벌어졌으며, 냉전이 이어졌다. 독일, 러시아, 영국, 미국 등 주요 경제 대국들은 수십 년에 걸쳐 거대 규모 군산복합체를 건설했다. 각국 정부는 환경규제로부터 (언제 어디서든) 이들을 보호했다. 그래서 많은 군수산업은 거대한 오염원이 되었고, 그 상태로 유지되었다. 20세기 중엽 전쟁에서 이동성이 더욱 강화되자 군대는 엄청난 에너지 소비자로 등장했다. 미국 가정이 일 년 이상 사용할 석유 에너지를 첨단 전투기는 한 나절에 소모해 버렸다.

1945년 이후, 몇몇 강대국의 무기고에는 핵무기가 추가되었다. 20세기 후반기의 전기 소비 중 대략 10퍼센트가 핵무기 제조에 사용되었다. 핵무기를 만들고 실험하는 과정에서 지속적인 방사능 오염이 발생했다. 때로는 당국이 건강 문제로 출입금지 구역을 설정해야 했다. 구소련 핵무기 제조 중심지였던 카라차이호(Lake Karachai) 근처에 한 시간만 서있더라도 방사능 중독으로 사망할 위험이 있었다. 인류세의 "결정적인 증거(golden spike)"가 필요하다면, 원자폭탄 실험에서 나온 방사능 핵종 지층이 그것이 될 것이다. 지질학자들은 향후 10만 년 동안 이 지층이 식별될 것으로 본다.

기후변화

언젠가 오랜 시간이 지나고 나서 돌이켜보면, 인류세의 환경변화를 만들어냈던 가장 중요한 요인은 기후였다고 말할 수도 있다. 그러나 아직은 그렇게 말하기는 어렵다.

지구의 기후는 언제나 유동적이었지만 1750년의 기후는 소빙하기(약 1300년-1800년경)의 후기 단계였다. 세계 대부분의 지역에서 기온이 다소 낮았고, 많은 지역에서 가뭄이 자주 발생했다. 소빙하기를 벗어나게 된 것은 순전히 자연적인 현상이었다. 그러나 1850년경에 이르러 화석연료의 사용과 삼림 훼손이 동시에 진행되면서 대기 중 탄소 배출량이 늘어나기 시작했다. 인류가 촉발한 오랜 기후변화의 흐름이 시작되기에 충분한 양이었다. 가장 큰 특징은 대기 하층부의 온난화로, 연평균 약 1℃ 상승했다.(1850년과 2015년 대비) 대부분은 1975년 이후에 시작되었다. 이런 현상은 다른 곳보다 북극에서 현저하게 나타났지만, 다른 곳에서도 분명하게 식별할 수 있을 정도의 변화가 있었다.(곳에 따라 간헐적으로 불규칙한 혹한기는 있었다.) 태양의 출력 감소와 같은 강력한 변화가 없는 한 이런 흐름은 지속될 것이고 결과는 예측 가능하다. 시간이 지나면, 그렇지 않아도 환경파괴의 시대인 근현대에, 기후변화는 가장 중요한 환경파괴의 요인이 될 것이다.

온난화로 거의 모든 지역에서 빙하가 녹았고, 북극의 만년설이 급격히 줄어들었다. 열팽창과 동시에 빙하가 녹으면서 해수면이 약 30센티미터 상승했다.(1850년과 2015년 평균 비교) 해수면 상승 때문에 해안 지역에 거주하던 공동체는 폭풍에 더욱 취약해졌다. 2012년 뉴저지를 강타했던 폭풍이 대표적 사례였다. 필리핀이나 방글라데시 저지대의 사람들은 거의 매년 홍수에 시달려야 했다. 그보다 약할지는 모르지만, 해수면 상승으로 짠물이 민물로 역류해 들어와서, 케이프코드(미국)나 카탈루냐(스페인), 칼라바르(나이지리아), 콜카타(인도)까지 식수 위기가 닥쳤다.

기후변화로 온도에 민감한 동식물은 새로운 서식처를 찾아 이동했고, 이주가 불가능한 몇몇 종들은 멸종되었다. 온난화로 가뭄이나 홍수 등 극단적인 기상현상이 빈번해졌다. 수증기 증발이 가속화되고 대기 중 수증기의 양을 가중시켰기 때문이다. 또한 온난화는 병원균의 서식 범위를 넓혔다. 예컨대 에티오피아 고산지대는 말라리아 청정지역이었으나 더 이상은 아니다. 북방수림(boreal forest)에 사는 곤충들도 폭발적으로 증가해서, 예컨대 브리티시 컬럼비아(캐나다) 같은 양질의 목재숲에 딱정벌레가 들어가 나무껍질을 갉아먹었다. 유쾌한 일도 있었다. 온난화로 세계 대부분의 지역에서 작물의 재배가능 기간이 길어졌다. 영국 남부에서는 리처드(Richard) 1세(재위 1189-99년) 통치 이후 처음으로 포도밭이 번성할 수 있었다. 인류세의 기후변화는 역사적으로 아직은 초기에 불과하며, 수십 년만에 전혀 다른 양상을 보일 수도 있다.

기후변화에 대한 인식과 장래에 대한 불안은 기후정치, 즉 탄소(더불어 기타 온실가스) 배출 감소를 중심으로 형성된 새로운 차원의 국제정치에 활기를 불어넣었다. 그러나 현실 속에서 이와 같은 정치는 거대한 권위와 위선을 특징으로 하는 거의 무용지물이 되고 말았다. 스스로 솔선수범하기보다는 다른 사람들에게 배출 감소를 강요하는 데 중점을 두었기 때문이다.

생태계의 변화

먼 훗날에는 인류세의 특징이자 가장 중요한 유산으로 기후변화를 꼽겠지만, 그 전까지는 에너지의 사용, 경제활동, 인구, 도시화, 기술변화 등의 급증으로 나타난 다른 생태학적 결과들이 더 두드러질 것이다. 그와 같은 결과 중의 하나가 바로 식량 생산에 따른 육상생물권의 재편이었다. 1750년에는 세계의 4퍼센트가 농작물이나 목초를 기르는 농지였다. 2015년 기준으로는 그 비율이 40퍼센트로 증가했다. 같은 기간 동안 세계의 식량 생산은 18배가 증가했다.

경작지의 대부분은 초원 지대를 갈아엎어서 만든 것이었다. 1750년에서 1950년 사이, 약 1800만 제곱킬로미터(오늘날 러시아의 면적과 맞먹는다)의 초지가 주로 농지를 비롯한 다른 용도로 전용되었다. 1950년 이후로는 여기다가 900만 제곱킬로미터(중국의 면적과 맞먹는다)가 추가되었다. 북아메리카의 프레리, 아르헨티나의 팜파스, 러시아와 우크라이나의 스텝 이외에도, 북중국, 오스트레일리아 남동부, 서아프리카 사헬 등 곳곳에서 수많은 초원이, 때로는 간헐적으로 때로는 영구적으로 농경지로 변했다. 세계적 농경지 확장 전선의 마지막 공세는 1955-63년 사이 소련의 처녀지 개발계획이었다. 여기서 일본(혹은 몬태나)에 맞먹을 만한 크기의 스텝 초원이 농경지로 바뀌었다. 이 과정은 처음부터 화석연료 및 인구 문제와 밀접하게 연관되어 있었다. 늘어난 인구를 먹이려면 더 많은 곡물이 필요했고, 과거 초원지대를 개간한 농경지에서 필요한 곡물을 수확했다. 철도와 증기선 덕분에 곡물을 시장까지 싸게 공급할 수 있었고, 가난한 사람들도 그 곡물을 사먹을 수 있었다. 그리고 1920년경부터는 석유동력 기계(예를 들면 트랙터)가 경제적인 비용으로 깊이 박힌 초원의 뿌리를 캐내거나 곡물을 수확하는 데 사용되었다.

초원의 농지전환뿐만 아니라 습지의 파괴 또한 인류세의 특징이었고, 지금도 여전히 마찬가지다. 1750년을 기준으로 이미 수 세기 전부터 중국이나 인도의 강가(갠지스)강 하류, 이탈리아의 포강 습지, 북해와 발트해 연안 등 여러 지역에서 공학전문가들이 습지에 배수시설을 설치하여 농경지를 조성했다. 19세기에는 제국주의에 따른 식민지 정착자들이나 수리공학 국제연대를 통해 그와 같은 전문 지식이 널리 확산되었다. 필요한 인력 수급이 그만큼 수월해졌고, 화석 연료를 동력으로 이용하는 기계 덕분에 작업은 더욱 쉬워졌다. 미국 중서부 곡창지대를 비롯하여 북아메리카의 상당 지역에서 1850년 이후 배수 작업이 실시되었다. 결과적으로 1750년 기준으로 세계의 습지 가운데 4분의 1 내지 2분의 1이 사라졌다. 기온이 따뜻해지거나 계절에 따라 따뜻해진 덕분에 말라리아의 부담이 경감된 지역이 많았고, 거의 대부분의 지역에서 농사가 잘 되었지만, 물고기나 물새에 식량을 의존했던 사람들로서는 힘겨운 환경이 조성되었다. 손해를 보는 사람들은 흔히 민족적 혹은 종교적 소수자 집단이었다. 국가는 이른바 문명을 확장한다는 명분으로 습지배

수, 농민정착, 수입 증대 등의 사업을 추진했지만, 그들은 국가에 도전할 힘이 없었다. 예컨대 티그리스강과 유프라테스강 주변의 습지에는 세금 혹은 징병 체제를 벗어난 사람들이 살고 있었다. 오스만 시대 이후 여러 정부의 당국에서는 이곳을 메워 농지를 조성하고자 했다. 사담 후세인(Saddam Hussein)이 사업을 완공했고, 바스라 지방의 습지아랍인(Marsh Arabs)이라 불리던 사람들의 생활 터전이 파괴되었다. 1970년 이후 특히 미국 등 세계의 일부 지역에서는 환경운동 때문에 습지 훼손 사업의 인기가 떨어졌고, 정부도 더 이상 그 사업을 지원하지 않게 되었을 뿐만 아니라, 플로리다 에버글레이즈(Everglades)의 일부 지역처럼, 배수사업을 완료한 습지에 다시 물을 채우는 사업까지 추진했었다. 그러나 세계 전체적으로 보면 습지는 여전히 줄어드는 추세에 놓여 있다.

교통이 발달하면서 사람들은 초원과 습지뿐만 아니라 숲도 농경지로 바꾸어 놓았다. 농지와 목재 시장에 굶주린 삼림 벌채는 인류세의 또 다른 시대적 특징이다. 인류가 존재한 이래로 숲을 불태우며 나무를 자르는 일은 언제나 있었고, 정기적으로 불을 내거나 혹은 삼림을 농지나 목초지로 바꾼 경우, 인류가 산림훼손에 끼친 영향은 영구적이었다. 18-19세기 벌목의 주요 전선은 유라시아와 북아메리카의 온대지방이었다. 그러나 20세기 중엽에 이르러서는 남아메리카, 아프리카, 동남아시아의 열대우림 지방에서 급속도로 삼림이 줄어들었다. 한편 북아메리카와 유럽에서는 삼림이 서서히 회복되었다. 예컨대 미국에서는 1910년경을 분기점으로 삼림이 회복되기 시작했고, 그 이후로는 미국 동부의 드넓은 지역을 다시 숲이 뒤덮었다. 북아메리카나 유럽의 삼림 회복은 시기적으로 일본과 비슷하거나 더 빨랐지만, 세계적으로 보면 아직

〔그림 2-5〕 몬테스 아술레스(Montes Azules) 벌목 지대를 지나가는 멕시코의 관리들

은 이들이 특이한 경우에 속한다. 1950년 이후 벌목과 소각이 급증하면서 세계적으로 열대우림의 면적이 약 60퍼센트 감소했다. 최근에는 특히 브라질에서 그 속도가 줄어들고 있다. 그러나 그것이 일시적인 현상인지 새로운 추세인지는 아직은 불분명하다.(그림 2-5)[9]

초원과 습지와 숲의 변화는 야생동물에게 커다란 타격을 입혔다. 불을 사용한 이후 인간은 다른 동물들에게는 위험한 존재가 되었다. 홍적

---

9 세계 산림 벌채 역사에 관한 가장 뛰어난 연구로 다음을 참조. Michael Williams, *Deforesting the Earth: From Prehistory to Global Crisis* (University of Chicago Press, 2002).

세 말기 수십 종의 대형 포유동물 멸종에 사냥이 일정한 기여를 했던 것으로 추정된다. 그 뒤, 특히 예전에는 고립되었던 섬 지역에 인류가 정착한 뒤, 사냥과 관련해서 서식환경이 변화되자 또한 일부 동물들이 멸종 위기에 처했다. 그러나 동식물 멸종 속도는 19-20세기에 현저하게 빨라졌고, 지금도 그 속도가 빨라지고 있다. 그 주된 이유는, 인간과 인간이 선호하는 가축 이외의 다른 종을 위한 서식지가 훼손되었기 때문이다. 1960년 이후 사람들은 역사상 일찍이 볼 수 없었던 속도로 열대우림을 불태웠고, 생물다양성이 매우 높았던 지역에 혼란을 초래했다. 손상되지 않은 아마존 숲지대에는, 온타리오에서 같은 크기의 숲에 비하면 100배 내지 1,000배 더 많은 종수의 생명체들이 서식하고 있다. 따라서 벌목의 지리적 위치는 생물다양성에 막대한 영향을 미칠 수 있다. 생물학자들은 멸종의 범위와 속도로 보아 20세기 후기는 지구 역사상 여섯 번째 대멸종(great spasm of extinctions)의 시기에 접어들었다고 결론내렸다. 이는 6500만년 이래 처음 나타나는 대멸종이었다.[10]

여섯 번째 멸종은 바다에서도 일어났다. 20세기 말까지 바다에서는 서식지 훼손이 그리 큰 역할을 하지 않았다. 오히려 사냥(어로와 포경)이 육지보다 해양에서 더 큰 영향을 미쳤다. 어획 압력은 1750년 이전에는 특정 지역에서만 어류의 개체수나 해양 생태계에 영향을 주었다. 그러나 증기 동력을 사용하는 트롤 어선과, 생선을 육지의 시장까지 운반해 줄 냉동열차가 등장한 이후로 바다의 풍경은 완전히 바뀌었다. 1890년

---

10 대중적인 설명으로는 다음을 참조. Elizabeth Kolbert, *The Sixth Extinction: An Unnatural History* (New York: Henry Holt, 2014).

대에 이르러 북해와 메인만(Gulf of Maine)에서는 남획의 징후가 나타났다. 이후 수십 년 동안 가장 활발했던 어업의 확장은 일본 주변 해역에서 나타났다. 일본은 당시 세계 최대 규모의 트롤 어선단을 구성했으며, 1930년에는 세계 제1의 어업국가가 되었다. 곧 접근 가능한 해역에서 시장성 있는 어류가 부족해졌다. 일본 함대는 자국으로부터 더 멀리 떨어진 곳까지 조업을 나가야 했으며, 급기야 중국과 갈등을 일으켰다. (세계적으로 어로의 휴식기였던) 제2차 세계대전이 끝난 뒤, 식용 어족 자원에 대한 세계적 총공세가 시작되었다. 새로운 기술로 어부들의 효율성은 높아졌지만, 자원 보존의 가능성은 그렇지 못했다. 전 세계 대어장에서 차례로 남획이 이루어졌고, 갈수록 더 적은 양의 더 작은 생선이 잡힐 뿐이었다. 역사적으로 가장 풍요로웠던 일부 어장들, 예컨대 북대서양의 대구 어장 같은 경우도 1990년대 초에 붕괴되어 아직도 회복되지 못했다.[11]

포경은 처음에는 비슷한 패턴을 보였다. 중세 아랍어 문헌에는 인도양에서 고래를 잡은 기록이 남아 있다. 사람들은 수 세기 동안 고래의 뒤를 쫓았지만 최고조에 달했던 시기는 1780년대였다. 당시 조명용 기름이나 윤활유로 쓰이는 고래기름 수요가 (특히 24시간 가동되는 공장에서) 급격히 증가했기 때문이다. 이 용도에 가장 적합한 고래는 향유고래와 귀신고래였다. 1860년대에는 이 고래들이 멸종 위기에 놓였다.(그림 2-6) 1890년에는 북극고래도 같은 운명이었다. 그러자 곧이어 포경선

---

11 메인만(Gulf of Maine)에 관한 내용은 다음을 참조. W. Jeffrey Bolster, *The Mortal Sea* (Cambridge, MA: Harvard University Press, 2012).

(그림 2-6) 남태평양 어장의 포경선. 존 워드(John Ward of Hull) 그림

은 남극해로 관심을 돌렸다. 그곳에는 지구상 가장 큰 동물인 대왕고래가 서식하고 있었다. 대왕고래는 너무 크고 빨라서 전통적인 기술로는 사냥하기 어려웠다. 20세기 초엽에 새로운 기술이 개발되자 대왕고래마저 위기에 내몰렸다. 1930년대에는 대왕고래도 희귀종이 되었다. 제2차 세계대전 당시에는 고래잡이가 다소 주춤했다. 그러나 1950-60년대에는 일본과 소련의 주도로 다시 번성하여, 거의 모든 종의 고래가 멸종 위기에 놓였다. 세계의 포경업자들은 황금알을 낳는 거위를 거의 죽일 뻔했다. 결국 세계적으로 규제안이 만들어졌고, 포경업자들도 이를 받아들였다. 1964년에 결성된 국제포경위원회는 처음에는 생선가게를 지키는 고양이와 같았다. 그러나 1982년에는 더 많은 세력을 확보했고, 일본,

노르웨이, 아이슬란드를 제외한 모든 나라에서 포경 모라토리엄을 선언했다. 이후 세계적으로 고래의 개체수가 회복세를 보이기 시작했다.

어류와 해양 포유류의 급격한 감소뿐만 아니라, 새로운 해양 오염 또한 인류세의 특징으로 나타났다. 플라스틱의 발명 때문에 세계의 바다는 거대한 쓰레기 더미로 뒤덮이게 되었다. 그 중에서 가장 큰 쓰레기 더미는 하와이와 캘리포니아 사이의 태평양에 있는데, 텍사스 크기의 약 2배에 달한다. 서서히 움직이는 플라스틱의 소용돌이판 위에 가끔씩 카약이나 작은 배 혹은 오리가 양념처럼 섞여 있다. 태평양으로 흘러드는 강물에 떠내려온 플라스틱과, 선박에 실려 태평양을 건너던 중 원양에서 유실된 물건들이 지속적으로 바다를 떠다니고 있다. 대부분의 플라스틱은 완전히 분해되기까지 수십 년 혹은 일부는 수백 년이 걸릴 수도 있다. 바다의 플라스틱은 전 세계 화학 공장에서 생산된 플라스틱 중 극히 일부에 지나지 않는다. 점점 더 많은 어류, 바다새, 특히 북태평양의 해양 포유류가 먹이로 알고 플라스틱을 흡입하고 있다. 플라스틱의 다양한 독성(대개는 약한 독성)에 내성을 가진 새로운 생명체가 번성하게 될 것이며, 다른 많은 환경문제에서 그랬던 것처럼 이 경우에도 자연선택의 새로운 왜곡이 발생할 것이다.

인류세는 육지와 바다를 막론하고 모든 생물학적 종의 진화 규칙을 바꾸어 놓았다. 생존과 재생산의 성공을 결정하는 생물학적 접합성은, 인간의 기획과 공존할 수 있는 생물의 역량에 점점 더 크게 좌우되었다. 비둘기, 다람쥐, 쥐, 소, 염소, 바랭이(잡초), 벼, 옥수수 등은 인간이 변화시킨 지구 환경에 잘 적응했고 그래서 번성하고 있다. 대나무숲에 사는 판다곰처럼 특정 환경에 의존하는 생물의 앞날은 갈수록 벽에 부딪히고 있다.

환경주의

고래, 코뿔소, 코끼리 등 카리스마 넘치는 거대 동물의 점진적 위기는 극심한 오염과 관련되어 있었고, 그것이 인간의 건강에 미치는 위험 때문에 오늘날의 환경운동이 구체화되었다. 문화 및 정치 현상으로 등장한 환경주의(environmentalism)는 소박하나마 생태계에 영향을 미치기 시작했다. 그러나 그 뿌리는 깊고도 복잡했다. 영국과 프랑스 제국의 행정관료, 미국의 외교관, 브라질의 노예 소유주, 독일의 숲 관리인, 히말라야의 농부, 중국의 지식인, 고대 철학자와 왕들이 모두 여기에 관여했으며, 그 외에도 역사가들이 아직 증거를 발견하지 못했을 뿐 많은 사람들이 관련되었을 것이다. 그들이 우려했던 바는 토양 침식에서부터 야생동물의 멸종과 해군 선박 제조용 목재 부족 문제, 통제할 수 없는 홍수 문제에 이르기까지 매우 다양했다. 삼림벌채를 제한하려는 국가의 노력은 최소 600년 전, 오염방지법은 적어도 700년 전으로 거슬러 올라간다. 황제나 입법자들이 강렬하게 환경보호를 원했던 때조차, 이를 규제하기란 쉽지 않은 일이었다. 근대 이전에는 환경과 관련해서 국민 혹은 시민의 행동을 규제할 수 있는 국가의 권한이 극히 제한적이었다. 그러나 최근 2세기 동안 보다 효율적 규제를 실시하는 국가들이 등장하면서, 결과적으로 보다 실질적인 환경 규제가 가능해졌다.

근대 이전의 환경 문제 접근은 대상이 구체적이었다. 다시 말해 특정 오염원, 즉 골칫거리를 찾아내어 그것을 규제하려 했다. 그 범위는 제혁소나 유리공장 하나, 혹은 기껏해야 특정 도시 하나 정도에 불과했다. 해군 선박용 목재 공급 문제는 예외적으로 국가적 관심의 범위가 넓었다. 함부로 벌목을 하지 못하도록 국가적 차원에서 보호조치가 이루어졌다.

또한 왕실이 지정해서 특정 숲을 보호하기도 했다. 특히 인도에서 이런 경우가 있었는데, 사냥 등 왕실의 스포츠를 위해 지정된 숲에는 농민들이 들어가지 못하게 했다.

도시화의 환상이 깨지면서 19세기 후기에 인간의 이기심에 반대하는 자연보호 운동이 등장했다. 이는 전통적인 환경주의 개념에 밀접하게 연결되어 있었다. 1870년 이후 여러 나라에서 자연보호구역이나 국립공원을 지정했다. 이는 엘리트 환경주의로, 경제발전이 위대한 국토 경관을 파괴할지도 모른다는 우려를 가졌던 정치 관련자들에 의해 추진된 사업이었다. 그 중에서도 미국, 캐나다, 오스트레일리아, 남아프리카 공화국 등은 가장 풍광이 좋은 곳에 국립공원을 조성했고, 그 과정에서 원주민, 목장주, 사냥꾼을 쫓아내는 일이 종종 일어났다. 1917년 러시아 혁명 이후 소련은 자연풍광보다는 과학 연구를 위해 자연보호구역을 확대했다. 이러한 환경보호의 물결은 세계의 일부 지역에서만 영향을 미쳤다.

두 번째 물결은 1960년대에 시작되어서 세계적으로 더 폭넓게 확산되었다. 오늘날의 대중적 환경주의는 다양한 변종과 수많은 기원이 있지만, 그 중에서 20세기 중엽 도시의 공기와 수질오염만큼 정치적으로 대두된 문제는 없었다. 이는 효과적인 연합체 결성에 활력을 불어넣었다. 도시인들은 일반적으로 흩어져 사는 농민들보다 권력을 향해 더욱 효과적으로 목소리를 낼 줄 알았다. 도시 환경 오염은 한편으로는 쉽게 눈에 띄고 냄새를 맡을 수 있는 문제였고, 또 다른 한편으로는 인간의 건강을 명백히 위협하는 문제였다. 더욱이 이러한 위험은 정치적으로 소외된 도시 빈민가 주민들에게 국한된 문제가 아니었다. 위험한 공기와 물은 때로 도시의 부유하고 힘있는 사람들에게도 위협적이었다.

그래서 1960-80년 사이, 일본, 유럽, 북아메리카의 도시들로부터 인도와 브라질의 숲과 범람원에 이르기까지, 새로운 환경주의가 세계를 휩쓸었다. 사회적으로 개방적인 스웨덴과 같은 나라에서는 환경문제가 오히려 환경운동의 활성화를 촉진했다. 스웨덴에서는 산성비가 호수를 오염시켰고, 산업 폐수 및 도시의 생활 폐수가 발트해를 위협하고 있었다. 폐쇄적인 사회, 예컨대 헝가리나 폴란드 같은 소비에트 블록에 묶여 있었던 나라, 혹은 오늘날의 중국 같은 경우도 환경에 대한 문제제기는 공식적으로 용인되는 드문 분야 중의 하나다. 네덜란드, 독일, 캐나다 같은 일부 지역에서는 환경문제가 정치의 일상이 되었고, 페루 같은 지역에서는 반란의 이데올로기가 되기도 했다. 환경운동은 폭이 넓고 일관성은 약하지만 세계적 운동이 되었다. 삼림 자원 이용을 우려하는 농민들, 대기의 공기질을 걱정하는 도시민들, 기후변화나 과도한 어획에 시달리는 모든 사람들이 환경운동으로 느슨한 연대를 형성했다. 수많은 정부 기관과 기업에서 환경문제를 우선순위의 과제로 채택했으며, 세계 거의 모든 학교에서 커리큘럼의 일부로 환경 교육이 실시되었다. 그러나 지금까지도 국가 및 사회는 군사적 안보와 경제 성장 같은 전통적 우선순위를 고수하고 있을 뿐, 환경운동은 그를 조금 약화시키는 정도에 지나지 않는다.

현대 사회에서 생태의 혼란이 전례 없는 규모와 속도로 진행되고 있고, 대중적 관심도 높은 상황에서 환경주의는 탄력을 받게 되었다. 1800년-1950년 사이, 석탄산업이 전성기를 누리고 산업 수요와 장거리 이주가 세상을 바꾸어나가던 당시, 환경문제는 수억 명의 삶을 불안정하게 만들었다. 그러나 그들 중 대부분은 같은 처지의 사람들끼리 단결하거나, 정치문화적 운동으로 결집할 방법이 없었다. 1950년 이후, 급격한 도시화, 그 어느 때보다 저렴해진 교통통신 비용, 높아진 문자해독능력, 동시에 낮아진 검열과 정치적 탄압 등이 저변에 깔려 있는 상태에서, 기존의 환경문제에 석유의 시대가 새로운 문제를 추가하자, 곧바로 환경주의 세력이 만들어졌다. 1950년 이후 환경의 격변은, 삼림파괴의 가속화, 어족자원의 남획, 토양 침식, 도시 오염 문제에다가 나중에는 인구 증가, 기후변화, 오존층 파괴 등 세계적 문제에 이르기까지, 세계의 거의 모든 사람들이 우려하지 않을 수 없는 일이 되었다.

결론

오늘날의 역사를 쓰고자 하는 사람은 그 누구라도, 문제의 발뒤꿈치를 너무 바싹 따라가다가는 뒤꿈치에 차여 이가 부러질 수도 있다.

— 월터 롤리 경, 1614년.

월터 롤리 경(Sir Walter Ralegh)은, 한창 달려가는 중에 있는 이야기로부터 어떤 의미를 추출하는 것이 얼마나 위험한 일인지 잘 알고 있었다. 1750년 이후의 세계 환경사는 격변의 연속이었으며, 여전히 진행 중이다. 이는 마치 1943년 초엽에 제2차 세계대전의 역사를 분석한다고 덤비는 것과 다를 바 없다. 50년 혹은 70년 뒤에는 환경변화의 중요한 요인들(화석연료 사용이나 인구 증가 등)이 사그라들거나 발걸음이 현저히 둔화될 수도 있다. 그렇다면 그때가 환경사를 돌이켜보고 평가하기에 적당한 시점이 될 것이다. 그때까지는 지금 우리의 논의처럼 설익은 접근이 될 수밖에 없다.

최근 오스트리아에서 일군의 학자들이, 인간이 환경에 미친 영향에 관하여 일반적이고 추상적인 지표를 설정하여, 18세기에는 그 영향이 두 배, 19세기에는 다시 두 배로 증가했다는 주장을 내놓았다. 1900년-1950년 사이 다시 두 배가 되었고, 20세기 후반기에는 세 배가 되었다고 한다. 누적해서 계산하면 1700년-2000년 사이 환경에 미친 인간의 영향은 24배가 커졌다. 시기를 1750년-2015년으로 살짝 바꾸더라도 결과값은 큰 차이가 없을 것이다. 이는 단순히 이론적인 계산에 불과하지만, 근현대에 이르러 인간의 행위가 지구에 미친 결과를 돌이켜보는 데 도움이 된다. 수치가 다소 상향 혹은 하향될 수는 있겠지만(18세기는 더 낮추고 1950년 이후는 더 높일 수도 있다), 격변의 혼란이라고 하는 일반적인 인상은 틀림이 없을 것이다.[12]

최근 250년은 약 7만 3,000년 전 토바(Toba) 화산 폭발 이후, 인간과 자연의 관계가 가장 큰 격변을 겪었던 시기였다. 토바 화산 폭발 당시 "화산이 만들어낸 겨울(volcanic winter)"이 오래도록 이어졌으며, 인류의 조상은 거의 멸종 직전까지 내몰렸었다. 기후변화는 인류에게 반복적으로 타격을 주었으며, 사람들은 수천 년에 걸쳐 생물권의 일부 혹

---

12 Marina Fischer-Kowalski, Fridolin Krausmann, and Irene Pallua, "A sociometabolic reading of the Anthropocene: modes of subsistence, population size and human impact on earth," *The Anthropocene Review* 1 (2014) originally published online January 21, 2014: http://anr.sagepub.com/content/1/1/8.full.pdf+html.

은 전부를 변경(때로는 말살)시켰다. 농경의 시작이나 콜럼버스의 교환(Columbian Exchange) 같은 거대한 변화의 계기도 있었다. 그러나 환경 변화의 규모나 범위가 1750년 이후 근현대 정도였던 적은 결코 없었다.

그래서 이 글에서는 그 시대를 인류세라 일컬었다. 그것이 1750년에 시작하거나 혹은 1800년 혹은 1850년에 시작되었다고 해도(제대로 된 근거만 있다면) 결론은 마찬가지다. 역사가들은 이 시대를 관습에 따라 근현대라 하지만, 이 시대는 급격하게 변화하는 생물지리적 맥락(지구와 지구의 모든 시스템 포함) 위에 놓여 있었다. 인류는 환경을 변화시켰고, 변화하는 환경은 인간을 변화시켰다. 이러한 상호변화는 언제나 그래왔지만, 최근에는 빠르게 회전하며 팽팽한 곡선을 그리는 피겨 스케이트 선수처럼, 그 어느 때보다 강하고 빠르게 속도를 더해가고 있다.

더 읽어보기

Blackbourn, David. *The Conquest of Nature: Water, Landscape, and the Making of Modern Germany.* New York: Norton, 2006.

Cronon, William. *Nature's Metropolis: Chicago and the Great West.* New York: Norton, 1991.

Crosby, Alfred. *Children of the Sun: A History of Humanity's Unappeasable Appetite for Energy.* Cambridge University Press, 2007.

Ecological Imperialism: The Biological Expansion of Europe, 900-1900. Cambridge University Press, 1986.

Cushman, Gregory. *Guano and the Opening of the Pacific World: A Global Ecological History.* Cambridge University Press, 2014.

Guha, Ramachandra. *Environmentalism: A Global History.* New York: Longman, 2000.

Habib, Irfan. *Man and Environment: The Ecological History of India.* Aligarh Historians Society, 2011.

Josephson, Paul, et al. *An Environmental History of Russia.* Cambridge University Press, 2013.

Kolbert, Elizabeth. *The Sixth Extinction: An Unnatural History.* New York: Henry Holt, 2014.

Kumar, Deepak, Vinita Damodaran, and Rohan D'Souza, eds. *The British Empire and the Natural World: Environmental Encounters in South Asia.* Oxford University Press, 2011.

McNeill, J. R. *Something New under the Sun: An Environmental History of the Twentieth Century.* New York: Norton, 2000.

McNeill, J. R., and Erin S. Mauldin, eds. *A Companion to Global Environmental History.* Oxford: Wiley-Blackwell, 2012.

Meinert, Carmen, ed. *Nature, Environment and Culture in East Asia: The Challenge of Climate Change.* Leiden: Brill, 2013.

Miller, Shawn. *An Environmental History of Latin America.* Cambridge University Press, 2007.

Muscolino, Micah. *Fishing Wars and Environmental Change in Late Imperial and Modern China.* Cambridge, MA: Harvard East Asian Monographs, 2010.

Platt, Harold. *Shock Cities: The Environmental Transformation and Reform of Manchester and Chicago.* University of Chicago Press, 2005.

Pomeranz, Kenneth. *The Great Divergence: China, Europe, and the Making of the*

Modern World Economy. Princeton University Press, 2000.

Radkau, Joachim. *The Age of Ecology.* New York: Wiley, 2014.

Nature and Power: A Global History of the Environment. Cambridge University Press, 2008.

Richards, John F. *The Unending Frontier: An Environmental History of the Early Modern World.* Berkeley, CA: University of California Press, 2003.

Ross, Corey. *Nature and the New Imperialism: Europe and the Ecological Transformation of the Tropical World, 1870-1960.* Oxford University Press, forthcoming.

Santiago, Myrna. *The Ecology of Oil: Environment, Labor, and the Mexican Revolution, 1900-1938.* Cambridge University Press, 2009.

Smil, Vaclav. *Energy in World History.* Boulder, CO: Westview Press, 1994.

Harvesting the Biosphere: What We Have Taken from Nature. Cambridge, MA: MIT Press, 2013.

Steffen, Will, J. Grinevald, P. Crutzen, and J. McNeill. "The Anthropocene: conceptual and historical perspectives." *Philosophical Transactions of the Royal Society A 369* (2012), 842-867.

Steinberg, Ted. *Down to Earth: Nature's Role in American History.* Oxford University Press, 2002.

Tucker, Richard P. *Insatiable Appetite: The United States and the Ecological Degradation of the Tropical World.* Berkeley, CA: University of California Press, 2000.

Walker, Brett. *Toxic Archipelago: A History of Industrial Disease in Japan.* Seattle, WA: University of Washington Press, 2009.

Williams, Michael. *Deforesting the Earth: From Prehistory to Global Crisis.* University of Chicago Press, 2002.

Wohl, Ellen. *A World of Rivers: Environmental Change on Ten of the World's Great Rivers.* University of Chicago Press, 2011.

Zelko, Frank. *Make It a Green Peace! The Rise of Countercultural Environmentalism.* Oxford University Press, 2013.

Useful websites for quantitative data on energy, population, and environment include:

BP Statistical Review of World Energy at: www.bp.com/content/dam/bp/pdf/Energyeconomics/statistical-review-2014/BP-statistical-review-of-world-energy-2014-full-report.pdf.

UN Population Division: www.un.org/en/development/desa/population/.
HYDE (History Database of the Global Environment) maintained by the Netherlands Environmental Assessment Agency: themasites.pbl.nl/tridion/en/themasites/hyde/.

CHAPTER 3

농업경제사

조반니 페데리코
Giovanni Federico

서론: 두 세기에 걸친 성공

오늘날 농업은 썩 좋은 평판을 얻지 못하고 있다. 선진국에서는 비효율적인 산업인데다 오염을 유발한다고 욕을 먹는다. 저개발국(LDCs)에서는 농업이 본연의 임무, 즉 저렴한 가격에 인구를 먹여살릴 만큼 충분한 양을 생산하지 못한다는 비난을 받는다. 그러나 농업의 역사적 성과를 살펴보면 이와 같은 비관론은 근거가 없다. 최근 2세기 동안 인구가 7배 가까이 증가했음에도 불구하고 세계의 농업이 공급하는 1인당 식량은 이전보다 더 많고, 단위 생산량 대비 더 적은 토지, 자본, 노동력을 사용함에도 불구하고 산업에 필요한 원자재를 공급하고 있다. 이는 정말로 놀라운 업적이 아닐 수 없다. 이번 장에서는 어떻게 이와 같은 성과를 달성했는지 살펴보려 한다.[1]

19세기 초부터 70년 동안의 총 생산량 증가를 도식화하기란 쉽지 않은 일이다. 연속적인 데이터는 거의 없으며, 있더라도 일시적인 자료들뿐이고, 그조차도 대부분은 유럽이나 북아메리카의 나라들에 국한된 자료들이다. 그 중에서는 포르투갈을 제외하고는 총 생산량이 감소한 나라

---

[1] 이 장은 주로 Giovanni Federico, *Feeding the World: An Economic History of Agriculture, 1800-2000* (Princeton University Press, 2005)를 참조했다. 관련 참고문헌 또한 이 책을 참조하기 바란다.

는 없었고, 대부분의 경우 인구 성장보다 빠른 속도로 농업 생산량이 증가했다. 이외에 세계 다른 지역의 생산량이 감소했다면 세계 총 생산량은 상쇄될 것이지만, 이는 그럴 듯한 가설은 아니다. 세계적으로 증가한 인구의 대부분이 농업에 종사했고, 다음 소절에서 자세히 보겠지만, 농지도 부족하지 않았다. 1870년 이후의 생산량 관련 자료는 더 분명하다. 세계 인구의 약 50-55퍼센트를 차지하는 25개국의 생산량에 기초하여 "세계" 총생산 지표를 추정해볼 수 있다.[2] 25개국 중에는 유럽(발칸 지역 제외), 미국, 캐나다, 아시아의 주요 국가(인도, 중국, 인도네시아, 일본), 남아메리카 3국(아르헨티나, 칠레, 우루과이)이 포함된다. 25개국의 1인당 생산량은 제1차 세계대전 이전에는 매우 빠르게 증가하다가(연간 0.55퍼센트) 1913-38년 사이에는 정체 현상을 보였다.(그림 3-1)

만약 다른 국가에서 1인당 생산량의 증가가 인구 성장에 비례했다고 가정하면(충분히 합리적인 가설이다) 세계 총 생산량은 90퍼센트, 1인당 생산량은 약 10퍼센트가 증가했을 것이다. [그림 3-1]은 25개국 자료와, 세계 모든 나라를 포함하는 유엔식량농업기구(FAO)의 자료를 연결시킨 것이다. 1938년-2010년 사이 세계 생산량은 거의 5배, 1인당 생산량은 약 60퍼센트가 증가했다. 이 통계에는 저개발국가(LDCs)와 사회주의 국가(중국, 소련, 1990년 이전까지의 위성국가)의 의심스러운 자료도 포함되었다. 그러나 그런 문제가 있다고 해서 농업의 뛰어난 성과에 의문을 제기할 여지는 전혀 없다. 농업 생산량은 전 세계 인구를 먹

---

2 Giovanni Federico, "The growth of world agricultural production, 1800-1938," *Research in Economic History* 22 (2004), 125-181.

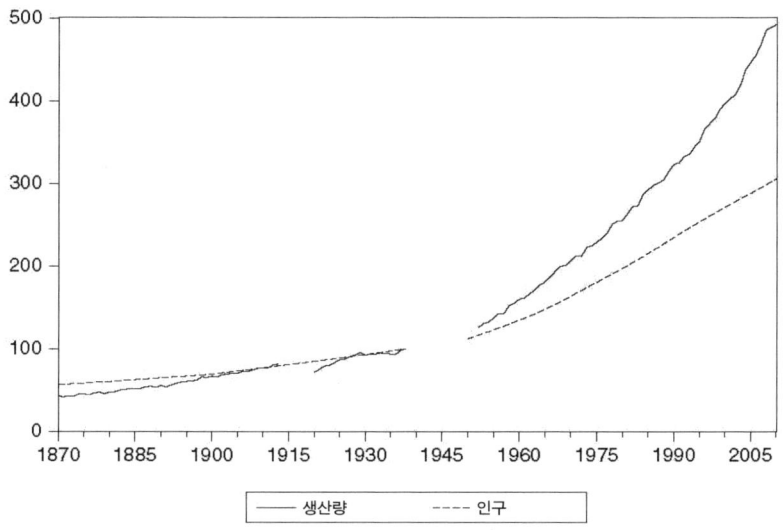

〔그림 3-1〕 농업 생산량과 인구

여살리기에 충분했다. 유엔식량농업기구의 최근 자료에 따르면, 전 세계 약 1억 명의 인구가 여전히 영양실조에 시달리고 있지만, 이는 유통의 비효율성과 낭비에서 비롯된 결과일 뿐이다.

물론 자본, 노동, 토지 등 생산요소를 더 많이 투입하거나, 혹은 더 효율적으로 사용함으로써 생산을 늘릴 수 있다. 그러나 우리 글의 다음 두 번째 소절에서 투입량 증가에 대해 간략히 설명하고, 그것이 생산량 증가에 기여한 전부가 아니라 일부에 불과했음을 보여주고자 한다. 성장의 대부분은 생산성 증가에 따른 결과였다. 나머지 소절에서 그 원인을 설명하고자 한다. 생산성 증가는 일반적으로는 기술 발전의 결과였다. 다음 세 번째 소절에서는 주요 혁신과 선택의 패턴에 관해 설명하고자 한다. 그러나 효율성이란 생산요소를 어떻게 할당하고, 기술을 어떻게 사용하는지에 달려 있다. 그러므로 이는 궁극적으로는 제도(네 번째 소절)와 정책(다섯 번째 소절)의 문제였다. 마지막 소절에서는 미래의 전망을 살펴보도록 한다.

생산요소 투입량의 증가

투입량 증가와 관련된 자료는 상당히 많은 편이지만 불완전한 면도 있다. 1913년 이전의 자료는 대부분 유럽과 북아메리카의 자료들이다. 그리고 양차 세계대전 사이에는 자료의 범위가 넓어지기는 했지만 세계적으로 보면 여전히 일부 지역에 지나지 않았다. 유엔식량농업기구(FAO) 웹사이트에서는 1960년 이후의 자료만 제공하고 있다. 자료의 편중에 따른 왜곡을 최소화하기 위해 우리 책에서는 2000년의 수치를 100으로 설정하여 연쇄지수를 나타냈다. 잠정적으로 세계 총 투입량은 2000년의 수치를 기준(표의 가장 오른쪽열)으로 역산하여 추정했다.

[표 3-1]은 남녀 노동자 인원수로 노동 투입량을 추정한 수치다. 예컨대 2000년 기준 아프리카의 농업 노동자를 100으로 설정하면 1960년의 아프리카 농업 노동자는 51이 된다. 마찬가지로 2000년 기준 유럽의 농업 노동자로 100으로 설정하면, 1960년 유럽의 농업 노동자는 309가 된다. 1960년-2000년 사이 아프리카에서 농업 노동자가 증가한 주된 이유는 인구 증가 때문이며, 유럽에서 크게 감소한 이유는 농업 노동자의 이동 때문이었다.

이 표에서는 농업 노동자 인원수와 전체 노동자 중 농업 노동자가 차지하는 비중의 차이가 분명하게 드러난다. 전체 노동자 대비 농업 노

대륙	약 1880년	약 1910년	약 1938년	1960년	2000년	2000년 (100만)
아프리카			31	51	100	197.1
유럽	392	392	359	309	100	17.6
캐나다 및 미국	304	405	340	173	100	3.4
라틴 아메리카*	24	44	68	83	100	44.2
아시아	34	41	42	59	100	1031.8
오세아니아	36	57	68	64	100	2.8
구 소련			203	178	100	21.7
세계 전체				64	100	1318.6

출처: Federico, *Feeding the World*, 표 4.16 ; 표 4.17
* 멕시코와 중앙아메리카 포함

[표 3-1] 농업 노동 인구

동자의 비중은 근현대 경제 성장의 결과로 감소할 수밖에 없었지만, 그렇다고 해서 절대 수치가 반드시 줄어든 것은 아니었다. 농업 노동자 인구의 절대 수치는, 실제로 소수의 선진국에서만, 그것도 근대 경제 성장이 시작된 뒤 한참 시간이 지난 뒤에야 줄어들기 시작했다. 영국에서 농업 노동자의 수가 가장 많았던 때는 1850년 무렵이었다. 그러나 유럽의 다른 선진국이나 북아메리카에서는 20세기 전반기의 어느 시점에 정점을 찍었고, 제2차 세계대전 이후에 가서야 줄어들기 시작했다. 세계적으로는 2010년까지 인구가 증가함에 따라 농업 노동자의 수도 증가했는데, 총 인구에서 차지하는 비중은 오히려 감소했다.

농업 노동자의 인원수만 가지고 노동 투입량을 계산하면 정확하지 않은 측면이 있다. 농업 노동에 투입되는 모든 노동자가 일정한 노동 강도로 노동력을 투입한다면 그렇게 계산할 수 있겠지만, 현실은 그렇지 않다. 통계상으로는 평소에 농업 노동에 종사하지 않는 파트타임 노동자(예를 들면 수확기에만 투입되는 노동자)가 포함되지 않을 뿐만 아니라 노동자 개인의 인적 자본 변화도 고려하지 않는다. 증거나 몇 가지 추론을 통해 이러한 왜곡이 다른 방향으로 작동한다는 사실을 확인할 수 있다. 예를 들어 1950년 이후 선진국에서 농업 노동자의 인적 자본이 대단히 발달했지만, 이런 경향은 노동 시간의 감소와 비-농업 노동자의 기여 때문에 잘 드러나지 않았다. 순수한 인적 자본 효과를 측정하기란 어렵지만, 아마도 그리 크지는 않을 것이다. 그래서 전체적으로 노동력 투입량의 증가는 인원수로 계산한 결과와 크게 다르지 않을 것이다.

[표 3-2]는 토지 투입량의 대표적인 지표인 곡물 농지(cropland)와 과수원(tree crops land)의 확장을 표현한 것이다. 1880년 이래로 농지 면적은 세계 전역에서 증가 추세였다. 헐리우드 영화 덕분에 미국 서부 개척 이야기가 유명해졌지만, 캐나다, 남아메리카, 오세아니아 등 유럽인이 이주했던 다른 지역에서도 시기만 다소 늦었을 뿐 같은 패턴이 반복되었다. 아시아와 아프리카에서도 농지가 증가했지만, 유럽에서는 농지 면적 증가가 거의 없었다. 중국 같은 인구가 많은 지역에서도 특히 북부 지역 등에 개간할 땅이 많이 남아 있었다. 1860년-1940년 사이 800만 명의 한족이 북방으로 이주하여 정착했다. 유럽, 더 정확하게 말하면 서양의 핵심 지역은 예외였다.(제1차 세계대전 이전까지는 이베리아 반도나 러시아 같은 주변부 지역에서는 농지가 증가했다.) 여기서는 같은 시기 농지 규모가 증감을 반복하다가, 1980년대와 1990년대에는 분명한 하락세로 돌아섰다. 이 표에서는 1880년 이전의 시기는 나타나지 않는다. 그

대륙	약 1880년	약 1910년	약 1938년	1960년	2000년	2000년 (100만 ha.)
아프리카			86	77	100	201.8
유럽	110	112	112	114	100	133.2
캐나다 및 미국	41	77	91	100	100	231.1
라틴 아메리카*		44	73	63	100	153.1
아시아	29	58	64	85	100	511.7
오세아니아	7	22	34	66	100	53.0
구 소련	48	52	55	110	100	2,17.5
세계 전체			81	90	100	1,501.5

출처: *Federico, Feeding the World*, 표4.1; 표4.3 ; 표4.17
* 멕시코와 중앙아메리카 포함

[표 3-2] 농지 면적

러나 세계 모든 지역에서 인구 성장과 함께 농지가 확대되었던 것은 의심의 여지가 없으며, 다만 서유럽은 예외였을 것이다. 만약 1880년에 유럽의 농지가 충분했다면, 한 세기 이전에는 (인구가 더 적었으므로 – 옮긴이) 더더욱 충분했을 수밖에 없다.

[표 3-2]에서 토지의 투입량 증가를 과장했다고 의심하는 두 가지 시선이 존재한다. 첫째, 추가된 농지가 전혀 생산성이 없었다고 보는 시각이 있다. 그러한 추론은 목초지의 경우만 보더라도 완전히 틀렸다. 불행하게도 1960년 이전 목초지 면적 관련 자료가 거의 없고, 있더라도 일관성이 부족하다. 1950년 이후, 목초지는 농지와 같은 비율로 확대되었다. 즉 농지를 기준으로 전체 확대 면적을 추정하더라도 왜곡으로 보기는 어렵다. 둘째, 가장 좋은 땅에 먼저 정착하는 경향이 있는데, 이를

감안하면 추가되는 농지를 기존의 농지와 같은 면적으로 계산하는 것이 과장된 결과가 나온다는 주장이다. 일반적으로는 그 말이 맞지만, 식민지 같은 거대 지역을 대상으로 보면 이는 사실과 맞지 않다. 식민지에서는 인프라가 잘 갖추어진 곳에 먼저 정착했기 때문이다. 예를 들어 아르헨티나 남부의 팜파 우메다(Pampa Húmeda) 같은 경우는 부에노스 아이레스 지역보다 농업에 유리하지만 정착 시기는 더 나중이었다.

농업자본의 추세를 간단한 표로 요약하기란 불가능한 일이다. 워낙 다양한 요소들(과수원, 건물, 가축, 관개시설, 도구, 기계 등)이 포함되어 있기 때문이다. 이를 총계로 표현하려면 각각을 금전적 가치로 환산하여 더할 수 있어야 한다. 유엔식량농업기구(FAO)에서는 "세계" 농업자본 추정치를 제공하고 있다. 그에 따르면 1975년-2000년 사이 농업자본은 25퍼센트가 증가했다. 이는 생산량보다는 훨씬 적은 수치였다. 1975년 이전에 대해서는 선진국만, 그것도 주요 부분 항목만 자료가 제공되고 있다. 그 대부분은 증가세를 보였는데, 물론 서유럽보다는 미국, 캐나다, 러시아에서 성장 속도가 빨랐다. 따라서 전체 농업자본의 추세를 파악하려면, 예컨대 트랙터나 관개시설이 설치된 농지 등 농업자본의 특정 구성요소 관련 정보를 이용하는 수밖에 없다. 이를 분석해 보면 크게 네 가지 패턴이 드러난다.

(1) 1800년 당시에는 미국 동부 해안 등 극히 일부 지역을 제외하면, 전통적인 서양의 식민지에서는 농업 자본의 규모가 무시해도 좋을 만큼 미미한 수준이었다. 식민지 개척에는 막대한 투자가 수반되었지만, 식민지 개척이 완료된 뒤에는 자본축적률이 오히려 떨어졌다. 1930년대

이후에야 자본집약적인 현대 기술이 도입되면서 투자 붐이 일어났다.

(2) 이른바 "선진국", 즉 서유럽의 오랜 정착지에서는 전통적으로 농업자본이 풍부했다. 따라서 제2차 세계대전 이전까지는 서유럽 국가들의 성장세가 확실히 느렸다. 전쟁 이후에도 성장 속도는 여전히 느렸다.

(3) 이른바 "후진국", 즉 특히 중국과 같은 오랜 전통의 국가에서는 1800년경 농업자본의 규모가 이미 상당했다. 아마도 당시의 유럽보다 훨씬 더 컸을 것으로 추정되는데, 벼농사를 위해서는 대규모 관개시설 공사가 필요했기 때문이다. 오래도록 농업자본의 규모는 매우 느리게 성장하거나 혹은 전혀 성장하지 않다가, 아주 최근에 들어서야 비료와 기계화로 급성장세를 보였다.

(4) 이른바 "후진국" 중에서 인구밀도가 희박한 아프리카 같은 지역에서는 처음부터 농업자본의 규모가 극히 작았으나, 제2차 세계대전 이전까지는 아마도 인구 성장에 발맞추어 농업자본도 성장한 것으로 보인다. 1950년 이후 1인당 농업자본이 증가 추세를 보였지만, 아시아에 비하면 훨씬 작았다.

요약하자면 우리가 논의하는 전체 시기에 걸쳐 모든 투입량이 증가 추세를 보였지만, 1950년 이후에는, 최소한 노동력과 토지의 경우 증가세가 둔화되었다. 농업자본 성장 속도가 너무 빨라 그것을 상쇄할 만큼의 둔화가 있었다고 보기는 어렵다. 그러므로 1950년 이후 생산량 증가의 급격한 가속화는 투입요소 운영의 효율성 제고를 반영한 결과로 보아야 한다. 이는 경제학자들의 표현을 빌리자면, 총요소생산성(TFP) 증대라 할 수 있겠다. 경제사 내지 경제학에서는 수많은 총요소생산성 관

지역	1870년 이전		1870-1910		1910-1940	
	수치	평균	수치	평균	수치	평균
유럽	5	0.30	13	0.65	11	1.00
유럽 (Van Zanden)			15	0.78		
서부 이주지역	1	0.40	2	0.74	2	0.56
아시아			3	1.24	6	0.08
아프리카	1	3.41	1	0.83	1	-0.21
남아메리카			1	-1.90	2	1.57

출처: Van Zanden, "The first green revolution," Federico, *Feeding the World*, Statistical Appendix table IV, Lains and Pinilla, *Agriculture and Economic Development*.

[표 3-3] 총요소생산성의 성장, 1938년 이전

련 연구를 그야말로 "생산"해낸 바 있으며, 우리의 추론은 그들의 논의를 벗어나지 않는다. [표 3-3]에는 1938년까지 대륙별 평균치가 나와 있지만, 대개 한 나라의 자료를 가지고 추산한 경우가 많다.(표에서 "수치"는 데이터에 포함된 국가의 수를 의미한다.)

지리적 범위가 제한적이고 추정치 또한 상당히 거친 경우가 많지만 그럼에도 두 가지 측면은 분명하게 확인된다. 첫째, 무엇보다 총요소생산성이 거의 모든 지역에서 성장했다. 이는 대체로 전통 농업의 침체라는 개념에 큰 변화를 가져왔다. 연간 0.5퍼센트 성장은 느린 속도로 보이지만, 40년 이상 꾸준히 축적되면 25퍼센트 성장에 해당하며, 이는 결코 작은 수치가 아니다. 총요소생산성이 하락한 경우는 매우 드물다. [표 3-3]에서는 아르헨티나와 이집트에서 마이너스 기호가 나타나는데, 양차 세계대전 사이의 필리핀과 소련도 여기에 포함시켜야 할 것이다. 둘째, 대부분의 국가에서 생산성 성장이 시간이 지나면서 가속화되었다. 예컨대 미국의 총요소생산성 성장률은 1840-70년 사이 0.4퍼센트였는데, 1870년-1910년 사이에는 3분의 1이 증가했고, 그 뒤 30년간은 가장 보수적인 추계에 따르더라도 2분의 1 이상이 증가했다.

제2차 세계대전 이후 시기에는 다양한 방법론과 기간을 바탕으로 거의 모든 국가에 대한 추정치가 제공되고 있다. 직접 비교가 가능한 경우(즉 18개국의 데이터)는 모두 예외 없이 생산성 증가의 가속화를 보여주었다. 제2차 세계대전 이후의 성장률은 전쟁 이전에 비해 평균적으로 거의 세 배가 높아졌다. 추정치 자료의 약 70퍼센트가 성장세를 기록했고, 부정적인 경향을 보인 지역은 사회주의 국가와 사하라 이남 아프리카에 집중되어 있었다. 일부 아프리카 국가의 성장률은 너무 낮아서 통계적 신뢰성이 떨어진다. 이들의 연평균 성장률은 0.7퍼센트에 그쳤다. 세계를 하나의 국가로 보고 통합해서 계산하면, 실제로 1960년-2000년 사이 "세계"의 성장률은 꽤 높은 수치를 보인다. 계산 방법에 따라 다르겠지만 연간 성장률은 1퍼센트와 1.25퍼센트 사이다. 총요소생산성(TFP)은 OECD 국가에서는 더 높았으며, 성장률은 1.5-1.8퍼센트 사이였다. 반면 세계의 나머지 지역은 0.8-1퍼센트 사이였다. 제2차 세계대전 이후 농업 분야의 뛰어난 성과는 1967년-1992년 사이 36개국 표본의 제조업 총요소생산성 성장률과 비교해 보면 그 차이는 명확하다. 36개국 중 22개국에서 농업은 다른 제조업의 생산성을 능가했다.[3]

---

3 Will Martin and Devashish Mitra, "Productivity growth and convergence in agriculture versus manufacturing," *Economic Development and Cultural Change* 49 (2001), 403-423.

농업 기술의 진보

2세기가 넘도록 농업 종사자들은 수천 가지 혁신을 도입했다. 우리는 이를 네 가지로, 새로운 재배 방식, 새로운 동식물(생물학적 혁신), 화학 제품, 기계(산업 혁신) 등으로 나누어 설명하고자 한다.

가장 혁신적인 관행은 휴경기를 줄이려는 시도였다. 전통적으로는 고갈된 토양의 양분이 회복될 때까지 작물을 다시 재배하지 않고 휴지기를 두었다. 전통 농업 시스템에서는 연간 경작비(耕作比, cropping ratio)가, 이른바 화전농법(재배 기간이 2년 내지 3년이면 휴경 기간은 20년 내지 30년)에서는 0.05였다. 반대로 아시아에서 관개시설이 매우 잘 갖추어진 논에서, 물의 순환과 거름을 통해 토지 영양분을 회복시키는 벼농사의 경우, 경작비가 1까지 나왔다. 유럽 대부분의 지역에서 토지는 3년에 한 번 작물을 재배했고, 연간 경작비는 대략 0.6 정도였다. 휴경지에 토지 영양분 회복에 도움이 되는 식물, 즉 초본식물이나 뿌리식물(순무, 감자 등), 옥수수 등을 재배하면 경작비를 올릴 수 있었다. 이런 관행은 유럽 일부 지역에서는 중세 시기부터 존재했지만, 18세기 말에서 19세기 초엽 영국에서 농업혁명(Agricultural Revolution)이라는 이름을 얻으며 널리 퍼졌고, 조금 뒤에는 유럽 전역으로 확산되었다. 19세기 말엽에는 윤작(輪作)이 매우 정교화되었다. 윤작과 거름의 사용으로 경작비가 향상되었다. 제2차 세계대전 직전에는 유럽과 미국의 경작비는 1보다 조금 낮았고, 중국, 한국, 대만은 1.3이었으며, 이집트는 1.6으로 세계에서 가장 높았다. 그 이후로도 윤작을 시행하는 지역은 더욱 증가했으며, 1990년대 말엽에는 세계 전체의 경작비가 1에 가까워졌고, 아시아 일부 지역에서는 거의 3에 육박했다.

농부 개인의 입장에서는 어떤 품종의 식물(혹은 동물)이든 처음 기를 때는 그것이 새로운 품종이다. 그러나 농업을 연구하는 입장에서는 그것의 기원을 알아보는 것이 중요하다. 우연히 발견된 것인지, 다른 지역에서 전파되어 들어온 것인지, 혹은 기존 품종 간 교배를 통해 인공적으로 새로운 품종을 만든 것인지를 알아야 한다. 신품종이 우연히 발견되는 경우는 극히 드물었고, 최근에는 그럴 가능성이 더욱 줄어들었다. 신품종 중에 가장 늦게 발견된 사탕무는 기원이 18세기까지 거슬러 올라가며, 새로운 밀 품종이 발견된 시기는 1862년이었다. 마찬가지로 원거리 전파의 사례도 줄어들고 있다. 대항해시대(발견의 시대)에 농업은 매우 중요한 산업이었다. 19세기에도 그와 비슷한 정도의 부흥기가 반복되었다. 농업의 경제적 잠재력을 육성하고자 했던 정부와, 모국으로부터 종자와 식물을 가지고 왔던 이민자들이 결합되면서 생겨난 흐름이었다. 당시 주목할 만한 몇 가지 성공 사례가 있었다. 캐나다의 프레리(초원) 지대에 도입된 러시아산 조생종 밀, 남아시아에 도입된 브라질의 고무나무 등이었다. 동물의 잡종번식(말과 나귀의 교잡으로 태어난 노새)은 이미 알려진 사실이었지만, 식물 또한 잡종번식이 가능하다는 사실이 18세기에 처음 제기되었고, 19세기 중엽부터 실험이 시작되었다. 그러나 초기 결과는 실망스러웠다. 기술이 워낙 원시적인데다 유전자 전달 메커니즘을 알지 못했기 때문이다. 유전자 문제는 19세기 말엽에 가서야 (재)발견되었다. 처음으로 크게 성공을 거둔 사례는 1930년대의 교잡종 옥수수 생산이었다. 1940년대부터 멕시코의 환경에 적합한 밀과 옥수수의 품종이 연구되었고, 1950년대 후반에는 필리핀의 쌀도 연구되기 시작했다. 노력의 성과는 적지 않았다. 적절한 조건에서 고수확 품종(HYV)은 전통적인 품종에 비해 8배나 많은 수확량을 기록했다. 실험 결과가 적용되어 나타난 농업의 놀라운 변화는 "녹색혁명(Green Revolution)"이라는 별명을 얻었다. 1980년대 이래로 유전공학을 통해 새로운 품종의 개발 가능성이 높아졌다. 최초의 유전자변형 토마토가 상품화된 때는 1994년이었다.

화학 산업이 농업 발전에 기여한 가장 큰 공헌은 토지의 영양성분 회복 문제였다. 1840년 독일의 과학자 유스투스 폰 리비히(Justus von Liebig)는 토양에 인산염, 칼륨, 질소의 다양한 조합이 필요하다는 사실을 밝혀냈다. 그 이듬해부터 인산염의 상업적 생산이 시작되었고, 1856년부터는 칼륨의 생산도 시작되었다. 질소는 처음에는 칠레의 질산염(nitrates)과 페루의 구아노(guano) 등 천연재료로 공급되다가, 나중에는 코크스(Koks)를 제조할 때 부산물로 만들어졌다. 그러나 1909년 황산암모늄을 생산하는 하버-보슈법(Haber-Bosch method)이 발견된 이후 질소의 생산이 급증하고 가격이 폭락했다. 최초의 화학비료는 1920년대 독일에서 시판되었다. 19세기 후기부터 질병과 기생충 퇴치를 위해 화학제품이 사용되었지만 결과가 그리 좋지는 못했다. 그러나 1940년대에 들어서 살충제의 일종인 DDT가 발견되면서 뛰어난 효과를 보였다.

농산물 가공(예컨대 제분 등)에는 일찍부터 물과 증기 동력 기계가 사용되었지만, 밭농사의 기계화는 시작이 상당히 늦었다. 최초의 농기계는 밀수확기(reaper)로, 1833-34년 허쉬-맥코믹(Hussey and McCormick)이 특허를 취득했다. 이후 수십 년 동안 투자자들은 노동생산성을 높이는 데 초점을 맞추었다. 1880년대에는 수확 및 탈곡 기계(콤바인), 1900년에는 옥수수 수확기, 1907-12년에는 목화 수확기 등을 도입했다. 그러나 축력을 대신할 적절한 무생물 동력이 없는 한 농기계 개발은 속도를 내기가 어려웠다. 수력이나 증기 동력 모두 여러 가지 이유로 적합하지 못했다. 농업의 기계화는 트랙터의 도입 이후 본격적으로 도약하기 시작했다. 1900년대 초엽부터 내연기관으로 구동되는 트랙터가 도입되었다. 동력인출장치(PTO, 엔진의 힘을 회전력으로 전환하는 장치)가 도입되면서 기계화는 더욱 활기를 띠었다.

모든 성공적인 혁신은 단위별로 투입되는 생산요소를 줄여서 생산비를 낮추는 것이지만, 그 효과는 생산요소에 따라 다르다. 경우에 따라 모든 요소를 동일한 비율로 축소하거나, 혹은 한 가지 생산요소(말하자면 토지 등)만 축소하는 경우도 있고, 어떤 생산요소를 줄임으로써 다른 생산요소의 수요가 늘어나기도 한다. 윤작의 경우를 제외하면 농업혁신은 모두 자본집약, 다시 말해 종자, 기계, 비료 등을 추가로 투입하는 방식이었다. 기계화는 원래 토지가 아니라 노동력을 절감하는 방안이었지만, 트랙터가 말이나 기타 축력을 대신함으로써 가축의 먹이를 재배할 토지도 더 이상 필요하지 않게 되었다. 결국 화학제품과 신품종 개발로 토지 단위당 생산량이 증가하면서 토지를 절약할 수 있었다.

기본 경제 이론에 따르면, 다른 모든 요소가 동일한 조건에서 어떤 요소를 대체했을 때의 이익은, 대체되는 요소가 비용이 큰 항목일수록 유리하며, 비용은 희소성에 따라 결정된다. 그러므로 선진국으로부터 저개발 국가(LDCs)로 기술 이전은, 자본의 절대 부족과 농업 신용 제도의 미비로 지장을 받았을 것으로 예상된다. 또한 토지가 부족했던 유럽은 비료와 신품종 도입에 앞장섰고, 서양 이주민들이 건너가 정착했던 지역에서는 노동력 부족 때문에 기계화의 선구자가 되었다. 더욱이 제2

차 세계대전이 일어나기 직전, 트랙터는 이미 미국 전체 농업에 사용된 동력의 약 3분의 2를 차지했으며, 서유럽에서 기계화가 가장 발달했던 영국에서는 같은 비율이 약 3분의 1을 차지했다. 비교하자면 미국에서는 헥타르당 평균 9킬로그램의 비료를 사용한 반면, 이탈리아에서는 26킬로그램, 네덜란드에서는 300킬로그램을 사용했다. 이러한 편차는 이후 점차 줄어들었지만 지금도 아예 없어지지는 않았다. 1998년-2000년 사이 이탈리아의 비료 사용량은 미국보다 60퍼센트 더 많았고, 네덜란드는 미국보다 5배 더 많았다. 한편 미국은 농업 노동자 인구 대비 트랙터 수가 서유럽보다 두 배 더 많았다. 하야미(Hayami)와 루탄(Ruttan)의 연구 성과는 여기서 한 걸음 더 나아간다.[4] 이들은 요소부존도(factor endowment, 생산요소 보유의 정도 — 옮긴이)가 혁신의 도입뿐만 아니라 생산성에도 영향을 미친다고 주장한다. 토지가 부족한 국가에서는 토지를 절약할 수 있는 방향의 혁신 연구에 더 많은 투자를 하게 된다. 이 연구는 논란의 여지가 있다. 다른 연구 성과(Olmstead and Rhode)에서는, 전형적인 노동력 부족 국가인 미국에서조차 1930년대까지는 농기계의 혁신보다 생물학적 혁신에 더 많은 투자를 했다고 주장한다.[5]

요소부존도는 많은 것을 설명할 수 있지만, 국가 간 농업 혁신 도입의 차이를 모두 설명하기에는 두 가지 점에서 부족한 면이 있다. 첫째,

---

4 Yujiro Hayami and Vernon Ruttan, *Agricultural Development: An International Perspective*, 2nd edn (Baltimore and London: Johns Hopkins University Press, 1985).
5 Alan Olmstead and Paul Rhode, *Creating Abundance: Biological Innovation and American Agricultural Development* (Cambridge University Press, 2008).

대부분의 농업 혁신은 환경에 따라 달라진다. 새로운 품종이 개발된 지역에서 놀라운 성능을 발휘하더라도, 토양이나 물이 다른 지역에서는 적합하지 않은 것으로 드러날 수도 있다. 둘째, 많은 혁신은 상호보완적이거나 상호 연관이 되어 있어서, 공동으로 선택되어야만 잠재력을 발휘할 수 있다. 수확량이 많은 품종은 기존의 품종보다 더 많은 비료와 물을 필요로 한다. 녹색혁명은 단순히 품종의 변화가 아니라 농업 전체의 변화를 가져온 포괄적인 패키지였다. 특정 혁신의 환경 적합성과 제대로 된 혁신의 패키지는 전문 연구 시설에서 체계적인 검증 과정을 거쳐야만 발견할 수 있는 것이다.

추가적으로 검증과정 때문에 연구개발(R&D) 예산이 추가되겠지만, 농업혁신 성과의 생산 적용 문제는 이뿐만이 아니다. 가장 중요한 문제는 "생물학적" 혁신의 수익성, 즉 연구개발 비용을 회수할 수 있는가 하는 점이다. 사실 새로운 재배 방식이나 자연 품종은 모방하기가 매우 쉽다. 필요한 기술을 어느 정도 갖춘 회사라면 누구나 잡종 종자를 생산할 수 있다. 개발자는 투자에 따른 손해를 감수해야 하며, 그래서 연구개발비 지출은 사회적 적정 수준보다 적은 경우가 많다. 그 차이는 비영리 지출을 통해 메워야 한다. 18세기 말-19세기 초, 계몽주의에 감화를 받은 일부 농장주들이 기부에 나섰다. 존 베넷 로우스(John Bennet Lawes) 같은 몇몇 농장주들은 자신의 토지를 연구 기관에 기부했다.(영국의 로트햄스테드Rothamsted 연구소) 또한 왕립농업학회(1838년 설립) 같은 연구기관에 참여한 사람들도 있었다. 그들은 새로운 농업기술의 혁신과 전파를 검증하는 과제를 수행했다. 미국 포드 재단이나 록펠러 재단 같은 비영리단체의 기부도 있었다. 멕시코에서 고수익 품종 개발에 그들의 자금이 지원되었다. 그러나 수요에 비해 민간 재단의 역할은 너무나 제한적이었다. 농업기술 혁신을 위해 헌신하고자 했던 농장주들의 의지는 무임승차 문제에 부딪히고 말았다. 다른 사람이 실험을 다 하고 나면 그 정보를 이용하면 되는데, 왜 내 땅에서 실험을 해야 한단 말인가? 그래서 지금까지도 농업기술 개발의 적용 실험에 투입되는 자금은 주로는 공적 자금이다.

대학이나 정부 수립 연구기관에서 실험을 진행한 경우도 있었다. 이런 방식을 처음 고안했던 곳은 작센 지역이었다.(1851년) 이후 미국과 유럽 대부분(영국 제외)의 나라에서 이를 모방했다. 20세기로 넘어가면서 식민지 정권은 열대 지방의 수출용 현금작물(코코아, 고무)의 연구개발에 투자했다. 식량작물에 대한 투자는 제2차 세계대전 이후의 일이었다. 당시 특수 연구기관들이 설립되었다.(멕시코는 밀을 연구하는 CIMMYT, 필리핀은 쌀을 연구하는 IRRI) 1971년에는 이들을 통합 지원하기 위해 국제농업연구협의그룹(CGIAR)이 설립되었다. 이들의 투자를 종합하면 규모가 막대했다. 미국의 연구비 지출은 1890년 200만 달러(1889년 농업 총생산의 0.03퍼센트)에서 제2차 세계대전 직전에는 5,000만 달러(0.7퍼센트), 1990년대에는 5억 달러(2퍼센트 이상)를 넘어섰다. 가장 근접한 추정치에 따르면, 세계의 농업 분야 공공지출은 1960년대에는 150퍼센트, 1970년대에는 50퍼센트, 1980년대에는 30퍼센트, 1990년대에는 15퍼센트가 증가했다고 한다.[6] 2000년도의 농업 분야 공

---

6 Federico, *Feeding the World*, table 6.6, and Philip Pardey, Julian Alston, and Roland Piggot, Agricultural R&D in the Developing World: Too Little, Too Late? (New York: IFPRI, 2006).

공 지출의 총액은, 선진국에서는 농업 총생산의 2.4퍼센트에 달했지만 개발도상국에서는 0.53퍼센트에 불과했다.(세계 평균은 0.8퍼센트) 농민에게 최적의 농업기술을 보급하는 데 쓰인 비용(이른바 기술지도비용)은, 1959년에서 1971년 사이 두 배로 증가했으며, 이후 10년 동안 다시 25퍼센트가 늘어났다. 연구개발비 공공지출의 증가세가 뚜렷하게 둔화되는 현상을 보였지만, 같은 시기 적어도 선진국에서는 민간 투자의 확대를 통해 보완되었다. 민간 투자 확대는 생물 특허 관련 제도의 변화 때문이었다. 특허권 인정은 20세기 초엽부터 종자와 식물을 판매하는 기업들이 지속적으로 요구해오던 조치였다. 1930년대에 미국에서 처음으로 나무에 한해서만 특허권이 인정되었다. 1960년 유럽연합 국가들은 모든 식물의 특허권을 인정했으며, 1961년에는 특허의 상호 인정을 위한 국제협약기구(UPOV, 국제식물신품종보호연맹)를 설립했다. 미국도 1970년에 이 기구에 가입했다. 2011년 기준으로 전 세계 69개국이 회원국으로 참여하고 있다. 농업 관련 연구개발(기계나 화학 제외)의 경우, 미국에서는 1980년대에 이미 민간 투자가 공공 지출을 추월했다. 2000년에는 민간 투자가 세계 전체 투자의 3분의 1, 선진국 투자의 절반 이상을 차지하게 되었다.

장기적 관점에서 제도 및 농업의 성과

경제학 용어로 제도(institution)란, 상품과 생산요소(재산권)의 소유 관계, 그리고 개별 행위자와 가구 사이의 관계(계약, 매매, 기타 여러 형태의 분배)를 결정하는 공식 및 비공식 규칙의 집합으로 정의할 수 있다. 역사학자, 경제학자, 농업 전문가, 정책 입안자들은 모두 농업의 성장과 제도의 연관성을 인정하고 있지만, 특정 유형의 제도와 효과에 관해 폭넓은 의견 차이도 존재한다.

경제학자들은 경제적 잠재력을 최대한 활용하기 위해서는 재산권이 필요하다고 믿으며, 재산권의 확산이 농업의 성과를 확산시켰다고 본다. 재산권이 개인의 자유와 상반되는 것은 아니지만, 19세기 중엽까지만 해도 세계 인구의 상당수가 이를 부정했다. 노예무역은 1807년에 공식적으로 금지되었지만, 많은 나라에서 노예제가 불법화된 것은 훨씬 뒤의 일이다.(미국은 남북전쟁 이후인 1865년, 브라질은 1888년) 나이지리아 같은 세계의 일부 지역에서는 20세기가 한참 진행된 뒤까지도 노예제가 유지되었다. 농노란 개인 영주보다는 영지에 묶여 있는 예속 노동자로서, 러시아에서는 1861년에, 루마니아에서는 그로부터 3년 뒤에 폐지되었다.

경제학자들은 매매와 상속을 포함하는 근현대 토지 재산권의 이익을 확신하고 있다.[7] 재산권은 단기적 이익을 위한 토지의 과도한 고갈(이른바 공유지의 비극)을 방지하고, 곳에 따라 특수한 투자와 새로운 기술 실험을 촉진했다. 또한 재산권 덕분에 토지를 대출의 담보물로도 사용할 수 있었다. 1800년 이전에도 서유럽, 미국 동부 등 기존에 서양인들이 정착한 지역, 중국의 대부분을 포함하여 아시아의 일부 지역 등에서 토지의 완전한 소유권이 인정되었다. 다른 지역에서는 토지 소유권을 공동으로 보유했다. 일부 지역에서는 봉건 군주나 기타 세력가들이

---

7 H. De Soto, *The Mystery of Capital: Why Capitalism Triumphs in the West and Fails Everywhere Else* (London and New York: Bantam Press, 2000).

생산물의 일부 혹은 노동자의 시간을 요구할 권리를 가지고 있었다. 그러나 대부분의 지역에서는 토지에 대한 권리를 모든 사용자가 공동으로 소유했다. 수렵채집 부족민들도 토지를 공동으로 사용했고, 러시아 같은 정주 지역에서는 마을의 통제 하에 각 가정에 토지를 할당하여 정해진 기간 동안 경작을 하도록 했다.[8]

최근 2세기 사이에 이와 같은 전통적인 공유재산 관습은 점점 사라지고 있다. 1930년대 소련과 1950년대 중국에서는 사유지였던 토지가 집단화(국유화)되는 등, 공유재산의 소멸 과정은 느리게 진행되었으며, 아직도 완전히 사라지지는 않았다. 19세기 전반기에 동유럽의 봉건 시스템이 제일 먼저 사라졌다. 토지는 농민(예전의 농노)과 영주가 나누어 가지거나, 혹은 금전적 보상을 받고 토지를 포기하기도 했다. 이론상으로는 토지의 일시적인 사용권을 영구적인 소유권으로 바꾸면 공동소유는 사라지게 된다. 대부분의 경우 그 과정은 매우 점진적이었고, 여러 중간 단계를 거쳤다. 터키에서는 1858년부터 1940년대까지, 인도네시아에서는 1870년부터 1960년까지 중간 과정을 거쳤다. 직접적인 이전이 불가능한 지역도 있었다. 아프리카, 오세아니아, 아메리카 등에서는 화전농법 혹은 수렵채집의 전통이 있어서, 전체 토지 중에 극히 일부만 사용되었기 때문이다. 현실이 어떠하든 유럽의 식민지 세력은 원주민의

---

8 Kenneth Pomeranz, "Land markets in late imperial and republican China," *Continuity and Change* 23 (2008), 101-150; Mio Kishimoto, "Property rights, land, and law in Imperial China," in Debin Ma and Jan Luiten van Zanden, eds., *Law and Long-term Economic Change: A Eurasian Perspective* (Stanford University Press, 2011), pp. 68-90.

권리를 무시했고, 유럽 이주자들이 원하는대로 땅을 차지했다. 신대륙의 온대 지방으로 수많은 유럽 이주민들이 건너왔다. 정부에서는 대부분의 토지를 수용했고, 다양한 절차(매매, 철도회사에 양여, 홈스테드법에 따른 무상 제공 등)를 거쳐 정착민들에게 토지를 분배했다. 아시아 또는 사하라 이남 아프리카 열대지방의 원주민은 이보다 조금 나은 편이었다. 여기서는 유럽인들의 토지 요구가 비교적 많지 않았고, 대부분의 토지는 아프리카인들의 공동 소유 관행 아래 남아 있었다. 식민지 행정관들은 1940년대에 개별 농민의 소유권을 등록했고, 이후 세계은행 같은 국제 조직의 강력한 지원 아래 등록사업이 계속되고 있다. 1990년에 이르러 부족민들의 공동 소유지는 세계 전체에서 0.34퍼센트에 지나지 않지만, 아프리카에서는 여전히 14퍼센트 수준을 보이고 있다. 재산권의 근대화는 자본의 효율과 축적을 강화하는 측면이 있지만, 그 이익이 기대하는 것만큼 크지는 않다. 멕시코의 경우처럼 등록이 불공정하거나 노골적으로 조작되어 오히려 농민이 권리를 상실하는 경우도 있다. 더욱이 연대기의 증거와 일부 분석 결과에 따르면, 많은 경우 농민들은 공동소유의 단점을 극복할 수 있는 우회로를 이미 알고 있었다.[9]

역사학자나 농학 전문가들은 농가의 규모와 소유 패턴에 관심을 기울이는 경향이 있다. 그리고 부재지주의 손에 토지가 집중되는 현상을 기술 발전의 주요 장애로 간주한다. 경제학에서 토지의 집중이 경제 성

---

[9] 19세기 후반 러시아의 상황에 대해서는 다음을 참조. Steven Nafziger, "Peasant communes and factor markets in late nineteenth-century Russia," *Explorations in Economic History* 47 (2010), 381-402.

장에 부정적인 효과를 가져온다고 본다. 그렇게 되면 교육 투자 같은 성장 강화를 위한 지출에 관심이 없는 엘리트들에게 정치 권력이 넘어가게 되기 때문이다.[10] 반면 토지의 집중이 기술의 진보에 부정적 영향을 미쳤다는 증거는 찾아보기 어렵다. 오히려 부재지주는 수익이 보일 때마다 혁신을 도입한다. 한편 대규모 "기업형" 농장이 경작에 유리하지 않다는 사실은 매우 분명하다.(가공공장은 이와 다른 문제로 산업화와 연관되어 있다.) 규모의 경제가 가능하다 하더라도, 고용된 노동자가 일하는 대규모 농장보다 가족 단위 소규모 농장의 효율성이 더 높다. 가족 농장은 열심히 일하면 강력한 보상을 받을 수 있다. 한편 일반 제조업보다 농장에서 임금 노동자의 노동 기피를 통제하기란 훨씬 더 어렵다. 수확과 같은 단순 노동을 할 때만 노동 감독의 효율성을 기대할 수 있을 뿐이다.

전체 토지 중 농가 소유 토지의 비중 증가를 보더라도 가족 농장의 우월성을 알 수 있다. 19세기 서양인들이 정착했던 지역, 유럽, 특히 북유럽의 많은 나라들, 그리고 중국에서도 가족 농장이 주류였다. 유엔식량농업기구(FAO)에서 조사한 바에 따르면, 1930년대 말에는 "소유주 개인 관리 농장"(극소수 기업형 농장 포함)이 약 55퍼센트의 농지를 소유했는데, 20세기 말에는 그 비중이 거의 80퍼센트로 확대되었다. 나라별 비중은 조사마다 다르게 나타나지만, 결과적으로 표본 비교를 통해 비

---

10 Stanley Engerman and Ken Sokoloff, "Factor endowment, institutions and differential paths of growth among New World economies," in Stephen Haber, ed., *How Latin America Fell Behind: Essays on the Economic Histories of Brazil and Mexico* (Stanford University Press, 1997), pp. 259-304.

숫한 패턴을 확인할 수 있다. 더욱이 토지는 대규모 농장보다 소규모 농장에서 생산성이 높기 때문에, 생산량을 가지고 경지 면적을 추산하면 통계상 면적이 더 크게 보일 우려가 있다.

많은 국가에서 정부는 가족 농장의 확산을 권장했다. 농지 소유의 집중이 부당하다는 입장 때문이었다. 최초의 토지개혁은 1920년대 초 동유럽의 신생 국가에서 법제화되었고, 제2차 세계대전 이후 유행이 되었다.[11] 1975년까지 세계 전역에서 실시되었던 23가지 정책을 열거한 연구 성과도 존재한다.[12] 그러나 토지개혁이 시행되지 않은 국가 혹은 지역에서도 개인 소유 농장의 비중이 증가했다. 물론 21세기 선진국에서 가족 농장은 전통적인 방식과는 전혀 다르다. 최근 미국의 농업 인구조사에 따르면, 2007년에는 10만 개의 "초대형 가족 농장"(매출액 100만 달러 이상, 소유 농지 평균 1,366에이커)이 전체 판매의 50퍼센트를 차지했다. 그러나 그 중 가장 큰 농장이라 할지라도 개별 농가로 보면, 전체 농산물 시장에서 차지하는 비중은 극히 미미하다.

토지 소유자가 매매할 의향이 없다면(강제로 매매하는 경우도 아니라면) 소규모 자영농은 소작농을 고용하여 정해진 임대료를 받거나(정액제) 일정 비율로 수확량을 나눌 수 있다.(비율제) 비율제와 관련해서는 많은 논란이 제기되었다. 역사학자들은 비율제가 기술의 진보에 장애가 된다고 보았다. 한편 알프레드 마샬(Alfred Marshall)을 비롯한 경제학자들도 소작농이나 지주 모두 추가로 투입된 생산요소의 절반만 회수하는

---

11 Hans Jorgensen, "The interwar land reforms in Estonia, Finland and Bulgaria: a comparative study," *Scandinavian Economic History Review* 54 (2006), 64-97.
12 Russell King, *Land Reform* (London: Bell and Sons, 1977).

만큼 효율성에 의문을 표시했다. 그러나 알프레드 마샬은 비율제의 합리성을 옹호하는 방대한 저술을 남겼다. 그의 저서에서 많은 이점이 거론되었지만, 계약 선택 문제와 관련해서 종합적인 이론을 제시하지는 못했다. 수량적 증거가 많지 않지만, 19세기에는 정액제보다 비율제가 더 보편적이었다. 돌이켜보자면 20세기에는 전체 농지 중에서 비율제의 비중이 줄어드는 추세였다.[13] 그러나 제대로 된 계약 선택 이론 없이 이러한 변화를 설명하기란 쉽지 않다. 몇 가지 검증 결과 정액제보다 비율제가 효율성이 떨어진다거나 혁신에 부정적이라는 근거는 발견되지 않았다.

농업 분야에는 심각한 정보비대칭 문제가 존재한다. 생산자와 구매자(혹은 투자자)의 정보가 서로 다르다. 생산자는 구매자보다 상품의 품질과 자신의 신용도에 대해서 더 잘 알고 있다. 구매자는 구매를 자제함으로써 불확실성에 대응하고자 한다. 그러나 시장에서 정보 비대칭 때문에 이중시장체제가 만들어진다. 은행이나 기타 "공적" 기관들은 지주를 상대로만 대출을 실행하려 한다. 그들이 부동산을 담보로 제공할 수 있기 때문이다. 한편 토지를 소유하지 못한 농민들은 "비공식" 투자(고리대금업자, 상인 등)를 유치하고 높은 이자를 물어야 한다. 이것이 경제적으로는 합리적일지라도, 잠재력에 비해 투자 및 생산을 감소시키는 결과를 초래한다. 정부는 여기에 농민을 위한 전문신용은행을 설립하는 등 문제를 해결하려 했지만 그리 성공적이지 못했다. 그들은 막대한 자

---

13 Giovanni Federico, "The 'real' puzzle of share-cropping: why is it disappearing?" *Continuity and Change* 21 (2006), 261-285.

본을 투자했지만 농민들에게까지 전달된 자금은 그 중 일부에 불과했고, 전반적인 상환율도 낮았다. 비대칭 정보 문제 해결을 위한 가장 인기 있는 대책은 자영농을 협동조합으로 조직하는 방식이었다. 생산자들은 협동조합의 구성원으로서 상품의 품질에 다 같이 관심을 가졌고, 속임수를 제거하기 위해 서로를 감시했다. 또한 도시에 있는 은행보다는 같은 마을에 있는 농민들끼리 서로의 신용도를 더 정확히 파악하고 있었다. 반면 지역 신용조합은 충격에 매우 취약했다. 가뭄이 들어 구성원들이 동시에 수확을 못하게 되면 외부의 지원 없이 신용조합의 힘만으로는 견뎌낼 수 없었다. 그래서 지역 또는 전국 신용조합협회에서 이런 문제를 지원해 주었다.

최초의 농업신용조합은 1850년대 독일에서 조직되었고, 최초의 생산자 협동조합은 1880년대 덴마크에서 시작되었다. 이후 조합은 몇 차례 후퇴한 적도 있지만 지금까지 꾸준히 성장해오고 있다. 1990년대 중엽, 세계적으로 농업 종사 인구는 13억 명이고, 농업 협동조합의 구성원은 1억 8,000만 명이다. 즉 6명 중 한 명이 조합원이며, 가구 구성원까지 계산하면 조합원 비중은 더 높아진다. 조합의 약 80퍼센트가 저개발 국가(LDCs)에 속해 있지만, 일본을 비롯한 선진국이 전체 조합 매출액의 80퍼센트를 차지한다. 유럽의 조합은 과일, 채소, 와인, 특히 유제품 등 비규격 신선제품의 80-90퍼센트를 점유하고 있다. 그들 중 일부는 매우 강력한 브랜드를 구축하여, 극단적인 경우에는 경쟁을 위협하기도 한다.

오늘날의 전문화와 기술로부터 최대한의 이익을 창출하기 위해서는 생산요소 시장과 상품 시장이 필수적이다. 물론 시장은 1800년 이전에도 존재했었다. 그러나 대부분의 경우 재산권이 명확히 규정되지 않았고, 운송비도 많이 들었으며, 무역 장벽이 높아서 시장의 유리한 효과가 충분히 발휘되지 못했다. 생산요소 시장의 역사적 발전 관련 자료는 너무 피상적이어서 크게 도움이 되지 못한다. 가족농이 확산되면서 전체 농업 노동력 가운데 전일제 노동자의 비율이 감소했고, 그에 따라 서비스 시장이 줄어들었을 거라는 추정 정도는 말할 수 있다. 농업의 현대화로 비료와 기타 자본재의 수요가 증가하면서 자본 수요도 증가했다. 이용 가능한 자료는 "공식적" 신용을 기준으로 한다. 그러므로 "공식" 대출 수치에 "비공식" 대출 증가분까지 포함되었을 가능성이 높다.

상품 시장은 우리에게 더 잘 알려져 있다. 결국 전체 농업 생산량 가운데 시장 상품의 비중은 크게 증가했고, 무역 장벽이 높아졌음에도 불구하고 장거리 무역의 비중 또한 증가했다. 이러한 현상을 설명할 수 있는 가장 강력한 증거는, 농가의 소비 규모를 훨씬 넘어서는 농업 노동자 1인당 생산량의 증가, 그리고 시장을 통해 식량을 해결할 수밖에 없는 도시 노동자의 증가를 들 수 있다. 실제로 시장 상품의 생산 비중은 모든 국가에서 꾸준히 성장하고 있다. 1960년대에는 미국 농업 생산량의 95퍼센트 이상이 시장 판매용 상품이었고, 선진국 전체로 보아서는 80퍼센트였으며, 아프리카 최후진 국가의 경우 약 40퍼센트에 머물러 있다. 이후로도 이러한 비중이 더욱 증가할 가능성이 높다.

우리의 분석이 너무 큰 시야에서 바라본 것이긴 하지만, 이를 통해 농업 관련 제도가 완벽하지는 않더라도 상당히 유연했음을 알 수 있다. 물론 경우에 따라서는 제도가 기술 발전을 저해하거나 효율성을 떨어뜨려 잠재력에 비해 생산량을 축소시켰을 수도 있지만, 전반적으로 보아서는 그러한 부정적인 영향은 미미한 정도에 불과했던 것으로 보인다.

농업 정책

농업에 직접적 영향을 미칠 수 있는 국가 정책 중에는 다음의 항목이 포함될 것이다.

(1) 생산요소 소유권에 영향을 미치는 조치(저작권, 토지 개혁)
(2) 농가에 공공재 제공(연구개발, 인프라 시설, 시장 지원, 강화된 재산권 제도 등)
(3) 개별 국민에 공공재 지원(건강 규제, 식품 사기 방지 등)
(4) 농민 공적 자금 지원(보조금, 저리 융자 등) 혹은 농업세 징수
(5) 농산물 국내 시장 개입(공공기관의 수매 결정 등) 혹은 생산요소 시장 개입(저렴한 신용보증 지원, 농업노동 시장 규제 등)
(6) 농산물 국제 무역 개입(관세, 세금, 할당량 제정 등)

이 중에서 이번 소절에서는 농민소득에 직접적 영향을 미치는 마지막 세 가지 항목에 주목해 보고자 한다. 앞부분의 두 항목은 이미 간략하게 살펴보았지만, 덧붙이자면 와인과 같은 고급 상품의 경우, 소비자와 생산자 보호 조치가 19세기 말엽에 도입되었으며, 20세기 후반기에 더욱 확대되었다.[14]

산업화 이전 대부분의 국가 권력은 농산물 시장에 개입하지 않았다. 다만 주목할 만한 예외가 있었다. 유럽의 국가 혹은 도시들은 도시 인

---

14 James Simpson, *Creating Wine: The Emergence of a World Industry, 1840-1914* (Princeton University Press, 2012).

구의 식량 공급을 위해(또한 반란을 방지하기 위해) 주식 식량 시장을 규제했다. 한편 중국의 청 제국은 국가 소유 창고의 네트워크를 구축했다. 18세기 말엽에서 19세기 초엽 중국 국가 창고는 자금 부족 문제로 점차 문을 닫았고, 유럽의 규제 정책은 단계적으로 줄어들거나 폐지되었다. 거의 같은 시기 영국을 포함해서 유럽의 여러 정부들은 외국과의 경쟁에 맞서 최초로 밀 생산 농가 보호 조치를 시작했다. 보호 조치의 첫 단계는 1810년대에서 1850년대까지 수십 년 동안 지속되었다. 1880년대에 잠시 자유무역이 시행된 뒤, 영국을 제외한 대부분의 유럽 국가들은 해외 곡물의 유입에 맞서 자국의 밀 재배를 보호하기 위해 다시 보호무역으로 돌아섰다. 이는 종종 획기적인 변화로 여겨지지만, 실제로 관세는 그리 높지 않았고, 다른 제품은 곡물보다 훨씬 영향이 적거나 아예 영향을 받지 않았다. 실제로 보호조치 전체에 대한 명목보조율(NRA, Nominal Rate of Assistance) 측정 결과를 보면, 제1차 세계대전 이전까지 매우 낮거나 심지어 마이너스를 기록하기도 했다.[15]

진정으로 획기적인 변화는 대공황으로 시작되었다. 대공황으로 농산물의 상대 가격이 폭락했다. 유럽 국가들은 관세를 인상하고 시장에 양적 제한과 규제를 추가하여 농민을 보호하고자 했지만, 영국만은 예외였다. 영국은 제국 전체가 자유로운 수입을 허용했고, 대신 농민들에게는 보조금을 지급했다. 유럽 대륙에서는 명목보조율이 50퍼센트를 훨씬 넘었고, 1934년 독일에서는 160퍼센트로 최고치를 기록했다. 해외 생

---

15 Johan Swinnen, "The growth of agricultural protection in Europe in the 19th and 20th centuries," *World Economy* 32:11 (2009), 1499-1537.

산자들은 시장 위원회를 수립하여 수출을 지원하거나 농민들의 손실을 보전해 주었다.(예컨대 미국 뉴딜 정책의 첫 번째 조치 중 하나가 농업조정법 Agricultural Adjustment Act이었다.) 국가의 개입은 전쟁 이후에도 사라지지 않았다. 일본은 쌀 무역의 국가 독점(1942년부터)을 유지했다. 유럽에서는 공동농업정책(Common Agricultural Policy, 1958년 로마 조약에서 계획이 입안되고 1962년부터 시행)으로 프랑스와 독일의 세계대전 이전 핵심 정책이 재개되었다. 공동농업정책에 참여하는 모든 국가에서 농산물 가격이 동일하게(또한 매우 높게) 책정되어야 했다. 결과적으로 1950년대와 1960년대의 명목보조율은 일본에서는 100퍼센트에 근접했고, 유럽은 50퍼센트를 넘었다. 그러나 농산물 수출 국가에서는 기준 비율이 상당히 낮았다. 남아메리카의 여러 나라와 아시아 및 아프리카의 과거 식민지 지역에서는 산업화의 꿈을 꾸고 있었고, 이를 위한 자금을 농업에서 끌어내고자 했다. 그들은 농업에 무거운 세금을 부과했고, 시장위원회를 설치하여 수출을 규제했으며, 도시민들의 식량 소비를 보조했다. 저개발국가(LDCs) 중 최소한 3분의 2는 명목보조율이 마이너스를 기록했다.(즉 세계 시장보다 국내 시장의 가격이 더 낮았다.) 다만 한국 같은 소규모 보호주의 국가의 명목보조율은 평균 10퍼센트 정도였다. 1990년대 이래로 국가의 개입은 완전히 사라지지는 않았지만 서서히 단계적으로 축소되고 있다. 가난한 국가에서는 국내 시장을 자유화하고 국영 시장위원회를 해체했으며, OECD 선진국에서는 국가가 가격을 결정하고 시장에 개입하는 대신, 농가에 직접 보조금을 지급하는 방식으로 전환했다. 그 결과 21세기 초부터 명목보조율(NRA)은 급격하게 줄어들었다. 그러나 스위스나 아이슬란드 같은 유럽의 작은 나라들이 자유주의 노선에 동참하지 않기 때문에 OECD 평균은 여전히 높다. 저개발국가의 명목보조율은, 아프리카의 경우 여전히 마이너스지만 남아메리카나 특히 아시아는 플러스를 기록하고 있다.

경제학에서는 국가의 시장 개입이란 경쟁을 촉진하거나(농업에서는 문제가 되지 않음) 혹은 시장 실패를 재정비할 때에만 허용된다고 본다. 앞서 언급했던 것처럼, 예컨대 연구개발 투자 수준이 지나치게 낮을 때가 국가가 개입해야 할 대표적인 경우다. 농산물 가격을 세계 시장보다 높게 끌어올리기 위해서 정책적 수단을 사용하는 것은 불가능해 보인다. 그런 정책을 쓰면 소비자의 소득이 생산자에게 이전되는 결과를 낳지만, 소비자에게는 그것이 순손실로 남게 된다. 1980년대에는 그러한 소비자 손실이 전체 이전 금액 중 약 4분의 1을 차지했다. 그럼에도 소비자들의 불만은 그리 크지 않았다. 전체 지출에서 식료품이 차지하는 비중이 매우 작았기 때문이다. 1990년대의 자유화로 소비자 손실이 약 3분의 1이 감소했지만, 같은 이유로 소비자들은 이를 크게 환영하지 않았다. 저개발국가의 정책 효과는 정반대였다. 즉 생산자의 손실이 도시 소비자의 소득으로 이전되었다. 세계 경제의 차원에서 총체적인 효과를 측정하기란 매우 어려운 문제다. 무역 제한 조치의 영향을 측정한 결과가 있는데, 상당히 인상적인 수치를 보여주었다.[16] 2000년대 초반 농산물 무역을 완전히 자유화하고 다른 지원 정책에 변화를 주지 않았다면, 세계의 GDP는 0.5퍼센트 포인트, 저개발국가의 GDP는 약 1-1.5퍼센

---

16 W. R. Cline, *Trade Policy and Global Poverty* (Washington: Institute for International Economics, 2004).

트 포인트 증가했을 것으로 추정된다.

결론: 향후 도전 과제

과거의 성과에도 불구하고 세계의 농업은 여전히 어려운 과제에 직면해 있다. 유엔은 2050년까지 세계 인구가 최소 74억에서 최대 104억 사이로, 즉 21세기 초엽보다 20-65퍼센트 증가할 것으로 예측하고 있다. 또한 소득 증가로 과일, 채소, 특히 유제품과 육류로 식량 소비 수요가 이동할 것이다. 유제품과 육류를 생산하려면 곡물에 비해 칼로리당 더 많은 토지가 필요하다. 그러나 안타깝게도 가용 토지는 부족하고, 그마저도 도시화로 계속해서 줄어드는 추세에 놓여 있다. 일부 목초지는 경작지로 전환할 수 있지만, 사막에 물을 공급하기 위해서는 엄청난 비용이 들어가며, 삼림 벌채는 막대한 환경문제와 사회문제를 일으킨다. 문제는 토지 부족만이 아니다. 오늘날 개량된 종자는 몇 년이 지나면 유익한 특성을 잃어버리는 경향이 있다. 그러므로 지속적으로 연구개발비를 투자해서 늘 새로운 종자로 교체해야 한다. 마지막으로, 세계 어디에서나 농민과 기타 시골 인구가 도시로 이주하는 경향이 나타나고 있다. 따라서 농업 인력은 앞으로 감소할 수밖에 없다. 따라서 생산량 증가 문제를 해결할 유일한 방안은, 투입 자본을 늘리고 기술을 고도화하는 것뿐이다. 그러나 현대의 농업기술은 매우 효율적이지만 환경에 부정적인 영향을 준다. 관개는 토양염류화(salinization) 혹은 토양에 물이 너무 많이 축적되는 배수불량(Waterlogging) 상태를 불러와 식물이 뿌리를 내리지 못하게 만드는 원인이 된다. 폭우나 열악한 토양 구조 혹은 부적절한 배수 시스템 때문에 토양의 배수능력이 손상될 때 이런 문제가 발생한다. 이는 작물 재배에 부정적인 영향을 미치지만 문제의 심각성에 대해서는 아직 논란이 있다. 화학제품은 환경과 대수층을 오염시키기 때문에 농민뿐만 아니라 모든 사람에게 해가 된다. 종자 선택과 품종 개량 작물의 대량 도입은 생물 다양성을 위협하고, 잠재적으로 유용한 품종의 소멸을 불러온다. 유전자변형 생물의 영향은 대단히 큰 논란거리로 남아 있다.

생산량 증가와 환경 보존이라는 두 가지 요구는 일정 정도 상충하는 면이 있다. 이러한 갈등은 전통 농업으로 돌아간다고 해서 해결될 문제도 아니다. 과거에는 보다 지속가능한 환경 속에서 농사를 지어왔지만, 그러한 방식으로는 현재 혹은 예상되는 미래의 모든 인구를 먹여살리기 어렵다. 효율적인 동시에 지속가능한 환경을 해치지 않는 기술을 개발하는 일은 미래 농업과 인류가 해결해야 할 큰 숙제로 남아 있다.

더 읽어보기

Anderson, Kym, Johanna Croser, Damiano Sandri, and Ernesto Valenzuela. "Agricultural distortion patterns since the 1950s: what needs explaining?" *Agricultural Distortions Working Paper* 90 (May 2009).

Berry, R. Albert, and William R. Cline. *Agrarian Structure and Productivity in Developing Countries*. Baltimore, md, and London: Johns Hopkins University Press, 1979.

Cline, W. R. *Trade Policy and Global Poverty.* Washington: Institute for International Economics, 2004.

De Soto, H. *The Mystery of Capital: Why Capitalism Triumphs in the West and Fails Everywhere Else.* London and New York: Bantam Press, 2000.

Engerman, Stanley, and Ken Sokoloff. "Factor endowment, institutions and differential paths of growth among New World economies." In Stephen Haber, ed., *How Latin America Fell Behind: Essays on the Economic Histories of Brazil and Mexico.* Stanford University Press, 1997, pp. 259-304.

Federico, Giovanni. *Feeding the World: An Economic History of Agriculture, 1800-2000*. Princeton University Press, 2005.

"The growth of world agricultural production, 1800-1938." *Research in Economic History* 22 (2004), 125-181.

"The 'real' puzzle of share-cropping: why is it disappearing?" *Continuity and Change* 21 (2006), 261-285.

Gardner, Bruce. *American Agriculture in the Twentieth Century: How It Flourished and What It Cost.* Cambridge, MA: Harvard University Press, 2002.

Hayami, Yujiro, and Vernon Ruttan. *Agricultural Development: An International Perspective,* 2nd edn. Baltimore, md, and London: Johns Hopkins University Press, 1985.

Jorgensen, Hans. "The interwar land reforms in Estonia, Finland and Bulgaria: a comparative study." *Scandinavian Economic History Review* 54 (2006), 64-97.

King, Russell. Land Reform. London: Bell and Sons, 1977.

Kishimoto, Mio. "Property rights, land, and law in Imperial China." In Debin Ma and Jan Luiten van Zanden, eds., *Law and Long-term Economic Change: A Eurasian Perspective.* Stanford University Press, 2011, pp. 68-90.

Lains, Pedro, and Vincente Pinilla. *Agriculture and Economic Development in Europe since 1870.* London and New York: Routledge, 2009.

Larson, Donald, Rita Butzer, Yair Mundlak, and Al Crego. "A cross-country database for sector investment and capital." *World Bank Economic Review* 14 (2000), 371-391.

Marshall, Alfred. *Principles of Economics*, 8th edn. London: Macmillan, 1920.

Martin, Will, and Devashish Mitra. "Productivity growth and convergence in agriculture versus manufacturing." *Economic Development and Cultural Change* 49 (2001), 403-423.

Nafziger, Steven. "Peasant communes and factor markets in late nineteenth-century Russia." *Explorations in Economic History* 47 (2010), 381-402.

Olmstead, Alan, and Paul Rhode. *Creating Abundance: Biological Innovation and American Agricultural Development*. New York: Cambridge University Press, 2008.

Pardey, Philip, Julian Alston, and Roland Piggot. *Agricultural R&D in the Developing World: Too Little, Too Late?* New York: IFPRI, 2006.

Pomeranz, Kenneth. "Land markets in late imperial and republican China." *Continuity and Change* 23 (2008), 101-150.

Simpson, James. *Creating Wine: The Emergency of a World Industry, 1840-1914*. Princeton University Press, 2012.

Swinnen, Johan. "The growth of agricultural protection in Europe in the 19th and 20th centuries." *World Economy* 32:11 (2009), 1499-1537.

Van der Eng, Pierre. *Agricultural Growth in Indonesia: Productivity Change and Policy Impact Since 1880*. London and Basingstoke: Macmillan, 1996.

Van Zanden, J. L. "The first Green Revolution: the growth of production and productivity in European agriculture, 1870-1914." *Economic History Review* 44 (1991), 215-239.

CHAPTER 4

다중심적 관점에서 본 세계의 산업화

스기하라 가오루
杉原 薫

세계의 산업화는 왜 하필 최근 200년 사이에 일어났을까? 영국에서 시작된 산업혁명은 19세기를 거치는 동안 유럽 대륙으로 확산되었고, 다시 미국과 일본으로도 전파되었다. 양차 세계대전 사이의 불안정한 시기나 제2차 세계대전 이후에도 국가 주도의 산업화 프로그램이 폭넓게 시행되었다. 그 중에는 사회주의 모델도 포함되어 있었다. 추진의 강도와 성공 여부는 경우에 따라 달랐다. 아시아에서는 자본집약적인 중공업(대표적으로 철강, 석유화학, 중장비)에 중점을 두었다가 나중에는 노동집약적 산업화가 이를 대체하여 더 많은 일자리를 창출했다. 이로써 산업화의 세계적 확산은 더욱 가속화되었다. 20세기 말엽 세계 인구의 대부분은 산업화된 나라 혹은 특히 아시아처럼 산업화가 빠르게 진행 중인 나라에 살고 있다. 오늘날 산업화는 세계의 나머지 다른 지역으로 확산되어가고 있다. 다만 그 속도와 과정이 늘 기대하는 바와 같이 빠르거나 부드러운 과정만은 아니다. 이러한 과정을, 그 시점과 속도, 그리고 그 저변에 놓여 있는 원인을 설명할 수 있는 이론이 과연 성립할까? 우리는 그 질문에 대한 대답이 기본적으로 환경과 기술과 제도의 상호작용 방식에 있다고 본다. 세계 여러 지역마다 자원 제약의 사정이 달랐고, 그래서 이를 극복하기 위해 각기 선택했던 상호작용의 방식도 달랐다. 이것이 우리가 이번 장에서 논의하고자 하는 주제다. 아울러 오늘날 진행중인 산업화가 세계 환경의 지속가능성에 위협을 가하는 문제도 살펴보고자 한다.

1800년 이전에는 아시아와 유럽의 대부분이 농업사회였다. 그들의 생산 및 인구증가 시스템은 대개 자연환경의 제약 아래 놓여 있었다.[1] 그 사회가 전염병이나 침략 등 외부적 요인에 의해 만들어진 부분도 없지 않았고, 지역 내 혹은 지역 간 상거래가 그들의 운명을 바꾸어줄 수도 있었지만, 그것은 어디까지나 일부 측면에 불과했다. 외부의 지식은 계몽군주가 그것을 현지의 기술이나 제도에 맞게 응용하지 않는 한, 그 사회 속에서 쓸모를 얻는 경우가 거의 없었다. 식량 공급과 기타 생필품의 증가는 생활수준의 향상보다는 인구 증가로 이어졌다. 이런 상황을 경제학에서는 "맬서스의 덫(Malthusian trap)"이라 한다. 영국의 성직자이자 정치경제학자였던 토머스 맬서스(Thomas Malthus)가 1798년에 발표한 《인구론》의 주장을 따른 용어였다. 맬서스의 이론에 따르면, 초기 근대에 느리지만 꾸준히 시장이 확대되었던 유럽, 오스만 제국, 혹은 동아시아에서는, 전쟁이나 강제추방 혹은 영아살해 등 폭력적 수단에 의해 일시적으로 인구 성장이 정체될 수는 있지만 대개는 인구 성장이 지속되었다.

그들이 맬서스의 덫을 극복한 방식은 무엇인가? 여기에 대해서 전통적인 대답은 "유럽의 기적(European miracle)"이었다. 과학혁명에서부터

---

[1] 앵거스 매디슨의 추정에 따르면, 1820년 세계 인구의 약 66퍼센트가 아시아에, 22퍼센트가 유럽에 거주하고 있었다. Angus Maddison, "Statistics on world population, GDP and per capita GDP, 1-2008 AD," 2011, www.ggdc.net/maddison/, uploaded 2011; accessed July 27, 2014.

산업혁명에 이르기까지, 영국을 비롯하여 유럽 여러 지역에서 획기적인 기술이 등장했고, 동시에 제도의 발전이 수반되었으며, 특히 국민국가와 사적 소유권을 인정하는 체계가 등장하여, 그것이 산업화와 경제성장의 기본 조건을 만들었다는 주장이다.[2] 농산물 생산이 확대되고 석탄 사용이 가능해지면서 서유럽 일부 지역에서는 자원의 한계(토지 부족이나 삼림파괴의 위험 등)가 상당히 완화되기 시작했다. 항해술 및 군사 기술의 발달은 해외 팽창에 도움이 되었고, 그 결과 원자재와 식량자원이 확보되어 자원 부족이 완화되었다. 케네스 포메란츠(Kenneth Pomeranz)는 이와 같은 자원의 축복을 한 마디로 요약하면 "석탄과 북아메리카"라고 말했다.[3]

그러나 이는 어디까지나 서유럽에 국한된 대책일 뿐이었다. 이후 세계 산업화 과정에서 자원 제약을 극복하는 방식은 지역마다 달랐다. 미국을 비롯해서 유럽인들이 들어와 정착한 다른 지역에서는, 토지나 생물자원 등 결정적인 항목에서 서유럽에 비해 자원 제약 문제가 훨씬 더 가벼웠다. 동아시아는 인구에 비해 토지가 부족했다. 그래서 사람들을 먹이고 입히고 조직하는 방식이 다른 지역과는 전혀 달랐다. 주로는 벼농사가 중심이었고, 그것이 그 지역의 프로토-산업(proto-industry, 본격

---

2 Eric Lionel Jones, *The European Miracle: Environments, Economies and Geopolitics in the History of Europe and Asia* (Cambridge University Press, 1981); Joel Mokyr, *The Lever of Riches: Technological Creativity and Economic Progress* (Oxford University Press, 1992); David S. Landes, *The Wealth and Poverty of Nations: Why Some Are So Rich and Some So Poor* (New York: Norton, 1999).
3 Kenneth Pomeranz, *The Great Divergence: China, Europe, and the Making of the Modern World Economy* (Princeton University Press, 2000).

적인 산업화 이전의 공업. 주로는 가내수공업 – 옮긴이) 및 사회 제도와 결부되어 있었다. 아시아, 아프리카, 남아메리카의 열대지방에서는 전염병과 자연재해가 빈번하게 발생했으며, 물의 이용에도 문제가 있었다. 서유럽식 경로(Western European path)가 그곳으로 진출할 때는 추가로 해결해야 할 장애물이 산재해 있었다.

이번 장에서는 세계 산업화의 기본 메커니즘을 논의해 보려 한다. 이를 위해 세계 핵심 지역에서 근대적 기술과 제도를 도입해 자원 문제를 어떻게 극복했는지를 살펴볼 것이다. 구체적으로 서양, 동아시아, 남아시아 등 각기 다른 지역에서 산업화 경험이 어떻게 달랐는지를 살펴보고, 더불어 서로가 어떻게 협력했는지도 살펴볼 것이다. 향후 더 많은 연구가 진척되면 이 외에 다른 중심 지역도 함께 논의될 수 있을 것이다.

다중심적 관점은 기존의 연구와 일정한 거리를 둔다는 의미를 내포한다. 다중심적 관점에서는 각 지역을 동등한 입장에서 비교한다. 산업화가 유럽에서 시작되었음에도 불구하고 유럽을 기준으로 다른 지역을 비교하지 않는다.[4] 어느 지역이든지 산업화는 그곳의 환경과 적절한 관계를 맺을 수밖에 없다. 근대적 기술과 제도가 유럽처럼 자생적으로 생겨난 곳이나, 외부에서 유입된 곳이라도 이는 마찬가지다.

또한 우리는 각 지역의 비교와 함께 명백한 상호의존성을 확인하여 상호연결의 역사도 살펴볼 것이다. 산업화가 시작된 이후 세계 주요 지역(서유럽, 동아시아, 남아시아)은 서로 다른 경제 발전의 경로(path)를 거

---

4 Gareth Austin, "Reciprocal comparison and African history: tackling conceptual Eurocentrism in the study of Africa's economic past," *African Studies Review* 50:3 (2007), 1-28.

쳤지만, 동시에 과거에 비해 서로가 더욱 긴밀하게 연결되었다. 서유럽의 영향은 결코 일방통행의 과정이 아니었다. 서유럽의 무역상, 금융업, 증기선은 원거리 무역로를 발전시켰지만, 지역 상인들은 나름대로 그에 대응하여 역내 무역을 운용했다. 세계적으로 볼 때 1840년 당시에는 아시아 상인들이 거의 대부분의 역내 무역을 담당했을 것으로 추정된다. 이 문제는 뒤에서 다시 상세히 논의하기로 한다. 지역 기반 기업들도 상품과 과정의 혁신을 만들어냈다. 그래서 예컨대 인도 여성 의류(saris)나 일본 여성 의류(기모노) 생산에 근대 제조업의 방식이 도입되었고, 국수 만드는 기계도 발명되었다. 서유럽의 기술과 제도는 세계적으로 영향을 미쳤지만, 그 자체로 보편적 적용이 가능했던 것은 아니다. 그보다는 도입하는 지역에서 나름의 노력을 통해 문화 및 환경의 특수성을 극복했다. 다시 말해 산업화의 확산은 공동 노력의 결과였다.

우리의 논의는 상호비교적 관점에서 초기 근대 유럽의 경제 발전을 검토하는 것으로 시작할 것이다. 그리고 나서 산업화의 아시아식 경로(Asian path)가 보였던 특징을 살펴보고, 장기적 관점에서 동아시아(더불어 동남아시아)와 남아시아가 자원 제약을 극복하는 방식이 서로 달랐음을 확인해볼 것이다. 이는 산업화의 패턴이 서로 달랐던 이유를 설명해줄 것이다. 즉 유럽이 자본집약적 산업화의 길이었다면, 일본을 비롯하여 일본보다 조금 늦게 시작된 동아시아의 산업화는 그와 다른 노동집약적 산업화의 길이었고, 유럽 이외 대부분의 국가는 원자재 생산지로서 서유럽 주도의 세계 경제에 편입되었다. 그 다음으로는 산업화의 확산 과정과 다양한 경로(path)의 상호작용을 설명하고, 마지막으로 이러한 과정이 세계 환경의 지속가능성에 미치는 전반적인 영향을 간략하게 논의해 보고자 한다.

산업화의 유럽식 경로[5]

에릭 존스(Eric Jones) 등의 연구에 따르면, 1400년-1800년 사이 유럽은 "유럽의 기적(European miracle)"이라 할 정도로 중요한 기술 및 제도적 혁신을 연달아 성공시켰다. 당시의 주요 혁신 중에는 수력과 증기엔진도 포함되어 있었다. 이 기계는 탄광에서 물을 퍼내는 용도로 사용되었고, 나중에는 기계 및 교통수단에 동력을 공급하는 장치로 이용되었다. 또한 재정군사국가(fiscal-military states) 체제가 등장하여 세금 정책과 관세를 통해 산업을 지원했다. 또한 해외 팽창을 통해 원자재 수급에도 도움이 되었다. 이 체제는 동시에 전쟁을 수반했는데, 전쟁 때문에 새로운 기술 개발이 촉진되었고, 인구 이동이 이루어졌다. 이 모든 요인들이 경제 변화를 가속화시켜, 처음에는 "스미스적 성장(Smithian growth)"이 나타났고(스미스적 성장이란 스코틀랜드의 정치철학자 애덤 스미스 때문에 붙여진 명칭이다. 애덤 스미스는 경제 성장이 시장 확대에서 비롯되며, 시장 확대는 안정적인 정부, 재산권의 보장, 교통비의 감소, 지리적 노동 전문화-분업화 강화에서 비롯된다고 주장했다), 나중에는 그것을 넘어섰다. 또한 유럽에서는 교통망과 이를 관리할 국가의 능력이 동시에 발달해서 환경재해에 더 잘 대처할 수 있게 되었다.

---

5 이 소절의 내용은 다음을 기초로 한다. Kaoru Sugihara, "The European miracle in global history: an East Asian perspective," in Maxine Berg, ed., *Writing the History of the Global: Challenges for the Twenty-first Century* (Oxford University Press, 2013), pp. 129-144.

이상은 기존에 잘 알려진 이야기였다. 우리는 여기에다 비교적 관점에서 몇 가지 항목을 더 추가할 수 있겠다. 첫째, 유럽은 혼합농업(mixed farming)이 특징이었다. 세계의 다른 지역에서는 그것이 유럽만큼 흔하지는 않았다.[6] 혼합농업은 곡물생산과 가축사육을 결합한 영농 방식이었다. 곡물만 기르는 경우 혹은 별도로 몇몇 대형 가축만 사육하는 경우에 비하면 혼합농업은 기본적으로 자본집약적이며 토지 사용이 방대한 편이었다. 동아시아의 전형적인 벼농사는 노동 집약적인 동시에 토지 집약적이었다. 축력은 거의 사용하지 않았으며, 단위면적당 생산량이 높기 때문에 이를 갈아엎고 목초지로 바꾼다는 상상은 하기 어려웠다. 그래서 아시아의 곡물농업과 유럽의 혼합농업은 서로 패러다임의 대척점에 놓여 있었다. 유럽의 전통적인 혼합농업식 경로(mixed farming path)는 토지를 기반으로 다양한 종목의 생산 일정을 복잡하게 조정하는 방식이었으므로, 결과적으로 단위면적당 인구밀도가 낮았고, 교통수단으로 축력을 이용할 기회가 더 많았으며, "고정자본" 개념에 익숙한 경제를 만들어냈다.[7] 세계 인구의 대다수가 종사했던 정주 농업의 관점에서 보자면 유럽식 패턴은 자본집약형 경로(capital-intensive path)로 편중된 편이었다.

유럽의 제도적 발전은 이 틀에 의존하고 있었다. 인클로저(Enclosure)

---

6 유럽에서 목초지를 경작지 농업 생산 체제에 제도적으로 통합한 역사는 최소한 중세 시대로 거슬러 올라간다. B. H. Slicher van Bath, *The Agrarian History of Western Europe, a.d. 500-1850* (London: Edward Arnold, 1963), pp. 164-166, 178-179.
7 힉스(Hicks)는 근대 산업의 고정자본(fixed capital)과 상인들의 유동자본(circulating capital)을 대조하고 있다. John Hicks, *A Theory of Economic History* (Oxford: Clarendon Press, 1969), pp. 142-143.

란 들판과 공유지에 울타리를 쳐서 그 내부를 목초지로 바꾸는 사업인데, 이는 토지나 노동력을 자본주의 시장으로 내몰았고, 그에 따라 자본 축적이 가속화되었다. 자본 시장의 발달로 이자율이 낮아졌다. 그 결과 제조와 서비스 분야에서 자본 축적이 활성화되었으며, 인프라 건설이나 전쟁에도 대규모 투자가 이루어졌다. 기존의 연구 성과(Rosenthal and Wong)에 따르면, 전쟁이 빈번하게 발생하여 시골에 불안정을 야기하자 대부분의 제조업체는 성벽 안쪽으로 이동했고, 그것이 오랜 시간이 지난 뒤에 운명적인 결과를 초래했다. 도시에서는 대개 식량이 시골 지역보다 더 비쌌고, 그래서 노동력도 더 비쌌다. 노동자는 수입의 대부분을 식량을 구매하는 데 사용했다. 그러나 자본은 시골보다 도시에서 더 저렴했다. 더욱이 유럽의 자본 시장은 노동시장보다 더 빠른 속도로 통합되었다. 그래서 이 두 가지 생산요소의 수요가 모두 집중되는 지역에서는 자본비용보다 인건비의 상승 압력이 더 높았다. 이 두 가지 현상(낮은 자본비용과 높은 인건비) 때문에 유럽은 세계의 다른 지역에 비해 자본 및 기술집약적 산업 발달에 더 많은 노력을 기울였다.[8] 자본비용의 상승이 상대적으로 느린 상황에서 높은 인건비는 노동력 절감 기술의 발달을 촉진했다. 이러한 요인들을 통해 자본축적과 노동력 절감 기술의 발달에 유리했던 유럽의 상황을 이해할 수 있다. (이는 상대적인 기술변화율이 아니라 기술변화 유형에 대한 논의라는 점을 지적해두고자 한다.)

그러나 유럽에서도 일부 지역은 상황이 달랐다. 자본시장이 발달하

---

8 Jean-Laurent Rosenthal and R. Bin Wong, *Before and Beyond Divergence: The Politics of Economic Change in China and Europe* (Cambridge, MA: Harvard University Press, 2011), pp. 99-128.

지 않은 곳, 혹은 자본보다 노동력 위주의 제도가 발달했던 지역에서는 동아시아처럼 산업화의 노동집약형 경로(labor-intensive path)가 강세였다. 특히 농업사회의 기반이 강했던 중부 유럽의 경우(또한 잉글랜드의 일부 지역에서도), 프로토-산업화(proto-industrialization) 과정에서 그와 같은 경향을 보였고, 노동력 흡수를 통한 인구 성장 현상이 나타났다. 비옥한 곡물 생산 지역과 산악지대 혹은 토양이 척박해서 목축업을 위주로 했던 지역 사이에 지리적 전문화(분업화)와 상거래 관계가 형성되었다. 시간이 지나면서 곡물 생산 지역은 생산성이 높아졌고, 곡물 판매로 상당한 잉여 이익을 얻었으며, 가내수공업이 사라지는 경향을 보였다. 한편 목축 지역은 제조업과 목축업이 결합되었으며, 그것이 나중에는 판매를 위한 공산품 제조로 이어졌다. 바다로 접근이 가능한 곳, 자연 항구가 잘 형성되어 있는 곳, 동결 기간 없이 연중 배의 운행이 가능하고 홍수가 잘 일어나지 않는 큰 강, 주변 산악지대와 삼림지대로부터 원자재 수급이 용이한 곳, 이런 곳에서는 모두 상거래가 성장했다. 리글리(E. A. Wrigley)는 이를 "선진 자연 경제(advanced organic economy)"라는 용어로 설명했는데, 그 안에서도 도시 네트워크의 지역적 발달, 소비 수요의 성장, 시장경제의 발전과 연계해서 스미스적 성장이 나타날 수 있다고 보았다.[9] 그러나 여기서 말하는 노동집약적 경제는 어디까지나 혼

---

9 Franklin Mendels, "Proto-industrialization: the first phase of the industrialization process," *Journal of Economic History* 32:1 (1972), 241-261; Jan de Vries, *European Urbanization, 1500-1800* (London: Routledge, 1984); E. Anthony Wrigley, *Continuity, Chance and Change: The Character of the Industrial Revolution in England* (Cambridge University Press, 1988).

합농업(mixed farming)의 틀 안에서 발달했다는 사실을 기억해야 한다. 이는 동아시아 농업에 비해 자본을 훨씬 더 강조했으며, 더 많은 토지를 사용하는 농업이었다. 유럽의 노동집약형 프로토-산업화(Labor-intensive proto-industries)는 크게 보아 자본집약형 경로(capital-intensive path)에 가까운 지역 경제 안에 편입되어 있었다. 이는 유럽에 비해 훨씬 더 광범위한 지역에서 나타났던 동아시아의 노동집약형 경로와는 전혀 다른 특징이었다.

그러므로 1500년-1800년 사이 유럽의 경제 발전은 양쪽(자본-자원집약형 경로와 노동집약-자원절약형 경로)의 요소를 모두 포함하고 있었다고 말할 수 있다. 잉글랜드의 산업혁명과 그 뒤 유럽의 산업화는 과거 어느 하나의 경로(path)가 아니라 두 가지 경로의 혼합에 따라 나타난 결과였다.

두 번째로 비교할 지점은, 유럽의 자원 문제가 양방향 기술 선택에 모두 영향을 미쳤다는 사실이다. 장단거리 무역을 통해 자원부족 문제를 해결하면서 자원이 집약적으로 소요되는 기술도 발전했지만, 다른 한편으로는, 특히 근대 산업화 경쟁이 시작되었을 때는 보유 자원 부족 문제가 자원 및 에너지 절약 기술 발전에도 영향을 주었다. 예컨대 리글리가 강조했듯이, 현지 석탄 가용성은 우연의 문제였다.[10] 19세기 초엽 잉글랜드에서 탄광 인근의 석탄 가격은 매우 저렴했다. 다른 지역과 가격 격차가 컸던 만큼, 그곳에서 석탄을 이용한 산업이 신속하게 발달할 수 있었다. 영국이 산업화를 이끌었던 배경에는 높은 임금보다는 석탄

---

10 Wrigley, *Continuity, Chance and Change*, pp. 114-115.

가용성이 더 중요한 문제였을 수도 있다.[11] 영국 산업혁명 관련 연구 성과에 따르면, 초기 증기 기관은 에너지 낭비가 너무 심해서 석탄 가격이 지나치게 저렴한 곳이 아니면 경제성을 확보할 수가 없었다. 초기 근대에는 석탄의 육로 운송이 워낙 어려운 문제였다. 목재도 부피 때문에 원거리 운송으로 가치를 확보하기가 어려웠다. 석탄도 마찬가지였다. 전근대 시기의 평탄하지 못한 도로 환경에서 석탄을 운반하다보면 석탄은 금세 먼지로 변했다. 예컨대 당시 중국에서는 탄광에서 50킬로미터 떨어진 강가까지 운반하면 석탄 가격이 5배나 올랐다.[12] 그러므로 석탄이 부족했던 많은 지역에서는 숯을 생산해서 자원부족 문제를 해결하거나, 혹은 자원 에너지 절감 기술을 활용하고자 했다. 궁극적으로는 그러한 기술 덕분에 "유럽의 기적"도 지속이 가능했다.

자원 문제에는 또한 불확실성의 차원도 있었다. 19세기 국제적으로 자유무역과 안보 체제가 확립된 후로는, 자원부족(특히 토지 같은 이동이 불가능한 생산요소나, 비교적 이동성이 낮은 노동력 같은 생산요소 등)은 이론상으로는 무역을 통해 완화될 수 있는 문제였다. 그러나 날씨, 전염병, 자연재해의 위협은 언제나 그 지역의 자원보유 목록을 결정할 때 중요한 요소였다. 에릭 존스(Eric Jones)가 주장했듯이, 서유럽은 남아시아

---

11 Robert C. Allen, *The British Industrial Revolution in Global Perspective* (Cambridge University Press, 2009), pp. 80-105.
12 Tim Wright, *Coal Mining in China's Economy and Society, 1895-1937* (Cambridge University Press, 1984), p. 9. 유럽의 사례에 대해서는 다음을 참조. Jan de Vries and Ad van der Woude, *The First Modern Economy: Success, Failure, and Perseverance of the Dutch Economy, 1500-1815* (Cambridge University Press, 1997), p. 37 "역사적으로 에너지 자원 개발은 자원 채취 비용보다 운송 비용에 더 좌우되었다."

나 대부분의 동아시아 지역과 달리 가뭄과 홍수 등 자연재해가 적은 편이었다.[13] 덕분에 산업혁명보다 훨씬 이전에 건물이나 도로와 같은 사회간접자본이 축적되었으며, 그에 따라 노동생산성이 높아졌다. 반면에 세계의 다른 지역에서는 몬순, 지진, 화재 등의 재난으로 인프라구조가 파괴되어 만성적인 고통에 시달렸다. 1850년 이후 유럽에서는 세계의 다른 지역보다 재난 대응 기술이 더욱 발달하였고, 기존의 장점이 더욱 강화되었다. 아마도 이것이 유럽의 기술형 경로(technology path)가 인적자본보다는 물적자본쪽으로 방향을 틀게 된 원인이었을 것이다. 또한 동력 사용을 목적으로 하는 과학 실험에 우호적인 환경이 만들어진 원인도 이것 때문이었을 수 있다.

앞에서 언급했듯이 리글리는 영국의 산업화 과정에서 우발성을 강조했고, 시드니 폴라드(Sidney Pollard) 또한 유럽의 산업화 연구에서 비슷한 점을 강조한 바 있다. 이들의 연구로 우리는 보유 자원의 역할을 한 걸음 더 나아가 이해할 수 있게 되었다.[14] 포메란츠(Pomeranz)는 "석탄과 북아메리카"가 세계 기술 발전의 방향을 자본-자원집약형 경로(capital- and resource-intensive path)로 나아가도록 했다고 주장했는데, 이는 리글리와 폴라드의 연구를 전 세계적 범위로 확대 적용한 것이다. 이처럼 암석권(geosphere)에서 석탄 매장과 같은 우연적 상황에 현지인들이 어떻게 대응했는지에 대한 연구도 진행되었다. 삼림자원 접근성이

---

13 Jones, *European Miracle*, pp. 22-41.
14 Wrigley, *Continuity, Chance and Change*; Sidney Pollard, *Peaceful Conquest: The Industrialization of Europe, 1760-1970* (Oxford University Press, 1981), pp. 4-5, 120-121.

나 동물의 위협, 인간의 질병 같은 생물권에서 발생한 우연적 상황의 역할을 검토하여, 그것이 장기적으로 기술과 제도의 발전 경로(path)에 어떤 역할을 했는지에 대한 연구도 있었다.[15] 존 하즈날(John Hajnal)은 북유럽의 독특한 결혼 패턴(남성과 여성을 막론하고 대부분이 늦게 결혼하거나 전혀 결혼하지 않는)을 연구했는데, 이에 기반하여 결혼, 가족 구조, 노동에서 젠더 구분, 사회적 규범 등 사회적 우연성이 유럽의 산업화 과정에서 어떤 역할을 담당했는지를 살펴본 연구 성과들이 있었고, 그 중 일부는 세계적 비교 연구로까지 나아갔다.[16] 같은 맥락에서 산업화의 과정에서 유럽의 경로(특히 영국의 경로)가 자원의 축복 없이 얼마나 "지속가능"했을지, 그래서 스미스적 성장을 가로막는 현지 자원 제약으로부터 얼마나 벗어날 수 있었을지 등 유럽의 특수성을 확인하는 더 많은 연구 성과들이 있었다. 더불어 "유럽의 기적"의 근본 요소를 노동집약형 및 자원-에너지 절약형 경로(labor-intensive, resource- and energy-saving

---

15 영국의 삼림 자원에 대해서는 다음을 참조. Rolf Peter Sieferle, *The Subterranean Forest: Energy Systems and the Industrial Revolution* (Cambridge: White Horse Press, 2001); 독일의 경우는 Joachim Radkau, *Wood: A History* (Cambridge: Polity Press, 2012), chapters 3 and 4. 생물권(biosphere)에 관한 다른 연구는 우리 책의 제2장 "에너지, 인구 및 환경 변화" 참조. 또한 제11권 제2장 "지구 고갈: 초기 근대 세계의 환경과 역사" 참조.
16 John Hajnal, "European marriage patterns in perspective," in D. V. Glass and D. E. Eversley, eds., *Population in History: Essays in Historical Demography* (London: Arnold, 1965), pp. 101-143. More recent studies include Merry Wiesner-Hanks, *Women and Gender in Early Modern Europe*, 3rd edn (Cambridge University Press, 2007), Susan D. Amussen and Allyson M. Poska, "Restoring Miranda: gender and the limits of European patriarchy in the early modern Atlantic world," *Journal of Global History* 7:3 (November 2012), 342-363, and Giorgio Riello, *Cotton: The Fabric that Made the Modern World* (Cambridge University Press, 2013).

path)로 본다면, 이를 기준으로 세계의 다른 지역과 비교가 더 용이해질 것이다. 그렇게 되면 유럽 연구는 세계 산업화 연구와 더 깊게 연관될 것이고, 따라서 연구의 지평 또한 더 넓혀질 것이다.

산업화의 아시아식 경로[17]

제2차 세계대전 이후부터 대략 1980년경까지의 경제발전을 논의한 해리 오시마(Harry Oshima, 大島多一)는 몬순 아시아(monsoon Asia)의 사회 및 자연환경상 공통점을 강조했다. 그가 말하는 몬순 아시아는 동아시아부터 동남아시아를 거쳐 남아시아까지 포괄하는 지역 범위로, 주기적 강우 패턴이 몬순 계절풍을 일으키는 지역이라는 의미였다. 이 지역은 거대 삼각주를 중심으로 하는 벼농사와 높은 인구밀도가 특징이다.[18] 아시아식 경로(Asian path)의 결정적 측면이 바로 이 독특한 자연환경에서 비롯되는데, 그 속에서 동아시아와 남아시아가 서로 다르다.

지구상 가장 큰 물과 열기의 회전이 일어나는 중심에는 히말라야가

---

17 이 소절의 내용은 다음을 기초로 한다. Kaoru Sugihara, "The East Asian path of economic development: a long-term perspective," in Giovanni Arrighi, Takeshi Hamashita, and Mark Selden, eds., *The Resurgence of East Asia: 500, 150 and 50 Year Perspectives* (London: Routledge, 2003), pp. 78-123; Sugihara, "Minami Ajiagata Keizai Hatten Keiro no Tokushitu" ("The nature of the South Asian path of economic development"), *Minami Ajia Kenkyu* 22 (2010), 170-184; Sugihara, "Labour-intensive industrialization in global history: an interpretation of East Asian experiences," in Gareth Austin and Kaoru Sugihara, eds., *Labour-intensive Industrialization in Global History* (London: Routledge, 2013), pp. 20-64.

18 Harry T. Oshima, *Economic Development in Monsoon Asia: A Comparative Study* (University of Tokyo Press, 1987). 이 연구는 전후 아시아에 초점을 맞추었지만, 아시아의 방대한 인구가 노동집약적 산업화에 적합하다고 보았으며, 노동집약적 기술의 발전을 주장했다. 저자는 ESCAP과 ILO에서 활발히 활동한 바 있다.

놓여 있다. 약 4,500만 년 전, 곤드와나 대륙의 일부, 즉 오늘날 인도아 대륙에 해당하는 땅덩어리가 북쪽으로 이동했고 마침내 아시아 대륙에 충돌했다. 약 1,000만 년 전 히말라야 산맥과 티베트 고원이 완전히 솟아오르면서 기존의 대기와 물 순환 패턴에 변화가 찾아왔다. 여름에는 인도양의 고기압 지대에서 아시아 대륙의 저기압 지대로 남서계절풍이 분다. 이 바람의 일부가 히말라야 산맥에 부딪혀 히말라야 남쪽에 막대한 비를 뿌린다. 겨울에는 주로 대륙성 고기압에서 인도양 저기압으로 북동계절풍이 분다. 다시 그 중 일부가 히말라야 산맥에 가로막혀, 이번에는 산맥 남쪽에 건조한 날씨를 안겨준다. 이러한 흐름은 계절에 따른 강우 패턴과 함께 히말라야 산맥과 티베트 고원을 둘러싼 거대한 지역에 공통적인 환경의 특성을 가져다 준다. 한편 동아시아의 대부분과 동남아시아의 일부 지역은 티베트 고원과 태평양의 사이에 위치해 있다. 여기서도 공기의 흐름과 강우 패턴은 높은 산맥과 바다 사이의 교류를 강화하며, 지리적 범위와 영향 면에서 인도에 못지 않은 장관을 이룬다. 내리는 비에 더하여 "히말라야 유역"을 흐르는 큰 강을 따라 막대한 양의 민물과 진흙이 운반된다. 그래서 아시아 대륙의 광범위한 지역, 특히 강 하구에는 곡물 재배에 적합한 토양이 풍부하다.[19]

1만 년 전의 농업혁명 이래로 몬순 아시아는 아마도 세계 인구 성장에 핵심적인 역할을 해왔을 것이다. 벼는 농업 정착 초기 단계부터 중요

---

19 '거대 히말라야 유역(Great Himalayan Watershed)'이 오늘날 국제 정치경제 관계, 특히 중국과 남아시아 간의 관계에 갖는 중요성에 대해서는 다음을 참조. Kenneth Pomeranz, "The great Himalayan watershed: agrarian crisis, mega-dams and the environment," *New Left Review* 58 (2009), 5-39.

한 작물이었고, 많은 물이 소요되는 다른 곡물이나 관련 지식이 축적되면서 농업기술은 점차 북쪽으로 확장되었다.[20] 동아시아, 동남아시아, 남아시아에서는 여러 문명이 출현했는데, 서로의 문화적 혹은 경제적 공통성은 느슨한 편이었다. 물의 가용성은 문명의 확산을 결정하는 중요한 요인이었다. 그것은 또한 맬서스가 말한 인구와 식량의 관계를 독특한 방식으로 규정했다. 핵심적 요소의 생산이 가능하려면 영양이 풍부한 땅이라도 적절한 물이 공급되어야 했는데, 안정적으로 물을 공급하려면 적정 규모 이상 인구의 유지가 필요했다. 영국의 산업화를 연구하는 고전 정치경제학자들은 주요 생산요소 혹은 인구 성장의 핵심 요인을 논의할 때 이 문제를 그리 심각하게 보지 않지만, 몬순 아시아에서는 물과 인구가 중요한 자원의 제약 조건이었다.

자원 제약의 조건을 처리하는 방식은 지역에 따라 달랐다. 동아시아의 기후지역은 주로 온대 지방이고, 토지가 부족하며, 물이 지역의 안정성을 결정하는 요인이다. 자원이 더욱 부족한 지역에서 안정성과 경제적 발전 정도를 결정하는 요소가 바로 물이며, 중국 내륙에도 이런 지역이 많은 편이다. 그러나 물 공급이 안정적인 핵심 지역에서는 토지의 생산성을 높이기 위해 집약화에 큰 관심을 기울였다. 이와 달리 남아시아의 기후지역은 주로 열대와 아열대 지방이며 상대적으로 토지가 풍부했다. 여기서는 연간 혹은 계절 간 강우량 편차가 커서 물관리에 더 큰 관심을 기울였다. 19세기에는 유독 인구가 성장하고 농지의 양분이 고갈됨에 따라 식량, 물, 에너지의 안정적인 확보가 특히 곤란했다. 그러나

---

20 Lynda Shaffer, "Southernization," *Journal of World History* 5:1 (1994), 1-21.

물부족, 홍수, 전염병, 산림훼손 등은 그 이전 시대에도 못지 않게 중요한 문제였다. 카스트 제도는 사회 규범과 직업 구분을 광범위하게 정의하는 한편, 농사에 사용되는 물 관리를 위해 정교한 시스템이 개발되어, 마을 공동체에서는 각 구역별로 다양한 임무가 할당되었다.[21]

1700년에는 세계 인구 중 약 27퍼센트가 남아시아에, 약 23퍼센트가 동아시아에 살고 있었고, 서유럽의 인구는 13퍼센트에 불과했다.[22] 이는 추정치일 뿐이지만, 전근대 시대를 기준으로 봤을 때 동아시아와 남아시아가 대규모 인구를 유지하는 특별한 능력을 보유했다고 보는 것이 합리적일 것이다. 동아시아와 남아시아의 인구는 더욱 성장했고, 19세기의 산업화와 관련해서 가장 중요한 자원이었던 인구 자원을 풍부하게 보유하고 있었다.

동아시아에서 농민 가족 경제의 뚜렷한 특징은 다직종 종사였다. 특히 17세기 양자강 하류 삼각주와 18세기 도쿠가와 시대 일본의 사례가 그러했다. 전통적으로 이들 지역에서는 생산의 대부분을 소규모 농가가 담당했는데, 이는 토지가 부족해서 나타난 현상이었다. 가족이 생산(즉 노동분업) 단위이자 분배(즉 소비와 저축) 단위이자 동시에 재생산 단위였기 때문에, 이런 상황에서는 노동력 확보가 가장 쉽고 확실한 방법이었다. 소규모 농지는 마치 정원처럼 알뜰히 보살필 수 있었고, 열심히 노력하면 농민에게 작지만 꾸준한 보상이 있었다. 그 결과 여러 가지

---

21 For examples, see David Mosse, with assistance from M. Sivan, *The Rule of Water: Statecraft, Ecology, and Collective Action in South India* (Oxford University Press, 2003).
22 Maddison, "Statistics on world population."

기술, 즉 2모작(벼, 혹은 벼와 목화, 사탕수수, 밀, 혹은 뽕나무 등) 같은 노동집약적 기술, 재배 품목 선택(작물에 따른 노동력 수요의 시기를 조절하기 위한 이유도 포함) 기술, 거름의 활용 기술, 물 관리 기술, 농기구 발달 등이 나타났다. 이미 오래 전 덴마크의 경제학자 에스테르 보세룹(Ester Boserup)이 주목했듯이, 아시아의 인구 성장은 토지집약화로 이어졌다.[23]

자영농과 소작농을 막론하고 농가의 가구 구성원들은 주로 집에서 농작업과 실잣기 같은 프로토-산업 노동(proto-industrial work)을 병행했다. 그래서 노동력이 집중적으로 사용되었고, 가구당 연간 노동일수가 증가했다. 주요 노동력은 농업 노동자를 고용하기보다는 가족 구성원을 사용했다. 다만 농번기에는 품앗이를 하거나 노동자를 고용하기도 했고, 특히 일본의 경우, 마을 공동체의 유지와 복지를 위한 봉사활동에 투입되기도 했다. 중국과 일본의 핵심 지역을 비교해보면 가족 구조, 사회 제도의 성격, 세금, 토지 시장의 발전 정도가 매우 달랐음에도 불구하고, 전반적으로 노동력 사용 방식은 공통적이었다. 이것이 동아시아적 "근면혁명의 경로(industrious revolution path)"였으며, 가족 노동력의 과중한 사용, 그리고 가정 내 벼농사와 프로토-산업(proto-industry)의 결합이 그 특징이었고, 멜서스의 덫에 대한 동아시아의 대답이었다.[24]

이와 같은 노동집약적 농업이 산업화의 아시아식 경로(Asian path)를 형성했다. 19세기 중엽 서구 기술과 제도를 곧바로 이전하려는 시도가

---

23 Ester Boserup, *The Conditions of Agricultural Growth: The Economics of Agrarian Change under Population Pressure* (London: George Allen & Unwin, 1965).
24 우리 시리즈의 제14권 제12장 "초기 근대 세계의 근면성 혁명" 참조.

없지 않았지만, 1880년대의 일본 정부는 다른 식의 산업화 전략을 개발했다. 토지와 자본이 모두 부족한 반면 노동력은 풍부하고 상대적으로 수준이 높다는 점을 인식하고, 전통적인 노동집약적 기술 사용을 권장하며, 더불어 전통 산업을 근대화하고, 서구 기술을 받아들이되 서구와는 다른 자원보유 상황에 맞게 적용하는 전략이었다. 일본이 개발한 경로는 말하자면 "노동집약적 산업화"라고 말할 수 있다. 노동력을 보다 전면적으로 활용하는 대신, 기계와 자본으로 노동력을 대체하려 했던 서양의 노력을 따라가지 않는 것이었다. 그 결과 일부 전통 산업은 살아남았을 뿐만 아니라 오히려 확대되었다. 예컨대 실잣기(방적)는 기계식으로 하고 천짜기(직조)는 수동식으로 해서 대규모 고용이 유지되었다. 이는 전통적인 직조 및 의류 제작 기술에다 기계방적의 효율성을 결합함으로써, 대중 소비 상품의 아시아 내수 시장 발달에 기여했다.

19세기 후기 일본의 산업화에 중요한 요소는 농가에서 훈련된 수준 높은 노동력이었다.[25] 또한 일본에는 농지를 제외하면 자원이 비교적 풍부한 편이었다. 농지의 양은 많지 않았지만 질은 우수했고, 목재도(따라서 종이도) 풍부했으며, 귀금속과 사철(砂鐵)도 많았다. 산업화 초기 단계에서부터 목재와 석탄은 수출 품목이었다. 그러나 1920년대 이후 일본에서는 식량과 원자재를 비롯하여 근대 산업 발전에 필요한 종합적인 자원 부족 문제가 닥쳤다. 전략적으로 중요했던 중공업(철강, 화학, 철도, 조선)뿐만 아니라 면직물과 잡화 등 경공업의 발전 또한 악순환의 고리를 만들어냈다. 이런 산업들은 일본이 보유하지 않은(예컨대 석유 같은)

---

25 더 자세한 논의는 다음을 참조. Sugihara, "Labour-intensive industrialization".

자원의 안정적 확보를 필요로 했다. 그래서 그와 같은 자원을 확보하기 위해 군대를 편성하려 했으나, 이 또한 자원이 필요한 일이었다. 게다가 군사 정책은 자원을 보유한 보다 강력한 나라들과의 관계를 악화시켰으며, 그에 따라 군사력 증강의 필요성이 더욱 강화되었다. 한편 일본의 중공업이 세계적 경쟁력을 갖지는 못했기 때문에(일본에서 자본집약적 산업은 저임금 노동의 이점을 살리지 못했다) 주로 정부 조달 물량 계약에 의존했으며, 그래서 업계는 군부와 밀접한 관계를 맺고 군사력 확장을 옹호하는 태도를 취했다.

일본에서 중공업이 발달하던 시기에도 농업 생산성은 낮은 상태에 머물렀다. 하지만 1920년대에 들어서면서 벼 재배 기술이 크게 발전하기 시작했는데, 특히 새로운 벼 품종을 개발하면서 큰 진전이 있었다. 당시 일본의 농업 기술은 좁은 땅에서 많은 생산을 얻는 집약적인 방식이었으며, 기술 중심적이고 표준화를 목표로 했다. 예를 들어 소형 펌프 같은 농기계가 널리 사용되었다. 이렇게 발달한 일본의 농업 기술은 1960년대 아시아의 '녹색혁명(Green Revolution)'에 중요한 영향을 주었다. 또한 몬순 기후 지역에서 산업화와 농업 발전의 본보기가 되었고, 아시아의 빠른 경제 성장에도 도움을 주었다. 냉전 시대에 미국 역시 벼 재배 연구에 적극 참여했는데, 이는 동아시아에서의 영향력을 확대하기 위한 미국 정책의 일환이었다. 미국은 쌀 생산량을 늘리기 위해 마닐라에 위치한 국제미작연구소(國際米作研究所, International Rice Research Institute, IRRI)와 같은 국제기구를 활용하여 일본의 농업 기술을 아시아 각국에 보급했다. 이는 오늘날 아시아 벼농사의 기술 수준과 발전 방향에 커다란 영향을 끼쳤다.[26]

결과적으로 토지 부족 문제 해결을 위한 농업의 동아시아식 경로(East Asian path)는, 노동력의 흡수와 노동의 수준 제고뿐만 아니라, 다른 자원에 의존하지 않고 농업 기술을 발전시킴으로써 토지 이용의 집약화를 도모하는 방식이었다. 이와 함께 서구의 기술과 제도를 바탕으로 만들어진 산업화를 전면적으로 도입함으로써, 20세기 후반기에는 지역 전체가 완전히 새로운 자원 체제로 접어들었다. 지역 자원 이용은 대개 세계시장에 따라 결정되었으며, 지역의 자원 체제 또한 그 아래에서 작동했다. 그럼에도 불구하고 자원 이전과 환경의 지속 가능성을 동시에 충족시켜야 하는 부담은 지역 혹은 해당 국가의 손에 달려 있었다.

남아시아로 시선을 돌려보면, 그 지역에서는 양질의 토지, 특히 안정적인 물 공급이 가능한 토지가 희박하다는 것이 가장 큰 문제였다. 토지 자체는 충분할 수 있지만 몬순 기후 탓에 짧은 기간에 폭우가 집중되어 농민의 입장에서 연중 작업 가능 일수가 제한적일 수밖에 없었다. 이것이 노동집약적 기술의 발달로 이어졌다. 농한기가 온대 지역보다 더 길었고, 이 시기에는 농업 노동자들의 일손이 남아돌았다. 유럽과 동아시아에서도 농한기의 인력이 프로토 산업화(proto-industrialization)의 주요 도구로 사용되었다. 그러나 이와 같은 노동력의 흡수는 예상과 달리 그

---

26 Koji Tanaka, "Seizonkiban Jizokugata Hatten Keiro o Motomete: 'Ajia Inasakuken' no Keiken kara" ("In search of the humanosphere-sustainable development path: lessons from the experience of 'the Asian rice farming area'"), in *Kaoru Sugihara, Kohei Wakimura*, Koichi Fujita, and Akio Tanabe, eds., Koza Seizon Kiban-ron, Vol. 1: *Rekishi no nakano Nettai Seizonken: Ontai Paradaimu o Koete* (Lectures on Humanosphere, Vol. 1: *The Tropical Humanosphere in Global History: Beyond the Temperate Zone Paradigm*) (Kyoto: Kyoto Daigaku Gakujutsu Shuppankai, 2012), pp. 185-213.

규모는 제한적이었던 것으로 보인다. 부분적으로는 카스트 시스템의 직업 구분 때문이기도 했고, 제3차 산업에 상당한 규모의 인력이 고용되었기 때문기도 했다. 또한 요리, 난방, 조명을 위한 물과 바이오매스 에너지 확보를 위해 특히 여성들이 굉장히 많은 시간과 에너지를 소모했다. 그들로서는 생계 이외의 활동에 투입될 수 있는 여력이 거의 없었다.[27]

그럼에도 불구하고 노동집약적 기술은 식민지 시대 인도에서 두 가지 형태로 뿌리를 내렸다. 하나는 토지집약적 산업이고, 다른 하나는 노동집약적 산업이었다. 19세기 후반, 인도 남부의 벼농사 지역에서는 이모작과 거름 사용 같은 동아시아와 비슷한 노동집약적 농업 기술이 사용되고 있었다. 동아시아의 경우와 마찬가지로 이러한 기술의 역사는 그리 오래되지 않았다. 하지만 전반적인 토지 생산성은 여전히 낮았다.[28] 국제적인 기준과 비교하면 20세기 내내 낮은 수준에서 벗어나지 못했다. 한편 노동집약적 수공업과 숙련된 장인들의 작업은 19세기 유럽 상품과의 경쟁 때문에 상대적으로 중요성이 줄었으나, 20세기 초에는 다시 활성화되면서 생산성이 향상되었다. 이 시기에는 현대식 기계화 공장들도 등장했지만, 외국 공장에 비해 같은 자본으로 더 많은 노동력을 고용하는 구조였기 때문에, 특히 일본과 경쟁을 벌이게 되었다. 또한 금실, 놋그릇, 가죽, 숄과 같은 전통 상품의 생산은 살아남았을 뿐 아니라 오히려 더욱 확대되었다. 증기선, 철도, 항구 및 포장 도로 건설의 영향으로 내수 시장이 확대되었고, 벼의 도정 같은 식품 가공, 성냥 등의

---

27 Sugihara, "Nature of the South Asian path."
28 Haruka Yanagisawa, *A Century of Change: Caste and Irrigated Lands in Tamilnadu 1860s-1970s* (New Delhi: Manohar, 1996).

잡화 생산 등 내수 소비재 생산을 위한 다양한 근대 산업이 등장했다. 문화와 지리와 환경의 다양성은 국내 상인 및 생산자들에게 사업의 기회를 만들어 주었다. 더불어 국제 경쟁에 노출된 식민지 인도에서는 노동집약적 산업화의 규모와 깊이가 심화되었다.[29]

독립 이후 인도는 정치적·경제적 자립을 추구했고, 수입품을 국내 생산품으로 대체하는 전략을 펼쳤다. 이 덕분에 자본과 자원을 많이 사용하는 산업은 발전했지만, 정작 노동력을 많이 쓰는 산업은 국제 경쟁에서 뒤처지고 말았다. 그 결과, 근대적 산업 분야가 다른 산업 분야의 발전에 별다른 도움을 주지 못하는, 이중적인 경제 구조가 만들어졌다. 1991년 이후 인도 정부는 관세 장벽과 엄격한 노동법을 폐지하고 다시 국제 경쟁 체제에 뛰어들었다. 또한 녹색혁명과 함께 농촌과 도시를 잇는 교통·통신 네트워크가 발달하면서 지역별 자원 부족 문제도 어느 정도 해소되었다. 그러나 같은 시기 자원 관리 문제는 점점 더 복잡해졌다. 전기 사용량이 늘어나면서 지하수 수위가 낮아졌고, 다국적 기업의 산업 활동으로 인한 환경 오염 문제가 발생해 지역 사회와 갈등을 빚기도 했다.

---

29 Tirthankar Roy, *Rethinking Economic Change in India: Labour and Livelihood* (London: Routledge, 2005). See also Roy, "Acceptance of innovations in early twentieth century Indian weaving," *Economic History Review* 55:3 (2002), 507-532, and "Labour-intensity and industrialization in colonial India," in Gareth Austin and Kaoru Sugihara, eds., *Labourintensive Industrialization in Global History* (London: Routledge, 2013), pp. 107-121; Takashi Oishi, "Indo-Japan cooperative ventures in match manufacturing in India: Muslim merchant networks in and beyond the Bengal Bay region, 1900-1930," *International Journal of Asian Studies* 1:1 (2004), 49-85; Yanagisawa, *Century of Change*.

요약하자면 오랜 세월 동안 방대한 인구를 부양했던 시골의 능력은 동아시아와 남아시아가 다를 바가 없었지만, 산업화의 시기와 속도는 양측이 서로 달랐고, 자원의 보유 현황과 정책이 차이를 더욱 크게 만들었다. 필자가 다른 지면에서 논의했던 것처럼, 유럽의 기적이 생산의 기적이라면, 동아시아의 기적은 분배의 기적이었다. 세계적 소득 분배 문제는 19세기에 시작되어 20세기 전반기까지 악화가 지속되었지만, 아시아 민중들의 소득 증가를 통해 막을 수 있었다.[30] 세계 산업화의 메커니즘을 더욱 심도 깊게 탐구하기 위해서는, 지역별 자원 제약의 맥락에서 대규모 인구를 유지할 수 있었던 사회적 역량을 고려해 보아야 한다. 남아시아에서는 식민지 시대를 마감하면서 기근 문제를 극복했고, 느리지만 유아 사망률도 감소하는 추세를 보였다. 선진국에 비하면 남아시아인의 생활수준(standard of living)은 여전히 낮지만, 불가촉천민 계급을 포함해서 평민들이 산업화뿐만 아니라 국내 민주 정치에도 참여도가 높은 편이고, 그들의 생활수준의 향상도 가시화되고 있다. 최근 몇 세기 동안 남아시아는 인구 증가의 기적을 보여주고 있다.

세 가지 기적(생산, 분배, 인구)은 모두 산업화 시대 인구와 식량의 맬서스적 관계를 벗어나는 결과를 보여주었다. 즉 고전적 정치경제학의 틀을 벗어나서 말하자면, 이 모두는 산업화와 환경의 관계에 놓여 있는 문제였다. 이 장의 마지막 소절에서 이 관계가 함축하는 의미를 다시 논의하겠지만, 지금은 경제 발전의 여러 경로(path)가 서로 어떻게 연결되고 상호의존 관계에 놓였는지를 살펴보도록 하겠다.

---

30 Sugihara, "East Asian path," p. 116.

산업화의 확산과 상호 연결[31]

1750년-1840년에는 세계적으로 농업뿐만 아니라 모든 생산 분야에서 기계화 비율이 극히 적었고, 생산량의 대부분은 아시아, 특히 중국과 인도에서 생산되고 있었다.(그림 4-1) 심지어 1840년에 이르러서도 산업에서 기계화의 영향은 그리 크지 않았다. 예컨대 당시 유럽에서 산업화가 진행되는 중이었지만, 직물(textile) 생산의 절반 정도는 여전히 기계화가 되지 못했다. 그러나 1910년에 이르러서는 근대 영국 면직물 산업이 세계 직물 시장의 주도권을 장악했다. 전통 산업의 쇠퇴, 특히 인도의 면직물 산업의 쇠락은 전례 없는 대규모 실업을 유발했고(인도보다는 적었지만 중국의 면직물 산업도 비슷한 상황이었다), 심각한 세계적 사건으로 번졌다.[32] 세계의 총생산(GDP)에서 아시아가 차지하는 비중은 1820년 60퍼센트에서 1913년 25퍼센트로 줄었고, 같은 시기 서유럽은 20퍼센트에서 31퍼센트로, 북아메리카는 2퍼센트에서 20퍼센트로 올랐다.[33] 이 통계는 주로 아시아와 서구의 실질임금(real wage) 격차를 반영한 것이지만, 북아메리카의 GDP 성장은 이주민 인구의 급성장에 따른 영향도 반영되어 있다. 아시아는 영국의 면직물을 수입하고, 차, 쌀, 설탕, 주석, 고무, 목화, 비단생사, 황마생사, 밀 등을 수출했다. 그렇게

---

31 이 소절의 내용은 다음을 기초로 한다. Sugihara, "Labour-intensive industrialization," and "Sekai Boeki-shi ni okeru 'Choki no 19-seiki'" ("The 'long nineteenth century' in the history of world trade"), *Shakai Keizai Shigaku* 79:3 (2013), 3-28.
32 A. K. Bagchi, "De-industrialization in India in the nineteenth century: some theoretical implications," *Journal of Development Studies* 12:2 (1976), 135-164; Roy, *Rethinking Economic Change in India*, pp. 106-115.
33 Maddison, "Statistics on world population."

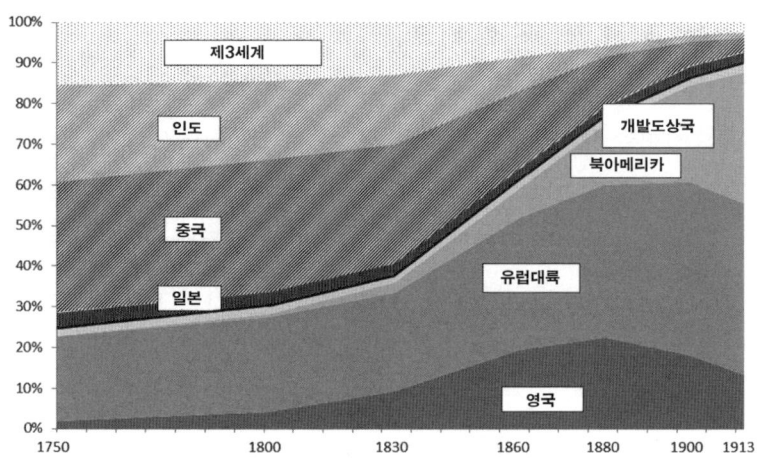

[그림 4-1] 세계 산업생산의 지리적 구성, 1750년-1913년

국제적 노동 분업이 생겨났다. 산업화된 서구는 공산품의 수출국이 되었고, 아시아(대부분의 동아시아 지역은 제외)는 원자재 수출국이 되었다. 이와 같은 노동 분업이 환경에 미친 영향은, 아시아의 천연자원(주로 토지에서 생산됨)이 서구로 이전되는 것이었다. 이는 교통의 개선, 도시화, 대량생산 소비재 상품 수입의 대가였다. 이런 맥락에서 산업화는 전형적으로 자원 개발과 근대 과학기술의 확산을 동시에 이끌어가는 원동력이었다.

그러나 서구의 영향에 아시아는 다소 색다른 반응을 보였다. 그것이 바로 앞에서 언급했던 노동집약적 산업화였다. 아시아는 단지 서구적 산업화를 벗어났을 뿐만 아니라 산업화의 새로운 방식을 조직해냈던 것이다. 그래서 산업화의 두 가지 융합된 방식이 존재했다. 서구식 자본집약적 산업화와 아시아식 노동집약적 산업화였다. 아시아의 방식은 자원 소모가 적은 경향을 보였다. 그래서 19세기를 거쳐 1930년대까지 세계 시장에 유통되는 상품을 기준으로 세 층위의 국제분업 체제가 형성되었다. 자본집약형 공산품, 노동집약형 공산품, 원자재 상품이 그것이었다. 그리고 갈수록 자원배분(resource allocation)의 세계적 불평등이 심화되어, 유럽과 최근 유럽인들이 들어가 정착한 지역에 유리한 방향으로 흘러갔다.

대서양 경제의 성장은 주도적 기술 및 제도적 발전의 측면에서 세계적 산업화의 주요 모델이었다. 유럽 대륙, 특히 독일, 벨기에, 프랑스, 그리고 유럽인들이 최근에 정착한 다른 지역에서 먼저 산업화에 성공했다. 그들은 수출로 벌어들인 수익을 투자하여 신기술을 습득하고 외부의 자본, 노동, 기계를 사들였다. 신세계에서는 막대한 천연자원이 국제경제 체제에 편입되어 경제성장의 동력이 되어주었다. 구세계는 노동력이 부족한 반면 토지는 풍부했다. 구세계와 신세계는 서로 보유자원(자원부존)이 달랐기 때문에 무역이 성장했고, 이주와 투자도 활발했다. 19세기와 20세기 초엽, 대서양 경제의 성장에서 핵심은 원거리 무역이었다. 이는 곧 영국에서 노동생산성을 높이는 것보다 최근 유럽인들이 정착한 지역에서 풍부한 천연자원과 수입자본을 활용하는 편이 더 유리하다는 사실을 확인해주는 결과였다. 노동 절약형, 자본 집약형, 자원 집약형 기술의 발전 경향이 가장 뚜렷하게 나타난 곳이 미국이었다.[34] 남아

---

34 아메리카 내에서 서로 다른 제도의 배경이 된 다양한 요소부존(factor endowments)의 중요성에 대해서는 다음을 참조. Stanley Engerman and Kenneth Sokoloff, *Economic*

메리카와 카리브해 지역에서도 정치 지도자들과 야망 있는 기업가들이 산업화를 꾀했지만 북아메리카만큼 성공을 거두지는 못했다. 그들의 상품은 가격이 더 저렴한 유럽산 혹은 미국산 상품에 비해 경쟁력이 없었고, 그들의 정부는 산업화가 막 시작될 당시 미국 정부처럼 높은 관세를 통해 자국 산업을 보호할 만한 힘이 없었다. 유럽과 미국 정부는 자유무역 체제를 강요했다. 자국의 상품에 열린 시장과, 외부로부터 원자재와 농산물의 꾸준한 유입 통로를 잃지 않기 위해서였다. 러시아, 이집트, 페르시아, 오스만 제국의 기업가나 관리들도 마찬가지로 산업화를 도모했지만, 그 규모는 그렇게 크지 않았다.

아메리카의 토지 개척은 1890년경이면 거의 끝이 났다. 그래서 1920년대 초엽부터는 더 이상 이주를 장려하지 않았다. 그러나 아메리카의 산림과 광물 자원은 여전히 풍족했다. 아메리카의 기술은 그 사회의 풍부한 자원과 부족한 노동력을 전제로 설계된 것이었지만 계속해서 세계를 주도해 나갔다. 숙련된 노동력을 절감하고자 생산의 표준화가 발달했다. 표준에 맞으면 부분은 언제든 교체할 수 있었다. 한편으로 표준화는 산업 전반에 걸쳐 기술 전파를 용이하게 했고, 대량 생산의 발달을 가져왔다. 이것이 이른바 노동의 "탈-숙련화"였다. 산업화는 규모의 경제 활용과 관련되어 있었다. 생산 자동화, 체계적인 노무 관리, 매스마케팅을 통해 노동생산성이 향상되었다. 21세기에 돌이켜보면 영국의 산업혁명은 시작에 불과했다. 석탄과 증기기관을 이용한 노동력 절감

Development in the Americas since 1500: Endowments and Institutions (Cambridge University Press, 2011).

기술의 폭발력이 얼마나 대단한지 맛보기를 보여주었을 뿐이며, 자본과 기술이 보다 전면적으로 숙련노동자를 대체하는 길을 예비할 뿐이었다. 그러므로 산업혁명의 조건이 유럽에서 시작되었지만, 자본집약형 및 자원집약형 기술을 강조하는 "서양식 경로(Western path)"가 완전히 확립된 것은 분명 대서양 경제 성장의 결과였다.

기술과 제도의 방향에 관한 한 소련식 모델은 자본-자원 집약형이라는 점에서 아메리카의 그것을 닮은 "거대한 추진력"을 보였다. 소련식 모델의 뚜렷한 특징은 중화학공업의 강조와 기술 부문의 국가 지원이었다. 중공업은 특히 전쟁 때문에 중요한 산업이었다. 따라서 군사적 야망이나 우려가 큰 국가들은 (자본주의와 사회주의를 막론하고) 이를 중시했다. 사회주의 경제는 대부분 산업화 전략 중 일부가 성공했을지라도 국제경쟁력을 갖춘 산업의 번영에 결국 실패하고 말았다.[35]

자원집약형 산업화 모델이 확산되었던 것과 마찬가지로 노동집약형 산업화 모델 또한 확산되었다. 이는 아시아에만 국한된 현상이 아니었다.(프랑스 여성들이 공장에서 생산된 직물에 수작업으로 레이스를 추가하던 작업 방식은 유럽의 자본-노동집약형 산업 발전의 수많은 사례 중 하나에 불과하다.) 동아시아는 기계화된 세계 경제 속에서 노동집약형 제조업이 확산되었던 특징적인 지역이었다. 아시아에서 노동집약형 산업의 비교우위는 대서양 고임금 경제와 비유럽 저임금 경제의 실질임금 격차를 더욱 벌려놓았다. 미국을 비롯한 유럽의 여러 지역에서 시행된 이민제

---

35 Robert C. Allen, *Farm to Factory: A Reinterpretation of the Soviet Industrial Revolution* (Princeton University Press, 2003).

한법은 임금 격차를 더욱 고착화시켰다. 대개 의도치 않은 결과였지만, 아시아에서 가장 먼저 산업화에 나섰던 일본으로서는, 노동집약형 공산품의 경우 임금 격차 문제가 고착화될수록 국제 시장에서 서양과 경쟁하기가 갈수록 유리해졌다. 소비 구조의 측면에서 아시아와 서양의 차이는 아시아의 산업화를 가능케 했던 또 다른 중요한 요인이었다. 그래서 아시아와 유럽의 산업은 각각 별도의 틈새시장에 맞게 발달했다.

19세기-제2차 세계대전 사이, 서유럽과 미국이 구축했던 자유무역 체제 아래 노동집약형 산업화는 아시아식 발전 경로의 핵심을 차지했으며, 무역의 확대가 지역 산업화의 원동력이었다. 1880년-1938년 아시아의 역내 무역 성장률은 아시아의 대외(서양 혹은 세계) 무역 성장률보다 더 높았다. 지역 내부적으로 농업과 산업의 분업화가 성장했기 때문이다. 또한 상업 네트워크는 공산품을 포함해서 지역 내 상품과 품질의 작은 차이를 파고 들었다. 그래서 앞에서 언급했던 일본의 수공업 직조공들과 마찬가지로 중국의 수공업 직조공들도 인도산(나중에는 일본산) 기계 방적사(紡績絲)를 사용했다. 나중에는 중국산 방적사가 그들에게 공급되었다. 당시 일본에서 사용되던 실의 상당 부분이 인도산 목화로 만든 것이었다. 이처럼 아시아 역내에서도 경쟁력 있는 국제 상품 사슬(commodity chain)이 발달했다.[36] 대부분의 아시아 지역에서 노동력이 풍부했기 때문에 산업화를 하려면 인적자본의 경쟁력, 다시 말해 효율성

---

36 Kaoru Sugihara, *Ajiakan Boeki no Keisei to Kozo (Patterns and Development of Intra-Asian Trade)* (Kyoto: Mineruva Shobo, 1996), and Sugihara, "Introduction," in Sugihara, ed., *Japan, China, and the Growth of the Asian International Economy, 1850-1949* (Oxford University Press, 2005), pp. 1-19.

에 비해 더욱 저렴한 노동력을 확보해야 했다. 노동의 질을 개선하고자 하는 노력은 일본 산업화의 중요한 특징이었다. 한편 중국 및 인도 상인 네트워크를 통해 거래되던 아시아 역내 무역 또한 대규모 고용을 유지하고 노동의 질을 제고하는 중요한 메커니즘이었다. 그러나 역내 무역은 예컨대 고무, 주석, 차(茶) 등 아시아 주요 수출품에 대한 서양의 구매력, 전신과 증기선 같은 교통통신 기술, 은행과 보험 같은 새로운 상업 제도, 서구 세력을 위해 혹은 그들에 의해 구축된 자유시장에 크게 의존하고 있었다.

그러므로 세계 무역 성장에 가장 큰 기여를 했던 것 중의 하나는(대개는 의도치 않은 결과였지만) 원거리 무역과 역내 무역을 통한 아시아의 노동력 흡수였다. [그림 4-2]는 1840년 서유럽 중심의 원거리 무역을 보여주는데, 동시에 유럽과 아시아에 거대한 무역 블록이 존재했다. 여기서 보이는 아시아 역내 무역 수치(특히 괄호 안의 수치)가 그렇게 큰 이유 중 하나는, 역내 생산품과 수입품을 막론하고 아시아 지역에서 거래되는 모든 무역량을 포함시켰기 때문이다. 영국 면직물을 봄베이(현 뭄바이)나 싱가포르로 가지고 오면, 인도상인 혹은 중국상인들이 이를 인도와 동남아시아로 유통시켰다. 그들은 이를 아시아 역내 무역으로 생각하고 있었다. 영국 면직물이 봄베이나 싱가포르에서 소비되지 않는 한, 통계상 대부분의 수입 상품들은 역내 무역 항목으로 계산되었다. 아마도 영국 혹은 유럽 무역상들은 아시아 내부의 더 작은 규모의 시장으로 파고들기가 어려웠을 것이고, 장거리 무역을 유지관리하기 위해서는 아시아 상인들의 주도권에 의존할 수밖에 없었을 것이다. 서양으로 수출되는 아시아의 상품들에 대해서도 이는 마찬가지였다. 무역 거점의

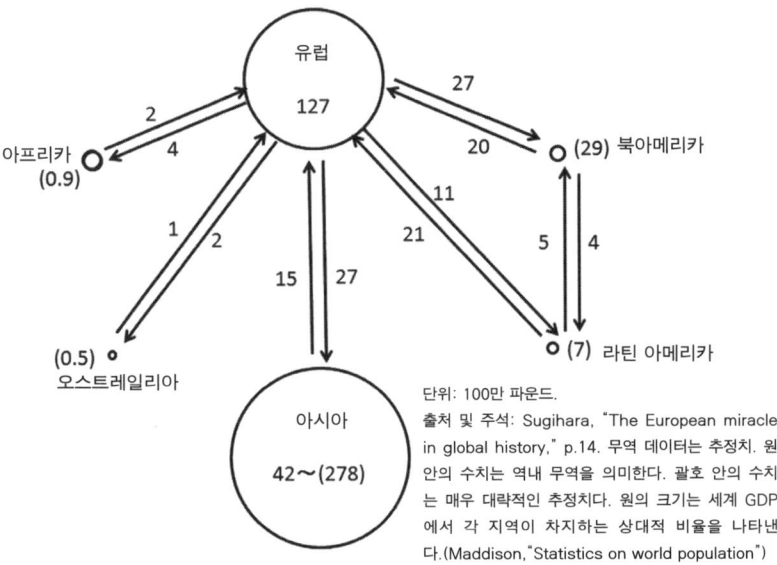

[그림 4-2] 세계 무역의 구조, 1840년

배후지에서 생산된 농산물은 분명 현지 혹은 아시아 상인들의 손을 거쳐 거래되었을 것이고, 그들은 그 농산물을 가지고 가서 큰 항구의 서양 상인들에게 팔아넘겼을 것이다. 아시아 상인들의 강점은 방대한 현지 네트워크였다. 그들이 사용하는 언어를 통해 만들어진 그들의 네트워크는 문화 및 사회 제도의 영향 아래 놓여 있었다.

    1910년에 이르러 세계의 무역 구조는 훨씬 더 다극화되었다.(그림 4-3) 미국이 세계 무역의 중요한 참여자로 등장했으며, 남아메리카, 아시아 일부 지역(예컨대 중동), 아프리카의 수많은 원자재 생산자들이 메트로폴리탄 경제의 위성으로 무역 구조에 편입되었다. 그럼에도 불구하

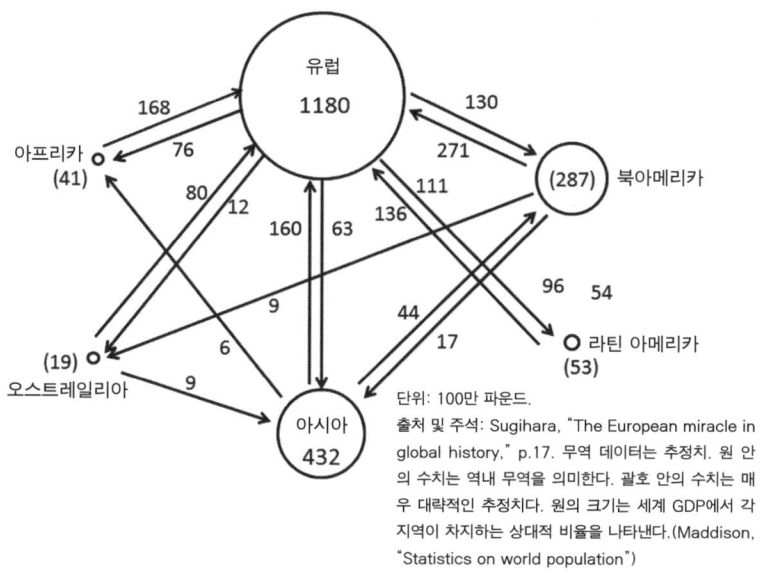

[그림 4-3] 세계 무역의 구조, 1910년

고 대개는 인도, 일본, 중국의 노동집약형 산업화에 힘입어 아시아 역내 무역의 성장은 지속되었다. 이처럼 19세기 세계 경제는 일부에서 주장하는 것처럼 전적으로 대서양 경제의 역량만으로 견인된 것이 아니었다.

다른 식의 경제 모델도 한때 생각했던 것과 같은 공통된 발전 과정을 거치지 않았다. 그 중 하나가 "엔클라베 경제(enclave economies)"였다. 엔클라베에서는 대개 주변 경제로부터 고립된(대개는 의도적으로) 채로 지역 개발이 이루어졌다. 그래서 외부에 별다른 영향을 미치지 않았다. 식민지 광산이나 플랜테이션 농장에서, 소유주가 외부로부터 장비, 노예, 기간 한정 계약직 노동자 등을 수급하고, 관리인들에게 벽으로 둘러싸인 주거공간을 제공하며, 대부분 수입품을 소비하고, 생산품은 수출하며, 수익의 대부분은 고향으로 재투자하는 경우, 전형적인 "엔클라베 경제"가 성립된다. 이는 "이원적" 경제 체제로 이어졌다. 근대적 특성을 지닌 아주 작은 공간과 주변의 나머지 공간이 이원화되는 것이다. 이 경우 전자는 심지어 후자의 경제 발전에 방해가 되기도 한다. 후자의 자원 부족 상태는 그대로 방치하면서, 권력자에게만 금융 지원을 제공하기 때문이다. 그러므로 권력자들도 나머지 지역의 개선을 위해 노력할 이유가 없다. 식민지 혹은 후기-식민지 투자가 이와 같은 모델에 근접한 상황을 초래한 경우가 얼마나 많았는가 하는 문제는 여전히 논란의 여지가 있다. 분명 그런 사례가 발생한 경우가 없지 않았다. 그러나 근본주의자 혹은 민족주의자 비평가들이 주장하는 것처럼 그렇게 흔히 발생한 경우는 아니었다. 서구(및 신개발 지역) 열강과 아시아(및 아시아 노동자들이 이주했던 열대 지역)가 고임금 경제와 저임금 경제를 동시에 발전시킨 것이 19세기의 특징이었다.[37] 서구 열강은 더 많은 자원을 소비했고, 아시아는 더 많은 사람들을 먹여 살렸다. 자원의 불평등한 분배가 산업화의 두 가지 서로 다른 경로(path)를 뒷받침했다. 그러나 그들은 함께 세계 경제를 추동하고 유지하며 확장해 나갔다.

3단계 국제분업의 등장은 중요한 결과로 이어졌다. 즉 자본집약형 산업화와 노동집약형 산업화는 모두 원자재 수급을 필요로 했다. 1차 상품의 생산국에서 산업 국가, 특히 자본-자원 집약형 산업을 추구하는

---

37 유사한 논의는 W. Arthur Lewis, *Growth and Fluctuations, 1870-1913* (London: George Allen & Unwin, 1978), 특히 pp. 194-224 참조. 이에 대한 비판은 다음을 참조. Sugihara, "Labour-intensive industrialization," pp. 21, 22, 27.

국가로 천연자원이 이전되었다. 그러나 노동집약형 산업화를 추구한 국가들도 아시아의 일부를 비롯한 여러 지역의 자원을 착취했다. 주로 식민지 시대에 일어났던 그와 같은 착취 없이는 산업화를 진행할 수가 없었다.

노동집약형 산업화는 20세기에도 계속해서 확산되었다. 양차 세계대전 사이에는 주로 일본 제국주의 세력에 의해 중국과 한국으로, 보다 체계적으로 산업화가 확산되었다.[38] 1938년에 이르러 아시아 역내 무역은 엔화 블록이 주도했다. 이는 역내 무역 규모로는 세계 두 번째였는데, 유럽 역내 무역 다음 순위였고, 세계 무역의 9퍼센트를 차지했다. 1945년 이후 전쟁으로 혼란이 빚어졌음에도 불구하고 동아시아 노동집약형 산업화의 국제경쟁력은 성장세를 이어갔다. 1950년대에 이르러 일본은 세계 최대 면직물 수출국이 되었고, 1970년대에는 중국이 그 자리를 차지했다. 아시아 지역 국가들이 잇달아 노동집약형 산업화에 성공하면서 놀라운 발전 양상을 보였다. 일본의 어느 경제사학자는 이를 "기러기 집단 비행형 경제 발전"이라 일컬었다. 경제발전 그래프를 V자 대형으로 날아가는 기러기에 비유한 표현이었다. 이 비유법을 빌어 말하자면, 일본은 기러기 대형의 선두주자로, 수익성이 낮은 노동집약형 산업을 다른 지역으로 이전했다. 그 지역에서 임금이 상승하면 여전히 임금이 낮은 다른 지역으로 다시 산업이 이전되었다. 이러한 패턴은 니스(NIEs,

---

38 Kaname Akamatsu, "A historical pattern of economic growth in developing countries," *Developing Economies* 1:1 (1962), 3-25; Takeshi Abe, "The Chinese market for Japanese cotton textile goods, 1914-30," in Sugihara, ed., *Japan, China and the Growth of the Asian International Economy*, pp. 73-100.

Newly Industrializing Economies. 남한, 대만, 홍콩, 싱가포르)로부터 시작해서 아세안(ASEAN, 처음에는 태국, 말레이시아, 인도네시아, 필리핀 등 4개국), 중국, 인도를 거쳐 오늘날 1인당 소득이 낮은 다른 많은 나라들로 확산되었다. 중국은 1949년 공산당 혁명 이후 국제무역에서 철수했지만, 1980년대에 아시아-태평양 경제권에 전면적으로 통합되었고, 전 세계에서 가장 경쟁력 있는 노동집약형 제조업 국가가 되었을 뿐만 아니라, 아시아 경제 성장의 핵심이 되었다. 1990년대에 이르러 인도의 경제 정책 또한 바뀌어 더욱 개방적인 체제를 지향했다. 이와 같은 연쇄적 확산의 효과는 (국제 정치나 군사 질서에 강력한 영향을 미치는 기술 및 재정적 리더십과 같은) 다른 여러 측면에서 수치상 서구에 비할 바는 아니지만, 국제 제조업 고용 창출이라는 측면에서 의미가 컸다. 오늘날 세계 산업 인구의 대부분은 주로 이와 같은 종류의 발전으로부터 영향을 받는 분야에 종사하고 있다.

"아시아의 기적(Asian miracle)"의 전제조건 중 하나는 20세기 후반기의 자유무역 체제였다. 아시아와 미국(더불어 다른 선진국들)의 무역, 그리고 아시아 역내 무역의 급성장이 이를 뒷받침했다. 원자재 무역은 이러한 성장의 중요한 구성 요소였다. 즉 아시아의 여러 국가들은 스스로 생산할 수 없는 공산품과 스스로 보유하지 못한 자원을 서로 교환했다. 이것이 가능했던 이유 중 일부는 정치적 변화였다. 일본은 미국의 지정학적 경쟁자가 아닌 동맹이 되었기 때문에 스스로 군대를 증강하지 않더라도 미국에 의존하여 핵심적 자원과 시장에 접근할 수 있었다 . 아시아의 경제적 민족주의에도 불구하고 아시아의 성장 경제는 지역 및 세계적 자원 역학관계에 참여하게 되었다.

노동집약적 산업의 확산은 그 자체로 인상적이지만, 그럼에도 불구하고 전 세계 비-농업 인구 전체를 흡수하는 정도에는 미치지 못한다. 20세기를 거치는 동안 제조업 노동자의 평균 생산성은 많이 비슷해졌다. 즉 한 세기 전에 비하면, 가난한 나라에서 고용된 사람들의 생산성은 부유한 나라에서 고용된 사람들의 생산성에 상당히 근접했다. 그러나 동아시아를 제외하면 1인당 소득은 전혀 수렴되지 못했다. 그 이유는 대체로, 부유한 국가와 가난한 국가의 농업 노동과 서비스 노동 격차가 너무 크고, 또한 가난한 나라에서 전업 고용이 되지 못한 인구가 워낙 많기 때문이다. 그들 중 얼마나 많은 사람들이 우리가 논의한 산업화의 과정을 거쳐 궁극적으로 더 나은 삶을 살게 될지 아직은 알 수 없다.

더욱이 두 가지 유형의 산업화(자본집약형과 노동집약형)는 점점 더 많은 자원을 공급해줄 1차산업 생산자들을 필요로 했고, 앞으로도 마찬가지일 것이다. 이와 같은 3단계 구조는 앞에서 언급했던 것처럼 국제 분업의 주요 패턴이 되었다. 이러한 구조 속에서는 자원 이전이 지역별 자원 부족 문제를 완화해줄 핵심적 메커니즘이며, 근대적 인프라 구조와 교통이 경쟁력 유지를 뒷받침해준다. 그러나 모든 유형의 제조업 산업화가 세계적으로 더 널리 확산될수록, 자원의 수요는 더 커질 것이고, 환경에는 더욱 심대한 영향을 미치게 될 것이다.

세계 환경의 지속가능성이 함축하는 의미

이 글의 서두에서 논의했던 것처럼, 암석권(geosphere, 여기서는 에너지와 물질의 흐름이 자연의 과정에 의해서 결정됨) 혹은 생물권(biosphere, 여기서는 생태계와 먹이사슬이 인간의 개입을 통해 작동함) 차원의 자연으로 말하자면, 1800년경에는 인구 성장이 환경의 지속가능성에 별다른 악영향을 미치지 않았다. 인간은 인간의 노동력과 농경지를 통해 식량을 해결했고, 멜서스(Malthus) 혹은 보세룹(Boserup)의 원리에 따른 성장이 작동하고 있었다. 한편 인간이 사용하는 에너지는 인간과 동물의 근육, 물, 바람과 함께 바이오매스(biomass, 주로 숲에서 채취)에 의존하고 있었다. 바이오매스는 열과 빛을 얻기 위한 기본적인 수단이었을 뿐만 아니라 숲을 개간할 때도 사용하는 기술이었다. 그러나 1인당 에너지 소비는 매우 느린 속도로 증가했고, 인구 증가 또한 세계의 대부분을 뒤덮고 있던 미개척지를 고갈시킬 정도에는 크게 미치지 못했다.

산업혁명 이후 화석연료(특히 석탄과 석유)의 사용이 크게 증가하면서 암석권과 생물권의 상대적 중요성이 근본적으로 변화되었다. 즉 암석권에서 채취한 에너지원과 생물권에서 유래한 에너지원의 균형이 급격하게 바뀌었다. 오늘날 세계 무역에서 화석 연료의 상업적 가치는 토지 및 산림에서 채취한 제품에 비해 월등히 높다. [그림 4-4]는 20세기 이후 후자의 비율이 감소했던 과정을 보여준다. 공산품의 가치는 빠르게 증가했지만, 그 원자재에서 화석 연료가 차지하는 비중 또한 높아졌다. 바이오매스는 개발도상국에서 여전히 중요한 연료 공급원으로 남아 있고, 지역 사회의 생계에 필수 요소지만, 세계적으로 보면 2세기 전에 비해 그 가치가 크게 하락했다. 이런 측면에서 세계 경제가 유기물에 의존하는 정도는 훨씬 낮아졌다. 또한 세계는 훨씬 더 도시화되었고, 인공 재료, 교통 및 인프라 구조를 통해 훨씬 더 세계적으로 연결되었다. 이러한 변화의 주된 요인은 세계의 산업화였다. 미개척지는 더 이상 남아나지 않았고, 인구성장은 갈수록 근대 산업과 서비스 부문에 의존하게 되

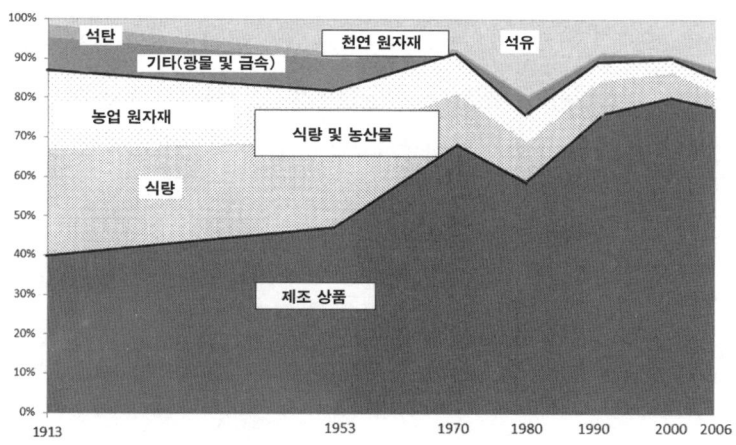

〔그림 4-4〕 세계 무역의 상품 구성, 1913년-2006년

출처 및 주석: Paul Lamartine Yates, *Forty Years of Foreign Trade: A Statistical Handbook with Special Reference to Primary Products and Under-developed Countries* (London: Allen & Unwin, 1959), pp. 63, 104, 123, 149; UN International Trade Statistics Yearbook, 1974, 1994, 2006. 수치는 특별 통계표에서 인용. SITC 분류 코드는 기존 코드(1913년과 1953년은 근사치)에서 개정 코드(1974년), 재개정 코드(1980년과 1990년), 재재개정 코드(2000년과 2006년)로 변경되었으나, 대략적인 추세는 식별 가능함.

었다. 인간과 생물권의 관계는 오래도록 지역 인구를 유지하는 기본 메커니즘이었지만, 이제는 그 관계가 무너졌다. 대신 무역과 기술과 제도의 이전을 통한 보이지 않는 연결망이 그를 대체했다. 그 속에서 그들이 환경에 미치는 영향은 전혀 인식하지 못했다.

이제 인류 사회의 변화 과정은 예전과 같은 인간과 자연의 상호작용 패턴과는 완전히 달라졌다. 화석연료가 세계 경제 구조에 미친 영향은 워낙 거대했다. 세계 자원 소비의 측면에서 인류 사회와 생물권의 직접적 상호작용은 주변부로 밀려났고, 에너지 안보는 오늘날 우리에게 중요한 문제로 떠올랐다.

인류 역사가 언제나 그러했듯이, 이와 같은 변화도 단선적인 과정은 아니었다. 일본이나 중국, 기타 동아시아 및 동남아시아의 산업화는 서유럽보다 한 세기 남짓 늦게 시작되었다. 처음 산업화를 시작했을 때 아시아에서는 지역 범위 안에서 움직이는 노동집약형 경로(labor-intensive path)를 만들어냈다. 여기서는 산업화 과정에서 서유럽에 비해 훨씬 더 많은 에너지를 바이오매스에 의존했다. 또한 에너지 집약형 산업과 에너지 절약형 기술의 선택이 상대적으로 더 적었다. 예컨대 산업화에도 불구하고 일본 경제에서 에너지 집약도(1차 에너지의 총 공급량을 GDP로 나눈 값)는 낮은 정도로 유지되었다. 또한 에너지 절약형 기술 개발은 1920년대에 시작되었으며, 이후 특히 1950년대에 활발하게 추진되었다.[39] 다른 아시아 국가(사회주의권 제외)의 에너지 집약도 또한 낮은 정도였다. 그러므로 산업화의 동아시아식 경로(East Asian path)는 자원을 이용하는 방식, 그에 따른 기술 및 제도적 특징이 뚜렷하게 달랐다. 그러나 제2차 세계대전 이후 동아시아는 과거의 유럽과 마찬가지로 식량, 연료, 목재 및 기타 원자재를 세계의 다른 지역으로부터 수급하는 주요 수입국이 되었고, 기후 변화의 중요한 변수로 떠올랐다. 기후변화에 동아시아의 1인당 기여도는 서구에 비해서는 훨씬 낮지만, 특히 중국은 세계 최대의 온실가스 배출국이 되었다.

1970년대에 두 차례에 걸쳐 석유파동이 일어났다. 그 이전에는 중

---

[39] Satoru Kobori, *Nihon no Enerugi Kakumei: Shigen Shokoku no Kingendai (The Energy Revolution in Japan: The Modern and Contemporary History of a Resource-poor Country)* (Nagoya: Nagoya Daigaku Shuppankai, 2010).

화학공업과 군수산업이 에너지 절약 기술을 선도했다. 그 결과 주요 강대국(미국과 소련)의 에너지 집약도가 매우 높은 수준이었고, 노동집약형 경로를 따르던 다른 많은 나라에서는 그 수준이 안정적으로 유지되었다. 그러나 1970년대 이후, 미국과 서구는 물론 중국과 소련의 에너지 집약도가 낮아지면서 국가별 격차는 놀라울 정도로 좁혀졌다.[40] 에너지 절감 기술에 대한 관심이 세계적 기술 혁신의 방향을 결정하게 되면서, 자본집약형 산업화와 노동집약형 산업화의 전통적 구분은 의미를 잃기 시작했다.

그러므로 세계 산업화의 경로는 에너지 집약형에서 에너지 절약형으로 변화하기 시작했다고 말할 수 있다.(그림 4-5) 미래의 어느 시점에서 되돌아보면, 최근 2세기의 에너지 집약형 산업화 경로(energy-intensive industrialization path)는 환경적으로 지속가능한 경로(environmentally sustainable path)와 큰 차이를 보일 것이다. 후자는 보다 균형 잡힌 발전을 목표로 한다. 필자가 보기에 전자뿐만 아니라 후자 또한 유럽의 기적에서 시작되었고, 동아시아의 반격으로 대분기(Great Divergence) 이후에도 살아남았으며, 마침내 세계의 경로가 될 것이다. 세계의 산업화가 앞으로도 지속되기를 바란다면, 세 가지 기적, 즉 유럽의 생산의 기적, 동아시아의 유통의 기적, 남아시아의 재생산의 기적을 모두 배워야 할 것이다.

---

40 Kaoru Sugihara, "Kaseki Shigen Sekai Keizai no Koryu to Baiomasu Shakai no Saihen" ("The emergence of a fossil-fuel-based world economy and the reorganization of the biomass society"), in Sugihara et al., *Lectures on Humanosphere*, pp. 149-184.

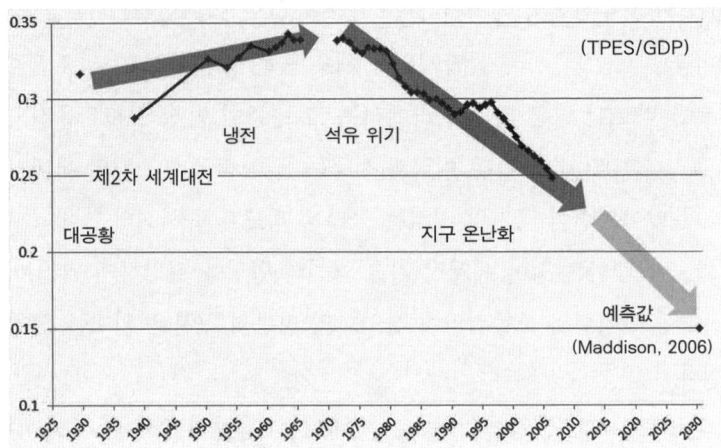

[그림 4-5] 세계 에너지 집약도, 1925년-2030년

출처 및 주석: TPES: Joel Darmstadter, *Energy in the World Economy: A Statistical Review of Trends in Output, Trade, and Consumption since 1825* (Baltimore: Johns Hopkins University Press, 1971), International Energy Agency, *Energy Balances of OECD Countries and Energy Balances of Non-OECD Countries*. GDP: Maddison, "Statistics on world population." 에너지 효율성은 국내총생산(GDP) 대비 석유환산 기준 1차 에너지 공급량(TPES)을 의미함. 약 1990년까지의 TPES 자료에는 비상업적 에너지(전통적인 바이오매스)는 포함되지 않음.

    그러나 에너지 집약도(energy intensity)는 세계적으로 환경의 지속가능한 경로에 관한 더 큰 논의 중에서 한 가지 주제에 불과하다. 오늘날 자원의 이전은 세계 산업화의 중요한 수단이 되었다. 세계적 차원뿐만 아니라 지역적 차원의 자원 정책도, 이제는 암석권 에너지와 생물권(클린) 에너지의 상대적 비중 변화를 고려해야 할 것이다. 암석권과 생물권의 논리를 더욱 충실하게 존중하는 가운데 앞으로의 과학과 기술의 발전은, 수질 관리를 비롯한 지속가능성의 문제를 더욱 철저하게 지향해야 할 것이다. 또한 자연이 요구하는 지속가능성의 원리에 따라 인류 사회도 재구성되어야 할 것이다. 이러한 관점이 확립되고 그 실행이 가시화될 때, 산업화는 세계사의 진정한 긍정적 요인으로 인정될 수 있을 것이다.

더 읽어보기

Akamatsu, Kaname. "A historical pattern of economic growth in developing countries."*Developing Economies* 1:1 (1962), 3-25.

Allen, Robert C. *The British Industrial Revolution in Global Perspective*. Cambridge University Press, 2009.

Farm to Factory: A Reinterpretation of the Soviet Industrial Revolution. Princeton University Press, 2003.

Austin, Gareth. "The developmental state and labour-intensive industrialization: 'late development' reconsidered."*Economic History of the Developing Regions* 25:1 (2010), 51-74.

Austin, Gareth, and Kaoru Sugihara, eds. *Labour-intensive Industrialization in Global History*. London: Routledge, 2013.

Bagchi, A. K. "De-industrialization in India in the nineteenth century: some theoretical implications."*Journal of Development Studies* 12:2 (1976), 135-164.

Bairoch, Paul. "International industrialization levels from 1750 to 1980."*Journal of European Economic History* 11:2 (1982), 269-333.

Boserup, Ester. *The Conditions of Agricultural Growth: The Economics of Agrarian Change under Population Pressure*. London: George Allen & Unwin, 1965.

de Vries, Jan. *European Urbanization, 1500-1800*. London: Routledge, 1984.

The Industrious Revolution: Consumer Behavior and the Household Economy, 1650 to the Present. Cambridge University Press, 2008.

Engerman, Stanley, and Kenneth Sokoloff. *Economic Development in the Americas since 1500: Endowments and Institutions.* Cambridge University Press, 2011.

Jones, Eric Lionel. *The European Miracle: Environments, Economies and Geopolitics in the History of Europe and Asia*. Cambridge University Press, 1981.

Lewis, W. Arthur. *Growth and Fluctuations, 1870-1913*. London: George Allen & Unwin, 1978.

Maddison, Angus. "Statistics on world population, GDP and per capita GDP, 1-2008 ad," 2011. www.ggdc.net/maddison/, accessed May 27, 2011.

Mendels, Franklin. "Proto-industrialization: the first phase of the industrialization process."*Journal of Economic History* 32:1 (1972), 241-261.

Mokyr, Joel. *The Gifts of Athena: Historical Origins of the Knowledge Economy.* Princeton University Press, 2004.

The Lever of Riches: Technological Creativity and Economic Progress. Oxford

University Press, 1992.
O'Rourke, Kevin, and Jeffrey Williamson. *Globalization and History: The Evolution of a Nineteenth-century Atlantic Economy*. Cambridge, MA: MIT Press, 2001.
Pollard, Sidney. *Peaceful Conquest: The Industrialization of Europe, 1760-1970*. Oxford University Press, 1981.
Pomeranz, Kenneth. *The Great Divergence: China, Europe, and the Making of the Modern World Economy*. Princeton University Press, 2000.
Rosenthal, Jean-Laurent, and R. Bin Wong. *Before and Beyond Divergence: The Politics of Economic Change in China and Europe*. Cambridge, MA: Harvard University Press, 2011.
Roy, Tirthankar. *India in the World Economy: From Antiquity to the Present*. Cambridge University Press, 2012.
Slicher van Bath, B. H. *The Agrarian History of Western Europe, a.d. 500-1850*. London: Edward Arnold, 1963.
Sugihara, Kaoru. "The East Asian path of economic development: a long-term perspective." In Giovanni Arrighi, Takeshi Hamashita, and Mark Selden, eds., *The Resurgence of East Asia: 500, 150 and 50 Year Perspectives*. London: Routledge, 2003, pp. 78-123.
    "The European miracle in global history: an East Asian perspective." In Maxine Berg, ed., *Writing the History of the Global: Challenges for the Twenty-first Century*. Oxford University Press, 2013, pp. 129-144.
Sugihara, Kaoru, ed. *Japan, China, and the Growth of the Asian International Economy, 1850-1949*. Oxford University Press, 2005.

CHAPTER 5

기술의 세계사

폴 조지프슨
Paul Josephson

산업혁명 때문에 기술의 변화도 가속화되었다. 어느 대륙 어느 공정할 것 없이 그 여파가 미쳤다. 제련, 광산, 전력, 교통, 농업, 건축, 정보통신 등 모두가 기술 변화의 영향을 받았다. 각 지역에서는 기술을 복제하고 표준화했으며, 대량생산 체제를 만들고자 했다. 비철금속, 건축자재, 플라스틱 등 원자재에도 그 영향이 미쳤다. 더불어 생산과정의 상호 연계성도 강화되었다. 예컨대 화학산업은 당연히 염색기술과 연결되었을 뿐만 아니라 의학의 혁신이나 새로운 원자재(예를 들면 플라스틱) 생산과도 관련이 있었다. 이런 변화를 거치면서 기술은 점점 더 산업화되었고 규모가 더 커졌다. 이는 개별 구성 요소만이 아니라 시스템 자체의 변화를 가져왔다. 사업, 금융, 건설, 국가 제도가 변화되었으며, 노동현장에서도 대규모 탈숙련화 인원이 투입되는 군대식 체제가 강화되었다. 20세기에는 자본주의와 사회주의, 권위주의 등 체제를 막론하고 모두가 같은 흐름이었다. 또 20세기 기술사의 또 한 가지 특징은, 산업과 연구개발(R&D)의 관계가 점점 더 공식화되었다는 점이다. 기업과 정부는 대규모 실험실을 구축하고, 공중 보건이나 군사 혁신과 관련되는 연구 개발을 지원했다.

이번 장의 논의는 미국, 유럽, 구소련에 초점을 맞추었다. 1750년대 이후 그들이 기술 변화의 주요 원동력이었기 때문이다. 그들이 기술 변화를 추진했던 이유로는, 경제적 이유(공장과 근대 기업의 부상, 기술을 활용한 생산과 이익 증가를 도모했던 기업가 혹은 사업가들의 결단)와 정치적 이유(이데올로기와 공중보건과 앞서 언급한 경제적 이유에서 기술이 중심적 역할을 했기 때문), 그리고 군사적 이유(산업 공정을 기반으로 발달한 신무기 등)가 있었고, 자원과 권력을 둘러싼 국가 간의 경쟁도 있었다.

산업혁명, 인간의 노동력에서 엔진 동력으로

산업혁명은 한 가지 혁명이 아니라, 생산, 동력, 유통 분야에서 잇달아 발생한 혁명의 연속이었다. 대개 1770년-1900년 사이 세계적으로 산업혁명이 일어났는데, 처음에는 영국과 유럽 대륙에서, 그리고 그 다음에는 아메리카와 아시아에서도 산업혁명이 이어졌다. 산업혁명의 영향이 최초로 파급된 분야는 섬유, 철강, 광업, 특히 석탄 산업이었다. 생산 부문에서 기계 생산이 수작업을 대체했다. 직물 생산에서는 플라잉 셔틀(flying shuttle), 제니 방적기(spinning jenny), 증기엔진 등을 도입하여 원사(原絲) 생산량을 급격히 늘렸고, 운하와 철도를 통해 원자재와 최종 생산품 운반이 용이해졌다. 철강 분야에서는 베세머법(Bessemer process)을 통해 철의 대량생산과 산화를 통한 불순물 제거 비용을 낮출 수 있었다. 생산비는 점점 더 저렴해졌고, 더 빨라졌으며, 효율성은 더욱 증대되었다. 기존에 수공업에 종사했던 많은 장인들이 일자리를 잃고 공장에 취업해야 했으며, 그에 따라 급격한 도시화가 이루어졌다. 노동의 측면에서 주목해야 할 또 한 가지 주제는, 기계화와 수작업의 확대가 흔히 상호보완적이었다는 사실이다. 기계화된 조면(繰綿, 씨앗을 제거하고 섬유를 정리함), 방적, 방직으로 목화의 수요가 급증했다. 그로부터 150년

후 수확이 기계화될 때까지는 더 많은 사람들이 목화를 따러 목화밭에 들어갔다. 증기기관이 광산에서 물을 퍼냈지만 이후 몇 세대가 지날 때까지도 곡괭이를 휘두르고, 삽으로 탄을 퍼나르며, 수레를 밀고 굴밖으로 나가는 사람들의 수는 더욱 늘어났다. 아동 노동 착취는 산업혁명의 막장을 장식했다.

산업혁명의 중요한 특징 중 하나는 증기 동력의 등장이었다. 물론 증기 동력은 산업혁명의 다른 요소들과 연결되어 발전했다. 19세기 후반에서 20세기에 이르는 동안 추가로 전기 에너지, 내연기관, 대규모 수력발전과 원자력도 등장했다. 사실 인류는 이미 수천 년 전부터 물을 다양하게 활용했다. 제분업자, 농부, 마을 주민, 상인 등은 농사, 식수 공급, 하수 처리에 물을 이용했으며, 또한 방앗간의 동력을 만드는 데에도 물을 사용했다. 산업혁명 시기에 이르러서는 증기기관의 동력을 만드는 데에도 물이 쓰이게 되었다. 스코틀랜드 출신의 제임스 와트(James Watt)는 증기엔진을 크게 개량했다. 그는 피스톤에 고압 증기를 주입하고, 왕복 운동을 하는 엔진을 개발했다. 그 엔진 덕분에 공장과 제분소의 수가 급속히 늘어났고, 이어서 증기를 이용한 보트와 선박이 만들어졌으며 철도도 건설되었다.(그림 5-1 참조) 이후 증기엔진은 발전기를 움직이는 터빈으로 진화했다. 발전소에서 만들어진 전기는 송전선을 통해 공장, 가정, 도시로 전달되었고, 1930년대부터는 농촌 지역에도 널리 보급되기 시작했다.

19세기 초엽 미국의 제조업은 기본적으로 교환 가능한 부품으로 시스템을 구성했고, 부품 생산을 위한 공작기계 사용이 발달했다. 이러한 시스템은 총기를 더욱 저렴하게 공급하려 했던 연방 무기 제조창과 그

[그림 5-1] 런던-서북 철도를 운행하던 초기의 증기기관차

하청업체로부터 발달한 것이었다. 그 시스템의 원칙이 자전거, 재봉틀, 타자기, 나중에는 자동차 제조업에도 도움이 되었다. 미국의 시스템은 전 세계로 퍼져 나갔다. 이 시스템에서는 반(半)숙련 노동자가 고용되었고, 절단, 성형, 사출, 연마를 통해 교환가능한 표준 부품을 만드는 공작기계가 사용되었다.

결국 여기서 다양한 작업을 분업화한 조립 생산 라인이 등장했고, 20세기 후기에는 그것이 아시아와 아프리카에서 값싼 노동력을 투입하여 직물, 신발, 식품을 생산하는 기본 방식으로 자리잡았다. 미국 미시건 주의 도시 리버루즈(River Rouge)에 있던 포드(Ford) 자동차 공장에서 조립라인을 이용한 자동차의 대량생산에 성공하자, 조립라인 시스템을 흔히 포디스트 시스템(Fordist system)이라고도 했다. 조립라인에서는 모

[그림 5-2] 포드 자동차 회사의 조립 라인, 1900년대 초엽

든 공정을 반(半)숙련공이 조작하는 기계로 만들었기 때문에 전반적으로 노동력의 비(非)숙련화(deskilling)를 초래했다. 가부장적 보수주의자인 동시에 반유대주의자였던 헨리 포드(Henry Ford)는 노동자들을 감시할 사설 경찰 시스템을 운영했다. 동시에 대량 생산에 성공했던 자동차 모델 T의 소비 시장이 필요하다고 생각했던 그는 1914년 다수 노동자의 임금을 일당 5달러까지 두 배로 올렸다. 그 결과 노동자들의 구매력이 높아졌고, 포드 자동차 수요를 자극했으며, 미국 중산층 형성에 기여했다. 많은 노동자들이 디트로이트, 미시건을 비롯한 북부의 도시로 이주했다. 그러나 헨리 포드의 가부장적 체제 아래 많은 노동자들이 사생활을 감시당했으며, 공장에서 가혹한 노동에 시달려야 했다.(그림 5-2)

기술 변화에 대한 사회정치적 우려

생산방식의 변화로 사회도 급변했다. 일부 경제학자들 사이에서는 임금 인상 문제를 두고 논란도 있었지만, 일반적으로는 산업혁명을 거치는 동안 노동자의 생활수준이 향상되었다. 산업혁명 초기에는 노동자들이 과거 농장에서 일할 때처럼 자족적인 생활을 하지 못했고 가난하게 살았으며, 시끄럽고 강력한 새로운 기계나 제분기를 두려워했다. 임금이 너무 낮아서 아이들은 공장이나 광산에서 부모와 함께 일하며 고생을 해야 했다. 그 결과 아이들의 건강이 나빠졌고 장애를 얻거나 죽음에 이르는 경우도 있었다. 많은 나라에서 평균신장이 줄어들었는데, 이는 영양실조가 널리 확산되었기 때문으로 추정된다. 한편 인구는 매우 급속도로 성장했다. 식량 공급보다 인구 성장의 속도가 더 빨랐기 때문에 토머스 맬서스를 비롯한 학자들은 먹여살려야 할 인구가 너무 많다고 주장하기에 이르렀다. 부유한 사람들 중에서는 가난을 구제하기 위한 법규나 기타 사회보장 프로그램이 사실은 가난한 사람들의 출산을 부추겨, 오히려 그들이 책임을 소홀히 여기게 되고, 나아가 정부와 사회에 부담을 더했다고 주장하는 사람들이 많았다. 산업혁명의 사회적 결과, 특히 생활수준에 미친 영향에 대한 역사학자들의 평가는 다양했다. 다만 비교적 가장 근접한 합의에 따르면, 영국이든 혹은 그 어디에서든 산업화 초기 단계에서는 노동계급의 생활수준이 대개 악화되었지만, 한두 세대가 지나면서 방향이 바뀌었다.

대부분의 사람들은 당연히 기술 향상이 생산 효율을 높여 삶의 질을 향상시킬 것으로 믿었다. 그러나 순수한 기술 혹은 어떤 식으로든 진보와 결부된 기술이라는 관점, 그리고 "진보"는 언제 어디서나 선이라는 믿음과 다른 목소리를 내는 견해도 많았다. 산업화로 생존의 위협을 느꼈던 농민과 수공업자를 비롯하여 수많은 사람들이 산업화에 저항했다. 19세기 초엽 잉글랜드에서 전설적인 인물 네드 러드(Ned Ludd)를 추종하던 사람들이 불시에 농기구를 들고 모여 자신의 일자리를 빼앗은 공장의 기계를 부수어 버렸다. 러드주의(Luddism)는 학계에도 상당한 반향을 불러 일으켰다. 이후 반(反)기술적 세계관을 지닌 사람들을 러다이트(Luddite)라 했다.

한편 기술이 자동적으로 인간의 제도를 형성한다고 주장하는 이론가들도 있다. 자크 엘륄(Jacques Ellul)과 랭던 위너(Langdon Winner)도 이와 같은 기술결정론자에 속한다. 또 다른 이론가들은 대규모 기술이 비민주적이고 착취적이며, 소규모 시스템과 단순한 기술이 합리적이라는 입장이다. 이들은 "작은 것이 아름답다"거나, 혹은 일종의 대안기술(alternative technology)을 포용하는 입장이다.(예를 들면 Ernst "Fritz" Schumacher 혹은 Peter Harper) 이들은 원자로와 가스를 뿜어내는 차량보다 퇴비화, 재활용 물을 이용한 점적 관개, 태양열 패널, 풍력 발전을 선호한다. 이들은 탈중심적이며, 자본집약적이기보다는 노동 의존적이며, 효율적이고, 현지에서 통제 가능한 기술이다.

카를 마르크스와 프리드리히 엥겔스도 기술이 초래한 결과를 비판했다. 그러나 기술 그 자체를 비판하는 입장은 아니었다. 특히 그들은 생산수단의 소유자인 부르조아 계급에게 자본이 집중되는 현상을 비판했다. 그들의 저서에서는 프롤레타리아의 빈곤, 특히 노동자가 노동의 생산물로부터 소외되는 결과에 반대했다. 그들은 노동자와 관리자, 노동자와 소유자 사이에 벌어지는 계급투쟁을 역사적으로 분석하면서 이를 "과학적"이라고 주장했다. 이를 통해 노동자가 생산수단을 소유하는, 그래서 기술(technology), 즉 생산력(productive forces, 공장, 기계, 장비, 도구)을 조직하여 더 이상 노동자를 착취하지 않는 풍요로운 이상사회가 반드시 오게 될 거라는 이론을 전개했다. 다시 말해 근대 기술은 사회주의 혹은 공산주의 사회에서 해방의 힘이 될 것이라는 전망이었다. 그들의 이론에서 기술이 역사의 동력(엔진)이었던 만큼, 그들의 관점 또한 기술결정론적이었다. 소련의 레닌과 스탈린, 중국의 모택동, 북한의 김일성 등 마르크스주의 지도자들은 기술을 통해 자유로운 사회를 만들고자 했다.

그들은 대규모 기술 시스템이 노동자의 생활에 미치는 영향을 과소평가했다. 사회주의나 자본주의를 막론하고 이는 노동자의 숙련도를 떨어뜨렸다. 예컨대 스탈린은 미국 인디애나 주의 도시 개리(Gary)에 위치한 제철공장을 모방한 적이 있었다. 개리에는 1906년에 제철공장이 설립되었다. 이후 개리는 성장을 거듭하여 4개의 제철공장, 12개의 고로, 47개의 용광로에다 광석과 철강 운반 및 선적에 용이한 인공 항만(excavated harbor)까지 갖추었다. 개리에서는 처음 3년 동안 1만 6,000명의 노동자들이 일했으며, 그들 중 상당수가 이민자였다. 전성기의 노동자 수는 10만 명에 달했다. 스탈린은 이를 모방하여 소련 우랄강 유역의 도시 마그니토고르스크(Magnitogorsk)에 제철공장을 건설했다. 그러나 공장의 운영 실패, 노동자와 공산당 관리들 사이의 갈등, 불결하고 춥고 배고팠던 노동자들의 열악한 처우는, 대규모 기술 시스템이 정치나 경제 체제와 상관 없이 거의 언제나 착취로 귀결된다는 사실을 보여주었다.

화학: 기술, 과학, 산업의 상호 의존

기술의 역사에서 가장 중요한 영향 중 하나는, 산업이 연구개발을 지원하면서 산업과 연구개발의 관계가 점점 더 긴밀해졌다는 사실이다. 1856년 잉글랜드에서 윌리엄 헨리 퍼킨은 콜타르(coal tar)를 가지고 퀴닌(quinine, 말라리아 처방 약물의 일종 – 옮긴이)을 합성하는 실험을 하다가, 처음으로 콜타르 화학물질로부터 염료를 생산하게 되었다. 이를 기반으로 그는 염색공장을 설립했다. 독일의 화학자들은 수많은 밝은색 염료 개발 및 생산에 앞서나갔다. 예컨대 1865년 독일에서는 바스프(BASF)가 설립되었는데, 특히 군청색(인디고)으로 유명했다. 그러나 이는 변색이 되는 단점이 있었다. 바스프는 화학연구부서를 확장했고(사원 주택을 포함하는 연구 시설 일체) 15년 이내에 뉴욕에서 모스크바까지 15개의 해외 지사를 설립했다. 바스프의 기반은 체계적인 철도 산업, 번성하던 직물 산업, 광범위한 표백제의 사용이었다. 섬유산업이 확대되면서 천연염료 수요가 증가했다. 합성염료는 이러한 수요에 부응하는 동시에 다른 화학 공정 개발을 촉진했다. 특허청의 적극적 지원도 바스프의 사업 확장에 도움이 되었다. 합성염료 개발 과정에서 화학자들은 다른 물질의 합성 연구를 지속했으며, 그 중에서 의료용으로 효과가 있는 물질도 발견되었다.

독일의 산업은 영국과 특히 미국의 산업을 능가했다. 특히 미국에서는 20세기 뉴욕의 허드슨강변에 잇달아 공장이 설립되었지만, 화학 산업은 뒤처져 있었다. 제1차 세계대전이 벌어지는 동안 독일의 공장은 폭발물 제조 공장으로 변했고, 무역봉쇄에 따라 독일의 섬유 무역이 중단되자 미국의 산업이 급속도로 성장했다. 1920년대에 전쟁 중 긴밀하게 협력했던 회사들이 모여 독일 화학 산업 합동회사인 이게파르벤(I. G. Farben)이 설립되었다.

19세기를 거치는 동안 산업화 기업들은 과학기술 연구의 중요성을 인식했다. 수많은 기업들이 준독립적인 연구소를 설립했고, 새로운 공정과 시장에서 유리한 상품을 개발하기 위해 전문가를 고용했다. 예를 들면 듀폰(I. E. DuPont de Nemours Company), 웨스팅하우스(Westinghouse Electric), 알씨에이(Radio Corporation of America), 벨 텔레폰(Bell Telephone)의 벨 연구소, 지멘스(Siemens), 이게파르벤(I. G. Farben) 등이 었다. 독일에서는 국가사회주의(나치) 시기에 이게파르벤의 경영자들이 나치에 긴밀하게 협력했고, 청산가리 기반 살충제 치클론(Zyklon)-B를 제공했다. 나치가 홀로코스트 기간에 집단수용소에서 수백만 명의 유대인을 학살할 때 이것이 사용되었다. 뉘른베르크(Nuremberg) 재판소에서 다수의 경영진이 전쟁범죄 혐의로 재판을 받았고, 몇몇은 사형에 처해졌다. 그러나 그들 중 대부분은 단기 징역형에 그쳤다.

아마도 가장 큰 영향력을 미치게 될 발명은 중합체(polymers, 고분자 물질), 즉 플라스틱일 것이다. 무게가 가벼운 이 물질은 성형이 아주 쉬웠고, 상아나 대모갑, 린넨을 대체할 수 있었다. 1862년 런던 국제박람회에서 알렉산더 파크스(Alexander Parkes)는 파케신(Parkesine)이라는 물질을 공개했다. 이는 셀룰로오스(cellulose)에서 추출한 유기물로, 열가소성(가열하면 성형이 가능하고 식으면 형태가 유지되는 성질)을 지녔다. 셀룰로이드(Celluloid)가 그 뒤를 이었지만 폭넓게 활용할 만큼 단단하지 못했다. 다만 셀룰로이드는 이후 필름산업의 기초가 되었다. 가장 중요한 발명은 베이클라이트(Bakelite)였다. 레오 베이클랜드(Leo Hendrik

〔그림 5-3〕 베이클라이트 라디오

Baekeland)가 1907년에 발명한 이 물질은 전기 절연체, 전선피복, 주방용품, 보석, 배관 및 기타 용도로 사용되었다. 1993년에는 미국 화학협회에서 세계 최초의 합성 플라스틱으로 인정받았다.(그림 5-3)

플라스틱의 발전은 대부분 1910년 이후로 이루어졌다. 폴리염화비닐(PVC), 저밀도 폴리에틸렌, 폴리스틸렌이 모두 1930년대에 개발되었다. 제2차 세계대전이 공급 부족 재료(예컨대 고무)를 대체할 수 있는 신재료 연구에 박차를 가했다. 신소재가 목재, 종이, 금속, 유리, 가죽 등과 경쟁했다. 직물에서는 실크(silk)를 대체할 수 있는 나일론(nylon)이 개발되어 낙하산, 로프, 헬멧, 의류에 사용되었다. 플렉스글라스(plexiglass)가 유리를 대체했으며, 플라스틱이 가구에서 목재를 대체했다.

플라스틱은 장난감, 컴퓨터, 의류, 가구, 카페트, 가전제품, 건축 자재(예를 들면 PVC), 의료용구 등 일상생활 곳곳으로 스며들었다. 가장 큰 단점은, 사용은 간단하지만 생분해가 되지 않기 때문에 재활용이 제한적이라는 점이다. 태평양에는 떠다니는 플라스틱 조각들이 뒤엉켜 수십만 제곱킬로미터에 달하는 쓰레기 더미가 형성되었다. 이는 플라스틱의 단점이 얼마나 심각한 문제를 일으키는지 잘 보여주는 사례다. 또 다른 문제는 비스페놀(BPA)을 비롯한 플라스틱에 함유된 첨가물이다. 플라스틱이 음식이나 물 혹은 인체에 들어가게 되면 내분비 교란을 일으킬 수 있고, 그 중 상당수는 발암물질이 될 수 있다.

화학과 기술이 결합된 또 다른 결과로 플로트(Float) 유리 혹은 판유리(plate glass)를 들 수 있다. 19세기 초엽에 개발된 판유리는 자동화, 금속제련, 플라스틱 등과 관련된 산업화 공정과 혁신으로부터 성장한 물질이었다. 1848년 헨리 베세메(Henry Bessemer)는 롤러 시스템을 이용해서 판유리 리본(ribbon of flat glass, 두께가 얇고 일정한 판유리의 기본 생산 형태 - 옮긴이) 연속 생산 공정을 만들었고, 1920년대에 이르러 연마기와 그라인더를 추가하여 절단 비용을 큰 폭으로 절감했다. 1950년대에 이르러서는 생산공정이 완전히 자동화되었다. 수정궁(Crystal Palace, 1851년)은 영국 런던 하이드파크에 주철과 유리로 만든 건물이었다. 길이가 564미터, 높이가 39미터였던 그 건물은 유리의 잠재력을 유감없이 발휘한 사례였다. 이외에 또 다른 중요한 혁신으로 강도와 보안을 강화한 유선 주조 유리(wired cast glass)가 있었다.

소비자 지향의 유리 응용 제품, 예컨대 음료수병이나 맥주병 같은 제품이 19세기 후기에 개발되었다. 자동차 유리도 혁신에 강력한 자극을 주었다. 20세기 초엽, 자동차 제조업체에서 바람과 파편으로부터 운전자를 보호하기 위해 유리를 사용했다. 그러나 그것은 일반적인 유리여서 완벽한 보호 기능을 할 수 없었다. 특히 사고가 나서 유리가 파편화 되면 더 위험했다. 화학자들은 파편화를 방지하는 접착 유리를 개발했고, 나아가 착색과 안전 기능을 더해서 1920-30년대의 표준 상품으로 자리잡았다. 1960-70년대 자동차 제조업체에서는 두 겹의 유리 사이에 얇은 폴리비닐 부티랄(polyvinyl butyral)을 삽입했다. 2010년 이후 세계적으로 10억 대 이상, 미국만 하더라도 2억 4,000만 대 이상의 자동차가 제작되었고, 여기에 막대한 양의 유리가 사용되었다. 플라스틱도 의자, 몰딩, 단열, 대쉬보드 등 자동차의 내장재로 사용되었다.

하천공학 및 수력발전

초기 산업혁명 당시 강의 활용은 매우 중요한 문제였다. 이후 강을 좀더 완벽하게 관리하는 것이 근대 사회에서 기술의 지표가 되었다. 19세기 초엽부터 프랑스와 미국을 비롯한 여러 국가의 엔지니어들은 강 유역을 경제적, 정치적, 군사적 목적으로 활용하려는 시도를 주도했다. 이 노력은 점차 가속화되었고, 규모도 크게 확대되었다. 엔지니어들은 단순히 강줄기를 막아 댐을 건설하는 데서 그치지 않았다. 강을 직선화하고 준설하여 담수 능력을 강화했다. 이 과정에서 전력 생산, 홍수 조절, 관개를 위한 물 저장이 주요 목표가 되었다. 강이 국가 또는 지방행정 경계를 넘어가는 경우, 외부인의 물관리에 대해 지역민들의 반대가 있었다. 20세기에는 댐의 규모가 커지면서 강은 거대한 전력생산 기계로 활용되었고, 그 과정에서 전통적인 방식으로 범람원의 자연 환경에서 생활하던 수백만 명의 사람들이 쫓겨나 실향민(oustees)이 되었다. 현대식 댐은 어업과 임업에도 영향을 미쳤다. 댐은 회귀성 어류의 이동을 가로막았고, 수질과 온도를 변화시켰으며, 서식지를 파괴했다. 또한 댐 때문에 임산물인 목재를 강줄기를 이용하여 하류의 제재소까지 운반하기가 불가능해졌다.

19세기 엔지니어들은 자신감과 확신을 가지고 개발에 나섰지만, 사실은 주먹구구식 계산으로 시행착오를 겪어가며 노력을 계속했다. 그러나 프로젝트가 워낙 컸기 때문에 환경파괴는 불가피했고(의도적이든 아니든) 처음보다 갈수록 문제가 커지는 경우가 많았다. 그 중에서 가장 많은 연구가 되었던 시도 가운데 하나로, 미 육군 엔지니어들이 수행한 미시시피강 홍수 방지 프로젝트가 있었다.(이런 프로젝트는 이집트, 인도, 브라질, 중국 등지에서 21세기까지 계속 반복되었다.) 인도와 파키스탄을 흐르는 강가(갠지스)강과 인더스강, 이집트의 나일강에서도 거대 규모 관개 시설 구축 및 기타 수자원 관리 프로젝트가 진행되었다. 인도는 영국 통치 아래 놓여 있던 1890년대부터 수력 발전 프로젝트를 시작했다. 인도 독립 이후 1960년대부터 수많은 메가와트급 수력발전소가 건설되었고, 2010년을 기준으로 돌이켜보면 강 유역에서 살아가던 수많은 사람들이 쫓겨났다. 그 중 많은 시설이 당초의 목표에 도달하지 못했다. 예상을 뛰어넘는 빠른 속도로 토사가 쌓였고, 영양분을 머금은 토사가 하류의 삼각주와 어장으로 흘러가지 못했으며, 짠물이 삼각주로 밀려 들어왔다. 또한 홍수 조절 기능도 예상만큼 효과적이지 못했다.

예를 들어 엔지니어들은 미시시피강에 "수로" 공사를 해서 바닥을 준설하면 강물을 안전하게 하류로 흘려보낼 수 있을 것으로 확신했다. 그러나 홍수시 강물은 갈 곳을 잃어 제방을 넘어왔고, 범람원에 과도하게 조성된 농경지와 마을로 쏟아져 들어갔다. 성급한 요리사가 깔때기에 국물을 너무 많이 부어 넘친 것과 같은 모양새였다. 엔지니어들은 더 많은 예산을 확보해서 개선을 시도했지만, 그 과정에서 홍수는 더 빈번하게 일어났다. 1927년 미시시피강에서 대규모 범람 사고가 일어나 수백 명이 목숨을 잃었고, 10개 주에서 침수 사고가 발생했으며, 그 면적이 7만 제곱킬로미터, 강의 하류 테네시주의 도시 멤피스(Memphis) 아래에서는 그 폭이 97킬로미터에 이르렀다.

미국, 소련, 프랑스 사회주의자 등은 외교 정책의 일환으로 엔지니어 기술을 외부로 확산시켰다. 엔지니어링 국제 공동체는 기술 전파를 더욱 촉진시키는 통로였다. 소련은 이집트와 인도의 전문가들에게 엔지니어 교육을 시켜주었고, 예컨대 1960년대 이집트에서 아스완(Aswan) 댐 건설을 위해 해외원조를 제공했다. 양자강에서 삼협댐을 완공했던 중국의 전문가들은 러시아의 기업(Zhuk Gidroproekt)에서 교육을 받았는데, 이는 소련 군부의 기술회사였고, 그 뿌리가 1930년대에 댐과 운하 건설에 인력을 동원하던 스탈린의 굴라크 시스템(gulag system)에 연결되어 있었다. 중국에서 모택동과 공산주의자들이 권력을 장악하기 전, 삼협댐 프로젝트 초창기에 참여했던 전문가들은 미국의 간척사업국(Bureau of Reclamation)에서 교육을 받은 적이 있었다. 독일의 전문가들도 (삼협댐을 비롯한) 해외 수력발전에 기여한 바 있다.

삼협댐은 32개의 메인 터빈을 갖춘 2만 0500메가와트급 수력발전 시설로, 세계 최대 규모를 자랑하고 있다.(그림 5-4) 홍수 조절, 발전, 관개를 목적으로 건설된 이 댐은 고고 및 문화 유적지는 물론 지역 생태계를 파괴했으며, 130만 명의 주민을 쫓아냈다. 또 다른 거대 프로젝트로 브라질과 파라과이 공동의 이타이푸(Itaipu) 수력발전소가 있다. 이 댐의

[그림 5-4] 삼협댐

건설로 세계 최대 규모의 폭포였던 과이라(Guaira) 폭포가 수몰되었다. 작곡가 필립 글래스(Philip Glass)는 이 댐 건설을 기념하여 칸타타 〈이타푸(Itaipu)〉를 작곡하기도 했다.

브라질의 엔지니어들은 20세기 전반기에 웅장한 수력발전 계획을 자체적으로 수립했다. 1945년 이후에는 미국 TVA(Tennessee Valley Authority)의 엔지니어들과 협력하여 더 큰 규모의 프로젝트를 진행했다. TVA의 전문가들은 1930년대 미국 남부에 야심찬 변화를 가져왔던 주역이었다. 가난한 미국인들에게 전기, 현대식 가전제품, 비료, 정보통신 기술을 보급하고, 민주주의 증진을 위해 노력했다. 이들은 자신의 경험적 자산을 브라질의 상프란시스쿠(São Francisco) 강의 수리시설 건설 등에 보급하여 공산주의 확산을 막는 공학적 보루를 구축했다.

또 다른 수리공학 분야는 관개시설이었다. 관개시설 프로젝트의 연원이 식민지 시기까지 거슬러 올라가는 경우가 많다. 가장 건조한 대륙인 오스트레일리아에서는 19세기 영국으로부터 독립할 무렵, 영국 엔지니어로부터 교육을 받은 미국(캘리포니아) 엔지니어의 도움을 받아 대규모 관개시설을 건설했다. 남아프리카공화국에서는 관개시설 건설이 분리 정책으로 이어졌으며, 그것이 나중에는 인종차별로 나아갔다. 인도의 펀자브 지역에서는 거의 모든 경작지가 관개시설에 연결되었다. 프로젝트의 시작은 1849년까지 거슬러 올라가지만 독립 이후 보다 광범위한 공사가 이루어졌다. 프랑스의 엔지니어들은 메콩강 삼각주와 식민지 베트남에 수리 관리 시스템을 도입하고자 했다. 21세기에 접어들면서 베트남을 비롯한 여러 동남아시아 국가들은 수많은 수력발전소 건설 등을 통해 메콩강을 관리하기 시작했다. 그 과정에서 식민지 이후의 추방자(실향민) 문제와 환경 파괴 문제가 제기되었다.

교통

1750년 이후 교통혁명은 인간의 교류, 상업, 군사전략, 식생활, 여가 등의 모습을 바꾸어 놓았다. 전 세계의 시간 거리가 단축되었다. 철도와 증기선 덕분에 부패하기 쉬운 상품의 소비자 가격이 낮아졌고, 식재료는 훨씬 더 다양해졌다. 가장 중요한 교통 기술은 철도였고, 나중에는 증기선과 디젤 트럭이 추가되었다. 약 100년 후에는 수많은 교통 수요에서 철마(기차와 자동차)가 말의 역할을 대신했다. 여러 가지 기술의 발달 덕분에 여객 서비스가 급속도로 확장되었다. 이는 사회적 이동성, 국제

여행, 수백만 인구의 이주에 기여했다. 또한 운송 기술은 영국령 인도, 프랑스령 서아프리카, 일본령 만주에서 식민지 통치, 군사적 정복, 다양한 상품(섬유, 광물 등)의 시장 진출을 도왔고, 이를 통해 탄광, 항구, 창고, 제분소, 셰일 오일(shale oil) 및 화학 공장 등이 개발되었다.

좀 더 구체적인 예를 들자면, 교통의 혁신에 냉장 기술의 발전이 결합되어, 과거에는 폐기하던 과일과 채소 등의 국제 무역이 가능해졌다. 증기선 덕분에 카리브해와 중앙아메리카의 플랜테이션 농장에서는 바나나 재배가 확대되었고, 미국 시장으로 팔려 나갔다. 오늘날에는 인도, 아프리카 일부 국가, 중국에서 바나나가 수출되고 있다. 장거리 화물 운송 비용이 80퍼센트까지 줄어든 경우가 많이 있었고, 운송 횟수와 화물 규모 또한 크게 증가했다. 20세기로 접어들 무렵, 인터모달(intermodal) 운송(혹은 복합운송. 철도, 선박, 트럭 등 여러 가지 운송수단을 이용한 컨테이너 운송)이 시작되었다. 중간에 운송수단이 변경되더라도 화물 그 자체에는 손을 대지 않기 때문에, 관리, 손상, 분실의 위험이 줄어들고 운송 시간도 단축되는 방식이었다. 오늘날 해상운송은 항공운송보다는 느리지만, 그럼에도 불구하고 2007년 기준 해상 컨테이너 화물 운송량은 74억 톤에 이르렀다.

철도는 19세기 기술의 상징이었다. 무거운 화물을 운송할 때 마찰을 줄여주는 레일과 플랜지형 바퀴(flanged wheels)도 중요했지만, 무엇보다 중요한 발명은 증기기관차였다. 영국과 미국의 기업들이 철도를 주도했다. 영국의 선구자들은 영국의 작은 땅덩어리가 철도를 건설하기에 알맞다는 사실을 내다보았다. 철도 덕분에 석탄은 물론 면화 등 완제품 운송이 더 빨라졌고, 생산지와 항구가 하나로 연결되었다. 1830년 잉글랜드의 철도는 총 98마일(약 158킬로미터)이었던 것이, 1860년에는 1만 0433마일(약 1만 6,800킬로미터)로 늘어났다.

미국에서는 1810년에서 1830년 사이 몇몇 개인들이 기관차 개발 및 시험 선로 건설을 제안했다. 이후 30년 동안 운하 대신 철도가 주요 교통 수단으로 자리잡으면서 철도 건설은 더욱 가속화되었다. 1869년에는 대륙횡단철도가 건설되어 철도의 국가 표준이 만들어졌다. 영국에서와 마찬가지로 미국에서도 철도는 국가 전체를 아우르는 시장과 국민 통합 의식을 구축하는 데 도움이 되었으며, 또한 국가 기술력의 상징이기도 했다. 미국의 철도 네트워크는 전쟁(남북전쟁과 원주민 전쟁)과 관련이 있었고, 막대한 국가 보조금을 받은 경우가 많았다.

유럽의 주요 국가들은 모두 국가철도망 구축 과정에서 상징적인 목표와 실용적인 목표를 모두 달성하고자 했다. 프랑스에서는 정치문화적 목표를 염두에 두고 국가의 후원 아래 중앙집중식 철도 시스템이 만들어졌다. 1871년 독일의 정치군사적 통일에도 철도의 역할이 있었다. 러시아의 차르는 극동과 만주 지역에서 일본과 경쟁하기 위해 군사적 목적에서만 철도를 지원할 뿐, 일반적인 지원이 늦어져 유럽 중에서도 철도 건설이 늦은 편이었다. 러시아의 재무장관이었던 세르게이 비테(Sergei Witte)는 근대화의 수단으로 철도를 밀어부쳤다. 제1차 세계대전 당시에는 군사와 무기의 이송 수요가 막대했기 때문에 교통 부문에서 차르 정부의 실책이 여실히 드러났다. 1916년 러시아 정부는 노예 노동력을 동원하여 바렌츠해의 무르만스크에서 상트페테르부르크를 연결하는 철도를 건설했다.(이를 무르만스크 철도라 한다. 당시 러시아는 연합국의 일원으로 제1차 세계대전에 참여하고 있었다. -옮긴이) 독일과의 전쟁에서 불리한 전세를 뒤집기 위한 뒤늦은 노력의 일환이었다.

교통의 발달과 함께 기술의 위험도 증가했기 때문에 정부의 규제가 뒤따랐다. 1838년 미국 오하이오주 신시내티(Cincinnati)에서 강을 운항하던 선박(Moselle 호)이 폭발했다. 4대의 보일러가 폭발하여 최소 80명의 사람들이 사망한 사고였다. 이를 비롯해서 1816년부터 1848년 사이 미국에서 증기선 사고로 사망한 사람은 최소 1,433명에 달했다. 그래서 1838년에 증기선법(Steamboat Act)을 제정하여 검사와 면허를 요구했는데, 이는 연방 법령으로 민간 산업을 규제한 최초의 사례였다. 영국 정부의 초기 안전 규제 또한 철도를 염두에 둔 것이었다. 19세기의 규제가 유독 교통 기술에만 해당하는 것은 아니었지만, 당시 가장 역동적이고 눈에 띄는, 그러면서도 위험한 기술 중의 하나였기 때문에 다른 어떤 분야보다도 교통에 규제가 집중되었다. 제2차 세계대전 이후 각국 정부는 운송 기술을 비롯한 기술 전반의 규제에 훨씬 더 적극적으로 나섰다. 이는 현대 국가의 역할이 전반적으로 확대되는 과정에서 중요한 부분을 차지했다. 규제법의 진화와 유한책임회사의 성장 등 국가 정책 덕분에 교통분야의 기업은 스스로 감당해야 할 위험이 줄어들었다. 20세기 말엽에 이르러 기업은 예컨대 자동차에 장착하는 에어백이나 충돌안전성 강화 등 "안전"을 상품으로 판매하기 시작했다.

19세기의 철도와 마찬가지로 20세기의 자동차는 산업화와 대량생산의 상징이 되었다. 특히 미국의 경우, 1901년 자동차 수가 도합 3,000대였던 것이, 1904년 1만 3,000대, 1910년 13만 대, 1916년 130만 대로, 수요공급량이 급격히 증가했다. 21세기로 접어들 무렵, 미국의 자동차 공장에서는 1,100만 대의 승용차와 상용차를 생산했으며, 세계적으로는 인도와 중국 시장의 성장에 힘입어 7,600만대 자동차가 생산되었다. 2010년 인도의 자동차 생산량은 300만대에 달했고, 2009년 중국의 자동차 생산량이 미국을 추월했다.

자동차는 워낙 널리 보급되었고, 거의 모든 부문에 영향을 미치고 있다. 최신 모델의 자동차조차 대기 오염의 주요 원인이 되었으며, 지구온난화의 중요한 원인이기도 하다. 자동차는 사회적 힘이자 문화적 아이콘이었으며, 옳든 그르든 독립과 자유의 상징이 되었다. 사회주의 동독에서 생산되던 자동차 "트라반트(Trabant)"는 2행정 엔진으로 제작된 비효율적인 제품이었다. 이는 오염을 유발하며 실패한 소비 문화의 상징으로 여겨졌다. 특히 제2차 세계대전 이후 자동차는 거의 모든 분야에서 대중교통을 대신했고, 도시 변두리 지역의 확대에 기여했다. 미국에서는 주와 주를 연결하는 고속도로 시스템이 건설되었고, 제2차 세계대전 이후 자동차가 부상하면서 화물운송거리와 승객운송거리의 측면에서 자동차는 철도를 크게 앞질렀다. 또한 미국에서는 백인들이 주로 자동차를 이용하며 교외로 이주했다. 이는 인종차별, 세금 기반 약화, 도시의 쇠락 문제로 이어졌다.

건축 자재: 콘크리트부터 거더까지

도시와 그 주변이 활성화되면서 교통혁명이 일어났다. 이와 함께 건축 자재도 빠르고 심도 깊은 변화를 거쳤다. 특히 플라스틱, 콘크리트와 강화 콘크리트, 판유리, 새로운 강철 등이 건축 자재로 응용되었다. 콘크리트와 철은 이미 수 세기 전부터 사용해오던 건축 자재였다. 그런데 산업화 이후 이들이 공장에서 생산되면서 생산, 강화, 시험, 양생은 개선되는 동시에 비용은 절감되어 활용 범위가 크게 확대되었다. 처음에는 콘크리트가 주로 산업용 건물에 사용되었다. 많은 사람들이 보기에 불편하다고 생각했기 때문이다. 그러나 19세기 후반기부터는 특히 강화 콘크리트와 포틀랜트(Portland) 시멘트를 중심으로 콘크리트가 건물에 널리 사용되었다. 1920년대에는 대형 건물에 사용되었고, 1930년대에는 주요 콘크리트 댐이 만들어졌다. 1935년에 완공된 후버댐(Hoover Dam)은 약 250만 세제곱미터의 콘크리트가 사용되었다. 콘크리트 블럭과 기둥을 쌓아 올려 큰 변형이나 균열 없이 빠르게 건조되도록 했다. "슬래브, 보, 기둥, 바닥에 널리 콘크리트가 사용되던 중 1950년대부터는 고속도로 중앙분리대(이른바 Jersey barriers)에도 콘크리트가 사용되었다. "얇은 쉘(thin-shell)" 구조 기술이 지붕, 돔, 아치를 만들 때 사용되면서 콘크리트의 사용 경험은 더욱 성장했다. 혁신적인 콘크리트 구조물의 예를 들자면, 엔지니어 에두아르도 토로하(Eduardo Torroja)가 제작한 스페인 알헤시라스(Algeciras) 시장의 낮은 돔 건물, 피에르 네르비(Pier Luigi Nervi)가 건설한 이탈리아 공군 격납고, 프랭크 로이드 라이트(Frank Lloyd Wright)가 제작한 구겐하임 미술관 등이 있다.

현지 소비자들에게도 콘크리트가 판매되었다. 제조업자는 드럼에 담아서, 나중에는 포대에 담아서 콘크리트를 판매했다. 사전제작 방식으로 콘크리트 블럭, 도로포장재, 화분 등이 저렴하게 판매되기 시작했다. 개발도상국에서는 주택의 기초를 지면보다 높이고자 할 때 콘크리트 블럭이 널리 사용되었다. 또한 비용 절감을 위해 도로 전체보다는 표층에만 콘크리트 블럭을 깔기도 했다. 20세기 말엽을 기준으로 콘크리트는 미국에서만 200만 명 이상을 고용하는 350억 달러 규모의 산업이었다.

도시화는 광대하고 시끄럽고 무질서한 주택, 지나친 인구 밀집, 쓰레기, 배설물과 함께 쌓이는 산업 폐기물, 원활하지 못한 물 공급을 의미했다. 도시에서는 발진티푸스를 비롯하여 수인성 질병이 자주 유행하여 주민들의 목숨을 앗아갔다. 19세기 후반에 이르러 보건당국에서는 상하수도를 보급하고, 청결하고 안전한 공공 주택을 건설했다. 광산 기업에서는 자체적으로 주택을 제공했지만, 이와 같은 "컴퍼니 타운(company towns)"은 독점적인 경우가 많았고, 임금노동자들에게 증권을 교부했으며, 숙식비로 다시 그 증권을 회수했다. 컴퍼니 타운의 사례로는 프랑스의 르크루소(Le Creusot, 광산기업), 독일의 볼프부르크(Wolfsburg, 자동차), 레버쿠젠(Leverkusen, 화학염료), 스웨덴의 키루나(Kiruna, 광산), 일본의 키타큐슈(北九州, 광산도시), 폴란드의 우치(Lodz, 섬유) 등이 있었다. 1920년대 독일 바이마르 공화국은 공공건축물의 선구자였다.

　공중 보건과 복지를 명분으로 도시 주택이 건설되었다. 산업건설기술과 자재 향상으로 비교적 저렴한 건설이 가능했다. 제2차 세계대전 이후 공공주택은 미국과 서유럽에서 빠르게 확산되었다. 동유럽과 소련 등 사회주의권에서는 주요 산업 부문에서 노동자들에게 주택을 의무적으로 제공하도록 했다. 결국 노동자들은 소음과 공해에 가까운 곳에서 살아갈 수밖에 없었다. 그렇게 해서 조성된 소련 최초의 산업도시가 우랄산맥 지역의 마그니토고르스크(Magnitogorsk)였다. 흐루쇼프(Khrushchev) 치하 소련에서 주택의 대량 생산 프로그램이 시작되어, 1950년대 후반부터 양질의 주택을 매년 수백만 채씩 보급했다.

　아시아와 아프리카의 대부분 지역에서는 공공 주택 정책이 뒤떨어져 있었다. 이들 국가의 평균 가정에서는 북서부 산업 지역에 비해 몇 배나 많은 인구를 포함하고 있었다. 20세기에 접어들면서 도시로의 이주가 가속화되었다. 베트남에서는 정부의 정책 때문에 2020년 기준 4,500만 명의 인구가 도시에서 살고 있으며, 이는 전체 인구 대비 45퍼센트에 달하는 수치다. 이는 주택 재고에 상당한 압력으로 작용했으며, 정부의 통계에 따르면 도시민의 25퍼센트가 표준 이하 혹은 임시 거처에서 생활하는 것으로 파악되었다. 방글라데시에서는 1991년 인구 조사 결과 주택의 5분의 4가 짚이나 대나무로 만들어졌다. 인도에서는 대부분의 사람들이 10제곱미터 이내에서 생활, 수면, 요리, 세탁, 화장실을 해결하고 있으며, 정상적인 화장실을 이용하지 못하는 인구가 4억 명에 달하는 등 광범위한 슬럼 지구가 존재한다. 브라질에서도 마찬가지로 도시화가 급속도로 진전된 반면 공공 주택 정책의 전환은 늦어졌다. 적절한 주택에서 생활하지 못하는 사람들이 수백만 명에 달한다. 주로 남동부와 북동부 지역에 주택 문제가 극심한데, 공중 보건의 기본 요건을 충족하지 못하는 주택들이 많다. 21세기에 들어서서 매년 수백만 채씩 주택을 공급하려는 계획이 수립되었지만 시행이 늦어지고 있다.

교외의 주택은 도시의 아파트와 마찬가지로 개발 과정에서 토지 굴착과 숲 제거 등의 과정에서 환경 문제를 일으키는 경우가 많다. 대량 주택 사업은 단위당 건설 비용을 크게 낮추었다. 1900년대 초엽부터 제2차 세계대전 이후까지 미국의 주택 자가율은 40퍼센트 미만이었지만 1970년대에는 거의 70퍼센트까지 올라갔다.(이후로도 이 비율이 그대로 유지되고 있다.) 교외의 개발과 함께 냉장고나 세탁기 같은 소비재의 대량 소비가 수반되었고, 쇼핑센터와 패스트푸드점 같은 유통 혁신도 뒤따랐다. 자동차는 이 모든 인공 환경들을 연결해 주었다.

정보통신 기술

통신 기술도 1750년 이후 급속도로 변했다. 그 사이 우편 서비스는 전화와 이메일로, 펜과 타자기와 먹줄은 복사기와 팩스 및 전자우편으로, 테이프 레코드는 CD와 음악공유 서비스로, 전보, 라디오, 영화, 텔레비전은 컴퓨터로 바뀌었다. 이 모든 여정은 부품과 회로의 소형화에 기반을 두었으며, 통신 기술은 전 세계 모든 국가에서 보편화되었다. 가난한 사람들도 휴대전화를 가지고 있다. 인터넷 접속은 여전히 불평등하지만 그럼에도 확산되는 중이다.

통신은 기술의 역설을 대표적으로 보여주는 사례다. 민주주의 제도의 확산, 교육, 고립의 해소 등 좋은 목적으로 사용될 수 있지만 동시에 소련이나 북한처럼 시민 억압의 수단으로도 이용될 수 있다. 소련에서는 정부가 전화와 복사기를 엄격하게 규제해서 반체제 문헌이 지하로 숨을 수밖에 없었다. 소셜 미디어와 휴대폰은 2011년 "아랍의 봄(아랍 민주화 시위)"에 결정적인 역할을 하기도 했다.

19세기에는 세계 여러 나라에서 우편 시스템이 만들어졌다. 일반적으로는 선불요금(우표)으로 운영되었지만 독점 정책 등 정부의 보조를 받았다. 이를 통해 정부는 비싸고 혼란스러운 민간 우편 시스템을 종식시켰다. 우편 시스템을 통해 연금을 지급하고, 여권 신청 업무를 처리하는 등 기타 서비스를 제공하는 나라도 있었다. 미국에서는 1775년 대륙의회가 벤저민 프랭클린(Benjamin Franklin)을 연방 우체국 대표로 지명하고, 메인(Maine)에서 조지아(Georgia) 주에 이르기까지 우편 서비스 통합 임무를 맡겼다. 1808년 로버트 풀턴(Robert Fulton)의 증기선 "클레르몽(Clermont)호"는, 적어도 비공식적으로는 우편을 배송했으며, 1815년

의회는 증기선을 이용한 우편 운송 계약을 승인했다. 1860년대 미국에서는 철도를 이용한 정기 우편 서비스를 시작했다.(특정 구간에서는 마차 이용) 미국과 유럽에서는 대개 주요 철도역 인근에 우체국이 설립되었다. 19세기 말에 이르러 도시와 시골에서 개인의 집까지 직접 배송 제도가 마련되었다.(그 이전에는 특히 시골 지역 거주자는 직접 우체국을 방문하여 자신의 우편물을 찾아가야 했다. 그러나 1906년부터 공식적으로 미국에서 RFD, 즉 rural free delivery 제도가 시행되어, 개인의 가정까지 우편물을 배달해주도록 했다. ─ 옮긴이) "항공우편"은 1918년에 시작되었다. 1959년 영국에서 우편번호가 도입되었고, 1964년 미국에서, 그리고 이후 다른 나라에서도 같은 제도가 시행되었다.

전보는 우편보다 훨씬 더 빠른 소통을 가능케 했다. 대개는 전선이나 혹은 라디오 전파를 통해 전달되는 전기 신호를 이용했다. 19세기 초엽에 이르러 프랑스와 프로이센의 수많은 물리학자들(Hans Christian Ørsted, André-Marie Ampère, Carl Friedrich Gauss 등)이 전선과 자석을 이용하여 언어적 의미를 내포하는 신호의 전달 기술에 진전을 이루었다. 미국에서는 새뮤얼 모스(Samuel Morse)와 알프레드 베일(Alfred Vail)이 1830년대에 모스 부호(Morse code)를 만들었다. 1840년대 미국 의회에서는 발티모어에서 워싱턴까지 전선 가설 공사 예산을 승인했다. 최초로 전달된 메시지는 "What hath God wrought(신이 행하신 일)"이었다. 1861년부터는 대륙 간 전보가 운영되기 시작했다. 그로부터 얼마 지나지 않아서 대서양 해저 케이블이 개통되었다. 20세기로 넘어가면서 전보의 비용이 급격히 낮아졌고, 세계의 더 넓은 지역으로 확산되었다. 공용망 서비스를 통해 무역, 전쟁, 뉴스 등 세계적 통신의 즉각적 전송이 가능해졌다. 그러나 21세기에 인터넷과 전신송금이 등장하면서 전보는 종말을 고했다.

다른 수많은 기술이 그랬던 것처럼 전화 또한 비슷한 시기에 여러 사람이 개발에 성공했다. 그레이엄 벨(Alexander Graham Bell)과 그의 회사가 미국에서 전화 사업을 장악했고, 그의 특허가 미국에서 인정되었으므로 공식적으로는 전화가 그의 발명으로 알려져 있다. 전화 교환기와 교환판이 개발되면서 사업이나 우편, 철도, 행정 관리에서 전보의 중요성은 막을 내렸다. 20세기 초 미국은 세계에서 전화 보급률 선두를 달리고 있었고, 가입자 수는 300만에 달했다. 통신 품질이 개선되고, 회전 다이얼 기능을 갖춘 통합송수신기, 자동 교환 장치, 버튼식 전화기 등이 개발되면서 전화의 사용은 갈수록 편리해졌다. 마침내 반도체를 이용한 소형화에 성공하여 다재다능한(컴퓨터, 카메라 등 다른 장치의 기능까지 겸비한) 스마트폰이 탄생했다.

한때 많은 사람들이 전화를 우려했다. 가족을 파괴하고, 저녁 식사와 사생활과 수면을 방해하며, 예민한 사람들을 억지로 끌어내고, 위험한 행동과 사기를 일으키며, 역설적으로 대화를 방해하게 될 거라는 걱정이었다. 그런 면도 없지 않았다. 다른 한편으로 가정용 전화는 고립을 타개하고 가족의 사회적 관계망을 넓혀 주었다. 또한 사고를 알리고 긴급 지원을 요청할 때도 도움이 되었다. 업무용 전화는 사업상 소요되는 많은 비용을 절감해 주었다. 처음에는 부유층만 전화를 구입할 수 있었고 통신 환경도 열악했지만, 이제는 모든 계층의 사람들이 전화기를 소유하고 있다. 전화 회사에서 위급 상황 연결 비용을 낮추도록 정부가 나서 강제함으로써 모든 시민이 긴급전화를 사용할 수 있게 되는 등, 이제 전화는 사치품이 아닌 필수품이 되었다.

2010년 세계 인구가 70억 명일 때 휴대폰 사용자는 약 68억 명이었다. 휴대폰 사용자 수가 인구수를 초월하는 나라들도 많이 있다. 예를 들면 러시아, 이탈리아, 브라질, 독일, 미국, 우크라이나, 이집트, 인도네시아 등이다. 휴대폰은 2011년 아랍의 봄과 기타 사회운동을 뒷받침하는 정보의 개방성과 신속한 확산에 기여했다. 튀니지, 이집트, 리비아, 예멘에서, 시민들은 지도자를 권력에서 몰아냈고, 이외에도 다른 곳에서 현 정권에 대한 불만으로 봉기가 일어났다. 그러나 현대의 통신 기술, 특히 휴대폰은 정부가 국민을 통제할 수 있는 힘을 부여하기도 했다. 대부분의 정부가 휴대폰 통신을 감시하고 있다. 그 중 일부(예컨대 중국, 러시아, 미국)는 21세기에 들어서서 컴퓨터를 이용하여 수백만 명의 사용자를 추적하고 있다. 이런 관행의 뿌리는 매우 깊다. 초창기에는 교환실의 교환원이 대화를 엿들을 수 있었고, 실제 그런 사례가 있었다. 초기에는 공동가입 전화가 많았다. 1920년대부터 닉슨 대통령 재임 시기까지, 미국 군부에서는 법원의 허가 없이 전화를 도청했다. 기업과 정부는 일상적으로 개인의 휴대폰 사용을 추적하고, 컴퓨터상으로 어떤 웹사이트를 방문하는지도 추적한다. 현대적 기술 환경 아래 프라이버시는 지키기 어려운 귀중한 재산이 되었다.

컴퓨팅 머신

초기의 컴퓨팅 머신(computing machine)은 암호화 및 암호 분석 문제와 관련이 있었다. 과학자들은 오래도록 컴퓨팅 머신을 개발하고자 노력했다. 그러나 급속도로 발전이 이루어졌던 계기는 대량파괴 무기와 관련이 있었다. 즉 수소폭탄 제작을 위해 복잡한 계산이 필요했기 때문이다. 1970년대 초에는 많은 연구 기관에서 메인프레임 컴퓨터(mainframe computers, 혹은 대형컴퓨터)의 표준화 작업을 시작했다. 소형 혹은 휴대용 모델은 1980년대에 개발되었다. 마이크로 프로세서 탑재로 가능해진 일이었다. 그에 따라 가정용 컴퓨터의 대중화가 이루어졌다. 1997년에는 약 4만 8,000대, 2002년에는 약 5억 대, 2010년 약 10억 대의 컴퓨터가 보급된 것으로 추정된다. 컴퓨터는 신속한 계산 이외에도 데이터의 저장, 조작, 계산, CAD/CAM(컴퓨터 지원 설계 및 제조) 등 무수히 많은 용도로 사용되고 있다.

앞에서도 언급했듯이 컴퓨팅 머신의 가장 뚜렷한 사용처는 디지털 통신 분야였다. 21세기에 들어서면서 전화와 컴퓨터 시스템이 연결된 소셜 네트워킹 사이트가 확산되었다. 사람들은 이를 통해 통신뿐만 아니라 사진과 뉴스를 주고받았고, 더 쉽게 만나고 조직하며 자신과 비슷한 관심을 가진 사람들을 찾을 수 있었다. 단문메시지 서비스(SMS, short message service)는 처음에는 젊은 층에서 인기를 끌었다. 이제는 모든 계층의 사람들이 휴대폰과 컴퓨터를 이용하여 끊임없이 의사소통을 하고 있다. 한 마디로 현대의 통신 기술은 교육과 정보 접근, 집회 혹은 군중의 조직화를 통해 민주주의 활동에 기여하고 있지만, 동시에 억압의 도구로도 사용되고 있다. 그러나 개인의 직업이나 습관에 상관 없이 유비쿼터스 전화는 이미 사회, 경제, 정치 생활 속으로 깊숙이 들어와 있다.

핵 기술: 무기와 평화

군사적 용도로 개발되었거나 그 과정에서 응용된 기술과 공정의 사례는 많이 있었다. 교체 가능한 부품 기술(표준화 기술)은 미국식 시스템과 조립 라인의 부상으로 이어졌다. 새로운 강철은 군함 제조에 도움이 되었고, 나중에는 탱크 제작과 현대식 조선에도 기여했다. 컴퓨터는 핵무기 개발을 위해 설계된 것으로, 이른바 스마트 무기와 드론의 필수 요소가 되었다. 지정학적 관점에서 볼 때, 혹은 환경 파괴나 인간의 지나친 오만이라는 관점에서 볼 때도, 20세기의 가장 중요한 기술은 아마도 핵기술이었을 것이다.

미국의 아이젠하워(Dwight Eisenhower) 대통령이 1953년 유엔에서 "평화를 위한 핵에너지(Atoms for Peace)" 연설을 했을 때 그의 취지는 미국과 소련을 비롯한 세계의 여러 나라들에 유엔을 통한 평화적 핵에너지 이용을 권장하고, 핵에너지가 위협이 될 거라는 대중적 우려를 줄이고 냉전을 완화하는 것이었다. 세계의 과학자들은 공적 사용으로 핵에너지를 "순화"할 수 있는 기회를 얻었으며, 핵전쟁의 위협보다 평화적 이용의 이익이 훨씬 더 중요하다는 점을 강조했다. 과학자들은 이미 오래 전부터 엑스레이(X-rays) 활용법을 알고 있었으며, 머지 않아 의료용 진단과 치료, 산업용 센서와 추적기에 필요한 동위원소(isotopes)를 찾아냈다. 이를 이용하여 식품을 "살균"처리하고, 유통기한을 늘렸으며, 해충을 방제했다. 방사선 살균법은 오늘날 널리 사용되는 방식은 아니다. 식품의 방사선 처리를 위한 시설 구축 비용이 많이 드는 데다, 단순히 물로 세척하더라도 그 효과가 비슷하기 때문이다. 그러나 60개 이상의 국가에서 여전히 방사선 살균법이 시행되고 있다. 예컨대 멀리 불리한 환경에 파견된 군대에 식량을 보급할 때는 여전히 방사선 살균법이 필요하다.

핵에너지를 이용하는 평화적인 방법으로 가장 두드러지는 사례는 열과 전기를 생산하는 원자력 발전이다. 그 열은 산업용 혹은 해수의 담수화에 사용될 수 있다. 최초의 민간 원자로는 규모가 작은 편이었지만 오늘날 원자력 발전 용량은 1,000-1,200메가와트급으로 성장했다. 소련에서 민간 전력망에 전기를 공급하기 위해 1954년 오브닌스크(Obninsk)에 5,000킬로와트급 발전소를 건설했다. 이것이 원자력 발전의 시작이었다. 2013년 7월을 기준으로 세계에는 403기의 원자력 발전소가 운영중이며, 미국에 100기, 프랑스에 58기, 러시아에 33기가 설치되어 있다. 대부분은 가압수형 원자로(PWR, pressurized water reactor)다. 원자로는 기본적으로 거대한 차 주전자처럼 생겼다. 원자로는 주로 핵분열성 물질인 우라늄-235(235U) 또는 플루토늄-239(239Pu)를 연료로 사용해 제어된 지속적 연쇄반응을 일으켜 전력을 생산한다. 연료는 중성자를 흡수하면 핵분열을 일으키는 무거운 원자로 구성되어 있다. 이 연료와 소형 중성자원을 원자로 압력용기(대형 탱크 형태)에 함께 넣는다. 중성자가 원자와 충돌하면 연쇄반응이 시작된다. 핵분열이 일어난 원자에서 나온 중성자들이 다시 다른 원자의 핵분열을 촉진하는 과정이다. 원자가 핵분열할 때마다 막대한 양의 에너지가 열 형태로 방출된다. 발생한 열은 원자로의 냉각재를 통해 밖으로 전달되는데, 일반적으로 냉각재로는 물이 사용된다. 이 냉각재는 다른 물을 증기로 바꾸고, 이 증기는 터빈을 돌려 발전기나 구동축을 회전시킨다.

원자력 발전의 장점은 황산염이나 질산염 혹은 온실가스 등의 오염물질을 방출하지 않는다는 점이다. 원자력 에너지는 화석연료 에너지에 비해 상대적으로 깨끗한 편이다. 그러나 원자력 발전소 건설을 위해서는 발전소 부지뿐만 아니라 안전 구역 설치를 위해 막대한 토지가 필요하며, 환경으로 방출되는 냉각수는 상당히 냉각한 뒤에 방출하더라도 생태계에 직접적인 동시에 즉각적인 영향을 미친다. 그래도 화석 연료를 이용할 때 발생하는 채굴 사고나 연료 운송 문제 혹은 호흡기 질환 등을 고려하면 원자력이 더 안전하다는 사실은 입증되었다. 그러나 원자력은 테러 방지와 자연재해 사고 예방을 포함하는 안전 비용 때문에 막대한 건설 비용을 필요로 한다. 이러한 비용을 충당하기 위해 원자력 발전에는 대규모 보조금과 원자력 시설의 법적 책임을 제한하는 특별 배상 보험이 추가되었다.

주요 사고 처리 비용 또한 엄청난 규모였다. 1979년 미국 펜실베니아주의 쓰리마일섬(Three Mile Island)에서 부분 멜트다운(meltdown) 사고가 일어났다. 1986년 소련 체르노빌에서 대형 폭발 사고가 일어나 원자로가 파괴되었고, 막대한 양의 방사능이 유출되어 세계로 확산되었으며, 그 여파로 인한 사망자가 5만 명에 이르렀다. 2011년 일본 후쿠시마에서 쓰나미로 발전소 붕괴가 지금까지 진행 중이며, 막대한 방사능이 유출되었고, 인간과 환경에 미친 손해 비용은 아직 집계되지 못했다. 세 건의 사고 모두 관리자들이 위험에 대해 거짓말을 했다.

원자 폭탄 같은 원자력의 군사적 응용은 군사 기술과 국가-과학-공학 파트너쉽의 상징이었다. 레오 실라르드(Leó Szilárd)와 알베르트 아인슈타인(Albert Einstein) 등의 과학자들이 나치의 폭탄 위험을 보고한 이후, 미국의 프랭클린 루스벨트 대통령은 원자폭탄 개발을 승인했다. 이후 맨해튼 프로젝트(Manhattan Project), 즉 핵분열 실험이 시작되었다. 이는 준독립적 민간 과학자들이 당국의 전폭적 지원을 받아 수행한 군사 연구 프로젝트로, 그 효율성이 입증되었다. 연구 책임자로는 로버트 오펜하이머(J. Robert Oppenheimer)가 선정되었다. 그는 이론물리학자이자 뛰어난 관리자였다. 군사 지휘관은 레슬리 그로브스(Leslie Groves) 장군이 맡았다. 오펜하이머는 뉴멕시코주 로스알라모스(Los Alamos)에 세계 최고의 물리학자들을 초청했다. 1945년 7월에는 인근 사막에서 최초의 원자폭탄 실험이 실시되었다. 같은 해 8월 6일, 미국은 일본 히로시마(広島)에 원자폭탄을 투하했다. 같은 해 8월 9일에는 나가사키(長崎)에 원자폭탄이 떨어졌다. 두 차례의 폭탄 투하로 15만 명이 직접적으로 목숨을 잃었고, 추가로 5만 명이 질병이나 방사능 오염 등의 여파로 그 이듬해에 사망했다. 당시의 무기 사용 결정에 대해서는 지금도 논란이 계속되고 있다. 일본은 8월 15일 미국에 무조건 항복을 선언했다.

소련에서는 미국의 경우와 같은 도덕적, 재정적, 정치적 난관이 없었다. 스탈린(Joseph Stalin)은 비밀경찰(내무인민위원회) 수장이었던 라브렌티 베리야(Lavrenty Beria)에게 필요한 인력과 장비, 기타 자원을 모아 지체 없이 프로젝트를 시작하라는 명령을 내렸다. 미국에서 오펜하이머가 담당했던 역할은 쿠르차토프(Igor Kurchatov)에게 맡겨져, 그가 프로젝트의 과학 이론 분야를 주도했다. 소련은 미국과 거의 같은 시기, 비슷한 규모의 실험용 원자로 F-1을 조립하고 플루토늄을 생산하기 시작했으며, 핵분열성 원료 물질 농축 기술을 획득했다. 1949년 8월 소련 최초의 시험용 원자폭탄을 터뜨렸다. 물론 소련은 폭탄 제조가 가능하다는 사실을 알고 있었고, 첩보원을 투입하여 정보를 캐냈다. 첩보원의 활동으로 과학자들이 제대로 된 방향으로 나아가고 있다는 사실은 알았지만 설계도를 확보하지는 못했다. 그러므로 소련의 원자폭탄은 자체 기술로 제작된 것이다. 그 뒤를 이어 영국, 프랑스, 중국이 원자폭탄 제조에 성공했다. (나치는 성공하지 못했다.) 2010년에 이르기까지 인도, 파키스탄, 북한이 핵무기를 제조했다. 이스라엘의 핵무기 보유도 널리 인정되고 있다. 이란을 비롯한 몇몇 국가들은 우라늄 농축 과정을 연구하고 있다. 원자폭탄을 만들기 위해서는 먼저 풍부한 우라늄 농축이 전제가 되어야 하기 때문이다.

비밀주의와 세계대전, 그리고 냉전의 압박 속에서 과학자들은 핵분열과 핵융합을 연구했다. 75년 이상 과학자들은 공중과 지하에서 수천 기의 핵무기 실험을 관찰했다. 그 과정에서 위험한 방사성동위원소가 확산되었고, 인류의 건강에 심각한 위협이 되었다.(약 2,000회의 실험이 이루어졌고, 그 중 절반은 미국에서 실시한 실험이었다.) 실험 과정에서는 동물과 인간이 적정 농도 이상의 방사능에 노출되었다. 실험 무기 폭발 이후 군인들은 적절한 안전 장비나 모니터링 장비 없이 곧바로 "그라운드 제로(폭발지점)"에 투입되었다. 저준위 및 고준위 방사능 폐기물이 제대로 처리되지 않은 경우도 종종 있었고, 지하수로 침출되어 생태계로 확산되었지만 당국은 이를 묵인했다. 쓰리마일섬, 체르노빌, 후쿠시마 등 대형원전의 문제는 이제 모두에게 알려진 상식이지만, 과학자들은 점점 더 큰 원자로를 건설하면서도 여전히 정책 입안자들과 시민들에게 원자로가 안전하다는 확신을 심어주었다.

원주민들이 원자폭탄 실험과 개발의 최전선에 놓이게 된 상황을 이해하면, 핵무기 때문에 인류와 환경이 부담해야 할 비용, 내재적 비도덕성이 더욱 명확해진다. 미국 내 우라늄 광산의 대부분은 아메리카 원주민의 영토에 위치하고 있다. 정부는 소소한 보상을 지불하고 원주민 부족에게 양보를 강요했으며, 기존의 법률은 광산업자에게 유리하게 적용하여 우라늄을 확보하도록 했다. 아메리카 원주민들도 광석을 채굴했다. 나바호족 광부들은 다른 사람들에 비해 폐암 발생률이 훨씬 더 높았다. 미국 정부는 또한 남태평양의 환초를 원자폭탄 실험장으로 사용하기로 했다. 실험장으로 선정된 비키니(Bikini) 환초에 살던 원주민들은 강제 이주시켰다. 정부에서는 그들이 고향으로 돌아갈 수 있도록 해주겠다고 약속했지만, 방사능 오염 수치는 쉽사리 낮아지지 않았다. 그 약속이 완전히 이행되기까지 몇 년이나 걸릴 지는 아직은 알 수 없다. 마찬가지로 소련과 프랑스도 핵실험을 위해 제국의 권력을 이용했다. 소련의 핵실험으로 카자흐스탄과 북극 네네츠족의 땅이 광범위하게 오염되었고, 프랑스는 폴리네시아섬의 주민들을 착취하고 학대했다. 그 외에도 미국의 유타주와 네바다주, 카자흐스탄 등지에서 이른바 다운윈더(downwinder, 순풍지대에 사는 사람)라고 불리는, 핵실험으로 방사능에 노출된 많은 사람들이 있지만, 그들에 대해서는 여전히 충분한 조사가 이루어지지 않았고, 조사가 이루어진 경우에도 그 결과는 "비밀"로 지정되어 있다. 냉전이 끝난 1990년대에도 진상 규명은 물론이고 보상을 받은 사람도 거의 없었다.

    원자력 기술의 다른 응용 분야도 대부분 군사용이었다. 소련은 잠수함용 원자로를 200기 이상 제작했다. 원자력 추진체는 높은 전력 밀도에다가 별도의 연료 운반도 필요 없기 때문에 이를 이용하면 잠수함에 더 많은 공간을 확보할 수 있고, 급유 없이 더 빠른 속도로 더 먼 거리를 이동할 수 있다. 미국과 소련은 우주용 로켓 엔진과 원자력 비행기 개발에서 수많은 비용을 투입했다. 이러한 프로그램은 대부분 실패로 끝났다. 그러나 기존에 이미 수많은 핵추진 위성이 발사되었고, 2012년을 기준으로 30개 가량의 우주 기반 원자로가 지구 궤도를 돌고 있다. 소련은 핵추진 쇄빙선 개발도 시도했다. 그러나 가장 많은 비용을 광범위하게 투입한 분야는 핵탄두였다. 1985년까지 최고 6만 8,000개의 핵탄두가 생산되었고, 이외에도 2013년을 기준으로 9개 국가에서 약 1만 7,000개의 핵탄두를 보유하고 있다.

농업, 농학, 농업 비즈니스: 자가증식의 기술

산업 패러다임의 여파가 농업으로도 확장되면서, 각각의 혁신이 연쇄적으로 일어났다. 기계가 인력을 대신했고, 생산비를 낮추어 수요를 늘렸다. 생산비를 더 많이 낮추고 생산량을 증가시키기 위해 농업 기계화의 노력은 지금도 계속되고 있다. 연구자들은 기계 재배가 용이한 새로운 곡물 품종을 개발했다. 1950년대에는 현금작물 단일재배 플랜테이션이 극대화되어, 심고, 가꾸고, 수확하고, 시장까지 운반하는 전체 과정이 기계화되었다. 그중 일부 기술, 예컨대 생물학적 혹은 화학적 기술은 적은 자원으로 생산량을 극대화하는 데 중점을 두었다. 대개 기계화와 관련된 또 다른 기술은 투입 자원(주로 노동력) 비용 감소를 목적으로 하는 것이었다. 이러한 기술 중 일부는 농업에서 노동력을 "해방"시켜 도시화에 기여했고, 다른 일부는 지구의 수용력(지구가 지탱할 수 있는 최대 인구 규모)에 영향을 미치는 등, 사회 관계에 매우 다른 방향으로 영향을 미쳤다.

산업혁명의 첫 단계에서 발명가들은 산업화의 성과를 전기 발전, 신소재 개발, 농업기계에 적용하고자 했다. 초기 기술 혁신의 대부분은 영국과 미국에서 시작되었다. 수확기, 갈퀴, 예초기, 헤이로더 등의 기계는 공급과 수요를 상호 강화하는 효과를 가져왔다. 예를 들어 조면기(cotton gin)는 목화에서 씨앗을 분리하는 기계로, 덕분에 더 많은 목화를 재배할 수 있었다. 또한 기계 방적(실잣기) 덕분에 면사를 더 저렴하게 생산할 수 있었다. 결국 수요가 더 많아졌고, 더 많은 목화를 재배하게 되었다. 착유기로 산업화된 우유 생산이 가능해졌다. 내연기관은 20세기 초 트랙터를 비롯한 기타 농기계를 통해 농업에서도 제역할을 찾았다. 더 이상 지형이 농장의 형태를 가로막지 못했고, 숲이나 그루터기, 바위나 돌, 개울과 강도 극복할 수 없는 장애물이 아니었다. 점점 더 강력한 트랙터가 등장했으며, 농장은 지평선까지 확장되었다. 옥수수, 밀, 콩, 기타 현금 작물의 단일 재배가 수요를 초과할 정도로 생산되었다. 이른바 "기술결정론자"의 견해에 따르면, 트랙터에 의해 농업 생산은 수요에 종속되지 않고 생산을 위한 생산으로 나아갈 수 있었다. 불도저, 파종기, 수확기 같은 다른 기계들과 함께 트랙터는 보기에 따라서는 무한대로 작동할 수 있을 것처럼 보였다. 그 결과 20세기 후반에는 대규모 농장 혹은 농업 전문 기업이 탄생했다. 미국이 트랙터 생산의 선두주자였지만, 소련의 지도자들도 트랙터를 적극적으로 수용했다. 그들이 보기에 트랙터는 농민을 사회주의자로 개종시킬 수 있는 중요한 수단이었다.

    1920년대의 기술자들은 기술의 발전을 일상생활에 적용시키고자 했다. 그래서 농업, 어업, 임업 전문 저널에 산업화의 용어가 파고 들었다. 인류는 수 세기 동안 잡종교배를 통해 더 나은 농작물 혹은 가축을 만들어냈다. 그러나 그 메커니즘을 이론적으로 이해한 것은 아니었다. 과학자들은 유전공학을 통해 처음에는 학문적으로, 오늘날은 상업적으로 유전자 조작 방법을 익혀 나갔다. 유전자 기술 활용은 대부분 농업 분야에서 이루어졌다. 대기업 주도 하에 해충이나 예상치 못한 날씨에 취약하지 않은 작물을 생산하는 것이 목적이었다. 또한 유전자 조작을 통해 더 빨리 수확하고, 더 쉽게 출하하고, 더 많은 살충제와 제초제를 투입하고, 고기나 우유나 지방을 제공하는 가축이 더 빨리 성장하게 되었다. 지금까지 연구자, 정부, 기업들은 연구, 상업적 개발, 규제에 수십억 달러를 투자해 왔다. 유럽연합은 유전자 변형 생물체(GMOs, genetically modified organisms) 규제에 앞장서고 있다. 비교적 규제가 약한 편이었던 미국에서는 GMO 규제의 대부분이 자발적으로 시행되었으며, 기업이 정부와 안전 문제를 협의하거나 데이터를 공유하는 방식을 취하고 있다. GMO와 연결된 문제로 집중적 동물사육(CAFOs, Concentrated Animal Feed Operations) 문제가 있다. 즉 동물 생산, 사육 및 도축의 산업화 문제다. 도축의 산업화는 19세기 중엽까지 거슬러 올라간다. 당시 미국 중서부 도시에서 새로운 도축장 및 육류 포장 기술이 개발되어, 매년 수백만 마리의 소와 돼지를 신속하게 출하할 수 있게 되었다. 집중적 동물사육은 특히 1945년 이후에 발달해서, 축산업에서도 산업화와 비슷한 효율성을 가져왔다. 이로써 가축의 표준화된 "대량생산" 체제가 주류가 되었다. 집중적 동물사육은 많은 개체의 동물들을 좁은 공간에 가두어 두고, 먹이와 분뇨와 병든 개체와 병원균이 같은 공간에 공존하게 되는 상황을 초래했다. 금속으로 제작된 사육장과 울타리가 동물의 행동과 이동을 제한했고, 동물들은 햇볕이나 신선한 공기를 거의 접하지 못했다. 그것이 초래한 환경오염(대량의 배설물 및 분묘의 석호화, 항생제 내성 박테리아, 침식 등)은 치료가 매우 어려운 지경에 이른

[그림 5-5] 축사에 갇혀 곡물사료를 먹는 젖소
미국 위스콘신주 로건빌(Loganville)에 있는 현대식 낙농장.

것으로 확인되었다.(그림 5-5)

21세기의 기술과 국가

21세기에 접어들면서 기술은 세계 모든 경제를 통합적으로 연결시켰다. 기술은 교통과 통신의 발달을 가져왔고, 이를 통해 세계는 더욱 긴밀하게 연결되었다. 농업이나 하천 관리 혹은 숲의 관리 같은 분야도 산업화의 형식을 갖추게 되었다. 각 분야에서 기술 혁신의 속도는 갈수록 빨라졌으며, 소형화 및 섬세한 조작 능력은 최근에 특히 데이터 관리 장치 분야, 유전공학이나 GMOs를 통한 유전학 분야에 큰 영향을 미쳤다.

20세기에는 기술 시스템이 점점 더 대형화되었고, 국가 권력과 더욱 밀접하게 연결되었다. 기술 분야의 주요 지출은 군사 영역에서 직간접적으로 발생했다. 공산주의 소련, 파시스트 국가사회주의 독일, 중화인민공화국, 자유민주주의 체제의 미국이 모두 대대적으로 과학 기술을 지원했다. 미국에서는 맨해튼 프로젝트뿐만 아니라 나사(NASA, National Aeronautics and Space Administration, 1958년 설립)와 그 전신 기관들도 민간과 군대와 대학의 단합된 힘으로 빠르게 성장했다. 나치 독일에서는 20세기 초 카이저 빌헬름 연구소(Kaiser-Wilhelm-Gesellschaft zur Förderung der Wissenschaften)가 그랬던 것처럼, 고속도로, 연구기관, 군사 연구 및 개발로 현대적 기술을 가진 국내 산업 인력들을 통합했다. 소련에서는 연구, 개발, 혁신, 생산과 관련된 모든 기술적 노력이 과학아카데미와 정부의 여러 산업부(industrial ministries)를 통해 국비로 지원되었다. 브라질, 중국, 프랑스, 영국, 인도, 대한민국을 비롯한 수십 개의 국가에서도 마찬가지로 공중 보건, 경제, 군사적 목적을 위해 국가적 지원을 기술의 발전과 연관시키려 노력했다.

마지막으로 기술의 이익과 위험은 여전히 논쟁의 문제로 남아 있다는 점을 지적해두고자 한다. 세계의 산업화 혹은 때로 세계화라고도 불리는 현실은, 미숙련 저임금 노동력을 가진 국가에 공장을 설립하여, 선진국보다 더 저렴하게 상품과 서비스를 생산하는 것을 의미한다. 일부 사람들은 세계화가 필연적으로 근대화로 이어질 것이며, 이는 기본적으로 좋은 일이라고 믿는다. 그러나 이에 반대하는 다른 사람들은 세계화가, 열악한 안전 환경과 아동 노동을 포함해서 산업혁명 당시에 나타났던 사회적 이동과 정치적 변화를 반복하고 있다고 믿는다.

더 읽어보기

Bennett, David. *Skyscrapers: Form and Function.* New York: Simon & Schuster, 1995.

Bijker, Wiebe. *Of Bicycles, Bakelites, and Bulbs: Toward a Theory of Sociotechnical Change.* Cambridge, MA: MIT Press, 1995.

Binfield, Kevin. *Writings of the Luddites* Baltimore, md, and London: Johns Hopkins University Press, 2004.

Flink, James. *The Automobile Age.* Cambridge, MA: MIT Press, 1988.

Henkin, David. *The Postal Age: The Emergence of Modern Communications in Nineteeth-century America.* University of Chicago Press, 2006.

Hills, Richard. *Power from Steam: A History of the Stationary Steam Engine.* Cambridge University Press, 1989.

Hounshell, David. *From the American System to Mass Production, 1800-1932: The Development of Manufacturing Technology in the United States.* Baltimore, MD: Johns Hopkins University Press, 1984.

IG Farben: von Anilin bis Zwangsarbeit: zur Geschichte von BASF, Bayer, Hoechst und anderen deutschen Chemie-Konzernen. Stuttgart: Schmetterling, 1995.

Josephson, Paul. *Industrialized Nature: Brute Force Technology and the Transformation of the Natural World.* Washington, DC: Island Press, 2002.

Kallinich, Joachim, and Sylvia de Pasquale, eds. *Ein offenes Geheimnis: Post- und Telefonkontrolle in der DDR.* Heidelberg: Edition Braus, 2002.

Kansteiner, Wulf. "Nazis, viewers and statistics: television history, television audience research and collective memory in West Germany." *Journal of Contemporary History* 39:4, Special Issue: Collective Memory (October 2004), 575-598.

Landes, David. *The Unbound Prometheus: Technological Change and Industrial Development in Western Europe from 1750 to the Present.* Cambridge University Press, 1969.

Marx, Karl. *Capital: Critique of Political Economy*, trans. Ben Fowkes, 3 vols. [1867, 1895, 1894]; London: Penguin, 1990-1992.

Medvedev, Zhores. *The Legacy of Chernobyl.* New York: Norton, 1992.

Nilsen, Alf Gunvald. *Dispossession and Resistance in India: The River and the Rage.* London and New York: Routledge, 2010.

O'Brien, Patrick. *Railways and the Economic Development of Western Europe, 1830-1914.* New York: St. Martin's Press, 1983.

Peyret, Henry. *Histoire des Chemins de fer en France et dans le Monde.* Paris: Société d'Editions Françaises et Internationales, 1949.

Pomeranz, Kenneth. *The Great Divergence: China, Europe, and the Making of the Modern World Economy*. Princeton University Press, 2000.

Rees, Jonathan. *Refrigeration Nation: A History of Ice, Appliances, and Enterprise in America*. Baltimore, MD: Johns Hopkins University Press, 2013.

Rhodes, Richard. *The Making of the Atomic Bomb*. New York: Simon & Schuster, 1986.

Seel, Peter. *Digital Universe: The Global Telecommunication Revolution*. Chichester, West Sussex and Malden, MA: Wiley-Blackwell, 2012.

Tiwari, R. D. *Railways in Modern India*. Bombay: New Book Company, 1941.

Tressler, Donald, and Clifford Evers. *The Freezing Preservation of Foods*, 3rd edn. Westport, CT: Avi Publishing Company, 1957.

Tucker, Barbara M. *Samuel Slater and the Origins of the American Textile Industry, 1790-1860*. Ithaca, NY: Cornell University Press, 1984.

Wilson, A. C. "A thousand years of postal and telecommunications services in Russia." *New Zealand Slavonic Journal* (1989-1990), 135-166.

Yamaguchi, Tomiko, and Fumiaki Suda. "Changing social order and the quest for justification: GMO controversies in Japan." *Science, Technology, & Human Values* 35:3 (May 2010), 382-407.

Zemin, Jiang. "Water Law of the People's Republic of China (Order of the President No. 74)," August 29, 2002, www.gov.cn/english/laws/2005-10/09/content_75313.htm.

CHAPTER 6

새로운 에너지의 세계

바츨라프 스밀
Vaclav Smil

1750년대에 이르러 서유럽의 작은 일부 지역(특히 잉글랜드, 웨일스, 스코틀랜드, 벨기에, 독일의 일부)이 에너지 전환의 초기 단계에 접어들었다. 식물 연료는 화석 연료로 바뀌었고, 축력 대신 기계 추진력을 동력원(prime movers)으로 사용했다. 이후 놀랍도록 빨랐던 시대적 변화가 근대 세계를 만들어냈다. 이전 시대에는 볼 수 없었던 대규모 에너지 사용과 그 효율성, 대대적인 기술의 발전, 인구와 경제의 급속한 성장, 새로운 사회 질서가 그 특징이었다. 결국에는 세계 전체가 이와 같은 거대한 전환을 맞이했다. 그러나 20세기 중엽에 이르기까지는, 이러한 전환에 참여한 지역 중에서 북대서양 연안의 유럽(변화가 시작된 곳)과 미국(새로운 전성기와 성숙의 단계에 도달한 시기는 1870년-1950년 사이)을 제외한 다른 지역은 놀라울 정도로 적었다.

전통적인 에너지원과 축력 동력원에 의존하던 기존의 강대국들은 금세 뒤쳐졌다. 인구가 많았던 중국은 전체적으로는 1880년대까지 세계 최대 경제 단위로 유지되었지만, 1인당 총생산 면에서는 수 세대에 걸쳐 정체되었고, 1913년에는 영국의 10분의 1에 지나지 않았다. 영국의 경우 한 세기도 못 되어 1인당 총생산이 네 배로 성장했다. 마찬가지로 미국 경제도 1820년 기준 전체 규모는 인도에 비해 10분의 1에 불과했지만, 1913년에는 인도의 2.5배로 커졌고, 1인당 총생산 측면에서는 약 8배나 더 부유했다.

　근본적인 에너지의 측면에서 후대 근대화의 모든 길은 이미 예정되어 있었다. 어떤 경우라도 경제 발전은 이후 새로운 유럽-미국식 에너지 사용 패턴을 따라가야 했다. 방향이 뚜렷해졌던 최초의 두 사례가 제국주의 일본(1870년 이후)과 소련(1920년 이후)이었다. 이들은 세계 경제 및 군사를 주도했던 대서양 세력에 맞서는 신흥 라이벌이었다. 이들은 서구 기술의 모방, 선택, 응용을 기반으로 영향력을 확대해 나갔다. 그것은 곧 석탄, 석유, 수력 에너지 등 새로운 에너지원과 내연기관, 전기 모터, 전구 등 새로운 에너지 사용 도구들을 확실하게 장악하는 것이었다. 제2차 세계대전 이후 세계 최대 인구 대국이자 경제대국이었던 중국과 인도가 합류하면서 방향은 더욱 확고해졌다. 중국의 획기적인 에너지 전환이 시작된 시기는 1950년대였다. 초기의 특징은 몇몇 비극적 선택이었다. 1959년 – 1961년 대약진운동과 그 여파로 닥친 기근이 바로 그 사례였다. 그 뒤 1980년대에 들어서야 비로소 에너지 전환이 본격적으로 가속화되었다. 인도의 변화는 1990년대에 본격화되었다.

　역사학자들이 연구 주제에서 에너지를 무시한 적은 없지만, 명시적으로 연료와 전기의 생산, 운송, 변환, 최종 용도의 다양성 등을 규명한 적이 과연 있었는가 하는 측면에서 살펴보면, 현대사의 주요 연구 주제 중에서 에너지 문제가 상대적으로 소홀히 다루어졌던 것만은 부인할 수 없는 사실이다. 물론 에너지 문제를 피해갈 수는 없다. 물리학자라면 누구나 인정하듯이, 모든 작용(빛나는 별에서 군대의 행진에 이르기까지)은 에너지의 형태 전환(conversion)을 필요로 한다. 열역학에서는 여기다가 엔트로피의 법칙을 추가한다. 즉 모든 에너지 전환에는 엔트로피

(entropy)의 증가가 수반되며, 그것은 곧 에너지 유용성의 감소를 의미한다. 어떤 에너지도 사라지지는 않지만(에너지 보존의 법칙), 모든 에너지 전환은 에너지의 질을 떨어뜨린다(엔트로피의 법칙). 이것이 가장 기본적인 물리 법칙 두 가지다.

그러므로 모든 역사가들은 결국, 의도치 않았더라도 보편적인 열역학의 법칙을 설명해준 셈이었다. 비록 저서에서 동력(power)이라는 용어를 물리학적 의미, 즉 단위 시간 당 에너지의 흐름(energy flow per unit)으로 정확하게 사용한 경우는 거의 없었지만(대개는 그보다는 세력 혹은 군사력으로 설명하는 경우가 많았다), 동력(인력, 견인 축력, 수차, 풍차, 증기기관, 내부연소, 로켓)의 진화, 에너지원(목재, 숯, 석탄, 석유, 천연가스, 화력 및 수력 발전)과 그것의 이용에 대한 섬세한 통찰력을 보여준 역사가들은 많이 있었다. 또한 에너지의 복잡한 현상을 명시적으로 연구하는 소수의 역사가들에게, 학제간 연구를 담당하는 전문가들이 결합하여 다른 분야의 지식과 통찰력을 제공해 주었다.

그 결과 특정 에너지 부문에 대한 상세한 역사 연구가 상당히 진척되었다. 특히 석탄의 역사가 많이 연구되었고, 전기 생산과 사용의 역사도 그에 못지 않다. 말과 범선에서 내연기관에 이르기까지 동력의 진화에 관해서도 상당한 연구가 축적되었으며, 내연기관이 동력을 제공하는 자동차, 선박, 비행기의 역사도 역시 연구가 되어 있는 편이다.

에너지 발전의 척도

기존의 연구 범위와 수준이 너무 넓고 높아서, 나로서는 전체를 요약할 능력이 없다. 그 중에는 중요한 내용도 많은데다 각각이 매우 상세한 시공간적 배경을 가지고 있다. 그러므로 전체를 요약하는 대신 우리는 6가지 척도에 논의를 집중해 보고자 한다. 이것을 이해하면 과거 에너지 발전의 의미와 의의를 이해하는 열쇠를 얻게 될 것이다. 에너지의 발전은 전례 없는(아마도 두 번 다시 재현되지 못할) 기술적 진보의 조합을 통해 근대 세계를 만들어냈다. 그 6가지 척도란, 에너지 밀도, 전력 밀도, 동력의 최대 출력, 에너지 전환의 효율성, 1인당 유효 에너지 소비량, 무기의 최대 에너지(폭력적 분쟁의 역사적 역할로부터 추론) 등이다.

1750년 이전에는 이러한 지표의 대부분이 양적으로나 질적으로 거의 변함이 없었다. 혹은 역사가 기록되는 수천 년 동안 그것은 매우 느리고 애매하게, 고르지 못한 발전의 양상을 보였을 따름이다. 결국 1700년에 곡물 농사를 위해 밭을 갈던 중국의 농부나, 높은 구조물을 세우던 인도의 건축가나, 원거리 무역에 참여했던 투르크 상인이나, 긴급한 뉴스를 전하던 이탈리아의 전령이나, 식사 준비로 요리를 하던 잉카의 가족들은 모두가 놀라울 정도로 비슷한 에너지원(에너지 밀도가 낮은 식물 원료)과 비슷한 동력(인간의 근육 혹은 대개는 충분한 먹이를 제공받지 못했던 가축을 혹사하는 방식)을 사용했다. 이는 그들 이전의 선조들이 2,000년 동안 해오던 방식과 다를 바가 없었다.

그 사이에 몇 가지 주목할 만한 변화가 없지는 않았다. 그러나 그 변화는 매우 느리게 진행되었고, 사용 범위도 대개는 몇몇 지역에 국한되었으며, 근본적인 차원의 질적 변화를 가져오지는 못했다. 1700년경에 가장 잘 만든 영국의 물레방아는, 그 기원을 따져보면 고대로까지 거슬러 올라가는 상당히 효율적인 기계였고, 가장 잘 설계된 풍차도 마찬가지였다. 그러나 대부분의 지역에서는 물레방아든 풍차든 고대의 원형과 그리 크게 달라진 점이 없었다. 예를 들어 지중해 지역에서는 "크레타식" 풍차가 사용되었는데, 삼각형 천으로 된 날개를 4개에서 12개 정도로 달고 있었으며, 그 형태는 중세 시대부터 근대에 이르기까지 거의 변화가 없었다. 다른 지역(특히 중국과 일본의 일부)에서는 기계식 동력 자체가 희귀했다.

1750년 이전 에너지원의 수준이나 동력의 출력과 관련되는 척도가 무변화, 정체, 혹은 매우 느린 개선을 보였던 것과는 대조적으로, 1750년 이후로는 인상적인 양적 변화뿐만 아니라 근본적으로 우월한 질적 변화가 나타났다. 물리적 열역학의 관점에서 1750년 이후로 집중되었던 놀라운 변화의 규모를 측정해볼 수 있다. 기본 척도의 변화 과정(상승 혹은 쇠락)과, 18세기 중엽에 나타났던 성과를 20세기 말에 산출된 결과물에 비교함으로써 추적이 가능한 것이다. 에너지 관련 연구가 언제나 그러했듯이 여기에는 많은 수치가 필요하지만, 우리는 독자친화적인 방식으로 수치를 제시할 것이다. 즉 관심 있는 독자들께서 기본적인 에너지 현실을 더 깊이 이해하고자 할 때, 계산의 결과를 검증하고 응용할 수 있도록 하는 정도에 한정하여 수량과 핵심 가설을 설명하고자 한다.

에너지 밀도

6가지 척도 중 첫 번째는 에너지의 밀도(energy density), 즉 물질의 단위 질량에 포함된 에너지의 양을 나타내는 기본적인 척도다. 근대 과학에서는 그것을 그램(g) 당 줄(J)로 표현하는데, 둘 다 아주 미세한 수치로 표현되기 때문에 킬로그램 당 메가줄(MJ/kg) 혹은 톤 당 기가줄(GJ/t)로 표현하기도 한다. 단위가 올라갈 때마다 1,000배씩 커지기 때문에 머릿수 자체는 변함이 없다. 기본적인 경험에 비추어 이러한 변화를 이해하고자 한다면, 가장 좋은 사례는 음식의 유형에 따른 에너지 밀도 비교다. 인류 진화의 시간을 통틀어 그 중 95퍼센트는 음식의 섭취가 우리 인류의 행동을 규정했기 때문이다. 수렵채집 활동을 하는 성인이 음식을 통해 하루에 섭취해야 할 에너지는 최소한 13메가줄 이상이었다. 식물의 잎이나 줄기로 그 정도의 영양을 섭취하려면(고릴라 등 많은 유인원들이 그렇게 하듯이) 하루에 15킬로그램 이상을 먹어야 하며, 낮 시간의 대부분을 음식물을 채집하는 데 사용해야 하므로, 보다 지성적인 존재로 진화할 여력이 없을 것이다.

(인간과 가장 가까운 유인원인 침팬지처럼) 과일로 그 정도의 에너지를 채우려면 하루에 5킬로그램을 먹어야 한다. 사과로 치면 30개 이상이다. 여기에는 당분은 있지만 지방이 없고, 성장에 필요한 단백질 비중도 낮다. 당연히 침팬지도 단백질을 필요로 하기 때문에 콜로부스(Colobus) 원숭이를 사냥하거나 풀잎으로 흰개미를 "낚아" 먹기도 한다. 구근식물(tubers)로 하루 13메가줄의 에너지를 확보하려면 손이나 단순한 도구를 이용해서 5킬로그램을 캐내야 한다. 여기서도 단백질과 지방은 부족할 것이다. 또한 과일과 뿌리식물은 온대 및 아한대 지역에서만, 그것도 계절에 따라 먹을 수 있기 때문에 인간의 거주 범위는 상당히 제한적이었다.

거대 초식동물(맘모스, 바이슨, 자이언트 엘크)을 사냥하면 지방이 풍부한 수백 킬로그램의 고기와 내장을 얻을 수 있었고, 여기서 제공되는 에너지 밀도가 워낙 높아 인류는 극지방에서도 생존이 가능했다. 이런 음식은 1.5-2킬로그램만 섭취하더라도 필요한 모든 에너지뿐만 아니라 최고 품질의 단백질과 지방을 얻을 수 있었다. 인류의 조상들은 당연히 자신보다 10배, 심지어 50배나 큰 동물을 기꺼이 사냥함으로써 기회를 얻었다. 이러한 사냥 덕분에 인류는 충분한 식량을 확보할 수 있었고, 알타미라 동굴, 라스코 동굴, 쇼베 동굴에 멋진 그림을 남길 만큼 충분한 시간을 얻을 수 있었다.

더 높은 에너지 밀도의 이점은 연료 수급 분야에서도 음식 못지 않게 뚜렷하게 나타났다. 화석연료의 사용 사례는 수천 년 전에도 없지 않았다. 중국 한(漢)나라 시기에 석탄을 사용한 예가 있었고, 고대 메소포타미아에서 역청(천연 석유화합물)이 사용되기도 했다. 그러나 고대 대부분의 사회에서 사용했던 연료는 나무 등 식물자원으로 만들어진 것들이었다. 목재는 대개 공기 중에 건조시킨 후 사용했으며, 그로부터 숯을 만들었고, 곡물 재배 이후의 잔유물(대개는 짚풀), 뿌리, 잎사귀, 잡초 등도 이용했다. 몇몇 소소한 예외를 논외로 하면, 하나의 생물학적 종으로 등장한 이래로 인류는 태양 에너지를 이용하며 살아왔고, 태양 에너지가 다른 물질로 변화된 시간이 그리 오래 되지 않은 것들을 음식과 연료로 사용했다. 다시 말해 재생 가능한 에너지를 거의 즉각적으로 이용했다.(금융에 비유하자면 안정적인 수입과 같은 역할이었다.) 대규모 석탄 채굴은 획기적인 전환이었다. 인류 사회가 기본적으로 아주 오랜 옛날에 축적된 태양 에너지를 이용하기 시작했기 때문이다. 광합성의 결과로 생성된 물질이 지하에서 수백만 년을 거치며 탄소 연료로 변했고, 우리는 한도가 정해져 있는 축적된 에너지 자본을 꺼내 쓰기 시작했다.

1750년에서 1900년 사이 유럽과 미국에서는 석탄 채굴량이 급속도로 증가했다.(러시아, 중국, 인도에서도 근대 석탄 산업이 시작될 때는 이와 같았다.) 19세기 말기에 이르러 세계적으로 석탄에서 뽑아낸 에너지가 가정과 사업체의 난방에 이용하던 식물자원 연료의 총합을 넘어섰다. 당시 상업적으로 채굴되던 석탄만이 유일한 화석연료는 아니었다. 새로운 산업에는 미국, 러시아, 미얀마, 인도네시아 등지에서 생산되는 원유가 이용되었고, 미국에서는 천연가스 이용이 시도되었다. 이러한 연료들의 에너지 밀도를 비교하면 근대 문명이 왜 그 이전의 선조들과 근본적으로 달라졌다고 하는지가 분명하게 드러났다.

식물자원 연료는 광합성의 결과물이며, 셀룰로스(cellulose)와 리그닌(lignin) 성분이 화학적 구성과 에너지 밀도의 핵심이었다. 결과적으로 식물자원 연료의 에너지 밀도는 건조물질(air-dry matter) 기준 킬로그램 당 15메가줄(MJ)이다. 열분해의 방법(산소가 없는 상태에서 서서히 가열하는 방식)을 이용하면 나무(때로 다른 생물자원도 활용)에서 숯을 얻을 수 있었다. 고대로부터 20세기에 이르기까지 세계의 거의 모든 문명에서 숯을 사용했다. 그러나 숯(거의 순수 탄소)의 에너지 밀도는 킬로그램 당 29메가줄(MJ)이며(건조목의 약 2배), 전통적으로 숯 1단위(unit)를 얻으려면 적어도 5단위(unit)의 목재를 사용해야 했다. 결국 초기 투입 에너지의 60퍼센트는 손실되므로, 숯은 목재보다 훨씬 더 비쌌고, 대부분의 사람들이 획득하기 어려운 자원이었다.

석탄의 최고 품종인 무연탄(anthracite)은 숯과 거의 비슷한 정도의 높은 에너지 밀도를 가지고 있다.(29-30 MJ/kg) 그래서 가장 먼저 고갈된 자원이 되었다. 1917년 펜실베이니아에서 최고 생산량을 기록(연간 약 90메가톤)한 이후 1970년의 생산량은 전성기의 10퍼센트에 불과했다. 대부분의 유연탄(bituminous coals, 전기 발전 혹은 야금 코크스 생산에 사용)은 에너지 밀도가 건조목의 1.5배 정도이며(22 - 23 MJ/kg), 정유처리과정을 거친 석유(가솔린, 등유, 디젤 등)는 약 42메가줄(MJ)로, 건조목의 3배에 가까운 에너지 밀도를 가지고 있다. 또한 원유(petroleum)와 정제유(휘발유, 등유, 경유, 중유)는 특히 운송(파이프라인, 선박, 바지선, 트럭 등)이 수월한 편이고, 저장(지하 혹은 지상 탱크)도 간편하며, 각종 용도(육상, 수상, 항공 운송 및 고정 기계 등)에 유연하게 대응이 된다. 결국 석탄이나 목재에 비해 액체 연료에 의존하는 경제는 훨씬 더 유연하고 효율적이다.

일상적 선택과 역사적 발전에는 많은 한계와 가능성이 존재하지만, 에너지 밀도를 비교해보면 그 이유를 설명할 수 있다. 밀도가 높은 에너지원일수록 추출, 운송 및 저장 비용, 사용의 유연성 및 전환 옵션에서 이로운 점이 많다. 에너지 밀도와 관련해서 경제적(그로 인한 사회적) 제약의 대표적인 사례로 대서양 횡단의 효율성을 들 수 있다. 배수량 4만 5,000톤급의 불운했던 루시타니아호(1907년에 건조된 역대 최대 여객선으로, 1915년 독일 잠수함 어뢰에 피격되어 침몰)는 편도 횡단에 석탄 5,500톤을 사용했고, 선적 공간의 크기는 1만 세제곱미터였다.(석탄가루로 계산하면 23 GJ/t, 0.6 t/m³) 만약 우드칩(15 GJ/t; 0.3 t/m³)을 연료로 사용했다면 무게가 50퍼센트 증가했을 것이고, 적재 공간은 3배까지 늘어났을 것이다. 한편 같은 배기량의 석유 연료(42 GJ/t; 0.85 t/m³) 선박이라면, 석유 저장 탱크의 크기는 석탄 저장 공간의 3분의 1에 불과할 것이며, 3,000톤의 연료를 사용하면 충분할 것이다.

현실적으로는 질량과 부피의 차이가 계산상의 수치보다 더 클 것이다. 목재보다 석탄이, 석탄보다 석유가 연료 효율이 더 높기 때문이다.

그러나 이와 같은 단순비교만으로 보더라도, 4,000만 유럽 이주민이 남북 아메리카로 건너갈 때 대서양 횡단 교통 수단에서 목재 연료를 사용할 수 없었는지는 분명하게 드러난다. 또한 운송회사들이 에너지 밀도가 높은 석유를 연료로 사용하게 되자 곧바로 석탄에서 석유로 연료를 바꾼 이유도 알 수 있다. 다른 많은 기술혁신과 마찬가지로 이 경우에도 에너지 전환은 군대가 주도했다. 윈스턴 처칠(Winston Churchill)의 명령에 따라 영국 해군은 제1차 세계대전 직전에 전함의 연료를 전환하기 시작했다.

전력 밀도

에너지 밀도와 전력 밀도(power density)를 합쳐보면 개발의 과정이 잘 설명되는 경우가 많다. 전력 밀도는 과학과 기술의 다양한 분야에서 여러 가지로 표현하지만, 여기서는 보편적 척도인 단위 면적 당 에너지 흐름(즉 전력)으로 표현하는 것이 좋겠다.(W/m^2) 이 척도를 사용했을 때 가장 큰 장점은 자연적이든 인공적이든 사실상 모든 에너지 흐름을 비교할 수 있다는 점이다. 특히 전통적인 재생에너지의 흐름(전력 밀도의 낮은 혹은 특히 낮은 단계가 특징)과 근대 화석연료 사용(전력 밀도가 중간 단계에서 높은 단계로 이행하는 과정)의 비교가 가능하다. 이번 논의에서는 두 가지 뚜렷하게 대비되는 사례가 제시될 것이다. 첫 번째 논의는 근대화의 핵심이라 할 대규모 도시화의 과정을, 왜 목재 연료는 물론 목탄으로는 더더욱 감당할 수 없었는지를 설명한다. 식물자원 연료는 태생적으로 전력밀도가 낮았다. 두 번째 논의는 유연탄으로 만든 코크스가 없었다면 근대 문명의 가장 중요한 부분을 차지하는 금속 제련 과정이 세계의 숲에 어떤 영향을 미쳤을지를 계산한다.

19세기 초기 런던의 인구는 100만 명을 넘어섰다. 당시 런던에서 난방, 조명, 크고 작은 기업 활동에 필요한 연간 에너지 수요량은 목재로 계산하면 1인당 약 4톤이었다. 광합성은 화학적 작용을 거쳐 태양광을 목재 속에 보존하는데 에너지 효율은 매우 낮았다. 그래서 모든 식물자원 연료는 매우 낮은 전력밀도를 생산할 수밖에 없었다. 런던 주변에 매우 생산적인 숲(좋은 너도밤나무와 졸참나무)이 있었다 하더라도 연간 목재 생산량은 헥타르당 5톤(t/ha)이었고, 그것을 잘라 연료로 사용할 때 생산되는 전력 밀도는 제곱미터당 약 0.25와트($0.25\ W/m^2$)에 불과했다. 도시 주변의 숲은 약 80만 헥타르(도시 주변의 숲지대는 반경 50킬로미터 남짓)였고, 그 중 매년 5만 헥타르를 벌목(헥타르당 100톤의 목재 생산)하고 그 자리에 묘목을 바로 심었다.

목재를 자르고 운반하는 과정은 대개 비용이 많이 들었고 편리하지도 않았다. 도시 안에서 목재를 연소하는 과정에서 고도의 발암물질인 다환방향족 유기물질(polycyclic organic matter, POM)이 방출되는 등 오염이 매우 심했다. 목재를 모두 목탄으로 바꾼다면, 1톤의 목탄(29 GJ/t)을 생산하기 위해 최소 4톤의 목재(15 GJ/t)를 소비해야 했다. 즉 목탄을 만드는 과정에서 50퍼센트의 에너지 손실이 발생한다. 결국 편리하고 가볍고 유황이 없으며 연기가 거의 없는 연료를 사용하면 전력 밀도는 제곱미터당 0.12와트(W/m^2)에 불과할 것이다. 이처럼 전력 밀도가 낮기 때문에 안정적으로 연료를 확보하기 위해서는 매우 넓은 지역이 필요했다. 운송수단을 최소화하는 조건에서 반경 80킬로미터의 숲이 있어야 겨우 100만 명의 도시민의 수요를 감당할 수 있었다. 19세기 초기라면 당연히 런던에서도 석탄 에너지 활용이 도시의 아주 일부분에 국한되어 있었다.

인구 규모가 비슷했던 같은 시기의 북경에서는 석탄 사용 비중이 더욱 적었다.(10세기 이래로 북경의 서쪽 인근 지역에 조그만 광산이 개발되어 있었다.) 겨울에는 난방을 최소화했고, 도시 안에서 에너지를 집약적으로 사용하는 제조업체가 없었기 때문에 당시 북경의 1인당 에너지 사용량은 상당히 낮았다. 분명 1810년에도 런던 같은 산업화 고속성장 도시의 에너지가 목재 혹은 목탄에만 의존했다면 그것은 매우 실용적이지 못하고 비용이 지나치게 많이 드는 방향이었을 것이다. 19세기 후기의 광역도시권이나 20세기의 메가시티에서는 높은 전력 밀도를 갖춘 에너지 고밀도 화석 연료의 성능이 직접적으로 표현되었다. 석탄과 석유의 전력 밀도는 식물자원 연료에 비해 대개 1,000배가 넘었으며, 10,000배가 넘는 경우도 많았다.(전력밀도는 식물자원이 $0.1W/m^2$ 이상, 석탄이 $100W/m^2$ 이상, 원유가 $1,000W/m^2$ 이상이다.)

철을 제련할 때도 이와 유사한 상황이 펼쳐졌다. 철은 근대 세계의 상징과도 같은 금속이었다.(오늘날에는 다양한 종류의 철강으로 변환되었다.) 세계의 연간 철 생산량은 가장 중요한 네 가지 금속(알루미늄, 구리, 아연, 납)의 생산량을 합한 것보다도 많았다. 거의 3천 년 동안 철광석으로부터 철을 제련할 때는 목탄을 이용했다. 1800년까지는 1메가톤(Mt)의 철을 생산하려면 40메가톤(Mt)의 목재가 필요했다. 이를 조달하기 위해서는 매년 4,000제곱킬로미터의 울창한 원시림을 벌목해야 했다. 세계적으로 온전한 원시림이 많이 남아 있었다 할지라도 이런 방식이 세계적으로 확산된다면 그 자체로 부담이 아닐 수 없었다. 2000년도를 기준으로 보면 효율성은 향상되었지만(목탄/금속 비율은 0.75/1, 목탄/목재 비율은 1/4), 세계의 철 생산량은 580메가톤(Mt)으로 증가했고, 이를 기존의 방식으로 제련하려면 연간 1.75기가톤(Gt)의 목재가 필요했다.

가령 이 모든 생산량이 고밀도 열대 농장에서 생산된다 할지라도(전력 밀도 약 $0.5W/m^2$), 매년 175만 제곱킬로미터의 숲을 벌목해야 하며, 이는 유럽 연합의 모든 숲을 합한 것보다 조금 더 많은 양이다. 반면 석탄 채굴과 코크스 생산으로 이 모든 생산량을 감당한다면, 코크스 생산의 전력 밀도는 최소한 $1,000W/m^2$다.(목탄의 전력밀도는 $0.012\ W/m^2$) 세계의 코크스 생산 면적은 1만 제곱킬로미터 이하로, 최대 4배의 차이를 보인다. 이는 근대와 같은 고에너지 문명에서 낮은 전력 밀도로 생산된 에너지를 사용하면 어떤 결과를 초래하게 될지를 가장 극명하게 보여주는 사례 중의 하나다. 코크스는 명백한 비용의 이점뿐만 아니라 구조적으로도 유리하다. 연약해서 쉽게 부서지는 목탄에 비해 코크스는 더 큰 무게의 광석과 석회석을 지탱할 수 있으므로, 더 크고 저렴한 용광로를 이용할 수 있기 때문이다.

동력의 최대 출력

동력(prime movers)의 최대 출력은 작업의 최대 규모를 결정하는 중요한 요인이다. 소규모 동력원을 결합해서 사용하는 방식은 대개 실용적이지 못하거나 가능하지도 않다. 저출력 기관차 10대를 가지고 무거운 기차를 끌 수는 없다. 말 100마리를 굴레로 묶어서 한 사람의 운전자가 조정하기란 불가능하다.(유사한 사례로 1890년대 캘리포니아 곡물 농장에서 최초의 콤바인에 견인동물 30마리를 연결했던 것이 최대였다.) 항속거

연도 및 주요 동력 사례	와트(W)
1750 호미로 배추밭을 매는 중국의 농부	50
1750 늙고 기운 없는 소를 이용하여 써레질하는 이탈리아의 농부	200
1800 작은 말 두 마리를 이용하여 쟁기질하는 영국의 농부	1,000
1870 기운 센 말 6마리를 이용하여 쟁기질하는 노스다코타의 농부	4,000
1900 32마력 콤바인을 이용하는 캘리포니아의 농부	22,000
1950 소형 트랙터를 이용하여 수확하는 프랑스의 농부	50,000
2000 대형 디젤 트랙테로 쟁기질하는 매니토바의 농부	224,000

[표 6-1] 농장에서 사용되는 동력의 최대 출력

리 200킬로미터인 비행기를 연속적으로 날리더라도 대서양을 횡단할 수는 없다.

1750년 이후 일상적 업무에서 한 사람이 조정할 수 있는 동력의 최대 출력은 엄청나게 증가했다. 1750년 당시 수백만 명의 사람들이 일상적으로 참여했던 최대 동력 집중 업무는 견인동물을 이용하는 일이었다. 즉 동물을 이용해서 밭을 갈거나 써레질을 하거나, 혹은 마차를 끌거나 도로를 달렸다. 연약한 소를 앞세우고 밭을 가는 농부가 조정하는 견인력은 200와트(W) 미만이었다.(기계마력 745.6W의 3분의 1 미만) 19세기 말엽에 북아메리카 그레이트플레인스(Great Plains)의 밀밭에서는 6마리의 말이 이끄는 쟁기(최소 4kW)를 사용하는 농부들이 많았고, 20세기 초엽에는 최초의 곡물 콤바인 기계에 32마리의 말을 매어 20킬로와트(kW) 이상의 견인력을 한 사람의 명령으로 이끌었다.

그로부터 한 세기가 지난 지금, 그레이트플레인스의 많은 농부들은 에어컨이 나오는 조종실에 앉아 300마력(224kW)짜리 트랙터를 운

연도 및 주요 동력 사례	와트(W)
1750 프랑스의 마차(말 네 필)	2,500
1850 영국의 증기기관차	200,000
1900 미국의 최고속 증기기관차	1,000,000
1950 독일의 강력한 디젤 기관차	2,000,000
2000 일본의 신칸센 전기 모터	13,000,000

〔표 6-2〕 교통수단에서 사용되는 동력의 최대 출력

전하고 있으며, 면허만 있으면 그보다 더 강력한 SUV도 운전할 수 있다.(2011년 기준 시장에서 판매되는 SUV 가운데 가장 강력한 차는 BMW X6로, 407마력 혹은 303kW를 기록했다.) 1750년 이후 수백만 명의 개인이 일상생활에서 제어하는 동력의 최대 출력은 200와트(W)에서 200킬로와트(kW) 이상으로, 1,000배(세 자리수)가 증가했다.

육상교통에서 일반적으로 사용되는 동력의 성장세는 놀라울 정도였다. 1750년 말 4마리가 끄는 고속마차의 마부는 약 2.6킬로와트(kW)의 동력을 다루었다. 1850년 증기기관차의 기관사가 움직였던 동력은 200킬로와트(kW) 이상이었다. 1900년 그의 손자는 시속 100킬로미터를 달리는 대륙횡단열차를 운전했으며, 증기엔진의 동력은 1메가와트(MW) 이상이었다. 수동 운전 기관차는 시속 약 120킬로미터의 속도를 낼 수 있지만, 일본(新幹線)과 프랑스(TGV) 등의 고속열차는 정격 출력이 10메가와트(MW) 혹은 그 이상인 전기 모터가 장착되었다. 항공여행은 여기에다 몇 개의 자리수를 더해야 한다. 보잉 747(1969년 상업 비행 시작)나 에어버스 380(2007년 상용 서비스 시작)의 조종사는 컴퓨터 조종으로 비행기 아래 장착된 4개의 개스 터빈으로 100메가와트 이상의 출력을 통제하며 해발 11킬로미터 상공을 비행한다.

1750년에서 2000년 사이 250년 동안 발전했던 두 가지 최대 출력의 사다리를 비교해 보았는데(모든 수치 단위는 와트), [표 6-1]은 농작업에서 흔히 사용된 동력을(시작은 지속가능한 인간의 노동력 기준, 순간최고출력은 위 수치를 능가할 수 있음), [표 6-2]는 육상교통에 사용된 동력을(시작은 기계 동력이 등장하기 전 최고의 육로교통수단이었던 마차의 가치 기준) 표로 나타낸 것이다.

에너지 전환 효율

이 주제에 접근할 때면 역사학자들도 대중 미디어만큼이나 거리낌이 없는 편이다. 주로는 발명가 개인의 일생에 초점을 맞추어 기술혁신이 누구의 아이디어였는지를 강조하며, 위대한 발명가(영웅적이거나 최소한 카리스마 넘치는 인물이면 더욱 좋다. 예컨대 에디슨이나 테슬라) 혹은 혁신가(빌 게이츠, 스티브 잡스)를 조명할 뿐, 발명품이 확산되었던 과정, 상업적 선택에서 받아들여질 수 있도록 조정했던 수고로움, 무엇보다도 초기의 열악한 성능을 개선하기 위한 끊임없는 노력을 무시하는 경향이 다분하다. 이런 노력들이 없었다면 현대 최신 에너지 전환 기술의 대부분은 사용하기에 너무 비싸거나 혹은 너무 불편해서 사회적으로 아주 작은 역할에 그치고 말았을 것이다.

1958년 이전에 도입된 제1세대 항공엔진을 대륙 간 이동 비행에 계속 사용했다면, 등유 소비량은 50퍼센트 더 많았을 것이다. 오늘날처럼

50개 이상의 전등을 설치한 캘리포니아 신축 주택의 소유주에게 1910년 이전의 기준으로 전기 요금이 부과된다면, 약 40배 이상의 돈을 내야 할 것이다. 100년 전 전력을 공급하던 화력발전소의 효율이 훨씬 더 낮았기 때문이다. 일상적인 기술 중에서는 1750년 이후 에너지 전환 효율의 향상을 보여주는 장기적인 사례로 조명보다 더 명확한 것은 없을 것이다. 조명 분야의 몇 가지 기술 개선만으로도 인류의 일상생활에 대단히 심대한 영향을 미쳤기 때문이다. 조명 기술 덕분에 하루의 시간을 마음대로 연장하고(독서, 집필, 여행, 공장 노동 시간 등) 계단이나 집이나 도시에서 어둠을 밀어내고 더 안전한 공간을 창출할 수 있었다.

1750년 당시에는 양초가 가장 편리한 실내 조명 수단이었다. 양초는 깨끗했지만 가격이 저렴하지는 않았다. 양초의 크기와 품질과 가격은 매우 다양했다. 결국에는 양초 생산이 중요한 제조업으로 부상했다. 그러나 왁스를 빛으로 전환하는 효율은 여전히 낮았다. 1750년에 사용하던 저렴한(냄새가 심한) 수지(동물성 기름) 양초는 동물성 지질의 화학 에너지가 빛으로 전환되는 효율이 0.01퍼센트에 불과했다. 어둠을 밀어내는 일은, 500년도 넘은 과거의 마르쿠스 아우렐리우스(Marcus Aurelius)가 그라누아(Granua) 강변의 쿠아디(Quadi)족을 원정하던 중 《명상록》을 집필할 때부터 18세기 최초의 백과전서파의 시대에 이르기까지 효율의 측면에서는 거의 변함이 없었다. 최초의 효율 개선은 1812년에 시작되었다. 석탄의 상업적 생산으로 가연성 가스를 사용하는 조명이 등장했다. 초기 램프의 효율은 약 0.04퍼센트 정도로, 기존의 비효율이 개선되는 면이 별로 없었다. 1881년 에디슨이 최초로 탄소필라멘트를 이용했을 때에도 전기 에너지의 빛 전환 효율은 0.15퍼센트에 불과했다.

연도 및 조명의 종류	효율(%)
1800 수지 양초	0.01
1850 석탄가스등	0.04
1900 백열등	0.5
1950 형광등	10.0
2000 메탈할라이드등	16.0

[표 6-3] 실내 조명의 효율성

    1900년에는 금속 필라멘트를 사용한 백열등의 효율이 0.5퍼센트에 도달했고, 1950년에는 코일 텅스텐 필라멘트를 사용한 조명이 2퍼센트 효율에 근접했다. 그러나 최고 효율의 명예는 1930년대부터 상용화된 형광등(12퍼센트)이 차지하고 있었다. 나중에는 이를 능가하는 저압 나트륨 조명이 나왔는데, 전력이 가시광선으로 전환되는 효율이 거의 30퍼센트에 이르렀다.(실외 도시조명에서는 거의 독점적으로 이 조명이 사용되었고, 도시 야경 특유의 황색 계열 색조가 만들어졌다.) 한편 실내 조명의 최고 효율은 15퍼센트 이상이었다.(선형 형광등 및 나사식 금속 할라이드 전구)

    오늘날 미국의 신축 주택에서는 소규모라도 최소한 30개의 조명등을 사용하는데(설치 전력만 24킬로와트 이상), 모두 스위치만 살짝 돌리면 켜고 끌 수 있다. 백열등과 형광등이 혼합되어 있다고 가정하면 전체 조명의 효율은 10퍼센트 가량이다. 같은 정도의 빛을 표준 파라핀 양초로 제공하려면(물론 같은 정도의 유연성과 편리성은 아니겠지만) 최소 1만 개가 필요할 것이다. 이 경우 물류나 우발적 화재의 문제는 차치하고라도, 비용 자체가 더 들 수밖에 없다. 윌리엄 노드하우스(William

Nordhaus)는 조명의 비용을 계산했는데, 20세기 말의 실질가치(constant monies)는 1800년에 비해 10,000배 더 저렴해졌다.(실제 비율은 약 0.03 퍼센트, 20세기 말에는 재화가 아니라 서비스 비용으로 변했다.) 로저 푸케(Roger Fouquet)도 이와 비슷한 정밀 계산을 해보았는데, 영국의 경우 2000년에 비해 1750년에는 실질가치로 약 6,000배 더 비쌌다고 한다.

화석 연료를 사용하는 동력 성능 향상은 아마도 에너지 전환 효율의 향상을 가장 잘 보여주는 두 번째 사례가 될 것이다. 화석 연료 사용 기계의 최초 상업화된 모델은 토머스 뉴커먼(Thomas Newcomen)의 대기압 증기기관(atmospheric steam engine)으로, 효율성이 굉장히 낮았다. 투입되는 석탄 중에 누락되지 않고 피스톤의 왕복운동에 활용된 석탄은 절반에도 못 미쳤다. 그래서 석탄 광산 같은 연료의 운송이 필요 없는 곳이 붙박이로 설치되는 경우에 적합한 기계였다. 1750년 존 스미튼(John Smeaton)은 효율을 1퍼센트 이상으로 끌어올리는 데 성공했고, 제임스 와트의 유명한 기술 개선(1769년 특허 취득)도 비교적 인상적이었지만 그 수준은 보잘것이 없었다. 1780년대에 이르러서도 제임스 와트의 기계는 효율이 4퍼센트를 넘지 못했다. 그러나 유연성이 더 좋아서 광산에서 멀리 떨어진 곳, 특히 선박을 통한 연료 배송이 가능한 곳이면 설치가 가능했다. 상당한 성능 개선에 성공한 기계는 고압 증기 엔진(high-pressure steam engines)뿐이었다. 1850년에는 기계 효율이 10퍼센트를 넘어섰다. 세기말에는 가장 효율이 좋은 3중 팽창식 설계(triple-expansion designs)가 성공해서, 석탄 열에너지의 15퍼센트가 유용한 기계 에너지로 전환되었다.

이는 당시 새로운 기계였던 내연기관보다 성능이 훨씬 뛰어났다. 그

연도 및 엔진의 종류	효율(%)
1750 스미튼 증기기관	1.4
1800 와트 개량형 증기기관	4.0
1850 고압 기관차용 증기기관	6.0
1900 미국 삼중팽창 증기기관	15.0
1950 저속 해양 디젤엔진	45.0
2000 독일 대형 디젤엔진	51.0

〔표 6-4〕 내연기관 효율 순위

러나 그보다 더 가볍고 유연성이 훨씬 더 뛰어난 기계가 급속도로 성장했다. 특히 루돌프 디젤(Rudolf Diesel)이 개발한 고압 엔진은 처음부터 효율이 뛰어나서 처음에는 선박을, 나중에는 거대 육상교통수단을 장악해 나갔다. 1897년 새로운 디젤 엔진 최초의 시제품은 열효율이 약 35퍼센트에 달했다. 제2차 세계대전 당시 최고의 기계가 열효율 40퍼센트였고, 2000년도에 세계 최대 컨테이너선과 유조선을 구동하는 육중한 디젤 엔진은 중유 에너지의 50퍼센트 이상을 추진력으로 전환하는, 세계에서 가장 효율이 뛰어난 엔진이다.

효율의 측면에서 가장 근접한 경쟁 상대는 가스터빈(제트엔진)이다. 제트엔진은 1950년대 후반부터 상업용 장거리 항공기의 동력으로 사용되었다. 1940년에 제작된 최초의 시제품은 등유의 유용한 추력 전환이 10퍼센트였다. 1960년대 중엽에 이르러 1세대 제트 여객기의 엔진은 25퍼센트의 효율로 작동했고, 세기말에는 제트엔진의 열효율이 40퍼센트에 달했다. 이러한 발전으로 대중적 항공 여행이 가능해졌다. 1950년은 왕복 기관(피스톤 엔진) 동력 항공이 마지막 10년을 남겨둔 해로, 300

억 여객 킬로미터(passenger-kilometer)를 기록했다. 2000년의 해당 수치는 총 2조 8,000억 여객 킬로미터였다.

1인당 유효에너지 소비량

식물자원 연료와 기계동력(인력, 축력, 수차, 풍차 등. 그마저도 비교적 흔한 지역이 있었고, 드물거나 아예 없는 지역도 있었다.)을 이용한 에너지 공급은 수천 년 동안 낮고 정체된 상태로 유지되었다. 기원후 초기 2세기 동안 로마의 연료 공급을 재구성해본 결과, 1인당 10-15기가줄(GJ)의 연료가 필요했던 것으로 나타났다. 기원후 1300년경 런던의 1인당 연평균 목재 소비량은 약 1.5톤으로 추정되며, 환산하면 20기가줄(GJ)을 조금 넘는 수준이었다. 그러므로 영국 전체 평균은 그보다 낮았을 것이며, 결국 로마의 에너지 소비량과 크게 다를 바가 없었다. 북중국 평원의 농민들은 심지어 20세기 초엽까지도 짚, 뿌리, 잎사귀를 태워 에너지를 얻었는데, 1인당 연간 10-15기가줄(GJ)을 넘지 않았다.

화석연료를 사용하면서 평균 에너지 공급량은 몇 배로 늘어났다. 불과 한두 세대 안에 일어난 일이었다. 현대와 과거의 1인당 에너지 사용량을 비교할 때는 다양한 연료와 여러 형태의 1차 에너지(수력, 원자력, 지열, 풍력, 태양광 전기 등)를 공통 에너지 기준으로 환산하여 계산한다. 줄(joule) 단위를 사용하는 것이 바람직하겠으나, 국제 통계에서는 석탄환산톤(tce = 29 GJ, 최고 품질 석탄 기준)을 고수하고 있다. 그러나 1980년대 이래로 가장 많이 인용되는 자료(미국, OECD, BP의 연례보고서)에서는 대부분 석유환산톤(toe = 42 GJ 혹은 1.45 tce)을 사용하고 있다.

영국의 데이터에 따르면 1인당 1차 에너지(primary energy) 사용량

	1750	1800	1850	1900	1950	2000
중국	10	10	10	<15	<20	40
영국	30	60	80	115	100	150
프랑스	<20	20	25	55	65	180
일본	10	10	10	10	25	170
미국	<80	<100	105	135	245	345
세계 평균	<20	20	25	35	40	65

[표 6-5] 연평균 1차 에너지 소비량
(5GJ 단위로 반올림. 식물자원과 화석연료 및 1차 전기 포함)

은 1750년 평균 30기가줄(GJ)에서 2000년에는 150기가줄(GJ)을 조금 넘는 수준으로 증가했다. 이는 5배 증가로 비교적 격차가 적은 편인데, 1750년 당시 영국의 1인당 에너지 사용량이 이미 상당히 높은 수준이었기 때문이다. 한편 프랑스의 경우 신뢰할 수 있는 자료로는 1850년부터 추적이 가능한데, 1850년 20기가줄(GJ)에서 2000년의 180기가줄(GJ)로, 150년 사이에 9배가 증가했다. 근대화의 후발 주자였던 일본은 (1868년 메이지 유신 이후에 근대화가 시작됨) 20세기 동안 거의 18배(1인당 약 10GJ에서 170GJ 이상)으로 증가했으며, 그보다 더 늦게 근대화를 시작했던 중국은 1950년 1인당 1.5기가줄(식물자원 연료를 제외하고 화석연료와 수력발전만 고려한 수치)에서 2000년 35기가줄로, 불과 50년 사이에 23배가 증가했다.

몇 배로 증가한 수치가 인상적일 수 있지만 이는 오히려 오늘날 에너지 소비의 실질적 증가를 가리는 측면이 있다. 앞에서 언급한 수치는 일상적인 모든 에너지 전환 효율의 증가를 말하는 것으로, 1인당 유효

에너지(useful energy, 즉 난방, 조명, 운동을 포함하는 에너지 서비스)의 소비는 이보다 훨씬 더 크게 증가했다. 1850년 미국의 식물자원 연료 에너지 사용량의 평균은 매우 높아서, 1인당 약 100기가줄(GJ)이었다. 비교하자면 2000년의 에너지 사용량은 화석연료와 바이오매스를 모두 합치면 1인당 약 350기가줄(GJ)이다. 19세기 중엽의 일반적인 연소 효율은 약 10퍼센트에 불과했고, 1850년 유효에너지는 1인당 10기가줄(GJ)에 불과했다. 반면에 2000년도 미국 경제에서 전반적인 에너지 전환 효율은 40퍼센트에 도달하여 연간 대략 150기가줄의 유효 에너지를 공급하게 되었다. 이는 1850년보다 약 15배 더 높은 수치다.

로저 푸케가 분석한 영국 데이터에 따르면, 산업 동력(1750년에는 인력, 축력, 수차, 풍차, 약간의 증기기관이 포함되었다. 2000년에는 대부분이 전기 모터와 내연기관으로 생산되었다)의 총합은 250년만에 13배 증가했다고 한다. 난방에너지는 14배 증가했다.(1750년에는 목재, 숯, 석탄 혼용, 2000년에는 대부분 천연가스 사용했다.) 대중교통은 거의 900배 증가했다.(1750년에는 말, 수레, 마차, 바지선, 선박 등을 이용했고, 2000년에는 자동차, 버스, 기차, 배, 비행기를 이용했다.) 조명은 증가 수치가 가장 크게 나타나는 분야다. 1750년 양초와 기름 램프에서 2000년 다양한 전등으로 발전하는 동안, 1인당 이용하는 빛의 양은 1만 1,000배나 더 증가했다.

중국에서는 1950년 1인당 유효에너지 사용량이 너그럽게 보더라도 0.3기가줄(GJ)을 넘지 못했지만, 2000년에는 약 15기가줄(GJ)로 증가하여, 불과 두 세대만에 50배의 성장을 보여주었다. 현대 문명의 업적을 이해하고자 한다면, 이 수치가 가장 적절한 척도가 될 것이다. 생산 능력이 크게 증가한 배경에는 이와 같은 에너지 증가가 뒷받침이 되고 있었다. 에너지는 쾌적한 주거환경을 조성했으며, 예전에는 상상하기 어려웠을 정도로 물질과 상품과 사람들의 이동성을 강화시켰다. 또한 워낙 많은 조명이 빛을 발하여, 야간 위성 사진을 보면 대부분의 서유럽과 북아메리카 동부와 일본이 빛나는 광채의 연속으로 보일 정도다.

무기의 최대 에너지

무력 충돌의 승리가 언제나 우수한 무기에 따라 좌우되는 것만은 아니다. 작전이 우수하면 충돌이 시작되기 전에 이미 원하는 결과를 이끌어낼 수도 있다. 날렵한 전술은 패색이 짙어진 후라도 갑작스런 승리를 가져다주기도 한다. 결정적인 순간의 배신으로 요새의 성문이 열릴 수도 있다. 해안 봉쇄는 인구 전체를 대상으로 기세를 약화시키고 사기를 떨어뜨린다. 전염병과 악천후 때문에 군대의 행군이 멈추기도 하고, 바람의 협조가 없으면 공격하는 전함을 우회시켜야 하는 경우도 있다. 그럼에도 불구하고 대부분의 분쟁에서 무기는 양측의 차이를 만들어낸다. 무기가 초래하는 피해는 운동에너지 혹은 열에너지의 급격한 방출이나 그와 관련된 충격으로 발생하는 것이다. 이러한 에너지 방출은 무기를 작동시키는 동력의 최대 출력에 따라 결정된다. 이런 관점에서 보면 모든 무력 충돌은 4개의 시대로 나누어진다. 동력으로 축력을 사용하는 단계, 저에너지 폭발을 주로 사용하는 단계, 고에너지 폭발에 의존하는 단계, 그리고 핵무기 사용 단계가 그것이다.

선사시대부터 중세 말기에 이르기까지 모든 전쟁은 근육을 동력으로 사용했고, 그 중 인간의 근육이 절대적인 비중을 차지했다. 전사들은 근접 전투에서 절단 무기(도끼, 칼)나 관통 무기(단검, 창)를 사용했고, 원거리에서는 활이나 그보다 더 강력한 석궁을 이용해서 날리는 화살의 관통력 때문에 부상을 입거나 목숨을 잃었다. 폭발성 혼합물과 관련해서 중국에서는 12세기 말엽의 구체적인 기록이 남아 있다. 유럽에서는 13세기 말엽 직전에 그 사용법이 전파되어 강력하고도 새로운 동력이 도입되었다.

오늘날은 저속폭발(low-velocity explosive)로 분류되지만 화약의 폭발 속도(detonation speed)는 최소한 초속 400미터-1300미터 사이였다. (화약의 구성에 따라 달라짐. 주로 KNO3 위주로 전체의 약 75퍼센트를 차지. 숯은 반드시, 유황은 선택적으로 포함됨) 한편 칼의 절단 속도는 초속 50미터 이하였다. 야포와, 조금 뒤에 나온 함포를 비롯한 화약 추진 발사체 무기의 파괴력은, 개인 화기의 경우 20배까지(최고 성능 머스킷 소총은 1000J 즉 1kJ), 야포나 함포는 60배까지 크게 강화되었다. 중세 대포의 석탄환은 운동에너지가 50킬로줄(kJ)이었고, 18세기의 대포의 철탄환은 300킬로줄(kJ)이었다.

새로운 고에너지 폭약(셀룰로스, 글리세린, 페놀, 톨루엔의 니트로화 공정으로 제조)이 개발되고, 이를 총기에 장전하여 폭발시키거나, 폭탄이나 로켓에 장착하여 충돌시 폭발하게 만들었다. 폭발력을 이용하면서 운동에너지를 이용할 때보다 파괴력이 엄청나게 강화되었다. 고에너지 폭약의 폭발 속도(detonation velocity)는 꾸준히 증가했다. 다이너마이트는 5,000m/s(1863년 알프레드 노벨이 기폭제 특허 취득), 티엔티(TNT)는 6,900m/s(1863년 최초 합성), 알디엑스(RDX)는 8,800m/s(1899년 게오르크 프리드리히 헤닝이 처음 제조), 오엔씨(ONC, octanitrocubane)가 10,000m/s 조금 넘는 수준이었다. 다시 말하지만, 화살에서 포탄으로

운동 에너지의 파괴력이 상승했던 것에 못지 않게, 폭발 에너지의 이용으로 파괴력은 다시 한 번 큰 폭으로 강화되었다.

최초의 근대식 야포는 프랑스의 1897년식 75밀리 야포였다.(일반적으로 "Le Soixante-Quinze"라는 명칭으로 알려져 있다.) 거의 700g에 달하는 피크르산(picric acid)이 채워진 포탄을 발사했는데, 폭발 에너지는 2.6메가줄(MJ)이었다. 제2차 세계대전에서 가장 유명했던 포는 아마도 독일의 대공포 플라크(Flak) 18(Flugzeugabwehrkanone)이었던 것 같다. 변형된 형태로 타이거 전차에도 탑재해서 유산탄(shrapnel shells)을 발사했는데, 폭발 에너지는 4메가줄(MJ)이었다. 그러나 제2차 세계대전 중 폭발력이 가장 강력했던 폭탄은 도시에 투하된 거대 폭탄들이었다. 플라잉 포트리스(Flying Fortress, 기종은 보잉 B-17)호가 운반한 가장 강력한 폭탄의 폭발 에너지는 3.8기가줄(GJ)이었다. 제2차 세계대전의 마지막 달이었던 1945년 8월 6일 히로시마, 그리고 사흘 뒤인 8월 9일 나가사키에 각 한 차례씩 폭탄이 투하되었다. 이것이 우리가 말하는 네 번째 범주의 무기로, 핵분열로 작동하는 폭탄이었다. 이후(1952년 이후) 핵융합으로 작동하는 무기(수소폭탄)도 도입되었다.

여기서 에너지의 파괴력은 다시 한 번, 그야말로 기록적인 속도로 강화되었다. 히로시마에 투하된 폭탄의 에너지는 63테라줄(TJ)이었고, 1961년 소련의 노바야 제믈리야(Novaya Zemlya) 상공에서 폭발한 핵융합 폭탄(차르 봄바)의 에너지는 209페타줄(PJ)이었다. 미국과 소련 두 초강대국은 결국 약 20엑사줄(EJ)에 달하는 전략 핵탄두 5,000기를 보유했다. 그 에너지의 합은 믿을 수 없을 정도로 크지만, 이 광기로 인해 누구도 승리할 수 없다는 사실이 명백해졌고, 이는 세계의 핵전쟁을 방지

연도 및 무기의 종류	줄(J)
1900 프랑스 75mm 포탄	2,600,000
1940 독일 88mm 포탄 (아마톨/TNT)	4,000,000
1944 B-17 폭격기 탑재 최대 폭탄	3,800,000,000
1945 히로시마 원자폭탄	63,000,000,000,000
1961 소비에트 차르 봄바	209,000,000,000,000,000

[표 6-6] 무기의 최대 폭발 에너지, 1900년-2000년

하는 데 기여하고 있다. 20세기에 무기의 폭발 에너지가 얼마나 놀라운 발전을 거쳤는지는 [표 6-6]을 통해 확인할 수 있다.

세계사 속의 에너지

근현대 에너지의 역사를 6가지 핵심 키워드를 가지고 간략하게 정리해 보았다. 이를 통해 화석연료의 연소와 보다 효율적인 동력의 본격적인 활용이 세상을 어떻게 변화시키는지 명확하게 이해할 수 있었다. 물질적 안락, 개인의 소비생활, 이동성, 전반적인 삶의 질은 1750년 이전 시대와는 근본적으로 달라졌다. 다시 말해 획기적 에너지 전환은, 노드하우스(Nordhaus)가 제대로 지적했듯이, "생산과 소비의 지각변동"을 초래했다. 에너지 사용의 양적 질적 변화에 대한 이해 없이는 근현대사의 많은 근본적인 문제들이 왜 어떻게 일어났는지를 이해하기 어려울 것이다. 또한 그 성과를 나열하는 것만으로는 복잡한 관점의 문제를 대신할 수 없다. 에너지 결정론은 다른 모든 종류의 환원주의와 마찬가지로 오해를 불러일으키기에 충분하다.

에너지 결정론의 한계를 거론하자면 많은 사례를 들 수 있다. 먼저

소련이 대표적인 사례다. 소련은 막대한 화석 연료, 원자력, 수력 발전 자원을 보유한 명실상부한 에너지 슈퍼파워였지만, 소련의 유산은 결국 지속되지 못했다. 대개는 주기적으로 발생한 경제 정책의 실패와 글로벌 헤게모니를 노리는 가운데 발생한 끔찍한 비효율성 때문이었다. 일본은 소련의 경우와 뚜렷한 대조를 보였다. 제2차 세계대전 이후 일본은 에너지 자원 부족에도 불구하고 강력한 경제 대국으로 성장했고, 세계에서 가장 효율적으로 에너지를 사용하는 나라가 되었다. 그러나 1990년 이후 사회경제의 장기적 쇠퇴 과정을 막지는 못했다. 에너지 결정론의 한계를 보여주는 또 하나의 비교 사례는 미국과 유럽이다. 수십 년 동안 미국의 1인당 에너지 사용량은 유럽연합에서 가장 부유한 편에 속하는 나라들에 비해 거의 두 배 가량 높았다. 그러나 미국의 생활수준 관련 지표는 대부분 유럽 평균보다 뒤쳐져 있다.

또 다른 관점에서, 세 번째이자 마지막 비교 사례는 최근 수 세기에 걸쳐 일어났던 시대를 초월한 지적 성취다. 모차르트의 매혹적인 오페라, 담대한 필치로 원양의 모험을 서술한 멜빌, 모네의 다채로운 교외 풍경, 마이컬슨의 혁신적인 광속 측정 등은 각 시대별 에너지 소비 수준과는 거의 아무런 관계가 없었다. 물리적, 열역학적 개념으로 보자면 모든 것은 에너지 전환으로 환원될 수 있지만, 그 에너지를 왜, 그리고 어떻게 사용하는지는 항상 인간의 열망이나 두려움과 관련되는 주제였다. 두 가지 관점을 모두 고려할 때 역사에 대한 더 깊은 이해가 가능할 것이다.

에너지와 역사 사이에는 분명 양면적인 관계가 있다. 에너지 자원과 동력은 역사상 인류의 선택을 제한하며, 생활의 속도를 결정한다. 다른 모든 조건이 동등할 경우, 열역학적 차원에서 사회경제적으로 복잡한 구조의 사회에는 더 집중적인 에너지의 흐름이 뒷받침되어야 한다. 그러나 풍부한 에너지 자원도 높은 에너지 소비 수준도, 그 자체로 국가의 안보, 경제적 안락, 개인의 행복을 보장해줄 수는 없다. 에너지 접근성과 사용 방식은 인류 행동의 선택지를 제한하지만, 그것으로 인류의 열망과 선택의 이유를 설명할 수는 없으며, 역사상 특정 시기 어떤 사회의 성공과 실패를 예단할 수도 없다.

더 읽어보기

Black, Brian C. *Crude Reality: Petroleum in World History*. Lanham, MD: Rowman & Littlefield, 2014.

Crosby, Alfred W. *Children of the Sun: A History of Humanity's Unappeasable Appetite For Energy*. New York: Norton, 2006.

Debeir, Jean-Claude, Jean-Paul Deléage, and Daniel Hémery. *Les servitudes de la puissance: Une histoire de l'énergie*. Paris: Flammarion, 1986.

Etemad, Bouda. *World Energy Production, 1800-1985/Production mondiale d'énergie, 1800-1985*. Geneva: Librairie Droz, 1991.

Feng, Lianyong, Yan Hu, Charles A. S. Hall, and Jianliang Wang. *The Chinese Oil Industry: History and Future*. New York: Springer, 2013.

Fischer, Ernst Peter. *Unzerstörbar: Die Energie und ihre Geschichte*. Berlin: Springer, 2014.

Fouquet, Roger, and P. J. G. Pearson. "Five centuries of energy prices." *World Economics* 4:3 (2003), 93-119.

Freese, Barbara. *Coal: A Human History*. Cambridge, MA: Perseus, 2003.

Gustafson, Thane. *Wheel of Fortune: The Battle for Oil and Power in Russia*. Cambridge, MA: Harvard University Press, 2012.

Högselius, Per. *Red Gas: Russia and the Origins of European Energy Dependence*. London: Palgrave Macmillan, 2013.

Kander, Astrid, Paolo Malanima, and Paul Warde. *Power to the People: Energy in Europe over the Last Five Centuries*. Princeton University Press, 2014.

Malanima, Paolo. *Energia e crescita nell'Europa preindustriale*. Rome: Studi superiori NIS, 1996.

——. *Le energie degli italiani: Due secoli di storia*. Rome: Mondadori, 2013.

Maugeri, Leonardo. *The Age of Oil: The Mythology, History, and Future of the World's Most Controversial Resource*. Westport, CT: Praeger, 2006.

Melosi, Martin V., and Joseph A. Pratt. *Energy Metropolis: An Environmental History of Houston and the Gulf Coast*. University of Pittsburgh Press, 2007.

Nordhaus, William D. "Do real-output and real-wage measures capture reality? The history of lighting suggests not." In Timothy F. Bresnahan and Robert J. Gordon, eds., *The Economics of New Goods*. University of Chicago Press, 1997, pp. 29-66.

Nye, David E. *Consuming Power: A Social History of American Energies*. Cambridge, MA: MIT Press, 1998.

Pratt, Joseph A., and William E. Hale. *Exxon: Transforming Energy, 1973-2005*. Austin, tx: University of Texas Press, 2013.

Pratt, Joseph A., Martin V. Melosi, and Kathleen A. Brosnan, eds. *Energy Capitals: Local Impact, Global Influence*. University of Pittsburgh Press, 2014.

Sánchez Ron, José Manuel. *Energía: Una historia del progreso y desarrollo de la humanidad*. Madrid: Consejo Superior de Invesigaciones Científicas, 2012.

Sieferle, Rolf Peter. *The Subterranean Forest: Energy Systems and the Industrial Revolution*. Cambridge: White Horse Press, 2001.

Singer, Clifford. *Energy and International War: From Babylon to Baghdad and Beyond*. Hackensack, NJ: World Scientific, 2008.

Smil, Vaclav. *Energy Transitions: History, Requirements, Prospects*. Santa Barbara, CA: Praeger, 2010.

Energy in World History. Boulder, CO: Westview Press, 1994.

Sorensen, Bent. *A History of Energy: Northern Europe from the Stone Age to the Present Day*. New York: Earthscan, 2012.

Weissenbacher, Manfred. *Sources of Power: How Energy Forges Human History*, 2 vols. Santa Barbara, CA: Praeger, 2009.

Yergin, Daniel. *The Prize: The Epic Quest for Oil, Money and Power*. New York: Simon & Schuster, 1991.

The Quest: Energy, Security, and the Remaking of the Modern World. New York: Penguin, 2012.

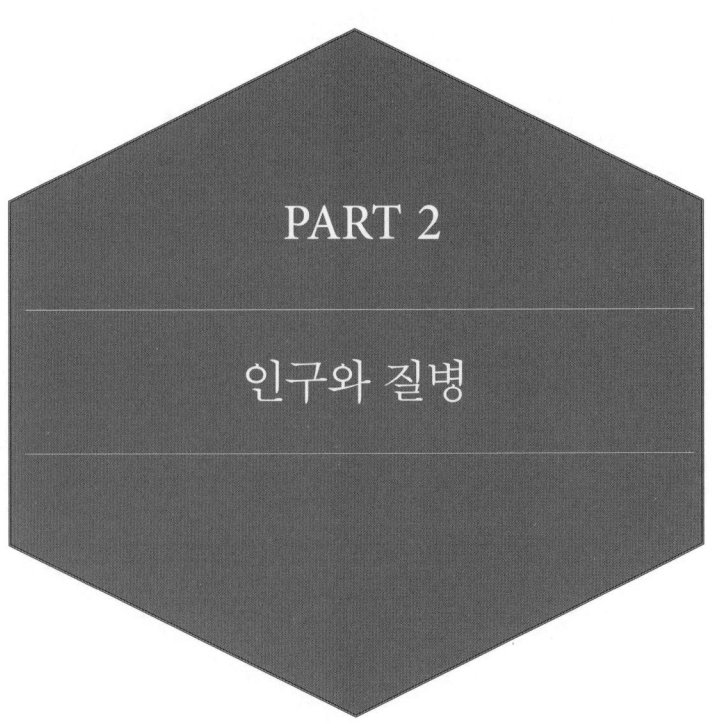

CHAPTER 7

인구동향과 인구

마시모 리비-바치
Massimo Livi-Bacci

300년의 시간과 10배의 성장

근대 시기 지구의 모습을 바꾸어놓은 현상 가운데 아마도 가장 잘 알려진 것은 인구 문제일 것이다. 세계 인구수의 근사치와 지리적 분포는 이미 알려져 있다. 우리는 인구 성장의 패턴 변화를 알고 있으며, 인구 변화를 분석하여 그 구성 요소를 식별할 수 있다. 2010년을 기준으로 최근 300년 동안 세계 인구는 10배로 증가했다.(7억에서 70억으로) 인류 역사상 이와 같은 증가율이 나타난 적은 없었다. 기원후부터 17세기까지는 세계 인구가 약 3배 증가했다. 이는 산업혁명의 여명기에서 오늘날에 이르기까지의 인구 성장 수치에 비하면 3분의 1도 채 못 된다. 그러나 이러한 수치만 가지고 역사의 전모를 이해할 수는 없다. 평균적으로 1700년에 지구에서 살았던 한 개인이 세계에 미친 영향은 2010년에 살았던 그의 후손에 비하면 훨씬 더 적었다. 1700년의 인물은 35세를 넘기지 못했고, 2010년의 후손은 수명이 두 배로 늘었기 때문이다. 2010년의 사람들은 1700년의 사람에 비해 소득이 10배 더 늘어났고, 에너지 사용량도 10배 더 증가했다.[1] 우리가 검토할 시대의 시작과 끝(1700년

---

1 이는 대략적인 수치다. 칼로리는 C. M. Cipolla, *The Economic History of World Population* (Harmondsworth: Penguin, 1962), pp. 45-46, 에너지는 E. Cook,

과 2010년)을 비교하면, 후손들은 조상들보다 10배 더 많은 인구가 매년 10배 더 많은 에너지를 소비하고 있다. 그러므로 300년 전에 비해 오늘날의 70억 인구는 지구에 대단히 강한 영향을 미치고 있다.[2]

인구 변화는 억제요인(forces of constraint)과 선택요인(forces of choice) 사이의 지속적인 대립과 타협의 결과물이다. 억제요인이란 환경, 공간과 토지, 에너지, 질병, 물질 자원 등이다. 선택요인이란 인구 증감의 결과를 초래하는 조절 및 통제 행동을 말한다. 예를 들면 재생산을 위한 생물학적 결합, 출산, 적절한 영양소 섭취, 거주, 의복을 통해 건강을 보호하고 증진하는 것, 장소 이동과 이주 등이다. 지난 3세기 동안 선택요인은 기운을 잃었고, 현실의 빈곤(물질 자원의 빈곤과 지식의 빈곤)도 점차 약화되었다. 반면 결혼, 이혼, 재생산 등 가족 형성의 매커니즘은 개인의 통제 아래에 놓였고, 결과적으로 선택요인은 더욱 강화되었다. 그 과정이 결국 인구성장의 과정으로 연결되었다.

이러한 추세는 몇 가지 특징을 보여주었다. 첫 번째 가장 뚜렷했던 특징은 엄청나게 빨라진 성장 속도다. 18세기 연간 인구성장은 1,000명당 3명이었던 것이 19세기에는 5명, 20세기에는 13명으로 늘어났다.(표 7-1)[3] 두 번째 특징은 세계적 인구성장의 추세가 지역이나 대륙별로 균

"Energy flows in industrial societies," *Scientific American*, September 1971을 참고했다. 실질소득에 관해서는 1990년 PPP 기준 1인당 GNP로 계산된 것으로, 다음 연구 성과에 따르면 전 세계 평균이 1700년 에 615달러였고, 2000년에는 6,049달러였다. A. Maddison, *The World Economy: Historical Statistics* (Paris: OECD, 2003).

2 수명과 소득과 에너지의 단순한 합이 아니라 상호영향력을 강조하는 곱셈 모델로 적용할 경우, 2000년 인류의 '잠재적' 충격은 1700년의 $2 \times 10 \times 10 = 200$배가 된다.

3 18세기의 인구 추정치는 유럽의 경우 잘 정립되어 있고, 아메리카의 경우 그보다는 다소 낮은 신뢰도를 가진다. 아시아의 경우 타당한 지표들을 근거로 하고 있으나, 아프리카 대부분 지역

	아시아	유럽	아프리카	아메리카	오세아니아	세계
			인구수(100만)			
1700	437	121	107	12	3	680
1750	505	141	104	18	3	771
1800	638	188	102	24	2	954
1850	801	277	102	59	2	1,241
1900	921	404	138	165	6	1,634
1950	1,403	547	227	339	13	2,529
2000	3,698	727	819	840	31	6,115
2010	4,164	738	1,022	935	37	6,896
2050	5,142	719	2,192	1,052	55	9,306
			인구비율			
1700	64.3	17.8	15.7	1.8	0.4	100
1750	65.5	18.3	13.5	2.3	0.4	100
1800	66.9	19.7	10.7	2.5	0.2	100
1850	64.5	22.3	8.2	4.8	0.2	100
1900	56.4	24.7	8.4	10.1	0.4	100
1950	55.5	21.6	9.0	13.4	0.5	100
2000	60.5	11.9	13.4	13.7	0.5	100
2010	60.4	10.7	14.8	13.6	0.5	100
2050	55.3	7.7	23.6	11.3	0.6	100
			인구증가율			
1700-1800	3.8	4.4	-0.5	6.9	-4.1	3.4
1800-1900	3.7	7.6	3.0	19.3	11.0	5.4
1900-2010	13.7	5.5	18.2	15.8	16.5	13.1
2010-2050	5.3	-0.7	19.1	2.9	9.9	7.5

출처: 1700-1900: Elaboration on J.-N. Biraben, "Essai sur l'évolution du nombre des hommes," Population 34:1 (1979), 13-25. 1950, 2000, 2010, and 2050: United Nations, *World Population Prospects: The 2010 Revision* (New York, 2011). 2050년은 중위값 예측.

[표 7-1] 대륙별 인구 분포, 1700년-2000년

일하지 않다는 점이다. 유럽과 북아메리카는 19세기에 성장의 정점을 찍은 반면, 남아메리카, 아시아, 아프리카는 20세기에 최고조에 이르렀다. 세 번째 특징은 대륙마다 전체적인 결과가 매우 큰 차이를 보인다는 점이다. 1700년에서 2010년 사이 유럽 인구는 6배, 아시아와 아프리카는 각각 10배, 아메리카는 8배 성장했다. 따라서 세계의 인구지리적 분포 상황도 크게 바뀌었다. 1700년 아메리카 대륙의 인구 비중은 세계의 2퍼센트에 불과했지만 2010년에는 14퍼센트로 올라갔다. 유럽의 점유율은 1900년이 최고조였다. 당시 세계 인구의 약 4분의 1이 유럽에서 살았다. 그러나 2010년에는 그 비중이 11퍼센트로 줄어들었다. 1700년 당시 아프리카의 세계 인구 비중은 16퍼센트였으나 19세기 후반에는 8퍼센트까지 떨어졌다가 2010년 다시 15퍼센트로 반등했다. 네 번째 특징은 지리적 가변성이다. 그것이 최고조에 달했던 시기는 21세기의 처음 10년 동안이었다. 이 무렵 유럽은 인구 감소 추세를 보인 반면 아프리카는 연평균 2퍼센트 이상의 성장을 보였다. 요약하자면 근대 인구동향의 특징은 지리적 패턴에 따른 다양성의 가속화다. 분석 규모가 작을수록 다양성은 더욱 커진다.

인구동향 시스템

오늘날 인구변화를 더 잘 이해하기 위해 우리는 두 가지 접근 방식을 따르고 있다. 두 가지 방식은 서로 관련이 되어 있고 일부 겹치는 면도 있다. 첫 번째 접근 방식은 18세기 세계의 여러 지역에서 나타나는

에 대해서는 신중한 추측 정도에 불과하다.

인구동향의 구조적 특성을 개괄적으로 파악하려는 시도다. 토지, 공간, 자원, 식량, 미생물, 질병 등은 산업화 이전 시대의 인구(population) 성장을 규정하는 결정적인 요인들이었다. 그러한 인구(population) 변화에 따라 인구동향의 구조(demographic systems)가 만들어졌지만, 인구와 인구동향은 대개 다른 경우가 많았고, 어느 쪽에서나 성장률은 낮았다. 독립된 인구행동(결혼, 출산, 생존, 사망)은 비교적 안정적으로 결합되어 있다. 이를 통해 인구행동을 설명할 수 있다. 인구행동의 "조합"이 달라도 성장률이 비슷한 경우가 있을 수 있다. 예컨대 높은 사망률, 조혼, 높은 출산율을 특징으로 하는 인구집단과, 낮은 사망률, 만혼, 낮은 출산율을 특징으로 하는 인구 집단을 비교해 보면, 인구 성장률은 비슷하게 나타날 것이다. 인구동향의 구조는 고정되어 있지 않으며, 신규토지 가용성, 혁신 및 생산성, 질병 발생률의 변화 등과 같은 외부 요인에 따라 언제든지 변화할 수 있다.

두 번째 접근 방식은 인구동향의 완만한 혹은 급격한 변화 요인을 추적하는 것이다. 그러한 요인은 결국 인구성장에 영향을 미치게 된다. 오늘날 인구동향의 점진적 변화로 출산율과 사망률이 모두 높은 쪽에서 낮은 쪽으로 전환되었다. 이러한 과정을 일컬어 "인구변천(Demographic transition)"이라 한다. 이는 각 사회의 지리적 및 사회적 환경에 따라 시기와 방식에서 각기 다른 패턴을 거쳤다. 비록 18세기는 근대 인구성장 가속화의 시작이었다고 말할 수 있지만, 세계 인구동향은 낮은 기대수명과 높은 출산율 때문에 제한적인 환경에 놓여 있었다. 그래서 실질적인 연간 성장률은 1퍼센트 미만이었다. 그러나 각기 다른 사회에 따라 성장률은 상당한 차이를 보였다.

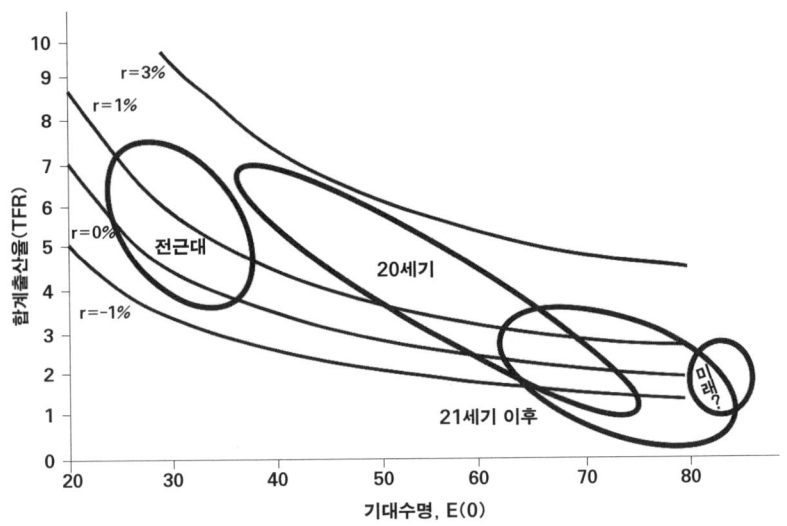

〔그림 7-1〕 등(等)성장(isogrowth) 곡선

[그림 7-1]은 몇 가지 "등(等)성장(isogrowth)" 곡선을 보여준다. 각각의 곡선은 기대수명(가로축)과 여성 1인당 자녀수(세로축)를 결합해볼 때 성장률(r)이 동일하게 나타나는 점들을 연결한 선이다. 이 그래프에 포함된 인구 통계는 과거의 조사결과도 있고 현대의 조사결과도 있다. 과거의 인구로 말하자면, 기대수명이 20세 이하(이 경우 지속적인 생존이 불가능함)도 아니고, 35세 이상(최근까지도 인류는 여기에 근접하지 못했음)도 아니었다. 비슷한 이유로 여성 1인당 자녀수는 8명(통상적인 인구 구조에서는 이를 초과한 적이 거의 없었음)과 4명(피임을 하지 않는 한 최소한의 자녀수) 사이에 위치한다. 이 그래프에는 좌로부터 4개의 영역, 3개의 타원, 1개의 원이 그려져 있다. 각각의 영역은 서로 다른 시대에 속하는 인구의 궤적을 나타낸다. 첫 번째 타원은 산업혁명과 현대식 피임

법이 시작되기 전 과거의 인구 영역이다. 당시의 인구는 대부분 근대 이전의 전형적인 성장률, 즉 0-1퍼센트 범위에 머물렀다. 이처럼 좁은 범위 안에서 출산율과 사망률의 조합은 경우에 따라 매우 다양했지만, 자원과 지식의 빈곤이 구조적 억제 요인으로 작용했다. 예컨대 18세기 말엽의 덴마크는 한 세기 이후의 인도와 비슷한 인구 성장률을 보였다. 당시 덴마크는 기대수명이 높고(약 40세로, 당시로서는 높은편에 속함) 자녀의 수는 적었다.(4명 남짓) 한편 인도는 낮은 기대수명(약 25년)과 많은 자녀수(7명 약간 미만)의 조합이었다.

두 번째 타원에는 19세기와 20세기 인구변천 과정이 포함되어 있다. 이전 시기에는 폭이 좁았던 제한적 공간이 크게 확장되었다. 의학 및 위생의 발전으로 기대수명의 상한선이 과거 약 40년 수준에서 80년 이상으로 점진적으로 올라갔다. 또한 피임법의 도입으로 평균 출산율 하한선은 대략 여성 1명당 1명 수준으로 낮아졌다.

세 번째 타원은 출산율이 매우 높은 국가(사하라 이남 아프리카의 경우)와 여성 1인당 출산율이 극히 낮은 국가(유럽 및 동남아시아)가 공존하는 21세기의 상황을 나타낸다. 20세기와 21세기의 크게 확장된 공간에서는 인구성장률이 매우 다양하다는 사실에 주목해야 한다. 경우에 따라서는 3퍼센트 성장률을 보이기도 하고, 반대로 -2퍼센트의 성장률을 보이기도 한다. 3퍼센트 성장이면 23년만에 인구가 두 배로 증가할 것이고, -2퍼센트 성장이라면 35년 후 인구가 절반으로 감소할 것이다. 만약 현재 동일한 인구 규모의 두 집단이 향후 위와 같은 성장률의 차이를 경험한다면, 약 35년 후(한 세대 후) 두 집단의 인구 차이는 무려 6대 1에 이르게 될 것이다! 그러나 이는 인구변천기의 불안정한 비율일 뿐,

대개 이와 같은 성장 속도가 지속되기는 어렵다.

네 번째 공간은 원형으로 나타나는데, 인구변천기 이후 수렴의 과정이 끝나는 미래의 가상 공간이다. 기대수명은 80세 이상, 여성 1인당 출산율은 1-3명, 잠재 성장률은 -1에서 +1퍼센트 사이가 될 것이다. 그러한 인구 변화는 성장과 감소 단계를 번갈아가며 거치게 될 것이다.

18세기

18세기는 근대 인구 성장의 첫 단계였다. 당시 중국과 미국의 성장률은 약 0.7퍼센트로 유럽의 0.4퍼센트나 아시아 다른 지역의 0.3퍼센트보다 더 높았다. 한편 아프리카는 정체되거나 오히려 감소했다. 중국의 경우 1700년-1800년 사이 인구는 두 배로 늘었지만 19세기에는 대개 정체되었다. 오늘날 인구학 전문가들은 중국 인구 구조가 다양한 방식으로 외부 억제 요인에 대응할 수 있다는 사실을 강조했다.[4] 먼저 영아살해를 통해 가족 차원에서 후손의 수와 성별 규제가 가능했다. 황실 가문에 속한 여성이 출산한 아이들을 상대로 영아살해(특히 여아) 비율이 높아서 무려 10퍼센트에 달했다. 인구학자들은 영아살해가 생활환경의 변동과 가족의 발전 기회를 고려한 대응이라고 해석했다.

선택적 영아살해뿐만 아니라 방치로 인한 아동사망률도 여아의 비율이 더 높았기 때문에 결혼 시장에서 여성이 희소해지는 왜곡 현상이 발생했고, 일부다처제와 젊은 과부들의 낮은 재혼율로 희소성은 더

---

4 James Z. Lee and Wang Feng, *One Quarter of Humanity: Malthusian Mythology and Chinese Realities, 1700-2000* (Cambridge, MA: Harvard University Press, 1999).

욱 악화되었다. 그 결과 거의 모든 여성은 아주 어린 나이에 결혼한 반면, 남성은 상당히 늦게 결혼했고, 미혼 남성 비율도 상당히 높았다. 15세-50세 사이의 기혼 여성 비율은 유럽보다 아시아에서 훨씬 더 높았다.(일반적으로 아시아는 90퍼센트, 유럽은 60퍼센트 이하였다.) 여성을 위한 결혼 시스템은 거의 세계 보편적이었다. 다만 상황에 따라 여러 가지 제도적 형태로 나타났다. 일단은 부계거주(patrilocal)가 형태 대세였고(신혼부부는 남편의 가족과 함께 살았다.) 이외에도 처가거주(uxorilocal), 형사취수혼(극빈층의 경우), 일부다처제(부유층의 경우), 어린 나이에 입양되었다가 성년이 되면 입양가정의 며느리가 되는 민며느리제 등이 있었다. 아시아의 높은 기혼여성 비율은 유럽에 비해 낮은 출산율(기혼 가정 내)과 균형을 이루었다. 20세에 결혼(이후 50세까지 혼인관계 유지)한 아시아의 여성은 약 6명의 자녀를 둔 반면, 유럽의 여성 1인당 자녀수는 7.5명 혹은 그 이상이었다. 아시아의 여성이 유럽 여성보다 출산 간격이 더 길었고, 마지막 자녀의 출산 연령은 더 낮았다. 배우자의 성생활을 규정하는 철학적, 종교적 전통이 기혼 여성의 낮은 출산율과 무관하지 않았을 것이다. 마지막으로 입양은 중국의 가족 제도와 밀접한 관련이 있었다. 최대 10퍼센트에 달하는 아동이 입양 가정에서 양육되었다. 입양은 청소년과 심지어 성년으로까지 대상이 확대되었다. 결혼 통제, 혼인 억제, 영아 살해, 입양 등이 결합되어 "중국인들은 집단의 유용성을 극대화하기 위해 집단이 처한 상황에 따라 개인적으로 인구행동을 통해 지속적으로 조정을 해나갔다."[5]

5 Ibid. p. 9.

일본의 경우, 에도 시대(1603년-1868년) 전반기 농업의 특징은 농지의 확대와 농업기술의 집약화였다. 이 무렵 전통적 사회구조가 변했으며, 많은 친인척과 하인들(대개는 결혼을 하지 못함)을 포함하는 대가족 집단이 여러 개의 독립 가정으로 갈라졌다.[6] 에도 시대 후반기에는 인구가 정체되어, 1870년경의 인구는 3500만 명이었다. 이와 같은 정체의 원인과 매커니즘을 두고 무수한 논쟁이 이어졌다. 의도적인 출산 통제가 있었다는 사실은 명확히 밝혀졌다. 그 방식은 결혼을 늦추는 등이 아니라 낙태나 영아살해였다. 또한 농촌 인구 과잉에 대하여 도시가 "파괴적인" 악역을 맡았다. (에도는 오늘날의 도쿄로, 19세기가 시작될 무렵에는 세계에서 가장 큰 도시들 중 하나였다.) 영아살해나 낙태 이외에 에도시대 말기와 메이지 시대 인구 증가 속도가 느렸던 또 다른 흥미로운 원인이 있었다. 그것은 바로 농업의 변화였다. 관련된 세부 자료에 따르면 농업기술의 집약화가 과거에 비해 크게 강화되었다. 이러한 변화로 농촌 생활의 일반적인 조건이 향상되었지만, 동시에 남성의 업무량이 뚜렷하게 증가했고, 여성의 경우는 더욱더 그랬다. 이러한 변화는 아마도 출산율에 부정적인 영향을 미쳤을 것이고, 장기적 농업 발전이 인구 변화에 미쳤던 긍정적인 영향을 상쇄하고 말았다.[7] 인구정체에 대한 설명이 무엇이

---

6 A. Hayami, "The population at the beginning of the Tokugawa period: an introduction to the historical demography of pre-industrial Japan," *Keio Economic Studies* 4 (1966-1967); A. Hayami, *The Historical Demography of Pre-modern Japan* (University of Tokyo Press, 2001).

7 O. Saito, "Infanticide, fertility and 'population stagnation': the state of Tokugawa historical demography," Japan Forum 4:2 (1992), 369-381; O. Saito, *Gender, Workload and Agricultural Progress: Japan's Historical Experience in Perspective*, Discussion Paper Series A, no. 268 (Tokyo: Institute of Economic Research,

든, 농업의 확대가 자연적인 한계에 부딪혀 그것을 극복하기 어려웠을 때, 일본 사회는 점차 인구성장을 억제할 수 있는 메커니즘을 찾아냈다.

18세기 아메리카의 경우도 독특하다. 아메리카에는 주목할 만한 세 가지 발전 경로가 있었다. 첫 번째는 원주민 인구의 치명적 감소세로 널리 알려진 사실이다. 18세기에는 인구밀도가 비교적 높은 지역(메소아메리카와 안데스)에서 감소세가 끝나고 회복세로 돌아섰다. 두 번째는 아프리카 노예 인구의 강제 이주가 18세기에 최고조에 달했다. 1500년 이후 쇠사슬에 묶여 아메리카 해안으로 끌려온 약 1100만 명의 노예 인구 중에서 거의 60퍼센트가 18세기에 도착했다.[8] 그럼에도 불구하고 계속적으로 대규모 인구 유입이 필요했다. 노예 인구의 높은 사망률, 그리고 결혼이나 공동체 혹은 가족 생활을 하지 못했던 그들의 낮은 출산율 때문이었다. 흑인 인구의 문제는 특히 카리브해와 브라질 지역에서 첨예했다. 그곳 플랜테이션 농장의 생활 및 노동 조건은 지극히 가혹했다. 세 번째로 주목해야 할 점은 아메리카에서 유럽계 인구 비중의 증가였다. 이주해오는 사람들도 많았고 출산을 통한 자연증가 인구도 많았다. 이러한 유럽계 인구는 시골 지역에 정착했다. 그곳에서는 대가족 구조가 이주의 성공에 도움이 되었기 때문에 특히 빠른 인구 성장세를 보였다. 높은 출산율, 대가족 구조, 유럽에 비해 낮은 사망률 덕분에 인구는 지속적으로 빠르게 증가했다. 예컨대 프랑스령 퀘벡에서 사망률은 쾌적한 환경 덕분에 프랑스 본토보다 더 낮았다. 낮은 인구밀도는 전염병 예방

Hitotsubashi University, 1993).

8 P. D. Curtin, *The Atlantic Slave Trade: A Census* (Madison, wi: University of Wisconsin Press, 1969).

에 도움이 되었고, 영양섭취도 더 좋았으며, 주로 젊고 건강한 사람들이 이주를 선택했던 영향도 있었다. 19세기가 시작될 무렵, 아메리카 원주민 인구는 전체 인구의 40퍼센트 미만의 비주류로 전락했다. 백인은 전체 인구의 4분의 1을 넘었고, 흑인은 5분의 1에 가까웠다. 나머지는 주요 인종 집단의 혼혈이었다.[9]

18세기 아프리카 인구는 정체기를 보였다. 노예의 대량 유출이 여기에 얼마나 영향을 미쳤는지 아직은 분명하게 파악되지 않았다. 물론 노예의 유출이 아메리카의 해안을 향했지만, 이외에 북쪽으로 지중해 연안이나 동쪽의 아시아로 향했던 경우도 적지 않았다. 한창 일할 나이의 남성과 여성 수백만 인구가 유출된 영향은 뚜렷하고 지속적으로 나타났을 것이다. 그러나 역사적으로 아프리카 인구의 구체적인 수치와 관련된 자료가 너무 희박해서 확고한 결론을 내기가 어렵다.

18세기 유럽 인구 변화 과정은 다른 지역에 비하면 훨씬 구체적으로 알려져 있다. 인구조사, 주요 통계, 여러 지역의 인구 변화를 알 수 있는 명확한 자료가 많이 남아 있기 때문이다. 유럽의 전체 인구는 1700년에서 1800년 사이 약 55퍼센트가 증가했다. 그러나 지역별로 차이가 컸다. 러시아는 140퍼센트가 성장했고, 북유럽과 중부유럽은 60퍼센트, 프랑스와 이탈리아 및 스페인은 33퍼센트 성장에 그쳤다.[10] 결혼은 다양한 유럽 인구 구조의 핵심이었다. 유럽 대부분의 지역에서 결혼을 통해 출산의 권리가 주어졌고, 혼인관계를 벗어난 출산은 작은 비중에 지나

---

9 A. Rosenblat, *La población de américa en 1492: viejos y nuevos calculus* (Mexico City: Colegio de México, 1967).
10 M. Livi-Bacci, *The Population of Europe* (Oxford: Blackwell, 2000), p. 8.

지 않았다. 거의 모든 지역에서 미혼 관계는 극복할 수 없는 출산의 장애였다. 따라서 자발적인 피임법을 찾아내지 못한 사회에서 가장 효과적인 인구 통제 수단은 결혼 제도였다.[11] 출산율(평균 여성 1명이 평생 출산하는 자녀 수)은 결혼의 영향 관계를 계산할 때 일반적으로 초혼 연령이 2세 증가(혹은 감소)하면 자녀 수가 한 명 감소(혹은 추가)되는 것으로 해석한다. 모든 성인이 결혼하는 사회를 전제로 비교하자면, 성인의 5분의 1 혹은 4분의 1이 결혼하지 않는 사회는 (다른 모든 요인이 동일하다면) 자녀의 수도 5분의 1 혹은 4분의 1이 더 적을 것이다. 결혼 연령을 "조절"하거나, 혹은 일정 인구 비율을 결혼에서 배제함으로써 결혼 통제 기능을 행사할 수 있다. 18세기 말의 유럽은 상트페테르부르크에서 트리에스테를 연결하는 선을 기준으로 어느 정도 나뉘어져 있었다.[12] 기준선의 서쪽에서는 주로 초혼 연령이 높았고(여성 24세 이상, 남성 26세 이상), 미혼 성년의 비중(일반적으로 10퍼센트, 흔히 20퍼센트까지 올라감)도 높은 편이었다. 기준선의 동쪽에서는 일반적으로 모두가 결혼을 했으며, 초혼 연령이 여성은 22세, 남성은 24세 미만이었고, 미혼 비율 또한 5퍼센트 미만이었다. 지중해 지역에서는 지리적으로 더욱 사례가 복잡했다. 일부 지역에서는 혼인율이 낮았지만(이베리아 반도의 대서양 연안 지역, 고산 지역, 이탈리아 및 사르데냐 중부 소작 농업 지역), 다른 곳에서는

---

11 이 글에서 척도는 합계출산율(TFR), 즉 가임기가 끝날 때까지 생존한 한 여성 집단(코호트)이 평균적으로 출산한 자녀 수를 의미한다. 본문에서 "여성 1인당 자녀 수(children per woman)"라는 표현은 합계출산율(TFR)과 동일한 의미로 사용된다.
12 유럽 혼인 연구의 고전적 저작. J. Hajnal, "European marriage patterns in historical perspective," in D. V. Glass and D. E. C. Eversley, eds., *Population in History* (London: Arnold, 1965).

높았다. 서유럽의 혼인율이 낮았던 이유는 흔히 멜서스식 적응의 오랜 과정에서 비롯된 결과로 해석된다. 즉 중세 말기 페스트의 대유행 이후 인구밀도가 높아지고 도시화가 진행되었으며, 토지가 부족해졌고, 기본 생필품 가격이 올라갔기 때문이라는 해석이다. 18세기 유럽 인구 구조를 보여주는 다른 요인들도 있다. 지중해 연안 저위도 지역, 발칸 지역은 말라리아에 시달렸다.(북유럽과 중부 유럽의 일부 지역도 말라리아의 영향을 받았다.) 이들 지역은 말라리아가 없는 지역보다 사망률이 훨씬 높았고, 자연 인구성장률도 낮았다. 유럽 전역의 다양한 임신과 수유 관습도 여성의 출산율과 아동사망률에 영향을 미쳤다. 모유 수유를 오래 하고 이유식을 늦게 시작하면 출산 간격이 길어지고 출산율이 낮아지며 영아 생존율도 향상되었다. 예컨대 18세기 후반기 프랑스의 영아사망률이 영국보다 높았는데(1,000명당 273명 대 165명), 이는 (다른 요인이 동일할 경우) 출생시 기대수명의 차이 4년에 해당하는 수치였다.[13]

근대 인구변천의 양상들

인구변천(Demographic transition)이라 하면 대개 유럽, 아메리카, 동아시아에서 주로 나타났던 것처럼, 19세기의 높은 사망률과 출산율에서 오늘날의 낮은 사망률과 매우 낮은 출산율로 변하는 과정으로 규정한다. 산업혁명 이후 과학적 지식과 생활수준의 향상은 사망률 감소의 기반이 되었다. 19세기 말엽으로 가면서 유럽 몇몇 국가에서 기대수명이 50세에 이르렀으며, 오늘날 "선진국"으로 분류되는 지역에서는 그 이후

---

13 Livi-Bacci, *Population of Europe*, pp. 113-114.

기대수명이 가파르게 상승했다.[14]

개념적으로 세 가지 중첩되는 요인이 사망률의 감소와 관련되어 있다. 첫 번째는 1인당 가용 자원, 특히 식량 자원의 증가다. 이로써 생계 위기가 뚜렷하게 감소했으며, 그것이 사망률의 감소와도 연결된다. 이는 영양섭취, 의복, 주택, 위생 수준의 향상, 질병 저항 능력의 개선을 의미한다. 두 번째는 미생물 전염 관련 지식의 축적이다. 특히 1860년대 루이 파스퇴르(Louis Pasteur, 1822-95년)의 발견 이후, 미생물 관련 지식이 교육과 공공 정책을 통해 사람들에게 전파되었고, 덕분에 사람들이 스스로 질병을 피할 수 있었다. 세 번째 단계는 질병을 예방 혹은 치료할 백신과 의약품의 발달이다. (1796년 에드워드 제너의 천연두 백신의 발견을 제외하면) 이 단계는 19세기 말의 20년 동안에 시작되었다.

사망률이 낮아지면서 출산율도 감소했는데, 이는 자발적인 피임법이 널리 확산된 결과였다. 좀 더 쉽게 설명하자면, 출산율이 감소한 이유는 사회가 변화하면서 자녀 양육에 드는 비용과 얻을 수 있는 혜택 사이의 균형이 달라졌기 때문이다. 먼저, 영유아 사망률이 줄면서 같은 수의 자녀를 낳더라도 가족당 생존하는 자녀 수는 더 많아졌고, 자연히 양육에

---

14 지금부터 인용하는 1950년에서 2010년까지의 인구 통계는 다음을 참조. United Nations, *World Population Prospects: The 2010 Revision* (United Nations: New York, 2011). 본문 전반에서 사용되는 "부유한(rich)"과 "빈곤한(poor)", "선진국(developed)"과 "개발도상국(developing)", "더 발전된 국가(More Developed Countries, MDC)"와 "덜 발전된 국가(Less Developed Countries, LDC)"라는 표현은 모두 동의어로 사용되었다. 이는 유엔의 현행 분류를 따른 것이며, 유엔은 "선진국"에 유럽, 북아메리카, 일본, 호주, 뉴질랜드를 포함시키고 있다. "개발 도상국"에는 한국을 비롯해 현재 여러 선진국들보다 더 "부유한" 국가들도 포함되는데, 이들 국가들은 가까운 과거에는 훨씬 더 빈곤했다. 인구 관련 데이터는 온라인(http://esa.un.org/unpd/wpp/unpp/panel_population.htm)에서 볼 수 있다.

들어가는 비용이 증가했으며, 도시화와 산업화 또한 양육 비용을 높이는 원인이었다. 특히 자녀에게 들어가는 교육 비용이 커졌고, 아이들을 돌보느라 어머니들이 직장 생활을 포기하는 경우도 많았다. 반대로, 기술이 발전하고 경제가 농업에서 제조업 중심으로 바뀌면서 자녀가 가족의 경제에 보탬이 되는 시기가 점점 늦어졌고, 이로 인해 자녀에게 기대할 수 있는 경제적 이익도 줄어들었다. 이러한 이유들은 거시적인 차원에서 출산율 감소를 잘 설명하지만, 실제로는 지역과 시기에 따라 출산율 감소의 양상이 매우 다양했으므로 다른 여러 요인들도 함께 고려해야 한다. 예를 들어, 계몽주의, 프랑스 혁명, 급진주의, 사회주의와 같은 다양한 사회적 운동을 통해 사람들의 문화적 가치가 달라진 것도 출산율 감소에 큰 영향을 주었다. 한편, 교통과 통신이 발전하면서 피임법에 관한 지식과 정보가 도시에서 농촌으로, 상류층에서 하층으로, 중심부에서 주변부로 빠르게 퍼져나갔다.

인구의 역사를 연구하는 연구자들이 여전히 논쟁 중에 있는 주제 중의 하나는, 18세기에 왜 영국이 아니라 아직 농촌 사회였던 프랑스에서 산아제한이 시작되었는가 하는 문제다. 영국에서는 산업화가 일찍 시작되었음에도 불구하고 산아제한은 한 세기가 지난 이후에 도입되었다. 비용대비편익보다 가치관의 변화가 더 중요한 요인이라 생각하는 학자들이 많다. 또한 사망률 감소가 출산율 감소의 필수 선행 조건이라는 견해 또한 논란이 있다. 그 반대 사례가 얼마든지 존재하기 때문이다. 그러나 일반적으로 오랜 기간에 걸친 인구변천의 과정에서는 자연성장률(출산율과 사망률의 격차)이 증가세를 보였다.(사망률이 높을 때는 자연성장률이 1퍼센트에 불과) 사망률 감소 곡선은 출산율 감소 곡선에 비해 시간

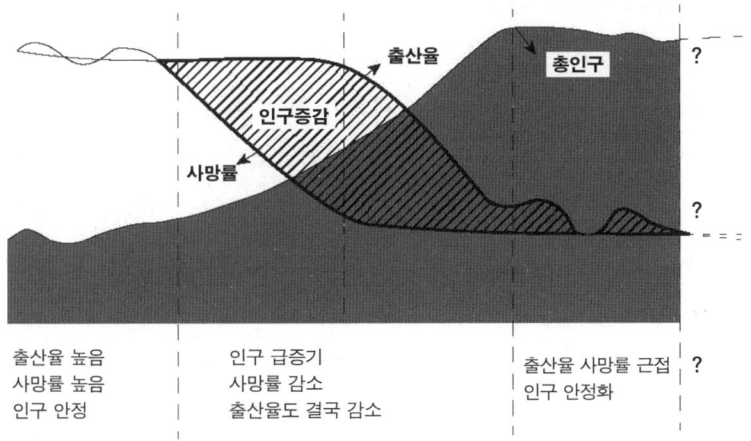

〔그림 7-2〕 인구변천 모델

적으로 앞선다. 따라서 둘 다 낮은 수준으로 안정화될 때까지는 성장률이 증가세를 보이다가, 정점에 도달한 이후에는 감소세로 돌아선다.(그림 7-2) 인구변천 과정의 기간, 두 곡선의 기울기, 두 곡선 사이의 거리는 국가마다 상당히 달랐다. 인구변천 단계의 인구 증가는 이와 같은 매개변수와 함수 관계에 놓인다. 서구 사회에서는 근대부터 사망률이 감소되었다. 이는 세계의 다른 지역보다 일찍 시작되었고, 의학 지식의 축적과 함께 서서히 진행되었으며, 그 과정도 오래 걸렸다. 한편 세계의 다른 지역에서는 20세기 중엽부터 사망률 감소가 시작되었고, 이미 축적된 지식자본을 활용하여 그 속도가 빠르게 진행되었다.

선진국의 사망률과 출산율 변화

서구 사회의 사망률 변화는 비교적 서서히 진행되었다. 농업 생산성 향상, 새로운 작물의 도입, 통신기술의 개선, 시장 기능 향상 덕분에 기근이 줄어들었고, 그에 따라 전염병도 감소했다. 1845-46년 아일랜드 대기근이 말해주듯이 위기가 완전히 사라진 것은 아니었다. 특히 유럽 주변부의 나라들, 핀란드, 러시아, 발칸 반도 지역에서 위기가 발생했다.[15] 그럼에도 사망률은 서서히 줄어들었다. 기대수명이 50세에 도달한 시기는(이 시점에서도 출생 이후 생식 연령 도달 이전 사망률이 여전히 높아, 20-25퍼센트 사이였다. 그래서 출산 잠재력의 "낭비"는 약 30퍼센트에 달했다.) 노르웨이가 1861년, 불가리아와 포르투갈과 소련은 1930년대였다. 유럽 전체로 계산하면, 중위값에 도달한 시기는 1903년이었다. 생존율의 증가는 20세기 전반기에 최고조에 달했다. 두 차례의 세계대전에도 불구하고 매년 4-5개월씩 기대수명이 늘어났다. 1950년도에 이르러, 소련을 제외한 유럽의 기대수명은 남성과 여성이 모두 67세에 도달했으며, 2010년에는 80세가 되었다.

앞에서 언급했던 것처럼 18세기에는 결혼 제도가 유럽 인구 구조의 핵심이었다. 그러나 19세기에는 그 기능에 한계가 있었다. 발달한 사회에서는 영유아 생존율이 향상되었고, 가족 단위에서 신생아 수를 통제하려 했기 때문이다. 18세기에도 자발적으로 혼인 가정의 출산율 조정 시도가 있었지만, 이는 귀족이나 도시 부르조아 및 엘리트 상인 계층에

---

15 A. J. Coale and S. Watkins, eds., *The Decline of Fertility in Europe* (Princeton University Press, 1986).

국한되는 일이었다. 프랑스에서는 유럽의 다른 나라들보다 훨씬 이른 시기였던 18세기부터 산아제한 정책을 폭넓게 시행했다. 결혼 출산율이 이전 시기에 비해 10퍼센트 줄어든 시점에서는 (이후 증가세가 다시 없었기 때문에) 경험적으로도 돌이킬 수 없는 감소세가 시작되었음을 느낄 수 있었다. 그 시점은 인구변천의 관점에서 매우 중요한데, 전통적인 출산율 규제 시스템(결혼제도)이 새로운 시스템(피임법)으로 대체되는 순간이었기 때문이다. 유럽에서 가장 빨랐던 프랑스는 1827년에 그 시점에 도달했으며, 가장 늦었던 러시아(유럽 지역)와 아일랜드는 거의 한 세기가 지난 뒤인 1922년에 그 시점에 도달했다. 벨기에, 덴마크, 영국, 독일, 네덜란드, 스위스가 그 시점에 도달한 시기는 1880년에서 1900년 사이였고, 스웨덴, 노르웨이, 오스트리아, 헝가리는 1900-10년 사이, 이탈리아, 그리스, 핀란드, 포르투갈, 스페인은 1910-20년 사이였다. 자발적 산아제한의 지리적 분포를 좀더 구체적으로 살펴보면, 그 과정은 프랑스에서 시작되어 유럽의 선진 지역으로 확산되었다. 남쪽으로는 카탈루냐, 피에몬테, 리구리아, 투스카니로, 중북부로는 잉글랜드, 벨기에, 독일, 스칸디나비아로, 이후 동유럽과 남유럽의 다른 지역까지 이어졌다. 주변부로 가장 멀리 떨어진 지역(지중해 연안 유럽의 일부, 발칸, 아일랜드)과, 지리적으로는 중심이지만 전통문화가 강하게 남아 있었던 지역(알프스의 일부)은 강력한 고출산의 마지막 거점이었지만, 20세기 중엽에 서서히 정복되었다.

사망률과 출산율이 떨어진 뒤 일종의 안정과 균형에 도달하여 그 상태가 지속된다고 하는 인구변천의 가장 단순한 교리는 그보다 훨씬 더 복잡한 현실에는 맞지 않았다. 1980년대 이래로 유럽의 대부분과 일본에서는 출산율이 인구 대체 출산율보다 훨씬 더 낮아졌지만, 고령층의 사망률은 계속 감소하고 있다.[16] 연령 구조가 크게 변화했고, 15세 미만 인구보다 70세 이상 인구가 더 많은 나라가 많아졌으며, 이런 나라에서는 조부모의 인구수가 손자 손녀의 인구수보다 더 많다. 그곳에서 지속적인 이주민의 유입이 없었다면 인구가 감소했을 것이다. 또한 최근 몇 년 간 출산율이 완만하게 회복되고 있지만, 인구의 자연적 균형이 언제 다시 회복될지 여부는 여전히 불분명하다.

기나긴 19세기 동안 이주와 이동의 속도는 점점 더 빨라졌다. 유럽의 경우, 예전에는 인구가 희박하여 개방 정책을 취하며 이민과 정착을 끌어들였던 지역들도 이제는 사람이 가득 찼다. 유럽 바깥의 이른바 "신세계"는 최근 3세기 동안 꾸준히 이주민을 받았다. 아메리카 대륙의 유럽 식민지는 이미 해체되었음에도 불구하고, 그곳은 확고한 유럽의 활동 영역에 포섭되었으며, 제도적, 문화적, 종교적, 언어적 친연성으로 유럽에 단단히 묶이게 되었다. 그 밖에도 오스트레일리아나 남아프리카공화국처럼 이주민에게 개방적인 지역들이 있었다. 이곳은 모두 토지와 천연자원이 풍부한 반면 인구가 희박했으므로 유럽인의 팽창에 열린 공간이 되었다.

19세기 유럽의 장거리 이주를 보다 깊이 이해하기 위해서는 인구, 경제, 사회 변화의 배경을 고려할 필요가 있다. 첫 번째 요인은, 특히 시골 지역을 중심으로 나타났던 급격한 인구 성장이었다. 이러한 인구 성

---

16 "대체(replacement)" 또는 "대체 수준(replacement level)"이라는 표현은 한 여성 집단(코호트)이 자신과 동일한 수의 딸 세대에 의해 "대체"되는 상황을 나타낸다. 사망률이 낮은 인구집단에서는 이 수준이 여성 1인당 약 2.1명의 자녀 수에 해당한다.

장은 농업 생산성의 점진적 증가와 맞물렸으며, 시골 지역에서 전례 없는 규모의 저임금 혹은 실업 인구층이 형성되었다. 동시에 산업 부문이 성장하면서 시골의 잉여노동력을 끌어들여 일자리를 제공했다. 철도와 증기선 덕분에 교통비가 줄어들자 이주는 수백만 명의 사람들에게 보다 현실적인 대안이 되었다. 마지막으로 세계 경제 통합이 가속화되면서 국경을 넘어서는 균형 시스템이 만들어졌다. 이런 현상들은 모두가 서로 연결되어 있었기 때문에 어느 하나의 요인이(혹은 다른 한두 가지가 결합하여) 19세기의 대량 이주를 촉발했다고 말하기는 어렵다. 당시 이주의 규모는 거대했다. 19세기가 시작된 이후부터 제1차 세계대전이 끝날 때까지, 5,000만 명의 이주민이 유럽을 떠나 대양을 건넜다.(1800년 당시 유럽 인구는 약 1억 8,800만 명이었다.) 이는 이전 300년간의 이주 인구 수보다 최소 수십 배 많았다. 거대하면서도 체계적으로 나타났던 이 현상은 유럽 전체는 물론 그들이 이주해간 다른 많은 지역에 영향을 미쳤다.

개발도상국의 인구

부유국들의 인구 팽창 사이클이 완성되는 동안 빈곤국 또한 나름의 독특한 사이클을 시작하고 있었다. 그들의 성장 주기의 특성은 이른바 저개발국의 최근 인구 증가를 보여주는 수치만 보더라도 그대로 드러난다. 1900년 약 10억 명이었던 빈곤국 인구는 2012년까지 5배 이상 증가했다. 부유국들이 산업혁명 이후 2세기 동안에 도달했던 인구 증가를 이들은 불과 1세기 남짓만에 추월하기에 이르렀다. 이는 놀라운 성장 속도였다. 1900-20년 사이 빈곤국의 인구 성장률은 연간 0.6퍼센트

	인구수(100만)			증가율(1,000명당)*			인구 비율		
	선진국	저개발국	세계	선진국	저개발국	세계	선진국	저개발국	세계
1900	563	1,071	1,634				34.5	65.5	100
1920	654	1,203	1,857	7.5	5.8	6.4	35.2	64.8	100
1930	727	1,309	2,036	10.6	8.4	9.2	35.7	64.3	100
1940	794	1,473	2,267	8.8	11.8	10.7	35.0	65.0	100
1950	813	1,709	2,522	2.4	14.9	10.7	32.2	67.8	100
1960	916	2,106	3,022	11.9	20.9	18.1	30.3	69.7	100
1970	1,008	2,688	3,696	9.6	24.4	20.1	27.3	72.7	100
1980	1,083	3,368	4,451	7.2	22.6	18.6	24.3	75.7	100
1990	1,149	4,169	5,318	5.9	21.3	17.8	21.6	78.4	100
2000	1,189	4,934	6,123	3.4	16.8	14.1	19.4	80.6	100
2010	1,236	5,660	6,896	3.9	13.7	11.9	17.9	82.1	100

* 증가율은 직전 항목 대비 증가율이다.
출처: 1900년은 저자의 추정치. 1920년-2010년은 United Nations,*World Population Prospects: The 2010 Revision* (New York, 2011) 참조.

[표 7-2] 저개발국가의 인구와 선진국의 인구, 1900년-2010년

로 추정된다. 1920-50년 사이 이 비율은 두 배로 올라갔고(1.2퍼센트), 1950-80년 사이 다시 한 번 두 배로 올라가(2.3퍼센트) 1960년대에 최고 정점에 이르렀다. 1980년대에는 인구 성장률이 다시 2.1퍼센트로 떨어졌으며, 이후 1990년대에는 1.8퍼센트, 21세기 처음 10년 동안은 1.5퍼센트로 하락했다.(표 7-2) 이와 달리 서구권 국가들(유럽과 해외 관련국)은 200년 동안 인구 성장률이 연간 1퍼센트를 넘은 적이 거의 없었다. 1950년대 이래로 세계 빈곤 지역의 인구는 선진 지역에 비해 성장 속도가 2배 더 빨랐다.

이런 차이는 표면적으로는 단순해 보이지만 근본적인 현실은 그리 단순하지 않다. 부유국에서 인구변천은 사망률의 점진적 하락과, 이후 비슷한 비율로 감소한 출산율의 결과에 따라 점차적으로 나타난 결과였다. 사망률의 점진적 하락은 지식 축적의 결과였다.(특히 의학 지식의 축적이 감염 질환의 통제에 도움이 되었다.) 이는 19세기 말엽부터 시작되어 지금까지도 계속해서 진행되고 있다. 빈곤국들의 사망률은 최근까지도 매우 높은 수준을 유지하고 있었다. 예를 들어 1950년 빈곤국의 평균 기대수명은 약 40세 전후였다. 그러나 선진국에서 오랫동안 서서히 축적되었던 지식이 20세기 중엽 이후 빠른 속도로 빈곤국으로 전파되면서 빈곤국의 사망률도 급격히 줄어들었다. 출산율은 대개 쉽게 변하지 않는 문화적 요인에 의해 좌우되었다. 그래서 출산율은 사망률의 추세를 따라가지 못하거나 혹은 시차를 두고 서서히 하락했다. 그 사이(사망률의 하락 이후부터 출산율 하락 이전)에는 인구가 급증했다.

앞에서도 언급했듯이 겉으로 단순해 보이는 이 현상은 오해의 소지가 있다. 빈곤국의 세계는 환경, 문화, 정치적 환경에 따라 여러 가지 다양한 사회로 나뉘어져 있으며, 이러한 차이는 개별 사회의 인구행동에도 그대로 반영되어 있다. 빈곤국의 세계와 선진국의 세계가 단절되지 않았기 때문에 1950년 이전에도 어느 정도의 지식과 기술 이전이 이루어졌다. 그러나 이러한 요인들을 고려하더라도, 최근 수십 년 동안 빈곤국의 인구 변화가 선진국이 걸어왔던 여정에 비해 더 빠르게 진행되었다는 사실에는 변함이 없다.(표 7-3)

1950년 전후 여러 개발도상국의 인구 구조는 오늘날에 비해 훨씬 더 동질적이었다. 오늘날에는 최근 60년간의 경제적, 정치적, 문화적 차

[표 7-3] 세계 인구의 통계학적 지표, 1950년-2010년

	인구(100만)		연평균 성장률		출생률		사망률		합계출산율		기대수명	
	1950	2010	1950-55	2005-10	1950-55	2005-10	1950-55	2005-10	1950-55	2005-10	1950-55	2005-10
세계	2532	6896	1.82	1.16	36.9	20.0	18.7	8.4	5.0	2.5	47.7	67.9
선진국	811	1236	1.21	0.41	22.4	11.4	10.3	10.0	2.8	1.7	65.9	76.9
저개발국	1721	5660	2.09	1.33	43.5	21.9	22.6	8.0	6.1	2.7	42.3	65.9
아프리카	230	1022	2.11	2.30	47.7	35.6	26.2	11.9	6.6	4.6	38.2	55.2
동아시아	672	1574	1.91	0.47	39.4	12.2	20.2	7.3	5.6	1.6	46.4	74.0
중앙-남아시아	507	1765	1.90	1.44	43.7	23.6	24.9	8.0	6.0	2.8	39.0	64.5
동남아시아	173	593	2.22	1.16	44.3	19.2	22.1	6.7	6.1	2.3	42.4	69.3
서아시아	51	232	2.74	2.41	45.6	24.2	19.5	5.4	6.1	3.0	46.9	71.7
유럽	547	738	1.00	0.20	21.4	10.8	10.8	11.2	2.7	1.5	65.6	75.4
라틴 아메리카와 카리브해	167	590	2.71	1.15	42.7	19.3	15.6	5.9	5.9	2.3	51.3	73.4
북아메리카	172	345	1.71	0.91	24.6	13.7	9.4	8.2	3.3	2.0	68.7	78.2
오세아니아	13	37	2.22	1.75	27.5	18.0	12.5	6.9	3.8	2.5	60.5	76.6
중국	555	1341	1.99	0.51	42.1	12.6	22.2	7.2	6.1	1.6	44.6	72.7
인도	358	1225	1.77	1.43	43.3	23.1	25.5	8.3	5.9	2.7	37.9	64.2

출처: United Nations, *World Population Prospects: The 2010 Revision* (New York, 2011)

이의 결과로 다양성이 극대화되었다. 주요 지역들을 살펴보면, 기대수명이 1950-55년 사이에는 38-45세였고, 2005-10년 사이에는 55-74세였다. 출산율의 경우, 1950-55년 여성 1인당 자녀수 평균은 5.7-6.4명이었지만, 2005-10년에는 1.6-4.6명이었다. 인도와 중국은 1950-55년 사이 출산율이 비슷했다.(6.1, 6.0) 그러나 1990-95년 사이 인도 여성은 3.7명의 자녀를 출산한 반면 중국의 경우 이미 대체출산율(2.0) 이하로 떨어졌다. 이처럼 1900년에는 빈곤국 전반적으로 일관되던 인구통계적 특성이 2000년에는 매우 다양한 모습을 띠게 되었다.

사회적 발전과 변화의 속도는 빈곤국 인구 혁명의 기본이었다. 그러나 발전 유형 또한 인구변천의 성격에 심대한 영향을 미쳤다. 예컨대 사망률과 관련해서, 쿠바, 칠레, 대한민국은 2000년도를 기준으로 서로 비슷한 기대수명에 도달했다.(78세-79세) 그러나 칠레의 1인당 실질소득(real income)은 쿠바보다 4배가 높고, 대한민국은 칠레보다 1.5배가 높았다. 같은 시기 세 나라의 출산율은 다 같이 매우 낮아서 대체출산율보다 아래였다. 개발의 단계가 매우 낮을 경우, 기본적인 생활 수요(식량, 에너지, 물, 위생) 측면의 개선이 높은 사망률을 억제하기 위한 좋은 전략이었다. 기본적인 건강 관리에 투자하는 선택도 마찬가지였다. 정부 정책이 부정적인 영향을 미치기도 했다. 가장 비극적인 사례는 1959-61년 사이 수천만 명의 목숨을 앗아간 중국의 대약진운동(大躍進運動)이었다.[17]

인적자본 투자, 여성교육 개선, 가족관계의 민주화, 여성고용의 장려

---

17 C. Ó Gráda, *Famine: A Short History* (Princeton University Press, 2009), p. 23.

등은 모두 신중한 출산율 통제에 도움이 되었다. 모자 보건을 개선하고 피임법 접근을 촉진하는 정책의 성과도 마찬가지였다. 이런 점들은 (1인당 GDP 같은 소득지표에서 종합적으로 평가되는) 물질적 자원의 축적이나 서비스의 발전과 무관하게, 정책적 결정만으로도 개발도상국의 인구 변화에 상당한 영향을 미쳤음을 보여준다. 1980년 이후 중국에서 실시되었던 "한 자녀" 모델 같은 극단적 강제 정책은 해당국의 출산율 감소를 가속화했다.

이와 달리 출산친화 정책은 대개 사람들의 선택이나 국가 인구 통계에 별다른 영향을 미치지 못했다. 이런 정책 자체가 드물었던 개발도상국은 물론, 좀더 많은 정책을 구사했던 선진국도 마찬가지였다. 스탈린 시대의 소련, 파시스트 이탈리아, 제국주의 일본, 전후 프랑스 등 여러 나라에서 대가족을 보상하는 다양한 시도를 해보았지만, 대중은 대개 지도자를 실망시켰다. 1960년대 중반 루마니아는 국가 정책(모든 종류의 산아제한 금지)을 실시하자 그 이듬해에 출산율이 두 배로 증가했지만, 이는 짧은 시기에 나타났던 예외적 사건일 뿐이었다. 루마니아의 풍요로운 출산율은 오래 지속되지 못했다. 더 빨리 인구를 늘리고자 하는 정책에 대한 근대 민중의 완고한 저항은 소가족, 저출산, 인구성장둔화의 세계적 추세와 맥을 같이하고 있다.(이는 전 세계 모든 국가에 해당하지는 않는다.)

현재, 그리고 미래를 향해

21세기의 두 번째 10년이 시작될 무렵, 세계 인구 구조는 심각한 변화를 거치는 중이었다. 세계의 인구지리적 변화는 [표 7-2]에 요약 제시되어 있다. 1950년-2010년 사이 세계 인구에서 선진국 인구 비중은 32퍼센트에서 18퍼센트로, 유럽 인구 비중은 22퍼센트에서 11퍼센트로 감소했다. 영국과 이탈리아는 1950년에는 세계 인구 10대 국가에 포함되었지만 2010년에는 21번째 이하로 내려갔다. 도시 거주 인구가 1950년에는 세계 인구의 3분의 1에 불과했지만 이제는 과반수를 차지하게 되었다. 세계 어디서나 해안 지역 혹은 저고도 지역 계곡을 따라 인구가 집중되어 환경의 균형을 위협하고 있다. 오염, 온실가스 배출량 증가, 기후변화, 비옥한 토양 및 담수 부족 등 환경 제약은 과거보다 훨씬 더 강력해졌다.

그럼에도 불구하고 전 세계 대부분의 지역에서 개인은 과거의 생물학적, 물질적, 사회적 제약으로부터 상당 부분 자유로워졌다. 개인은 결혼(이혼), 출산, 이주에 대해 더 많은 선택의 자유를 누리게 되었다. 건강도 상당히 좋아졌고 수명도 연장되었다. 세계 여러 지역에서 이러한 과정은 아직도 진행 중이지만, 오늘날 개인은 1900년이나 1800년 당시의 조상들에 비해 자기자신은 물론, 가족과 지역사회를 더 잘 돌볼 수 있는 위치에 놓여 있다.

인구변화는 관성의 힘에 크게 좌우된다. 그러므로 예측을 통해 향후 수십 년 동안 미래의 발전상을 합리적으로 그려볼 수 있다. 미래에 어떤 일이 일어날지 미리 예측해보는 것은 자못 흥미로운 일이 아닐 수 없다. 전문가들의 합의에 근거한 최근의 추정치에 따르면, 개발도상국의 경우 출산율 감소(여성 1인당 자녀수 2005-10년 2.7명에서 2045-50년 2.2명)와 기대수명 증가(같은 시간대로 기대수명은 64세에서 74세로)가 지속될 것으로 전망된다. 한편 선진국의 경우, 출산율이 완만하게 회복되고, 기대수명이 더 늘어날 것으로 전망된다. 세계 인구는 2012년 70억 명을 넘어섰고, 2025년에는 80억에 도달할 것이며, 2043년에는 90억이 될 것이다. 여러 장기적 시나리오에 따르면 금세기 말에는 세계 인구가 100억 명에 이를 것으로 전망된다. 인구 증가율은 2005-10년 1.3퍼센트에서 2045-50년 0.4퍼센트로 감소할 것이며, 이는 근대 성장 사이클이 처음 시작되었던 18세기와 비슷한 수준을 보일 것이다. 2010-50년 세계 인구 증가분은 개발도상국에 집중될 것이며, 선진국 인구는 정체될 것이다. 세계 인구에서 선진국 인구가 차지하는 비중은 2010년 17.9퍼센트에서 2050년 14.1퍼센트로 감소할 것이다. 인도는 2020년대에 중국을 제치고 세계에서 인구가 가장 많은 국가로 부상할 것이다. 그러나 가장 놀라운 발전은 아프리카로 전망된다. 세계 인구에서 아프리카의 비중은 2010년 14.8퍼센트에서 2050년 23.6퍼센트로 증가할 것이다.

그러나 인구학자들의 예측에도 불구하고 미래 인구는 여전히 불확실하다. 기본적인 이론은 세계의 모든 사회가 수렴하는 인구 변화의 경로가 있어서, 인구변천의 과정이 그 모델을 따를 것이며, 언젠가 전반적인 인구 균형 혹은 어느 정도 균형의 상황을 향해 나아간다는 가설이지만, 이는 현실과는 맞지 않다.

그 이유는 첫째, 수명이 계속 늘어날 것으로 가정하는 것은 현명하다고 할 수 없다. 구소련 지역에서는 제2차 세계대전 이후 30년 동안 성취했던 일반적 상황(영양섭취, 건강관리)을 유지할 형편이 못 된다는 사실이 확인되었다. 실제로 소련 체제 말기 투자 우선 순위가 바뀌었고, 소련 붕괴 이후 사회경제적 여파가 미쳐서, 1990년 이후 특히 남성의 기대 수명이 심각하게 악화되었다. 반면 1980년대와 1990년대에는 에이즈

(AIDS)라고 하는 새로운 질병 때문에 사하라 이남 아프리카 지역의 기대수명이 줄어들었다.[18] 이처럼 예상치 못한 생물학적, 사회정치적 상황의 전개로 기대수명의 지속적 증가를 확신하기가 어렵게 되었다. 서구 사회와 일본의 경우, 높은 기대수명은 양질의 의료서비스에 대한 보편적 접근성에 달려 있으며, GDP에서 건강에 투자되는 비율은 어디서나 증가하고 있다.(2009년 기준 유럽 10퍼센트, 미국 16퍼센트)[19] 시스템이 비용의 상승을 따라잡지 못하면 건강에 영향을 미치고 수명이 단축될 수 있다. 어찌되었든 위생 및 예방접종 프로그램 등 수명연장에 비교적 쉽고 효과적인 조치는 이미 세계적으로 널리 시행되고 있다. 이러한 수단을 넘어서서 기대수명을 늘리는 일은 더 어렵고, 더 비싸고, 돌이키기도 더욱 어려울 것이다. 더욱이 남아프리카에서 HIV가 그랬던 것처럼, 파괴적 전염병이 공중보건 시스템을 넘어서서 모든 인구통계학적 전망을 뒤엎어버릴 가능성도 배제할 수는 없다. 이와 같은 생물학적, 정치적, 경제적 측면을 고려할 때, 더 이상의 기대수명 연장을 당연시해서는 안 된다는 점을 알 수 있다.

기대수명에 대한 전망보다 더욱 불확실한 것은 미래의 출산율 문제다. 출산율은 총 인구 증가 사이클을 결정하는 주요 원동력이다. 첫째, 최근 30-40년 동안 많은 선진국은 대체출산율 아래로 출산율이 정체되었다. 인구가 많은 국가 중에서는 러시아, 일본, 독일, 이탈리아, 스페인의 여성들이 2010년 기준으로 평균 1.2명-1.4명의 자녀를 출산한 것

---

18 러시아 연방에서 태어난 사람의 기대수명은 1985-1990년 69.1세에서 2000-2005년 64.9세로 감소했고, 남부 아프리카에서는 같은 기간 60.7세에서 51.3세로 감소했다.
19 OECD, *Health Data* 2011 (Paris: OECD, 2011).

으로 확인되었다. 이와 같은 출산율 패턴이 지속된다면, 고령화, 세대 간 수치 왜곡, 인구 감소, 높은 이민 수요가 예상된다. 개발도상국의 많은 나라들도 이미 대체 출산율을 밑돌고 있다.(대표적으로 중국을 비롯하여, 이란, 한국, 태국, 베트남, 브라질, 칠레, 쿠바 등) 이들 또한 앞에서 언급한 선진국의 패턴을 따를 가능성이 높다. 둘째, 출산율이 매우 높게 유지되며, 자발적 통제가 여전히 부유층에 국한된 나라들이 있다. 사하라 이남 아프리카의 여성은 1인당 평균 5명의 자녀를 두고 있다.(2005-10년) 다른 지역에서는 초기 출산율 감소가 상대적으로 높은 수준에서 정체된 상태의 나라들이 있다. 경제 침체와 실패, 비효율적 사회 정책, 출산율 규제를 뒷받침할 인구 정책의 포기, 전통적 가족 및 공동체 가치관의 변화에 대한 저항 등은 모두 인구의 미래 예측의 일부를 흔들어버릴 위험을 내포하고 있다. 인구 예측 모델에서는 출산율 감소가 시작되면, 대체 출산율 정도의 낮은 수준에 도달할 때까지 일종의 되돌릴 수 없는 자발적 과정이 진행된다고 가정한다. 이러한 예측은 얼마든지 틀릴 수 있다. 30-40년 후에는 예상했던 출산행동, 즉 낮은 출산율이 나타나지 않을 수도 있다.

이주는 향후 세계 전체 인구변화에 영향을 미칠 수 없다. 그러나 지역 및 국가적 차원에서는 변화에 영향을 미칠 것이다. 이주자의 순유입은 증가할 것이다. 세계화의 현단계는 한 세기 전의 세계화와는 다른 특징을 가지고 있다. 국가 간 경제 통합은 빠른 속도로 진행되고 있다. 1950년에는 국제시장에서 교환되는 상품 가치가 세계 총생산(GNP)의 약 10분의 1이었지만, 오늘날은 4분의 1을 차지하고 있다. 그러나 국가, 지역, 대륙 간 인적 이동은, 상대적 수치로 볼 때 이전 시대 세계화 단계에 비해 줄어들었다. 빈곤국에서 발생하는 이주압력이 뚜렷하고, 절대적인 이주 인구의 수가 증가하며, 선진국에서 이주민의 유입을 억제하기 위해 많은 노력을 기울이고 있는 현실을 감안할 때, 이는 놀라운 이야기로 들릴 수도 있다. 그러나 세계 인구의 총수가 늘어났기 때문에, 비율은 줄어들어도 수치는 더 늘어날 수 있는 것이다. 절대수치로 볼 때 이주는 늘어나고 있다. 1960년대 10년간 빈곤국에서 선진국으로 순유입된 이민자 수는 700만 명이었으나, 1970년대와 1980년대는 각각 1,300만 명으로 2배가 늘어났으며, 1990년대에는 2,600만 명으로 다시 두 배가 증가했다. 2000-10년 사이 10년간 이주한 인구는 3,400만 명에 달했다.[20] 또한 1인당 소득은 높지만 일반적으로 "선진국"으로 간주되지 않는 지역으로 일시적 이주민이 많이 유입되고 있다. 예컨대 파키스탄과 방글라데시의 사람들은 부유한 걸프만 지역 국가의 노동력에서 큰 비중을 차지하고 있다. 또한 빈곤국에서 빈곤국으로 이동하는 사람들도 많다. 오늘날 빈곤국 이민자의 절반은 다른 빈곤국에 거주하고 있다.[21] 어떤 면에서 이는 19세기 말에 뿌리를 두었던 현상의 확장 버전이라고도 말할 수 있다. 당시 수천만 명의 중국인과 인도인 이주민들이 선진국으로 입국이 거절되어 아시아, 아프리카, 카리브해, 남아메리카 등지의 빈곤국으로 이주를 했다. 그들 중 일부는 상인이었지만, 광산이나 농장에서 종사하는 노동자들이 훨씬 더 많았다.

이주의 패턴은 워낙 복잡해서 예측을 말하기가 매우 어렵다. 이주민

20 United Nations, *World Population Prospects: The 2010 Revision*.
21 Dilip Ratha and William Shaw, *South-South Migration and Remittances* (Washington: The World Bank, 2007), p. 5.

의 흐름과 정체는 인구의 차별적 성장, 생활수준의 차이, 이주 흐름과 구성, 근접성, 거리에 영향을 미치는 규제 및 법률 등의 요인에 따라, 다시 말해 인구구조적, 경제적, 정치적 및 지리적 요인의 상호작용에 의해 결정된다. 인구압력은 지속될 것이다. 2010-30년 사이 2세부터 60세까지의 인구는, 빈곤국에서는 26퍼센트 증가하고, 선진국에서는 7퍼센트 감소할 것으로 예상된다. 사하라 이남 아프리카에서는 60퍼센트 이상 증가하고, 러시아, 일본, 독일, 이탈리아 등 주요 국가에서는 30퍼센트 이상 감소할 것이다. 반면 선진국과 빈곤국 사이의 경제적 불평등은 더욱 심화될 것이다. 1950년 서구 경제권(유럽과 북아메리카) 대비 아시아, 아프리카, 중남미의 1인당 실질소득 격차는 5,000-6,000달러였으나, 2,000년에는 그 격차가 14,000-19,000달러로 확대되었다.[22]

세계화의 심화와 지속적인 인구 및 경제적 불평등이 이주 정책과 어떻게 맞물릴 것인지, 최근 수십 년 동안 더욱 제한적이고 선택적으로 변해왔던 정책이 앞으로 어떻게 될지는 예측하기가 어렵다. 이는 사망률과 출산율의 불확실성에 더욱 불확실성을 더하는 문제다. 인구학자들의 예상처럼 세계 인구는 미래에 어느 정도 평형의 상태에 도달하기 전까지는 계속 증가할 수도 있다. 그러나 전 세계적으로 인구행동이 획일화된다거나, 모든 인구가 하나의 인구패턴으로 귀결될 것으로 예상한다면 그들에게 미래는 놀라움을 선사할 것이다. 국가 간, 국가 내, 지역 간, 지역 내 불일치와 불평등은, 50년 후에도 지금처럼 뚜렷하지는 않겠지만

---

22 M. Livi-Bacci, *In cammino: Breve storia delle migrazioni* (Bologna: Il Mulino, 2010), pp. 87-88. This book is available in English as *A Short History of Migration* (London: Polity Press, 2012).

지속될 가능성이 크다. 생태적, 경제적, 정치적, 문화적 상황은 다양할 것이며, 인구구조가 이러한 변수에 대한 인간의 대응을 나타내는 한, 인구구조 또한 다양한 모습으로 나타날 것이다. 따라서 인구구조에는 상당한 정도의 관성이 포함되어 있고, 그래서 인간의 다른 어떤 측면보다는 예측하기가 쉽기도 하지만, 그것은 결국 불확실성을 포함하는 예측일 뿐이다.

더 읽어보기

Ahluwalia, Sanjam. *Reproductive Restraints: Birth Control in India, 1877-1947*. Champaign, IL: University of Illinois Press, 2007.

Bardet, Jean-Pierre, and Jacques Dupâquier, eds. *Histoire des populations de l'Europe*, 4 vols. Paris: Fayard, 1997-1999.

Bashford, Alison. *Global Population: History, Geopolitics, and Life on Earth.* New York: Columbia University Press, 2014.

Chesnais, Jean-Claude. *The Demographic Transition: Stages, Patterns, and Economic Implications: A Longitudinal Study of Sixty-Seven Countries Covering the Period 1720-1984.* Oxford University Press, 1993.

Cipolla, C. M. *The Economic History of World Population*. Harmondsworth: Penguin, 1962.

Coale, Ansley J., and Susan Watkins, eds. *The Decline of Fertility in Europe.* Princeton University Press, 1986.

Cohen, Joel. *How Many People Can the Earth Support?* New York: Norton, 1999.

Connelly, Matthew. *Fatal Misconception: The Struggle to Control World Population.* Cambridge, MA: Harvard University Press, 2008.

Crosby, Alfred W. *Ecological Imperialism: The Biological Expansion of Europe, 900-1900.* Cambridge University Press, 1986.

Davis, Kingsley. *The Population of India and Pakistan*. 1951; New York: Russell & Russell, 1968.

Demeny, Paul, and Geoffrey McNicoll. *The Political Economy of Global Population Change, 1950-2050.* New York: Population Council, 2006.

Derosas, Renzo, and Frans van Poppel, eds. *Religion and the Decline of Fertility in the Western World.* Dordrecht: Springer, 2005.

Fogel, Robert. *The Escape from Hunger and Premature Death, 1700-2100: Europe, America, and the Third World.* Cambridge University Press, 2004.

Gillis, John R., Louise A. Tilly, and David Levine, eds. *The European Experience of Declining Fertility, 1850-1970: The Quiet Revolution.* Oxford: Blackwell, 1992.

Gooszen, A. J. *A Demographic History of the Indonesian Archipelago, 1880-1942.* Leiden: KITLV, 1999.

Greenhalgh, Susan. *Cultivating Global Citizens: Population in the Rise of China.* Cambridge, MA: Harvard University Press, 2012.

Guilmoto, Christophe, and S. I. Rajan, eds. *Fertility Transition in South India.* London: Sage, 2005.

Hayami, Akira. *The Historical Demography of Pre-modern Japan*. University of Tokyo Press, 2001.
Hoerder, Dirk. *Cultures in Contact: World Migrations in the Second Millennium*. Durham, NC: Duke University Press, 2002.
Klein, Herbert S. *A Population History of the United States*. Cambridge University Press, 2012.
Lee, James Z., and Wang Feng. *One Quarter of Humanity: Malthusian Mythology and Chinese Realities, 1700-2000*. Cambridge, MA: Harvard University Press, 1999.
Liu, Ts'ui-jung, James Lee, David Sven Reher, et al., eds. *Asian Population History*. Oxford University Press, 2001.
Livi-Bacci, Massimo. *A Concise History of World Population*. Oxford: Wiley-Blackwell, 2012.
  A Short History of Migration. Cambridge: Polity, 2012.
  The Population of Europe. Oxford: Blackwell, 2000.
Lutz, Wolfgang, Sergei Scherbov, and A. G. Volkov, eds. *Demographic Trends and Patterns in the Soviet Union before 1991*. London: Routledge, 1994.
McEvedy, Colin, and Richard Jones. *Atlas of World Population History*. Harmondsworth: Penguin, 1978.
Maddison, Angus. *The World Economy: Historical Statistics*. Paris: OECD, 2003.
Manning, Patrick. *Migration in World History*. London: Routledge, 2012.
Ó Gráda, Cormac. *Famine: A Short History*. Princeton University Press, 2009.
Riley, James C. *Rising Life Expectancy: A Global History*. Cambridge University Press, 2001.
Saito, Osamu. "Infanticide, fertility and 'population stagnation': the state of Tokugawa historical demography." *Japan Forum* 4:2 (1992), 369-381.
Sánchez Albornoz, Nicolás. *The Population of Latin America: A History*. Berkeley, CA: University of California Press, 1974.
Scharping, Thomas. *Birth Control in China, 1949-2000: Population Policy and Demographic Development*. London: Routledge, 2002.
United Nations Population Division. *World Population Prospects: The 2010 Revision*, New York, 2011.
  World Population Prospects: The 2012 Revision, New York, 2013.
  World Population to 2300. New York: United Nations, 2004.
Wrigley, E. A., and R. S. Schofield. *The Population History of England, 1541-1871*. Cambridge University Press, 1989.

Zuberi, Tukufu, et al., eds. *The Demography of South Africa*. Armonk, NY: M. E. Sharpe, 2005.

CHAPTER 8

인구정책

앨리슨 배쉬포드
Alison Bashford

세계사에서 "인구" 문제는 왜 시공간을 초월하는 정치적 주제가 되었을까? 아마도 인간의 밀집 그 자체가, 그리고 밀집의 결과를 만들어 내는 지식 체계가 인간의 기본적인 현상 두 가지와 관련되기 때문일 것이다. 첫 번째는 바로 삶과 죽음이다. 세상의 모든 존재에게 출산과 사망은 매우 자연스러운 사건이다. 동시에 여기에는 언제나 사회적, 종교적, 정치적 개입이 지속되어 왔다. 개입의 정도는 사적으로 내밀한 차원에서부터 국제적인 차원까지 다양했다. 두 번째는 식량 생산, 소비, 분배에 관련된 문제다. 인구는 토지 사용 및 경제 구조와 직결되는 문제이며, 궁극적으로는 에너지 사용 및 재활용에 핵심적 변수다. 인구통제정책은 예전부터 "생명정치학(biopolitics)"의 범주로 분류되었다. 여기에는 언제나 지정학적 문제가 수반되었다. 그러나 그것의 시대적 변화, 혹은 정치문화적으로 변화의 궤적을 추적하는 일이 결코 쉬운 과제는 아니다.[1] 그것이 복잡한 과제인 만큼 학문적으로도 경향성에 차이가 있다. 예컨대 경제사학자들은 인구 문제가 여성과 남성에게 전혀 다른 영향을 미친다는 사실을 심각하게 받아들이지 않는 편이며, 젠더의 역사를 다루는 연

1　Alison Bashford, *Global Population: History, Geopolitics, and Life on Earth* (New York: Columbia University Press, 2014). See also William H. McNeill, *Population and Politics Since 1750* (Charlottesville, VA: University of Virginia Press, 1990).

구자들은, 근대의 인구 문제가 산아제한이나 여성 건강에 주목하는 페미니스트 전문가들 못지 않게 농업경제학자들의 중요한 관심사였다는 사실을 잘 모르는 편이다. 세계사에서 인구 문제가 차지하는 여러 가지 차원을 입체적으로 이해하기 위해서는 (경제사학이나 젠더사학과 다른) 새로운 방식의 접근법이 필요할 것이다. 말하자면 그것은 인구 문제의 글로벌 젠더 정치경제학 같은 통합 학문이 될 것이다.

정치경제와 세계인구, 1750년-1850년경

18세기 후기 중국과 영국에서 두 명의 학자가 독립적으로 인구 동향과 주변 토지 이용을 관찰하고 있었다. 중국의 학자는 홍양길(洪亮吉, 1746년-1809년)이었고, 영국의 학자는 토머스 로버트 맬서스(Thomas Robert Malthus, 1766년-1834년)였다. 이들은 같은 시기에 각자의 방식으로, 시간의 변화에 따른 국가, 농업경제, 인구의 문제를 숙고하고 있었다. 18세기 대부분의 시간 동안 중국에서는 인구 증가가 국가적 문제로 주목을 받았다. 그것이 곧 곡물 가격 상승으로 이어졌기 때문이다.[2] 홍양길이 보기에 18세기 말의 상황은 (인구가 거듭해서 두 배씩 증가하던 중이었기 때문에) 재생산 능력과 식량 생산 능력 사이의 불균형이 문제였다.

---

2 Helen Dunstan, "Official thinking on environmental issues and the state's environmental roles in eighteenth-century China," in Mark Elvin and Ts'ui-jung Liu, eds., *Sediments of Time: Environment and Society in Chinese History* (Cambridge University Press, 1998), pp. 592-593; See also Ping-ti Ho, *Studies on the Population of China, 1368-1953* (Cambridge, MA: Harvard University Press, 1959); James Z. Lee and Wang Feng, *One Quarter of Humanity: Malthusian Mythology and Chinese Realities, 1700-2000* (Cambridge, MA: Harvard University Press, 1999), pp. 27-28.

"인구 규모를 보건대 토지와 주택의 수는 항상 부족할 것이다. 가구(戶)는 언제나 지나치게 많을 것이다." 그가 보기에 그와 같은 불균형은 여러 가지 사회적 무질서를 초래할 소지가 있었다. 이를 해결하기 위한 정치경제적 대책은 국가 주도의 농업 강화, 신강(新疆)을 비롯한 국경 지대 황무지 개간 및 경작자의 이주 등이었다.[3]

맬서스도 이와 비슷한 관찰을 하고 있었다. 그러나 당시 세계에서 그가 살던 지역에서는 인구 변화가 그렇게 뚜렷하지 않았다. 그는 향후 지속적인 학계의 논쟁을 불러일으킨 인물이었다. 논점은 장기적으로 유럽의 인구가 증가했는지, 감소했는지, 정체되었는지를 둘러싼 문제였다. 17세기와 18세기 대부분의 유럽 사상가들은 국부(國富)와 군사력 및 국력을 위해서는 대규모 인구가 필요하다는 입장이었다. 그래서 그들에게는 인구 증감이 중요한 문제였다.[4] 맬서스는 당시의 지적 흐름에 반대되는 글을 썼다. 의도치는 않았겠지만 맬서스의 입장은 동시대의 유럽인들보다는 홍양길의 생각과 비슷했다. 유럽의 정치가들에게 높은 사망률을 상쇄할 수 있는 핵심적인 방안은 높은 출산율이라고 믿었다. "정치적 산술(Political arithmetic)"이란 출생과 사망을 계산 및 분석하여 "통계학(statistics)"의 방법으로 이해하는 것을 의미하는데, 이는 통계학의 어원(국가 혹은 공동체 관련 자료 분석 – 옮긴이)에서 보듯이 신흥국가의 관심사와 일치하는 방향이었다.[5] 마찬가지로 인구조사는 인구를 파악하고

---

3 "Five essays by Hung Liang-Chi," in Leo Silberman, "Hung Liang-Chi: a Chinese Malthus," *Population Studies* 13:3 (1960), 262.
4 Andrea Rusnock, *Vital Accounts: Quantifying Health and Population in Eighteenth-century England and France* (Cambridge University Press, 2002).

자 하는 국민국가의 정책적 도구로 발달했으며, 상업적 정보 및 신흥 보험산업에도 활용되었다. 예컨대 미국에서는 1790년부터, 프랑스에서는 1836년부터, 브라질에서는 1872년부터 인구조사가 시작되었다. 이러한 근대국가의 인구조사에 앞서 전근대의 선례가 없지 않았다. 예를 들면 중국(엄밀한 조사가 아닌 추정치),[6] 유럽의 도시국가(특히 피렌체), 신세계 식민지(특히 1666년 누벨프랑스) 등에서 인구조사를 실시한 바가 있었다. 이후 식민지 체제에서 인구조사는 통치 정보 축적의 일환으로 추진되었다. 역사학자들은 인구조사 자체를 식민지 통치 도구로 이해했다. 특히 인도아대륙에서는 아시아의 엘리트계층뿐만 아니라 영국 식민지 관리들도 수 세대에 걸쳐 토지, 인구, 식량, 건강 등과 관련해서 많은 정보를 축적했다.[7]

홍양길의 관심사는 중앙집권 관료체제였던 중화 제국의 세금 시스템, 기근 구제 시스템, 농업의 발전 등이었다. 맬서스의 지역적 배경 또한 농업 경제였다. 당시는 아직 제조업이 발달하지 않았을 때였다. 맬서스의 관심 또한 홍양길처럼 복지와 세금, 빈민법과 곡물법 등 고도의 정치적 주제였다. 토양의 질, 면적, 수익률 감소 등을 언급할 때, 토지는

---

5 Ted McCormick, *William Petty and the Ambitions of Political Arithmetic* (Oxford University Press, 2009).
6 P'ing-ti Ho, *Studies on the Population of China*.
7 Bernard S. Cohn, "The census, social structure and objectification in South Asia," in *An Anthropologist Among the Historians and Other Essays* (Delhi: Oxford University Press, 1987); David Arnold, "Official attitudes to population, birth control and reproductive health in India, 1921-1946," in Sarah Hodges, ed., *Reproductive Health in India: History, Politics, Controversies* (Hyderabad: Orient Longman, 2006), pp. 25-26.

맬서스에게 성장의 제한조건을 의미했다. 맬서스가 말한 "인구의 원리(principle of population)"란, 인구의 수가 식량 수급량(대개 토지의 수량에 대응)에 따라 끊임없이 변한다는 주장이었다. 맬서스는 토지(특히 신대륙)가 크게 확장됨으로써 인구가 두 배로 늘어날 수 있겠지만, 언젠가는 식량 생산의 한계로 반드시 인구가 감소세로 돌아설 거라고 생각했다. 그 시점이 되면, 인간적인 수단이나 자연적인 수단을 통해 출생과 사망을 통제함으로써 더 이상의 인구 증가를 억제하게 될 것이다. 맬서스가 보기에는 유감스럽게도, 인구 문제에는 언제나 "결핍"이 일정 부분 존재할 수밖에 없다. 여러 차례에 걸쳐 개정판을 출간했던 맬서스의 유명한 책(《인구론》)에서는, 개인과 가족의 결정으로, 또한 공공정책적 수단으로, 식량 부족을 겪는 인구수를 최소화할 여러 가지 방안을 제시했다.[8]

홍양길이 중국에 대한 글을 썼다면(충분히 큰 나라였지만), 맬서스는 당시 세계에 대한 책을 썼다. 《인구론(The Essay on the Principle of Population)》은 초기적 형태의 세계사로 이해되어야 할 것이다. 맬서스의 지적 여행은 신세계와 구세계를 아울렀다. 뉴홀랜드(오스트레일리아)에서 중국과 티베트까지, 인도에서 태평양의 섬들과 스위스까지, 그리고 18세기에 유행했던 단계론자들의 영향으로 상세한 경제적 단계, 즉 수렵채집에서 목축, 농업, 상업 시스템까지 모두 그의 논의에 포함되었다. 그는 보편적 원리를 입증하기 위해 태평양을 건넜던 항해사들의 기록, 뉴프랑스와 뉴스페인으로 파견되었던 예수회 선교사, 아프리카 탐험가,

---

8 T. R. Malthus, *An Essay on the Principle of Population*, 2nd edn (London: J. Johnson, 1803).

아메리카 식민지 개척자들의 자료를 수집했다.[9] 그는 인구, 토지 이용, 음식문화, 삶과 죽음에 영향을 미치는 의례와 관습(그것이 재생산을 담당하는 여성에게 미치는 영향 포함)에 관한 정보를 요약했다. 더욱이 맬서스는 재생산(즉 남성과 여성의 관계)과 경제가 필연적으로 연결된다고 보았다. 오늘날 그의 연구 내지 분석 방법에 동의하는 사람은 없을 것이며, 그의 결론을 직접적으로 받아들이는 사람도 거의 없을 것이다. 그러나 초기 정치경제학에서 여성, 남성, 재생산(출산) 문화를 핵심적 연구 대상으로 삼았던 경우는 결코 드물지 않았다. 맬서스의 단계론은, 그 단점이 충분히 알려져 있음에도 불구하고, 개발경제학의 멀지만 직접적인 선구자였다.[10]

19세기 사회주의자들은 몇 세대를 거치는 동안에도 인구에 대한 맬서스의 입장, 즉 어느 공동체든지 최소한일지라도 결핍은 불가피하다는 주장에 반대했다. 프랑스의 초기 이상주의자들은 인구 성장이 사회주의 체제 안에서 통제가 가능할 것으로 믿었다. 카를 마르크스는 인구 과잉이란 상대적인 것이며, 잉여노동력을 필요로 하는 자본주의 시스템이 만들어낸 결과라고 생각했다. 엥겔스는 인구의 재생산을 위해 일정 부분 여성의 노동력이 필수불가결하며, 따라서 구조적으로 정치의 역할이 언제나 필요하다는 점을 인정했다. 그러나 그는 다른 정치적 의미, 특히

---

9 Alison Bashford, "Malthus and colonial history," *Journal of Australian Studies* 36:1 (2012), 99–110; Alison Bashford and Joyce E. Chaplin, *The New Worlds of Thomas Robert Malthus* (Princeton University Press, forthcoming).

10 John Toye, "Keynes on population and economic growth," *Cambridge Journal of Economics* 21:1 (1997), 8.

유럽 인구의 지리적 팽창과 인구 성장이 원주민들에게 미치는 여파에 대해서는 눈을 감고 있었다. 이는 그의 시대에 일어났던 전례가 없는 사건으로, 모를 수가 없는 일이었다. 19세기 산업 경제가 발달하면서 토지의 한계가 성장의 한계를 가져온다는 생각은 사라졌다. 그러나 이 시기는 (신)세계의 초원지대가 세계의 곡창지대로 바뀌고 인구가 폭발하던, 세계사적으로 주목할 만한 시대였다.[11] 엥겔스는 토지의 한계를 부정하고, 세계의 광대한 미개척지를 생산과 경작의 공간으로 바꿀 수 있으며 또한 그래야 한다고 믿었던 많은 사상가 중의 한 사람이었다. 그는 미시시피 계곡만 하더라도, "그곳의 황무지에" 유럽 인구 전체를 수용할 수 있다고 주장했다. 그러나 미시시피 계곡은 황무지가 아니었다. 유럽인의 팽창과 놀라울 정도로 빨랐던 그들의 인구 성장으로 아메리카 원주민이 계속해서 대가를 지불해야 할 거라는 예측을 했던 사람은, 사실은 엥겔스가 아니라 맬서스였다.[12]

식민주의, 인구감소, 인구회복

세계적인 차원에서 볼 때 18세기와 19세기는 지리적으로뿐만 아니라 인구 면에서도 유럽의 팽창이 두드러졌던 시기였다. 식민지 지배자와 피지배자 모두 그 과정이 필연적으로 원주민의 "소멸" 혹은 "동화"

---

11 J. R. McNeill, "Population and the natural environment: trends and challenges," *Population and Development Review* 32 (2006), 183–201.
12 Friedrich Engels, "Outline of a critique of political economy" [1844], in Philip Appleman, ed., *An Essay on the Principle of Population* (New York: Norton, 2004), pp. 147–148.

를 수반할 거라는 사실을 이해하고 있었고, 또한 명시적으로 언급하기도 했다. 예비 노동력 집단으로 사용하지 않을 거라면 정착형 식민주의의 공간적 혹은 성적(性的) 해결 방식은 원주민 집단을 제거하거나 흡수하는 것이었다. 20세기 중엽 인구학자들이 초기적 인구 이전(population transfers, 재정착)이라 일컬었던 과정의 일환으로, 미국의 정책은 애팔래치아 산맥의 자연 경계 지역에서부터 이후 미시시피강 건너편까지 원주민 인구를 제거하는 것이었다. 비슷한 시기 오스트레일리아의 영국 식민지(반디멘스랜드, 뉴사우스웨일스, 퀸스랜드) 총독은 원주민을 보호구역으로 이주시켰다.

신세계의 전염병으로 수많은 사람들이 목숨을 잃었다. 초기 근대의 전염병은 18세기와 19세기까지도 계속되었다. 천연두는 식민지 개척자나 피지배자 모두를 휩쓸었으며, 북아메리카 혁명의 결정적 요인이기도 했다.[13] 또 다른 혁명의 해였던 1789년, 영국이 식민지 정착촌을 건설한 직후, 오늘날 시드니 지역에 살던 원주민들은 끔찍했던 한 해를 겪으며 무수히 많은 목숨을 잃어야 했다. 식민지 인구 구조의 역사는 결코 일회적인 사건이 아니라 수 세대를 거치며 이어지는 문제였다. 예컨대 폴리네시아와 멜라네시아 지역에서는 1760년대부터 유럽인들이 가져온 성병이 유행했다. 이는 여성의 출산에 심각한 영향을 미쳤다. 여기다가 홍역, 인플루엔자, 천연두 같은 치명적 질병들이 겹치면서 태평양 섬지역의 인구 감소가 시작되었다. 예를 들어 마르키즈(Marquises) 제도에서는

---

13 Elizabeth Fenn, *Pox Americana: The Great Smallpox Epidemic of 1775-82* (New York: Hill & Wang, 2001).

19세기 후기에도 호흡기 질환으로 인한 높은 사망률이 여전히 심각한 문제였다. 풍토병으로 자리잡은 성병으로 출산율이 낮아지자 인구 감소는 심각한 문제가 되었다. 그러다가 1920년대가 되어서야 공중보건 정책에 힘입어 출산율이 다시 회복되기 시작했다.[14]

그래서 세계적으로는 인구증가가 문제였지만 태평양 섬 지역에서는 인구 감소가 문제였다. 섬 주민들은 정치적으로 이 문제를 해결하려 노력했지만, 식민지 통치자들의 정치적 과제 중에도 "인구 감소" 문제가 포함되어 있었다. 예컨대 피지섬에서는 1896년 조사위원회가 열렸다.[15] 원주민 인구 감소 문제 조사위원회는 오스트레일리아 태즈매니아 원주민부터 캐나다 뉴펀들랜드의 베오투크족(Beothuck)에 이르기까지, "사라지는" 민족에 대한 유럽인의 우려가 뒤늦게 구체적으로 표현된 사례였다. 20세기로 넘어가는 전환기의 식민지 통치자들은 플랜테이션 농장 건설을 위해 적극적으로 숲을 제거하기는 했지만, 그럼에도 멜라네시아인과 폴리네시아인의 인구 감소 문제를 파악하고 이를 막아내기 위해 열정을 기울였다.

인구 감소 문제에 대해 두 가지 대안이 제시되었다. 하나는 식민지 개척자로 들어온 주민들을 내보내는 것이었다.(일부 지역에서는 오랜 기

---

14 Jean Louis Rallu, "From decline to recovery: the Marquesan population, 1885–1945," *Health Transition Review* 2:2 (1992), 177-194.
15 Nicholas Thomas, "Sanitation and seeing: the creation of state power in early colonial Fiji," *Comparative Studies in Society and History* 32 (1990), 149-170; Margaret Jolly, "Other mothers: material 'insouciance' and the depopulation debate in Fiji and Vanuatu, 1890-1930," in Kalpana Ram and Margaret Jolly, eds., *Maternities and Modernities: Colonial and Postcolonial Experiences in Asia and the Pacific* (Cambridge University Press, 1998), pp. 177-212.

간에 걸쳐 탈식민지화 과정이 진행되기도 했다.) 다른 하나는 집단 간의 동화 혹은 통합이다. 성적 관계, 출산, 결혼이 통합의 매개가 될 것이다. 경우에 따라서는 혼혈인들이 별 문제가 되지 않았으며, 남아메리카 스페인어권에서는 혼혈 인구 비중이 과반수를 차지하기도 했다. 그러나 네덜란드령 동인도나 포르투갈령 인도 등지에서는 혼혈인들이 사회적 취약 계층이 되었다.[16] 다른 한 편으로 제3의 민족 정체성을 자각한 집단이 등장하기도 했다. 예를 들면 캐나다 초원지대의 메티족(Métis)이다. 이들은 정치적 분리를 주장하는 민족 집단으로, 1869-85년 캐나다 연방 정부에 저항한 역사가 있었다. 19세기 후기에서 20세기에 걸쳐 정책 입안자들은 생물학적 "동화"를 상상했고, 때로는 정책적으로 소수민족을 다수민족과 결혼시켜 소수민족의 집단 정체성을 제거하고자 했다.[17] 이 모든 과정에는 국가와 사법기관, 문화적 장치가 개입되었으며, 인구정책의 일환으로 성과 섹슈얼리티에 대한 법적 판단과 행정관리를 실시했다. 국가적 방향이나 공공 정책과 상관 없이 인구의 생산과 관련된 모든 노동은 여성에 의한 재생산노동(再生産勞動, reproductive labor)이었다.

출산 정책, 1850년-1950년경

정치경제학에서는 여성의 재생산(출산)이라는 역할을 전통의 입장

---

16 Durba Ghosh, *Sex and the Family in Colonial India: The Making of Empire* (Cambridge University Press, 2006); Ann Stoler, "Sexual affronts and racial frontiers: European identities and the cultural politics of exclusions in colonial Southeast Asia," *Comparative Studies in Society and History* 34:3 (1992), 514-551.
17 Russell McGregor, "'Breed out the colour' or the importance of being white," *Australian Historical Studies* 33 (2002), 120.

에서 바라보았다. 전통적 입장이란 대개 단계론에서 나온 것이며, 그것이 곧 인류학으로 이어졌다. 그런 관점을 취했기 때문에 신세계 사회를 관찰할 때도 구세계의 기준으로 신세계를 해석했던 것이다. 예를 들면 엥겔스의 저서 《가족, 사유재산, 국가의 기원》는, 인류학자 루이스 모건(Lewis Morgan)의 이로쿼이 연맹(Iroquois) 연구 성과의 연장선상에 놓여 있다. 엥겔스는 루이스 모건의 견해에 따라 (인류가 이른바 원시 단계에서 문명의 단계로 진보한다는 전제 아래) "고대 사회"는 여성과 남성, 재생산의 관계를 적극적으로 고려했다고 보았다.[18] 핵심적 마르크스주의 텍스트에 속하는 이 책은 적어도 이런 측면에서는, 엥겔스 자신이나 혹은 후대에 정치적 입장을 같이 하는 다른 이론가들보다는 오히려 맬서스의 입장에 훨씬 더 가까운 편이다.

그러나 이러한 연구는 재생산(출산) 관련 정치 문제나, 재생산 노동(reproductive labor)의 중요성에 대해서도 철두철미한 인식에는 한참 미치지 못했다. 이에 대한 인식은 1850년 이후 국가와 개인의 관계에 대하여 이론적 및 실천적으로 혁명을 가져왔다. 적어도 대부분의 남성 혹은 여성들에게 재생산(출산)의 문제는 과거에는 종교나 개인 혹은 가문의 문제였다. 그러나 근대 시기 그것이 공적 영역, 즉 국가의 업무로 전환된 것이 어쩌면 근대 시기 세계적 융합의 핵심 요소가 되었다고도 말할 수 있다. 복지와 전쟁이 모두 점차 대중화되고 중앙집권이 강화되면서, 국가의 유형을 막론하고 성은 국가적 주요 사무가 되었다.

---

18 Friedrich Engels, *The Origin of the Family, Private Property and the State* (1884; New York: International Publishers, 1972).

이후 20세기 후반에 이르러 페미니스트들은 산아제한 방법을 완전히 공식화 및 합법화하자고 주장했지만, 그것이 언제나 가능했던 것은 아니다. 영미권 및 프랑스어권의 "여성 문제"를 주로 다루었던 19세기의 페미니스트들은 (대다수가 어떤 식으로든 피임법을 사용하고 있었음에도 불구하고) 산아제한 문제를 공적 담론에서 배제하려는 경향이 있었다. 그러나 비슷한 시기의 신-맬서스주의 여성들과 일부 여성 사회주의자들은 세속주의적 "자유사상(freethought)"에 동조하지 않았으며, 페미니즘과 산아제한 문제를 정치경제적 과제에 적극적으로 접목시켰다. 많은 남성들도 같은 입장이었다. 19세기에 상당한 영향력을 미쳤던 존 스튜어트 밀(John Stuart Mill)이 신-맬서스주의자였다는 사실이 우연은 아니었다. 흔히 신-맬서스주의가 피임을 옹호했다는 식으로 편협하게 이해하곤 하지만, 정치경제학의 전통 안에서 보아야 그 면모를 보다 정확하게 이해할 수 있을 것이다.

물론 젠더와 정치경제에 대한 입장은 다양한 스펙트럼이 존재했다. 19세기 말기의 신-맬서스주의 여성들은 임신과 출산을 적극적으로 방지하는 것이 동시에 두 가지 "자유"를 획득하는 데 효과적이라고 주장했다. 하나는 여성의 자율성이고, 또 하나는 가족, 국가, 세계의 빈곤 개선이었다. 신-맬서스주의자 남성들이 가졌던 여성의 임신이나 산아제한에 대한 관심은 단지 실용적 편의에 불과했다. 맬서스주의 전통에서 등장한 또 다른 남성 집단이 폭넓게 존재했는데, 이들은 산아제한, 가족계획, 피임, 인구 관리를 적극 옹호했지만, 여성 문제에 대한 분석은 제시하지 않았고, 때로는 여성을 언급조차 하지 않았다. 그들에게 산아제한은 식량안보를 달성할 수단이며, 따라서 정치적 안보를 위한 수단이었다.(아이러니하게도 그들은 이 문제에 관해서 가장 이해도가 낮지만 정책적 영향력은 가장 큰 집단이었다.) 특히 1920년대와 1930년대 수많은 경제학자, 환경학자, 지리학자, 농학자, 식물 유전학자, 법률가, 국회의원 등이 산아제한을 위해 로비스트로 활동했다. 그들의 활동을 이끌었던 동력은 젠더정치학이 아니라 지정학이었다. 세계 정세 변화에 따른 이주민 문제가 여기에 포함되었다.

산아제한을 경제학적 근거로 접근하는 것, 그리고 페미니스트의 근거와 전혀 별개로 움직이는 것은 신-맬서스주의가 여러 가지 맥락에서 조직화되었음을 의미한다. 특히 생활수준(standard of living)이 높은 국가에서 산아제한이 국가적 목표로 제시되었다. 네덜란드, 독일, 스페인, 스웨덴에서 맬서스주의 학회가 설립되었던 것과 마찬가지로 인도에서도 엘리트 계층을 중심으로 1880년대부터 맬서스주의 학회가 형성되었다. 19세기가 끝나갈 무렵, 맬서스주의는 국제주의적 면모를 갖추게 되었다. 신-맬서스주의 사상가들은 인구증가와 지역 및 대륙별 인구밀도 차이를 전쟁과 연결시켜 설명했다. 그래서 인구 제한(인구 재분배)은 평화와 관련되는 문제였고, 심지어 세계평화라는 거창한 주장을 내세우기도 했다. 산아제한을 촉구한 여성들의 주장 또한 전통적 정치 사상과 별 차이가 없었다. 오히려 그들은 인구제한과 전쟁 방지에 관한 논의, 생활수준에 관한 경제학적 논의, 세계적으로 인구 밀도가 높은 지역의 인구를 낮은 지역으로 이동시키는 정책에 대한 논의에 참여했다. 그래서 예를 들면 로비스트 비올라 카우프만은 1930년 국제연맹(League of Nations) 사무총장에게 쓴 편지에서 산아제한이 국제적 이슈가 될 것으로 전망했는데, 그것이 전쟁과 관련되기 때문이라는 분명한 근거를 제시했다. "국제연맹은 산아제한을 무시하고 있습니다. 산아제한이야말로 영원히 전쟁을 막을 수 있는 유일한 대책입니다."[19]

부의 재분배를 인구과잉과 빈곤 문제 해결책으로 보는 관점에서 사회주의와 맬서스주의는 오랜 불화를 겪어왔다. 이들의 논쟁은 자주 이목을 끌었으며, 더욱 격렬한 반발을 불러 일으켰다. 20세기 초의 레닌은 낙태에 대한 여성 개인의 권리를 인정하고, 피임에 관한 의학적 지식을 옹호했다. 그러나 노동계급 빈곤 해결책으로 신-맬서스주의 경제 논리는 받아들이지 않았다.[20] 그러나 맬서스주의와 무정부주의-사회주의 사이에는, 흔히 간과되지만 교차점이 없지 않았다. 프랑스의 폴 로뱅(Paul Robin) 같은 핵심적 신-맬서스주의자도 국제노동자협회(제1차 인터내셔널)의 회원이었다. 한편 1900년 파리에서 개최된 신-맬서스주의 제1차 국제회의에 세기를 대표하는 무정부주의자 엠마 골드만(Emma Goldman)도 참여했다. 이러한 연결고리는 영미권과 불어권을 넘어 전 세계로 확장되었다. 남아메리카에서도 맬서스주의와 무정부주의 사이에 긴밀한 연계가 있었다. 우루과이에서 1907년에 설립된 무정부주의 단체 명칭은 "신-맬서스주의 위원회(Comité Neo-Malthusiano del Río de la Plata)"였다. 같은 해 쿠바에서 "신-맬서스주의 쿠바 지회(Sección neo-Malthusiana de Cuba)"가 설립되어 국제 신-맬서스주의 회원으로 활동했

---

19 Viola Kaufman to Secretary-General, League of Nations, November 7, 1930, 11A 23738/305, Social Section, Box R3013, League of Nations Archive, Geneva.
20 William Petersen, "Marxism and the population question: theory and practice," in Michael S. Teitelbaum and Jay M. Winter, eds., *Population and Resources in Western Intellectual Traditions* (Cambridge University Press, 1989), pp. 77-101.

다. 표면적으로 이해하기 힘든 맬서스주의와 무정부주의-사회주의의 결합은 하나의 정치적 전통을 형성했고, 이에 기반하여 미국에서 마거릿 생어(Margaret Sanger)와 같은 막대한 영향력을 행사하는 활동가가 탄생했다.[21] 제1차 세계대전 당시 대두되었던 "출산 파업"의 배경도 이로써 설명이 된다. 이는 곧 맬서스주의의 야심이 결합된 사회운동이었다. 1920년 마거릿 생어는 "세계의 기근을 경고하기 위한 출산 파업"을 외쳤다. 그 해는 실제로 많은 유럽인들도 굶주리고 있었다.(마거릿 생어의 메시지는 이들을 염두에 둔 것이었다.)[22]

파업 관련 용어와 개념은 원래 프랑스 생디칼리즘(syndicalisme)에서 기원한 표현이었다.[23] 당시에도 지금과 마찬가지로 출산율 감소를 일컫는 용어로 파업이라는 어휘가 사용되었다. 프랑스, 영국, 미국, 호주, 동유럽 일부 지역에서 시행되었던 공공정책과는 전혀 무관하게 1880년대부터 출산율이 감소하는 중이었다. 개인적으로 혹은 부부간 합의에 따라 출산을 제한하고 있었지만, 국가가 떠드는 출산 문제와는(그에 못지 않게 거슬리는 맬서스주의의 출산 제한 주장과는 더더욱) 무관한 일이었다. 이 사례에서는 국가의 정책이 재생산행동을 형성했다기보다는 인구

---

21 F. Ronsin, "Between Malthus and the social revolution: the French Neo-Malthusian movement," in J. Dupâquier, A. Fauve-Chamoux, and E. Grebenik, eds., *Malthus: Past and Present* (London: Academic Press, 1983), pp. 329-339.
22 Margaret Sanger, "A birth strike to avert world famine," *Birth Control Review* 4 (1920), 1.
23 Irene Dölling, Daphne Hahn, and Sylka Scholz, "Birth strike in the new federal states: is sterilization an act of resistance?" in Susan Gal and Gail Kligman, eds., *Reproducing Gender: Politics, Publics, and Everyday Life after Socialism* (Princeton University Press, 2000), pp. 118-148.

변화의 추세 자체가 정치적 반응을 불러 일으켰다. 앞에서 언급한 모든 국가에서 정치인들은 정책적으로 출산율 회복을 시도했고, 여전히 인구 증가가(단순히 높은 출산율과 동일시하는 경우가 많았지만) 국력의 원천이라고 믿고 있었다.[24] 대부분의 무슬림 국가들도 마찬가지로 출산에 우호적이었다.[25] 광범위한 출산우호정책의 경향성은 근대국가의 복지 구조 출현과 연관되어 있었고, 그 저변에는 근대 국가의 병력 수요가 깔려 있었다. 이는 일반적으로 출산에 대한 장려정책(출산수당, 아동수당, 세금감면)으로 나타났다. 그러나 일부 국가에서는 규제정책을 실시하기도 했다. 즉 낙태 관련 서적 출판을 금지하고(예를 들면 1920년 프랑스), 낙태 금지법을 강화하는 식이었다. 이와 같은 복지정책의 정치적 입장은 모호한 면이 있었다. 한편으로 여성의 노동 기여도를 인정하는 것은 페미니스트나 여성단체가 적극적으로 추구하던 바였다. 이것이 국가 정책으로 받아들여지는 것은, 예컨대 보건 정책과 마찬가지로 환영할 만한 일이었다. 그러나 다른 한편으로 그와 같은 "모성애 시민권(maternal citizenship)"은 여성의 노동을 폭넓은 의미의 모성에 한정하는 의미가 있었고, 실제로도 그렇게 나타났다.[26] 정치적 측면에서 여성성과 모성의 연결을 강조하는 것은 오래도록 양날의 검으로 작용했다. 근대의 국가

24 Anna Davin, "Imperialism and motherhood," *History Workshop* 5:1 (1978), 9-65.
25 Cyrus Schayegh, "Eugenics in interwar Iran," in Alison Bashford and Philippa Levine, eds., *The Oxford Handbook of the History of Eugenics* (Oxford University Press, 2010), pp. 449-461.
26 See essays in Seth Koven and Sonya Michel, eds., *Mothers of a New World: Maternalist Politics and the Origins of Welfare States* (London and New York: Routledge, 1993).

적, 전문적 출산 및 양육 통제로 아동과 여성의 사망률이 줄어들었다. 또한 여성의 건강(적합성) 여부가 여러 가지 기준에 따라 조사 및 개입의 대상이 되었다.

출산율 감소가 국가에 따라, 또한 인종에 따라 다양한 양상으로 현실화되자, 여러 국가적 혹은 민족적 전통 안에서 출산율 정책에 대한 수많은 역사적 분석이 이루어졌다. 여기에는 19세기 후기의 세계적 판도에 대한 불안감이 반영되어 있었다. 당시 세계적으로 인구 변화가 다양한 양상으로 나타났고, 특히 백인 출산율 감소는 아시아인 출산율 증가와 뚜렷하게 대비되었다. 그러나 오늘날에도 마찬가지지만, 당시의 연구들은 인구학적 측면에서 너무 단순하거나 정치적으로 선정적인 주제를 내세우는 경우가 많았다. 예컨대 출산율 감소를 그대로 "인구감소"로 해석한다든가, 사망률의 의미를 간과한다든가, 수많은 경제학자, 여성학자, 생물학자, 등이 출산율 감소에 우호적인 시각에서 문제의 심각성을 과소평가했다. 많은 경제학자들은 일부 국가에서 분명하게 진행되었던 그 추세가, 불과 몇 세대를 거치는 동안 세계적인 현상이 될 것으로 예측했다. 양차 세계대전 사이의 인구 전문가들은, 좋든 싫든 앞으로는 "저출산 국가 연맹"이 만들어질 것으로 보았다. 그들은 그것이 배타적인 연맹이 아니라 포용적이고 희망찬 연맹이 될 것이라고 설명했지만 쉽게 이해되지 않았다. 서구 지도층의 이와 같은 이해는 동아시아와 남아시아에서 반(反)식민지 투쟁을 지지하는 이론가들로부터 비판의 대상이 되기도 했다.

지정학, 인구와 세계의 공간

제1차 세계대전 이전과, 전쟁이 진행 중이던 시기 제국주의 독일의 학자와 정치가들은 인구밀도(인구과잉)에 깊은 관심을 가졌다. 그러나 그들의 선택은 인구제한 정책이 아니라 새로운 토지를 확보하는 쪽이었다. 제대로 된 인구학 개념도 아닌 정치적 수사로 일컬어지던 인구밀도 논리, 즉 레벤스라움(Lebensraum)을 향한 압박은, 국제관계와 외교정책을 논의할 때 기본 양식이 되었다.(레벤스라움은 단순히 생활공간을 의미하는 지리학 개념이었지만, 제1차 세계대전 전후로 독일에서 민족주의와 결합하여 극단적인 정치적 의미를 지니게 되었다. 이로부터 나치는 독일 민족의 생존과 번영을 위해 더 많은 영토, 특히 동유럽과 소련 지역을 확보해야 한다는 주장을 펼쳤다. — 옮긴이) 정치가들은 민족과 땅을 연결시켰으며, 이는 특히 파시즘의 부상으로 이어졌다. 1922년 무솔리니가 총리로 취임한 이후 이탈리아에서는 "토지(간척) 전투(Bonifiche integrali)"와 함께 "출산 전투(Battaglia delle nascite)"가 시작되었다. 그 자체로 모순적이었던 그 정책에는 산아제한 옹호와 금지가 모두 포함되어 있었다. 국내 간척 사업에서부터 에티오피아 침략 및 영유권 주장에 이르기까지 영토 확장 정책을 펼치는 가운데, 출산장려 정책도 많이 시행되었다. 일본의 정치가들은 만주 침략을 정당화하기 위해, 섬나라 특유의 고립된 생활공간의 문제에서 출발해서, 무엇보다 쌀 수입의 필요성과 인구밀도 문제를 내세웠다. 만주는 일본의 섬과 대비되는 지역으로서, 공간이 풍부하며, 일본 정치가들의 말에 따르면, 중국인 정착민들이 공간을 낭비하고 있는 곳이었다. 제3제국(Drittes Reich, 나치) 시기 독일은 뚜렷하게 활력이 증진되었다. 재생산(출산) 촉진과 동방 영토 팽창 정책 덕분이었다. 생활

공간(Lebensraum) 이론은 독일 제국, 바이마르 공화국, 나치 정권을 거치며 특유의 정치적 개념으로 발전했으며, 나중에 이탈리아 파시스트와 일본 제국주의자들이 이 개념을 차용했다. 인구와 지리적 팽창을 연결시키는 사례는 또 있었다. 20세기 미국에서 말하는 "매니페스트 데스티니(Manifest Destiny, 명백한 운명)"라는 논리와 서부 개척이 바로 그것이었다. 과거 아메리카를 개척했던 유럽 식민주의자들의 논리도 이와 다르지 않았다. 즉 공간을 깨끗이 청소한 뒤 작물을 심고 인구를 이식해야 한다는 주장이었다.[27] 인구와 지리의 연결은 어떤 해석에 근거한 것이 아니었다. 여러 가지 정치적 목적이 있었겠지만, 당시에는 워낙 흔한 일이라 당연시되는 분위기였다. 더욱이 레벤스라움 이론은 독일 파시즘의 특징적 논리지만, 미국, 영국, 인도, 오스트레일리아의 인구학, 경제학, 지리학의 공통적 입장과 크게 다르지 않았다. 즉 인구과잉 국가는 "영토적 출구"가 필요하며, 토지를 요구할 권리가 있고, 평화를 위해서는 인구와 영토를 재분배하는 글로벌 인구 재분배 정책이 필요하다는 입장이었다. 이런 주장을 하는 전문가들은 아마도 이민제한조치 완화에는 반대할 것이다. 남아시아의 인구 및 경제 전문가들은, 이민법이 특히 미개발 지역으로 인구가 확산되어 들어가는 건전한 흐름에 방해가 된다고 주장한다. 이들의 입장과 파시스트의 주장이 다른 점은, 재배치라는 목적을 달성할 수단으로 전쟁을 용납할 것인가의 여부에 달려 있다.[28]

1920년대와 1930년대에는 인구의 양적인 측면뿐만 아니라 "질적

---

27 Neil Smith, *American Empire: Roosevelt's Geographer and the Prelude to Globalization* (Berkeley, CA: University of California Press, 2003).
28 Bashford, *Global Population*, chapter 2.

인" 측면에까지 국가와 비정부기구들이 참여했다. 우생학은 범국가적인 현상이었다. 인구의 질을 개선하려는 열망은 근대 시민과 국가 간의 관계의 핵심에 가까이 다가갔다. 우생학 정책은 대부분 정신적, 신체적 장애에 관여했다. 일부 사람들에게는 피임 또는 기타 산아제한 기법을 통해 재생산을 강제하거나 권장했다. 전문가들은 대개 건강(fitness)과 효율성이라는 명분으로 이러한 정책을 합리화했다. 특히 대공황 시기에는 장애인들의 불임수술에 관한 논의가 공공비용의 측면에서 점점 더 강하게 제기되었다. 국가가 발표하는 출산장려정책에는 종종 우생학적 편견이 담긴 표현들이 포함되었다. 공식적 혹은 비공식적으로 "건강한(fit)" 재생산(출산)을 선호하는 사람들은 여기다 몇 가지 기준을 덧붙였다. 인종에서부터 정신, 신체, 지능, 가족의 혈통에 이르기까지 기준은 다양했다. 우생학의 야망과 범위는 상당히 유연했다. 사회민주주의, 자유주의, 파시즘, 공산주의 등 모든 종류의 정치적 단위에서 우생학이 모습을 드러냈다. 강제적 수단을 동원하는 정치 집단에서부터 강제성을 혐오하는 정치 집단에 이르기까지, 농민이 주도하는 사회에서부터 고도의 도시산업이 발달한 사회에 이르기까지 모두가 마찬가지였다. 중국에서 일본, 동유럽, 스위스에 이르기까지 전 세계에 걸쳐 우생학 프로그램이 번성했다.[29] 그러므로 우생학은 특정 정치 집단과 연결된 것 못지 않게 특정 시대(근대 전성기)에 결부된 현상이었다.[30]

우생학은 분명 민족주의자들이 선호했으며, 국가 사회주의에서 자리

---

29 See chapters in Bashford and Levine, eds., *The Oxford Handbook of the History of Eugenics*.
30 Marius Turda, *Modernism and Eugenics* (New York: Palgrave Macmillan, 2010).

잡기에 좋은 응용과학이었다. 그러나 국제주의, 무정부주의, 심지어 코스모폴리탄에게도 인정받는 사회정치적 프로그램이었다. 우생학은 맬서스주의적 사고방식을 유지하면서도 인류 전체를 포괄하는 세계적 규모의 전통을 만들어냈고, 또한 거기서 가지를 뻗어 나갔다. 결국 국제적 우생학 단체가 등장했다. 영어권 및 프로테스탄트의 주도 아래 국제우생학연맹(IFEO, International Federation of Eugenic Organizations)이 결성되었다. 이에 대응하여 이탈리아, 스페인, 아르헨티나, 브라질, 포르투갈, 멕시코의 단체와 대표자를 포함하여 라틴어권 남부 유럽과 중남미를 연결하는 초국가적 우생학 연맹도 등장했다.[31]

우생학에 대한 반대 또한 국제적이었다. 특히 로마 가톨릭의 영향권에 있는 국가들이 중심이었다. 국제 우생학 라틴 연맹(Latin International Federation of Eugenic Societies)만 보더라도 가톨릭 국가들 가운데 우생학이 얼마나 널리 퍼져 있었는지 알 수 있다. 이에 로마 교황청의 우려는 갈수록 깊어져 갔다. 1930년 교황이 발표한 정결한 혼인에 관한 칙서(Casti Connubii)는 산아제한뿐만 아니라 불임 시술을 공식적으로 비난했다. 더불어 피임 기법의 사용, 홍보, 자유로운 정보 공유를 모두 반대했다. 이 칙서는 성경에 근거한 낙태 반대 입장을 재확인하는 내용이었지만, 당시에는 (인구가 유지되는 어느 곳에서든지) 현실적으로 낙태 합법화를 옹호하는 이론가는 거의 없었다. 산아제한을 옹호하는 논객들은 대개 피임법이, 당시 사람들이 말하는 도덕적 문제(무분별한 성관계

---

31 M. S. Quine, "Racial 'sterility' and 'hyperfecundity' in fascist Italy: the biological politics of sex and reproduction," *Fascism* 1 (2012), 92-144.

와 계획하지 않은 출산 — 옮긴이)의 부작용을 줄이는 방법이라고 주장하는 경향이 있었다. 세계 전역의 국가들은 여기에 거의 만장일치로 동의했다. 다시 말해 낙태가 지속적으로 행해졌다는 명백한 증거에도 불구하고, 제2차 세계대전 이전까지는 낙태 합법화를 옹호하는 정책 입안자, 정치가, 여성 운동가가 거의 없었다. 예외는 소련이었다. 1920-36년 사이 소련은 낙태가 자유롭게 실시되었고 법적으로도 제한적으로 허용되었다. 1936-55년 사이에는 보다 엄격한 의학적 기준이 실시되었고, 이후 전면적으로 합법화되었다.[32] 1945년 이후 일본 의회는 새로운 우생법(1948년)의 일환으로 낙태를 합법화했다.[33] 상식과 달리 제2차 세계대전 이후 낙태의 법적 자유화 추세는 사회적 논의에서나 법적 체계 모두에서 서구의 자유주의적 개인주의와 연관이 있었으며, 그 기원은 일본의 우생학과 소련의 인구정책에서 찾을 수 있다.

셋으로 나누어진 세계, 1945년-1968년경

경제학에서는 오래 전부터 출산율과 사망률의 세계적 추세를 연구해 왔다. 일부 지역에서는 인구조사 데이터가 충실했지만 그렇지 못한 곳도 있었고, 심지어 아예 데이터가 존재하지 않는 지역도 있었다. 유럽 인구사에서 주요 논점은, 유럽인 경제학자와 외부인 경제학자를 막론하고, 19세기 대규모 인구성장과 지역적 출산율 감소였다. 1920년대 후기

---

32 David M. Heer, "Abortion, contraception, and population policy in the Soviet Union," *Demography* 2 (1965), 531-539.
33 Tiana Norgren, *Abortion Before Birth Control: The Politics of Reproduction in Postwar Japan* (Princeton University Press, 2001).

부터 인구학자들은 세계적 및 지역적 변화의 패턴을 개념화하기 시작했다. 즉 높은 출산율과 높은 사망률에서 낮은 출산율과 낮은 사망률로 이행하는 연속적 혹은 주기적 단계를 밝혀냈다. 이는 여러 측면에서 출산율과 사망률을 핵심으로 하는 경제사회적 단계론을 응용한 것이었다. 그러나 18세기의 보편사(universal history)에서 4단계로 설정했던 역사가 처음에는 두 단계로, 그 뒤에는 세 단계로 바뀌었다. 인구학에서 세계를 "옥시덴탈(occidental)"과 "오리엔탈(oriental)"로 나누는 구분 방식은 심지어 20세기 중엽까지도 여전히 남아 있었다. 그러나 이 용어는 좀더 신선한 동양(East)과 서양(West)이라는 어휘로 바뀌어, 오늘날까지도 "문명"을 향한 유사-단계론적 발전 과정을 그리고 있다. 그런 점에서 문명이란 의미상 "서구화"를 내포하고 있다. 인구학과 경제학에서는 낮은 사망률과 낮은 출산율이 문명과 서구화의 결정적 양상으로 인식하기 시작했다. 세계를 둘로 나누는 또 다른 방식은, 흔히 제2차 세계대전 이후의 일이었는데, 세계의 절반은 가난하게 살며 맬서스가 말한 인구 함정에서 빠져나오지 못한 지역이며, 나머지 절반은 산업화되었거나 혹은 맬서스의 함정에서 벗어나려고 계획 중인, 인구를 통제하고 생활수준도 더 높은 지역이다. 냉전시대의 "동양"과 "서양"은 나중에는 글로벌 사우스(Global South, 후진국)와 글로벌 노스(Global North, 선진국)로 재구성되었다. 방위를 나타내던 용어가 그대로 경제적으로 나누어진 세계를 지칭하는 어휘로 사용되게 된 것은 대체로 대중적인 생각이 그러했기 때문이다.

그보다 더 오래도록 지속된 구분법은 아마도 "인구변천"을 세 가지 주요 단계로 구분하는 방식이었던 것 같다. 제1단계는 산업화, 근대화된 지역. 출산율이 낮아지고, 그에 따라 사망률 감소가 뚜렷하게 나타나는 곳이다. 제2단계는 사망률이 감소하지만 높은 출산율이 유지되는 곳(결과적으로 상당한 인구 성장이 진행 중인 곳)이다. 제3단계는 사망률과 출산율이 모두 높기 때문에 거의 성장을 하지 못하는 지역이다. 1950년 무렵에는 정부가 적극적으로 가족계획을 홍보하면 제3단계에서 제1단계로 금방 올라갈 수 있을 거라는 믿음이 세계 곳곳으로 확산되었다. 그것은 "근대화" 이전에 나타날 수 있는 것이다. 핵심 이론가 중의 한 명이었던 프랭크 노트스타인(Frank Notestein)은 그래야만 한다는 신념을 가지게 되었다.[34] 인구변천에 대한 일반적인 비판에도 불구하고 그들의 신념은 오래도록 권위를 인정받았다. 워낙 많은 사람들이 그런 식의 진보(근대화)를 원했기 때문이다. 그러나 처음부터 경험적으로 들어맞지 않는 퍼즐이 존재했다. 프랭크 노트스타인도 19세기에 아직 산업화가 진행되지 않았던 프랑스 시골 지역에서 급격한 출산율 하락을 확인했고, 이후 인구사 연구자들은, 특히 중국 같은 산업화 이전 사회의 "자연" 상태 출산율(고출산)에 강한 의문을 제기했다.[35] 어쨌든 이와 같은 인구에 관한 사상의 학문적, 정치적 계보에 따라 세계를 셋으로 나누어 보는 시각이 오래도록 지속되었다. 1952년에 발표된 "세 개의 세계, 하나의 지구"라는 글에서 프랑스의 인구학자 알프레드 소뷔(Alfred Sauvy)는 인구변천의 단계로부터 나아가 또 다른 아이디어를 제시했다. 바로 "제3세계"였

---

34 Simon Szreter, "The idea of demographic transition and the study of fertility change: a critical intellectual history," *Population and Development Review* 19:4 (1993), 659–701.
35 Lee and Feng, *One Quarter of Humanity*, pp. 84–99.

다. 단계론의 제3단계와 마찬가지로 그가 말하는 제3세계는 "무언가 다른 것이 되고 싶은" 세계였다.[36]

낮은 출산율과 낮은 사망률을 향해 변해가는 인구변천 이론은 곧바로 초기의 국가적 및 세계적 인구 정책의 틀을 형성했다.[37] 제2차 세계대전 이전에는 많은 인구학자들을 사로잡은 주제가 유럽의 인구문제였다면, 이후 관심은 주로 중국, 일본, 남아메리카, 인도로 옮겨갔다. 이들은 각각 전혀 다른 정치 및 인구 환경을 가진 나라들이었다. 일본은 미국의 점령통치를 받았지만, 명목상으로는 독립국이었고, 인구성장을 억제하기 위한 정책을 적극적으로 실시 및 협력했다. 그 내용은 미국에서는 받아들여지기 어려운 정도의 것들이었다. 즉 피임교육, 불임의 합법화, 낙태의 합법화 등이었다. 근거로 제시된 이유는 식량 부족을 해결하고 경제 성장의 기반을 만들자는 것이었지만, 그 과정에서 1920년대 이후로 일본의 공적 영역에서 사라졌던 여성보건의 문제가 복귀했고, 새로운 여성의 참정권을 바탕으로 더욱 힘을 얻었다. 일본의 출산율은 놀라운 속도로 줄어들었다.[38] 같은 시기, 프린스턴 대학의 인구학자 프랭크 노트스타인이 지휘를 담당했던 유엔 인구국(United Nations Population Division) 등 인구 관련 국제 조직에서는 중국을 주의 깊게 관찰하고 있었다. 중국의 거대 인구는 이미 오래전부터 주목을 받고 있었지만, 당시

---

36 Alfred Sauvy, "Trois mondes, une planète," *L'Observateur*, August 14, 1952, 14.
37 John May, *World Population Policies: Their Origin, Evolution, and Impact* (Dordrecht: Springer, 2012).
38 Deborah Oakley, "American-Japanese interaction in the development of population policy in Japan, 1945-52," *Population and Development Review* 4:4 (1978), 619.

국공내전 상태여서 인구통계 추세를 분명히 알 수 없었다. 1949년 모택동의 공산주의 세력이 국민당 민족주의 세력을 누르고 승리하자, 그 여파 중의 하나로 세계적 의제였던 인구 통제에 대한 관심이 갑자기 반공주의 이념으로 넘어가 버렸다. 이후 20여 년 동안 제1세계의 로비스트, 경제학자, 정치가들은 인구와 평화에 관한 오랜 논리를 가져와서 냉전시대에 맞는 논리를 개발했다. 즉 출산 통제는 식량 안보를 보장하고, 생활수준을 향상시켜, 공산주의 팽창을 막아낸다는 논리였다. 이것이 글로벌 인구 지정학(global demographic geopolitics)이 주목하는 새로운 세대의 시작이었다.

제1세계가 제3세계 인구 통제에 나서고자 했지만 중국은 도저히 접근할 수 없는 곳이었다. 그것이 인도가 중심 무대에 등장했던 이유가 되기도 했다. 그러나 더욱 의미심장한 이유는 인도 총리 자와할랄 네루(Jawaharlal Nehru)의 신정부의 정책이었다. 그들은 강력한 경제 및 사회 계획을 추진했고, "가족계획"도 그 중 일부로 포함되었다. 인도 정부는 인구 정책을 계획 경제에 통합하여, 인도 최초의 5개년 계획과 이후의 계획에도 포함시켰다.[39] 네루 정부는 인구 통제 정책을 시행한 최초의 정부라는 이유로 일부 국제 단체(스웨덴과 미국이 주도)로부터 찬사를 받았다.[40] 그러나 공식 국제기구인 유엔의 경우, 가톨릭 국가와 공산

---

39 Shanta Kohli Chandra, *The Family Planning Programme in India* (Delhi: Mittal, 1987), pp. 51–68.
40 Matthew Connelly, *Fatal Misconception: The Struggle to Control World Population* (Cambridge, MA: Belknap Press of Harvard University Press, 2008), pp. 115–154.

주의자들의 기묘한 동맹에 가로막혀 가족계획을 적극적으로 추진하기 어려웠다. 심지어 산아제한에 관한 세계보건기구(WHO)의 소규모 연구조차 유엔 총회에 의해 폐쇄되었고, 세계인구회의(World Population Conference) 유치도 무산되었다. 유엔 조직 안에서 가장 원활하게 세계 인구성장 관련 정책 연구를 추진할 수 있는 곳은 식량농업기구(FAO)였다. 세계의 식량공급 부족, 기근, 세계식량정책 관련 논의를 통해 볼 때, 미래는 불확실하며, 적극 개입이 필요할 가능성은 여전히 남아 있다. 한편 비정부기구(포드재단, 록펠러재단, 카네기재단, 국제가족계획연맹-1952년 델리에서 설립- 등 정책 연구 단체)에서는 세계의 미래를 위협하는 공산주의를 막아내기 위한 최선의 방안이 인구통제라는 생각으로 사업을 추진했다.

양차 세계대전 사이, 인구 제한과 세계주의 및 평화주의를 밀접하게 연관지었던(인구밀도 차이가 전쟁의 강력한 원인이 된다고 믿었던) 이론은 결국 반공주의로 돌아섰다. 미국의 백만장자 휴 무어(Hugh Moore)의 재단에서는 1954년 최초로 "인구폭탄(population bomb)"이라는 소책자를 발간했다. 그는 자발적 불임 시술이 공산주의 확산을 막을 수 있는 핵심적 수단이라고 보았다. 맬서스주의 전통의 연장선상에서 적극적 국제주의자였던 그는 제2차 세계대전 이후 반공주의자가 되었다. 이와 같은 입장 전환은 당시로서는 어렵지 않은 일이었고, 한동안은 성공적이기도 했다. 1960년대 후기에 이르러 반공주의에 입각한 인구 통제는 미국 정부에 의해, 가족계획 지원의 형태로 공식적 지지를 얻었다. 가족계획 지원 정책은 로널드 레이건 대통령(임기 1981-89년)의 시대에 이르러 중단되었다.[41]

1950년대와 1960년대에 걸쳐 인구 통제, 원조, 외교 정책이 갈수록 긴밀하게 얽혔다. 더불어 한편으로 이른바 녹색혁명(Green Revolution)이, 다른 한편으로 피임법 연구가 확장되었다. 피임법은 양차대전 사이(혹은 전쟁 이전) 페미니즘 운동을 계기로 널리 확산되었다. 마거릿 생어(Margaret Sanger), 단반티 라마 라우(Dhanvanthi Rama Rau), 가토 시즈에(加藤 シヅエ) 등에 의해 여성의 건강과 자율성을 옹호하는 주장이 강화되었고, 국제 공론의 장에서 과거에 비해 훨씬 더 크게 공감을 이끌어냈다. 그러나 기본적으로 국제가족계획연맹(International Planned Parenthood Federation, IPPF) 같은 단체는 피임법을 지지하는 사람들의 모임이었다. 그러나 여기에는 여성학자뿐만 아니라 생태학자, 경제학자, 지리학자, 농학자 등이 포함되었고, 그들이 피임법을 지지했던 이유는 각자가 매우 달랐다. 그것이 바로 1960년대에 많은 남성들이 여기에 참여하게 된 이유다. 일부 인사들은 여성의 자율성을 위해 재생산(출산) 통제가 필요하다는 입장을 옹호하고 장려하는 사람들이 없지 않았지만, 훨씬 더 많은 사람들은 반공 의제와 관련된 식량 안보에 관심을 가졌다. 1920년대와 1930년대의 많은 지도층 남성들에게 출산 통제는 그 자체가 목적이 아니라 하나의 수단일 뿐이었다.

1960년 많은 기대를 모았던 "피임약"이 논란을 딛고 푸에르토리코에서 임상실험을 거쳐 세계 시장에 출시되었다. 이는 많은 여성들에게 새로운 차원의 재생산(출산)의 자유를 대표하는 사건이었다.[42] 1970년

---

41 Thomas Robertson, *The Malthusian Moment: Global Population Growth and the Birth of American Environmentalism* (NewBrunswick, NJ: Rutgers University Press, 2012), pp. 201-220.

대에 이르러 서구에서 피임약의 사용과 판매는 새로운 종류의 자유를 가져다 주었다. 기혼여성의 출산의 자유는 줄어든 반면, 미혼 혹은 독신 여성이 임신 없이 성관계를 즐길 수 있는 자유가 주어졌다. 19세기의 낡은 "자유"는 최신의, 심지어 혁명적인 "자유"로 바뀌었다. 서구에서 가족계획이라는 개념은 고도로 개인화된 생각이 되었다. 그러나 식량안보나 정치안보와의 연관성이 대중문화 속에서 끈질기게 붙어 있었고, 국가정책을 입안하는 사람들은 여전히 그것을 경제적으로 중요한 사안으로 인식하고 있었다. 그러나 개발도상국 가운데 일부 국가에서는 인구 규모의 변화를 목적으로 개인의 자유를 제한하기도 했으며, 거기서 사용된 방법은 새로운 피임약 같은 것이 전혀 아니었다. 1975-77년 인도의 비상(非常) 시기(인도의 간디 정부가 비상사태를 선포하고 시민권의 일부를 제한하며 강력한 중앙집권 통치를 실시했던 시기 — 옮긴이)에 정부는 남성과 여성의 불임 치료를 위해 기존의 인프라와 법률을 더욱 강화했다. 그것이 강제 정책은 아니었지만 강력한 인센티브와 동시에 불이익을 줌으로써, 남성과 여성 모두가 그것을 사실상의 강제 프로그램으로 인식했다. 인도의 불임 시술은 세계적으로 뜨거운 논란을 불러 일으켰고, 지금도 그 논란이 다 가라앉지 않았다.

거의 같은 시기 중화인민공화국은 공식적으로 한자녀 정책을 도입했다. 공산당은 오래도록 거부해왔던 맬서스주의 경제 이론에 동의하

---

42 Lara Marks, *Sexual Chemistry: A History of the Contraceptive Pill* (New Haven, CT: Yale University Press, 2001), pp. 101-110. See also Laura Briggs, *Reproducing Empire: Race, Sex, Science, and U.S. Imperialism in Puerto Rico* (Berkeley, CA: University of California Press, 2002).

지 않았지만, 혹은 그렇게 보였지만, 인구성장을 안정화하기 위한 조치로 출산 문제에 직접 개입하는 방식을 택했다. 이를 위하여 경제학자 마인초(馬寅初)의 《신인구론(新人口論)》이 복권되었다. 1950년대 말 모택동이 출산친화정책을 강력하게 추진할 당시 금서로 지정되었던 책이었다. 이 제도는 주로 벌금이나 재정적 불이익을 통제의 수단으로 사용하는 방식이었는데, 중국 전역에 걸쳐 공식 혹은 비공식적으로 다르게 적용되었다. 중국의 강제적 한자녀 정책은 1980년대에 절정에 달했는데, 수잔 그린할(Susan Greenhalgh)에 따르면 이론적으로 당의 윤리에 반하는 반동분자에게 가해지는 정도의 물리적 강제는 아니었지만, 정책 위반에 따른 일자리나 주택의 상실, 혹은 당원 자격 박탈 등 극도로 강력한 처벌이 뒤따랐다.[43] 이 정책에는 수많은 예외가 존재했다.(예컨대 시골에서 첫 아이가 딸인 경우, 혹은 한족이 아닌 소수민족인 경우 등)[44] 중국의 출산율은 급격히 하락했다. 특히 정책과 그 파급 효과, 여아(女兒)살해와 같은 현상에 대해 국제사회에서 비판의 목소리가 높았던 것은 당연한 일이었다. 그러나 이중청(李中淸)과 왕풍(王豐)의 연구에 따르면, 이는 중국의 오랜 전통이었던 여아살해가 되살아난 것뿐이었다. 18세기에도 이는 중요한 인구 통제 수단 중의 하나였다. 일부 역사가들은 현재 출생성비 불균형이 근대 중국 인구사에서 예외라기보다는 오히려 일반적인 현상이었다고 주장한다.[45]

---

43 Susan Greenhalgh, *Cultivating Global Citizens: Population in the Rise of China* (Cambridge, MA: Harvard University Press, 2010).
44 Susan Greenhalgh and Edwin A. Winckler, *Governing China's Population: From Leninist to Neoliberal Biopolitics* (Stanford University Press, 2005).

법적으로 강요된 우생학적 불임 시술은 20세기 초 미국의 일부 주, 캐나다의 두 지방, 스위스의 바우드 주(Vaud canton), 나치 정권 치하의 독일 등 곳곳에서 시행되었다. 이후 인구 통제 정책이 세계적으로 전파되었다. 그것이 정치적 압제 및 자유의 침해와 직접 연결된다는 사실이 인도와 중국의 사례를 통해 구체적으로 확인되었다.[46] 영국을 비롯하여 우생학에 우호적인 다른 국가에서도 불임 시술에 깊은 관심을 보였지만 실제로 개인의 동의 없는 시술의 합법화를 시도한 적은 없었다. 자유의 침해가 너무 컸기 때문이다. 실제로 20세기를 거치면서 우생학을 비롯한 불임의 역사는, 의료 행위에서 환자의 동의와 자유와 윤리를 강조하는 현대적 개념이 정립된 핵심적 현장이었다. '인구 통제'는 폭압적 정책으로, '가족 계획'은 자유와 선택의 윤리로 연결되었다. 다만 양측이 정치적 차원이 아닌 역사적 차원에서 과연 명확하게 구분되는지는 여전히 의문이 제기되고 있다.[47]

세계의 정치 생태학

20세기 후기에 이르러 전문가들은 여러 세대에 걸쳐 인구성장과 분배를 세계적인 문제로 정치화했다. 1927년 제네바에서 최초로 세계인

---

45 Lee and Feng, *One Quarter of Humanity*, pp. 7, 47-51. See also Wang Feng, Yong Cai, and Baochang Gu, "Population, policy, and politics: how will history judge China's onechild policy?" *Population and Development Review* 38 (2012), 115-129.
46 Ian Dowbiggin, *The Sterilization Movement and Global Fertility in the Twentieth Century* (Oxford University Press, 2008); see also Mohan Rao, *From Population Control to Reproductive Health: Malthusian Arithmetic* (New Delhi: Sage, 2004).
47 See Bashford, *Global Population*, pp. 328-354.

구회의(World Population Conference)가 개최되었다. 여기서 지구의 한계라는 주제가 명확한 틀로 주어졌다. 이는 공간적 한계뿐만 아니라 농업 수익률 감소라는 의미도 담고 있었다. 물론 이에 대한 반발과 도전이 일어났다. 특히 20세기 중엽 하이 모던(high modern) 시기, 이른바 녹색혁명이라 일컬어지던 프로젝트에는 풍요로운 자연과 무한한 에너지 생산을 약속하며 수많은 개발 의제가 포함되었다. 그러나 일부 영역에서는 한계 이론이 유지되고 있었다. 최소한 제2차 세계대전 이후 대중적으로 대단히 인기를 모았던 환경론자들의 기술 연구는 분명히 그런 측면이 있었다. 그들의 연구 중점은 토양 침식 문제였다. 세계 정치에서 환경론의 대중화는 1968년에 극에 달했다. 파울 에를리히(Paul Ehrlich)의 저서 《인구 폭탄(Population Bomb)》이 그 해에 출간되어 대대적인 인기와 악평을 동시에 받았다. 이 책의 출간은 지구상 인구의 문제가 여러 세대에 걸쳐 축적되었다는 사실과, 특히 식량 공급과 관련해서 인구 문제를 인정하는 새로운 세대가 활동을 시작했다는 사실을 알려주는 신호탄이었다. 새로운 세대에서는 인구증가, 환경문제, 에너지 정치가 모두 풀뿌리 민중에서부터 기업 차원에 이르기까지 모두에게 중요한 이슈가 되었다. 로마 클럽(Club di Roma)이 설립된 시기도 이 때였다. 로마 클럽은 정치, 사업, 과학계의 지도자들이 참여하는 초국가적 단체로, 성장의 한계에 도달하기 전 세계적으로 행동을 같이하자는 취지였다. 로마 클럽의 지원으로 "성장의 한계(The Limits to Growth)" 프로젝트가 진행되었는데, 이를 통해 지속적인 인구 증가와 함께 다른 네 가지 변수(산업화, 식량 생산, 자원 고갈, 오염)에 대한 정책 모델을 만들었다.[48] 여기서 제시한 "세계 모델"은 1970년대에 반(反)성장 혹은 무(無)성장 경제와 정치에 대한 논의를 촉발했다. 당시 대중적 관심이 높았던 세계 인구 문제에 편승하여 인구 통제의 야망이 생겨났고, 그것이 나중에 정치 운동으로 발전하여 이른바 "ZPG" 운동(zero population growth, 인구성장제로)이 등장했다. 그들은 결코 목표를 달성하지 못했지만, 1963년을 정점으로(연간 2.2퍼센트) 더 이상 인구성장률이 올라가지 않았다. 이후 인구성장률은 연간 1.1퍼센트 수준으로 떨어졌다.

인구의 제한과 환경주의 정치 담론이 활발해지는 국제 정치 무대에서 새로운 세대의 페미니스트들이 대화에 참여하기란 쉽지 않은 일이었다. 그들은 "인구 통제"를 비판했다. 특히 강제적인 방법에 대한 비판을 강조했으며, "가족 계획"에 대한 개인의 선택과 인구 통제를 명확히 구분하고자 했다. 그들이 국제정치 담론의 장에 성공적으로 참여할 수 있었던 이유는 여러 가지가 있겠지만, 적어도 부분적으로는 산아제한의 필요성 혹은 선택의 자유에 대한 페미니스트의 입장이 유엔의 지지를 얻게 되었기 때문이다. 1966년 유엔사무총장 우 딴(U Thant)은, 몇 명의 자녀를 낳을 것인지, 즉 자녀의 수는 부모가 결정해야 하며, 국제사회는 부모의 권리를 인정해야 한다는 선언문을 공표했다. 이는 인구 정치의 다원성이 표출된 결정적 사건이었다. 우 딴은 주로 록펠러 재단과 대립했다. 록펠러 재단의 인구위원회는 많은 국가 지도자들을 설득하여 유엔 정책을 변경하도록 압력을 행사했다. 여성을 위한 정책이 아니라 개발을 위한, 동시에 반공을 위한 정책이 되어야 한다는 이유였다. 여성의

---

48 Donella H. Meadows et al., *The Limits to Growth: A Report for the Club of Rome's Project on the Predicament of Mankind* (London: Earth Island, 1972).

자율성 개념이 여러 유엔 정책에 적용되었지만, 여전히 많은 권력자들은 진정한 의미의 자율성보다는 편의를 우선시했다. 다른 측면에서 보자면, 오래도록 이어진 페미니스트의 주장은 결국 유엔 공론의 장에서 놀라울 정도의 성공을 거두었다. 유엔 기구는 갈수록 여성의 재생산(출산) 권리를 인정하고 지지했다. 물론 정책적으로나 혹은 현실적으로 언제나 그랬던 것은 아니다.

세계보건기구(WHO)는 1968년 가족계획 프로그램을 주요 보건의료 플랫폼(primary health care platform)에 통합시켰다. 동시에 재생산(출산)의 권리 규정과 원칙의 보편성이 공식화되었다.(다시 말해 "인권"에 속하게 되었다.) 이는 서구의 본질적 정체성과도 같은 것이었다. 이는 개념적으로나 정치적으로 복잡한 문제였다. 문제의 "권리"에는 출산의 "자유"뿐만 아니라 출산하지 않을 "자유"도 포함되기 때문이다. 그래서 예컨대 1948년 세계인권선언(Universal Declaration of Human Rights) 제16조에 피임의 권리는 들어가지 못했지만 반대로 "가족을 구성할" 권리는 포함되었다. 20세기 후기에는 재생산(출산)의 자유가 역사적으로 "굶주림으로부터의 자유(freedom from Hunger)" 개념(20세기 중엽 프랭클린 루즈벨트가 말했던 4가지 자유 중의 하나)과 맞물려 있었다는 점도 기억할 필요가 있겠다.[49]

가족계획, 개발, 인구 통제, 젠더, 원주민 등과 관련된 선진국(north) 대 후진국(south), 동양과 서양의 정책을 가장 적극적으로 비판했던 사람들은 아마도 페미니스트 노동자, 학자, 사상가들이었을 것이다.[50] 그들

---

49 Bashford, *Global Population*, chapter 10.

의 활동은 성공적인 학문적 및 정치적 운동이었고, 인구 통제에 대한 비판적 입장은 거의 정통파로 자리잡았다. 인구 문제에 관한 대중 공론의 장에서 과거 인구 정책을 둘러싼 논쟁이 여전히 회자되는 것은 아마도 그들의 영향 때문일 것이다. 자유민주주의 국가의 논평가, 정치가, 정책 입안자들은 "인구"가 정치 영역에서 어떤 식으로든 우생학, 인종차별, 강제 불임, 반자유 억압 정치의 역사와 관련되는, 결코 쉽지 않은 문제임을 잘 알고 있다.

20세기 말엽에 이르러 세계인구 정책은 여러 가닥이 다시 얽히는 양상이었다. 21세기의 현상 중 한 가지는 급변하는 인구 구조와 관련이 있다. 한편으로는 고령 인구가 늘어나며 다른 한편으로는 젊은 인구의 비중이 작아 인구 균형이 맞지 않게 된 것이다. 이것이 "테러리즘의 뿌리" 중 하나로 거론되기도 한다.[51] 세계 인구가 70억을 돌파하면서 지속적 성장에 대한 경각심을 불러 일으켰다. 그러나 지역 내부적으로 출산율이 인구대체율 이하로 떨어진 나라들도 많았다. 예를 들면 이탈리아, 일본, 동유럽 국가들 등이었다.[52] 한편 국제사회와 비정부기구의 관심은 인구성장이 가속화되고 있는 아프리카로 모아졌다. 1970년대 후기 이래로 정책 입안자들은 인구 통제를 공식적으로 언급하기가 어려워졌다. 좋든 나쁘든 상황은 바뀌고 있는 것 같다. 다만 세계기후변화와 관련

---

50 Betsy Hartmann, *Reproductive Rights and Wrongs: The Global Politics of Population Control and Contraceptive Choice* (New York: Harper & Row, 1987).
51 Paul R. Ehrlich and Jianguo Liu, "Some roots of terrorism," *Population and Environment* 2 (2012), 183-192.
52 Cristina Bradatan and Glenn Firebaugh, "History, population policies, and fertility decline in Eastern Europe," *Journal of Family History* 32:2 (2007), 179-192.

해서 인구성장문제도 세계 공론의 장에서 논의될 수 있었다. 그러나 제시된 정책은 별로 없었다. 유엔인구기금(United Nations Population Fund, UNFPA)은 기후변화의 맥락에서 인구 문제에 대한 복합적 이해가 필요하다고 강조했다. 여기에는 연령 구조, 도시/시골의 분포, 주택 규모의 문제 등이 포함되었다. 이러한 분석의 축은 인구와 기후의 연결고리를 만들어내고, 더불어 인구 규모에 관한 논의로 이어질 수 있을 것이다.[53]

후기 근대의 세계경제 불평등 지표는 불임의 문제와, 이를 해결하기 위한 새로운 재생산(출산) 기술로 나타난다. 이 문제에는 현실적으로 계급의 차이가 어느 정도는 존재한다. 많은 자유민주주의 국가에서는 세련된 보건복지 구조를 통해 이를 완화하고 있다. 계급 차이보다 더 뚜렷한 것은 남북 격차, 즉 선진국과 후진국의 격차다. 한편에서는 여전히 출산을 통제할 수 있는 보다 단순한 기술을 필요로 하며, 다른 한편에서는 불임을 극복하기 위해 비싼 기술을 활용하려 한다. 이런 문제는 대단히 사적인 영역의 문제다. 그럼에도 불구하고 국가 간 입양과 대리모는 국내 및 국제 정치가 개입되는 문제이며, 대개는 제1세계 불임 현상의 연장선상에 놓여 있는 문제다. 저출산 국가들의 기이한 연합으로 전개되는 이런 현상은, 아무도 예상치 못했던 세계 인구변천사의 새로운 단계일 것이다.

---

53 UNFPA, "Linking population, poverty and development: analyzing the relationship between population and climate change," www.unfpa.org/pds/climate/, accessed September 1, 2013.

더 읽어보기

Primary

Chen, Ta. *The Population in Modern China*. University of Chicago Press, 1946.

Engels, Friedrich. *The Origin of the Family, Private Property and the State* [1884]. New York: International Publishers, 1974.

"Outline of a critique of political economy" [1844]. In Philip Appleman, ed., *An Essay on the Principle of Population*. New York: Norton, 2004.

Sanger, Margaret. "A birth strike to avert world famine." *Birth Control Review* 4 (1920).

Sauvy, Alfred. "Trois mondes, une planète." *L'Observateur*, August 14, 1952.

Secondary

Ahluwalia, Sanjam. *Reproductive Restraints: Birth Control in India, 1877-1947*. Urbana and Chicago, IL: University of Illinois Press, 2008.

Arnold, David. "Official attitudes to population, birth control and reproductive health in India, 1921-1946." In Sarah Hodges, ed., *Reproductive Health in India: History, Politics, Controversies*. Hyderabad: Orient Longman, 2006, pp. 22-50.

Bashford, Alison. *Global Population: History, Geopolitics, and Life on Earth*. New York: Columbia University Press, 2014.

"Malthus and colonial history." *Journal of Australian Studies* 36:1 (2012), 99-110.

Bashford, Alison, and Philippa Levine, eds. *The Oxford Handbook of the History of Eugenics*. Oxford University Press, 2010.

Bradatan, Cristina, and Glenn Firebaugh. "History, population policies, and fertility decline in Eastern Europe." *Journal of Family History* 32:2 (2007), 179-192.

Briggs, Laura. *Reproducing Empire: Race, Sex, Science, and U.S. Imperialism in Puerto Rico*. Berkeley, CA: University of California Press, 2002.

Caldwell, John. "Malthus and the less developed world: the pivotal role of India." *Population and Development Review* 24:4 (1998), 675-696.

Chandra, Shanta Kohli. *The Family Planning Programme in India*. Delhi: Mittal, 1987.

Cohn, Bernard S. "The census, social structure and objectification in South Asia." In *An Anthropologist among the Historians and Other Essays*. Delhi: Oxford University Press, 1987, pp. 224-254.

Connelly, Matthew. *Fatal Misconception: The Struggle to Control World Population*. Cambridge, MA: Belknap Press of Harvard University Press, 2008.

Davin, Anna. "Imperialism and motherhood." *History Workshop* 5:1 (1978), 9-65.

Dölling, Irene, Daphne Hahn, and Sylka Scholz. "Birth strike in the new federal states: is sterilization an act of resistance?" In Susan Gal and Gail Kligman, eds., *Reproducing Gender: Politics, Publics, and Everyday Life after Socialism.* Princeton University Press, 2000, pp. 118-147.

Dowbiggin, Ian. *The Sterilization Movement and Global Fertility in the Twentieth Century.* Oxford University Press, 2008.

Dunstan, Helen. "Official thinking on environmental issues and the state's environmental roles in eighteenth-century China." In Mark Elvin and Ts'ui-jung Liu, eds., *Sediments of Time: Environment and Society in Chinese History.* Cambridge University Press, 1998, pp. 585-616.

Ehrlich, Paul R., and Jianguo Liu. "Some roots of terrorism." *Population and Environment* 2 (2012), 183-192.

Feng, Wang, Yong Cai, and Baochang Gu. "Population, policy, and politics: how will history judge China's one-child policy?" *Population and Development Review* 38 (2012), 115-129.

Fenn, Elizabeth. *Pox Americana: The Great Smallpox Epidemic of 1775-82.* New York: Hill & Wang, 2001.

Ghosh, Durba. *Sex and the Family in Colonial India: The Making of Empire.* Cambridge University Press, 2006.

Greenhalgh, Susan. *Cultivating Global Citizens: Population in the Rise of China.* Cambridge, MA: Harvard University Press, 2010.

Just One Child: Science and Policy in Deng's China. Berkeley, CA: University of California Press, 2008.

Greenhalgh, Susan, and Edwin A. Winckler. *Governing China's Population: From Leninist to Neoliberal Biopolitics.* Stanford University Press, 2005.

Hall, Lesley. *The Life and Times of Stella Browne: Feminist and Free Spirit.* London: I. B. Tauris, 2011.

Hartmann, Betsy. *Reproductive Rights and Wrongs: The Global Politics of Population Control and Contraceptive Choice.* New York: Harper & Row, 1987.

Heer, David M. "Abortion, contraception, and population policy in the Soviet Union." *Demography* 2 (1965), 531-539.

Ho, Ping-ti. *Studies on the Population of China, 1368-1953.* Cambridge, MA: Harvard University Press, 1959.

Jolly, Margaret. "Other mothers: material 'insouciance' and the depopulation debate in Fiji and Vanuatu, 1890-1930." In Kalpana Ram and Margaret Jolly, eds.,

Maternities and Modernities: Colonial and Postcolonial Experiences in Asia and the Pacific. Cambridge University Press, 1998, pp. 177-212.

Koven, Seth, and Sonya Michel, eds. Mothers of a New World: Maternalist Politics and the Origins of Welfare States. London and New York: Routledge, 1993.

Lee, James Z., and Wang Feng. One Quarter of Humanity: Malthusian Mythology and Chinese Realities, 1700-2000. Cambridge, MA: Harvard University Press, 1999.

Marks, Lara. Sexual Chemistry: A History of the Contraceptive Pill. New Haven, CT: Yale University Press, 2001.

May, John. World Population Policies: Their Origin, Evolution, and Impact. Dordrecht: Springer, 2012.

McCormick, Ted. William Petty and the Ambitions of Political Arithmetic. Oxford University Press, 2009.

McGregor, Russell. "'Breed out the colour' or the importance of being white." Australian Historical Studies 33 (2002), 286-302.

McNeill, J. R. "Population and the natural environment: trends and challenges." Population and Development Review 32 (2006), 183-201.

McNeill, William H. Population and Politics Since 1750. Charlottesville, VA: University of Virginia Press, 1990.

Meadows, Donella H., et al. The Limits to Growth: A Report for the Club of Rome's Project on the Predicament of Mankind. London: Earth Island, 1972.

Norgren, Tiana. Abortion Before Birth Control: The Politics of Reproduction in Postwar Japan. Princeton University Press, 2001.

Oakley, Deborah. "American-Japanese interaction in the development of population policy in Japan, 1945-52." Population and Development Review 4:4 (1978), 617-643.

Petersen, William. "Marxism and the population question: theory and practice." In Michael S. Teitelbaum and Jay M. Winter, eds., Population and Resources in Western Intellectual Traditions. Cambridge University Press, 1989, pp. 77-101.

Quine, M. S. "Racial 'sterility' and 'hyperfecundity' in fascist Italy: the biological politics of sex and reproduction." Fascism 1 (2012), 92-144.

Rallu, Jean Louis. "From decline to recovery: the Marquesan population 1885-1945." Health Transition Review 2:2 (1992), 177-194.

Rao, Mohan. From Population Control to Reproductive Health: Malthusian Arithmetic. New Delhi: Sage, 2004.

Robertson, Thomas. The Malthusian Moment: Global Population Growth and the Birth of American Environmentalism. New Brunswick, NJ: Rutgers University

Press, 2012.
Ronsin, F. "Between Malthus and the social revolution: the French Neo-Malthusian movement." In J. Dupâquier, A. Fauve-Chamoux, and E. Grebenik, eds., *Malthus: Past and Present*. London: Academic Press, 1983, pp. 329-339.
Rusnock, Andrea. *Vital Accounts: Quantifying Health and Population in Eighteenth-century England and France*. Cambridge University Press, 2002.
Schayegh, Cyrus. "Eugenics in interwar Iran." In Alison Bashford and Philippa Levine, eds., *The Oxford Handbook of the History of Eugenics*. Oxford University Press, 2010, pp. 449-461.
Silberman, Leo. "Hung Liang-Chi: a Chinese Malthus." *Population Studies* 13:3 (1960), 257-265.
Smith, Neil. *American Empire: Roosevelt's Geographer and the Prelude to Globalization*. Berkeley, CA: University of California Press, 2003.
Stoler, Ann. "Sexual affronts and racial frontiers: European identities and the cultural politics of exclusions in colonial Southeast Asia." *Comparative Studies in Society and History* 34:3 (1992), 514-551.
Szreter, Simon. "The idea of demographic transition and the study of fertility change: a critical intellectual history." *Population and Development Review* 19:4 (1993), 659-701.
Thomas, Nicholas. "Sanitation and seeing: the creation of state power in early colonial Fiji." *Comparative Studies in Society and History* 32 (1990), 149-170.
Toye, John. "Keynes on population and economic growth." *Cambridge Journal of Economics* 21:1 (1997), 1-26.
Turda, Marius. *Modernism and Eugenics*. New York: Palgrave Macmillan, 2010.
UNFPA. "Linking population, poverty and development: analyzing the relationship between population and climate change." www.unfpa.org/pds/climate/, accessed September 1, 2013.
Wolfe, Patrick. "Land, labor, and difference: elementary structures of race." *American Historical Review* 106:3 (2001), 866-905.
Wrigley, E. A. *Poverty, Progress, and Population*. Cambridge University Press, 2004.

CHAPTER 9

질병과 세계사

마크 해리슨
Mark Harrison

세계사에서 질병의 문제를 생각할 때면 기본적으로 병원균과 사람들의 이동을 떠올리게 된다. 질병은 무역, 탐험, 분쟁을 따라 이동하고, 결과는 더욱 확대재생산된다.[1] 일부 역사가들은 세계 질병의 "천하통일"을 거론하기도 하는데, 질병의 분포가 바로 인류의 연결 지표라는 해석이다.[2] 그러나 질병의 역사는 통합 못지않게 분화의 과정이기도 하다. 최근 250년 동안은 양쪽의 증거가 모두 풍부하게 남아 있다. 이 시대의 시작은 아주 조용했지만, 이후 대대적인 병원균의 전파가 이루어졌고, 그 다양성과 범위의 면에서 이전 시대에 비할 바가 아니었다. 전염병과 가축 질병의 파도가 세계 전역으로 흘러갔고, 엄청난 규모의 비극이 눈을 뜨기 시작했다. 그러나 우리는 같은 시기에 인류 보건의 엄청난 향상을 목격했다. 선진국에서는 흔한 감염병 중 많은 부분을 몰아냈다. 기존에 존재했던 선진국과 빈곤국 사이의 보건 격차는 이 시대에 더욱 확대되었다. 이와 같은 불평등은 워낙 선명했지만, 아프리카나 아시아의 부유층들이 경험하는 질병은 서구의 사람들과 거의 비슷했다. 즉 그들에게서 공통적으로 심혈관 질환과 퇴행성 질환의 비중이 높아졌다. 그러나

---

1 William H. McNeill, *Plagues and Peoples* (Garden City, NY: Anchor Press, 1976).
2 Emmanuel Le Roy Ladurie, "A concept: the unification of the globe by disease," in *The Mind and Method of the Historian* (Brighton: Harvester, 1981), pp. 28-83.

최근 사스(SARS)와 "돼지 인플루엔자(swine flu)"가 발생하면서 우리에게 위험한 미래를 다시 한 번 각성시켜 주었다. 바야흐로 전염병의 역사를 심사숙고해야 할 시기가 다가온 것 같다.

페스트의 쇠퇴

18세기 중엽에는 질병의 패턴에 큰 변화가 없었다. 다만 거의 세계 대전으로까지 확대되었던 유럽의 패권 다툼(7년 전쟁, 1754년-1763년)이 발발하면서 해당 지역에 사망률이 크게 증가했다.(전쟁 기간은 실제로는 7년보다 길었지만, 집중적으로 전쟁이 벌어졌던 기간이 7년이라서 역사적 명칭을 7년 전쟁이라 함 - 옮긴이) 유럽의 포위된 도시를 티푸스가 휩쓸고 지나갔고, 카리브해에서는 말라리아와 황열병이, 동인도제도에서는 이질과 열병이 기승을 부렸다. 성적 접촉을 통해 전파되는 성병을 포함해서 기타 전염병들이 유럽인 탐험가와 정착민들을 따라 들어가 북아메리카와 태평양 지역의 처녀지로 확산되기 시작했다. 그러나 같은 시기 유럽에서는 이전 세기 가장 두려운 공포를 불러 일으켰던 질병인 페스트가 퇴조하고 있었다. 다만 예외적으로 1720-21년 마르세이유와 그 주변, 1660년대 이래로 서부 유럽과 중부 유럽에 전염병이 고난을 안겨 주었다.

당시에는 전염병이 격리 조치로 억제된다고 생각하는 사람들이 많았다. 오스트리아-헝가리 제국은 국경을 따라 1,600킬로미터에 달하는 위생구역을 설정했고, 많은 유럽 국가들은 마르세이유의 전염병 발생을 계기로 해상 검역을 강화했다. 그러나 격리에 반대하는 사람들도 있었다. 그들은 전염병이 비위생적이고 불리한 기후 조건에서 발생할 뿐 전염성은 없다고 주장하면서, 격리의 의학적 효과를 의문시했다. 역사학자들 사이에서도 이 문제로 논쟁이 있지만, 전염병의 쇠퇴에 격리가 최소한 일정 정도의 역할을 했다고 보지 않을 수 없다. 격리의 유무 이외에, 오스트리아-헝가리 제국 남동부의 몰다비아(Moldavia)와 왈라키아(Wallachia), 그리고 그곳에서 북동쪽으로 러시아 지역에서 왜 전염병의 피해가 지속되었는지를 설명할 방법이 없는 것 같다. 오스트리아-헝가리 제국 국경 지역의 기후와 위생 조건은, 국경을 접한 동쪽 지역과 다를 바가 없었다.

그러나 유럽에서는 스스로 전염병을 퇴치했다는 자부심과 동시에 유럽 문명이 새로운 질병을 길러내는 상황에 대한 우려가 커져갔다. 서인도의 사탕수수 플랜테이션과 동인도회사의 동방 무역 등 식민지 벤처가 창출한 풍요로움이 부유한 소비자들의 몸과 마음을 타락시킨다는 생각이었다. 대개 높은 생활수준과 관련되는 통풍(gout)으로 인한 고통은 거의 사회적 지위의 특징이 되었다. 한편 신경 계통의 질병이 프랑스와 영국 같은 나라의 부유한 시민들을 위협하고 있었다. 이런 문제는 도시 지역에서 가장 두드러지게 나타났다. 이후 세대를 거듭하며 수많은 작가들이 도시적 생활의 병폐를 한탄하였다. 시골 생활은 열악하고 비위생적인 경우가 많았지만, 그래도 근대 대도시의 특징적인 인구 과밀, 소외, 범죄환경보다는 낫다고 생각했다. 경제적 이유로 모여든 뿌리 없는 이주자들 때문에 런던 같은 항구 도시, 맨체스터를 비롯한 신흥 산업도시는 불결하고 소외되고 위험한 공간이었다. 경제 발전에는 대가가 따랐다. 우려가 깊은 시민들은 자발적으로 조직을 구성하여 열병 전문 병원이나 기타 빈민을 위한 시설을 건설하기 시작했다.

대서양 동서안의 연결

열병의 발생 우려가 커지는 가운데 외부로부터 병원균이 들어올 거라는 공포가 수반되었다. 새로운 위협의 첫 번째 징후는 카리브해에서 나타났다. 1793년 그레나다(Grenada)섬이 심각한 황열병(yellow fever) 전염에 휩싸였다. 일부 의사들은 아프리카 서부 해안을 방문하고 돌아온 선박이 황열병을 싣고 오는 바람에 전염병이 발생했다고 믿었다. 그레나다의 전염병은 프랑스 식민지 생도맹그(Saint-Domingue, 현 아이티)로 확산되었다. 그곳에서 노예들의 반란이 일어나자 피난민들이 아메리카 동부 해안의 섬으로 건너갔다.[3] 피난민들이 필라델피아에 도착한 직후(신생독립국 미국의 수도로 선포된 후 얼마 지나지 않은 때였다) 그곳에서도 황열병이 나타나서 수천 명이 목숨을 잃었다. 1801년에 이르러 황열병은 다시 대서양을 건넜고, 이후 20여 년 동안 간헐적으로 지중해 연안 스페인을 휩쓸었으며, 카디스(Cadiz)나 바르셀로나(Barcelona) 같은 도시에 심각한 영향을 미쳤다.

황열병은 열대 아프리카와 대서양 서안에서는 비교적 자주 나타나는 질병이었다. 그러나 그것이 유럽에 영향을 미친 것은 아마도 이 때가 처음이었다. 가장 유력한 이유는 영국과 프랑스 혁명군 사이의 전쟁이었다. 1790년대에 수만 명의 병사들이 카리브해 지역에서 황열병으로 죽었다. 그러나 다른 수천 명의 병사들은 가까스로 목숨을 건져 대서양을 건넜다. 병원균을 운반하는 모기도 그들과 함께 배를 탔다. 1815년

---

3 J. R. McNeill, *Mosquito Empires: Ecology and War in the Greater Caribbean, 1620-1914* (Cambridge University Press, 2010), chapter 7.

전쟁이 끝난 뒤에도 황열병은 대서양 지역에서 오래도록 주기적으로 나타났다. 1830년대와 1840년대는 이상하리만치 조용했지만, 결국 다시 한 번 유럽에서 황열병이 등장했다. 특히 1857년의 리스본(Lisbon)이 극심했으며, 1860년대 초엽 프랑스의 생나제르(St. Nazaire)와 영국의 스완지(Swansea)에서 소규모 유행성 전염병으로 나타났다.

이처럼 황열병은 단지 전쟁의 결과를 넘어서는 그 무엇이었다. 1815년 이후 유럽에서 발생한 대부분의 경우, 각종 다양한 형태의 무역과 관련이 있었고(예를 들면 설탕, 구아노, 광물의 운송 등), 당시 점차 증편하고 있었던 대서양 횡단 우편선의 영향도 있었다. 이들 선박 중 상당수는 대개 돛보다는 증기기관을 이용했다. 세기를 거치는 동안 항해술도 발달해서 대서양을 건너는 데 불과 일주일도 걸리지 않았다. 결국 황열병의 증상이 나타나기 전에 감염자를 파악하기가 어렵게 되었다. 황열병은 대서양 경제 질서를 어지럽힐 가능성이 있는 위험 요소가 되었고, 이를 억제하기 위해 계획된 정책들도 마찬가지였다. 대서양 양안의 상인들은 사업에 미치는 부정적 영향에 강한 불만을 토로했다. 유럽 식민지에서 휴가를 마치고 돌아온 사람들도 그 불만을 공유하고 있었다. 이들의 불만을 듣고 프랑스나 영국에서는 항구의 검역을 취소하거나 간소화했다. 북아메리카의 수많은 항구들 또한 세기 초엽 수십 년 동안은 질병에 느슨한 태도를 취했지만, 뉴올리언즈, 리오데자네이루, 리스본 등지에서 대규모 전염병이 발생하자 1850년대에는 유연한 정책을 재고하지 않을 수 없었다.[4]

4 Mark Harrison, *Contagion: How Commerce Has Spread Disease* (New Haven, ct,

왜 황열병이 이 시기에 터져나왔는지는 불분명하다. 그러나 가장 유력한 설명은, 화물운송의 규모가 커지는 가운데 양호한 환경 조건이 만들어졌기 때문일 것이다. 황열병의 운반체인 모기가 기후변화에 극히 민감하기 때문이다. 어쨌든 황열병의 부활, 특히 증기선 운항 이후의 위협 때문에 향후 수십 년 동안 이어질 검역의 분위기가 만들어졌다. 갈수록 통합성이 강화되는 경제 속에서 질병의 문제를 어떻게 다룰 것인지를 시험하는 무대가 마련되었다. 선박, 화물, 선원을 (때로는 동시에) 압류하는 과거의 검역 방식은 상거래를 혼란에 빠트렸고, 점차 비인도적인 조처로 인식되었다. 그래서 다른 방식이 등장했다. 1870년대 초엽 부에노스아이레스(Buenos Aires)에서 심각한 전염병이 발생한 이후, 위생개혁에 더욱 초점이 맞추어졌다. 황열병은 습하고 환기가 잘 되지 않는 불결한 조건에서 번성한다고 알려졌다. 그렇다면 전반적인 환경 개선으로 통제가 가능하다는 말도 되는 것이다. 1890년대에 이르러 모기(Aedes aegypti)가 병원균을 옮긴다는 사실이 밝혀졌다. 이후 중점은 위생환경 개선에서 훈증과 배수로 정비로 옮겨갔다. 이와 같은 방법을 통해 미국 공중보건 관리들과 엔지니어들은 파나마 운하에서 황열병을 퇴치하는 놀라운 업적을 달성했다. 건설노동자의 사망률은 크게 하락했으며, 1914년 개통 이후 운하의 원활한 운영에도 도움이 되었다.

위험한 동양

황열병이 동방으로 번질 우려도 있었지만 결국 대서양 양안의 대륙

and London: Yale University Press, 2012), chapter 5.

을 넘어서지는 않았다. 그런 의미에서 황열병은 전염병 중에서는 대단히 예외적인 경우에 속했다. 19세기 세계를 휩쓸었던 전염병은 대부분 아시아에서 시작되어 세계 각지로 뻗어 나갔다. 콜레라(cholera)도 역시 마찬가지였다. 끔찍한 병세와 높은 사망률 때문에 콜레라는 세계가 두려워하는 질병이었다. 환자는 극심한 구토와 설사 증세를 보이며, 온몸의 신경이 쇠약해지고 체력이 고갈되는 고통을 겪는다. 고통에 몸부림치며 최소한의 인간다운 품위를 유지하기 어려운 질병이기 때문에 콜레라는 세계에서 가장 무서운 질병으로 간주되었고, 원인을 알 수 없었기 때문에 공포는 더욱 컸다. 콜레라의 출처가 모호하고 증세 또한 파악하기 어려워 현장의 의사들은 수십 년 동안 속수무책이었다.

유행성 전염병으로서의 콜레라는 대개 1817년에 시작된 것으로 본다. 오늘날의 방글라데시에 속하는 도시 조쇼르(Joshor)에서 그 해에 극심한 콜레라가 발생했다. 그 직후 영국령 인도의 수도였던 콜카타(Kolkata)로 콜레라가 전파되었고, 이후 2년 동안 영국군 부대의 이동과 함께 콜카타에서 북쪽과 서쪽으로 확산되었다. 이후 1820년대 초엽에는 해상무역과 육로무역을 통해 아시아의 수많은 도시로 콜레라가 퍼져 나갔다. 그러나 왜 하필 그 시기에 콜레라가 전염병으로 등장했는지는 아직도 속시원한 설명이 제시되지 못했다. 가장 유력한 이유는, 영국이 벵골 지역에 가져온 대대적인 경제적 변화, 특히 지역 산업의 파괴와 이주민 노동력의 증가 때문이라는 가설이다.

콜레라가 강가(갠지스)강 삼각주를 넘어 세계의 다른 지역으로까지 확산되면서, 콜레라가 "선호하는" 조건이 드러났다. 즉 청결하지 못한 환경에서 사는 사회적 하층민 집단에서 콜레라가 자주 발생했다. 주로 가난한 사람들, 정복당한 사람들, 절망에 빠진 사람들이 콜레라에 걸렸다. 피난민, 경제적 이유로 고향을 떠난 이주자, 군인들 사이로 콜레라가 퍼져 나갔다. 이들은 각기 다른 이유로 위협으로 간주되던 집단이었다. 그렇지 않아도 비참한 현실과 오명에 시달리던 이들에게 엎친 데 덮친 격으로 콜레라가 더해졌다. 이러한 상황의 조합을 보건대, 사회적 긴장이 날카로워졌던 것은 당연한 일이었다. 특히 정치적 관계가 이미 불안정한 지역에서는 그것이 더욱 심각했다. 유럽과 북아메리카의 여러 지역도 마찬가지였다. 양측 대륙에 콜레라가 처음 도착한 시기는 1830년대 초엽이었다. 모스크바나 파리 같은 도시에서는 민중봉기가 일어났고, 당연히 당국의 탄압이 이어졌다.[5]

이후 수십 년 동안 콜레라를 전파하는 주요 운반체 중의 하나는 장거리 이주였다. 특히 인도 출신의 임금노동자들을 통해 병이 전파되었다. "쿨리(coolie, 苦力)"라고 불리던 이들은 장기 계약으로 주인에게 묶여 있었다. 그 사이 그들은 광산이나 플랜테이션 농장에서 혹독하고 위험한 노동을 강요당했다. 학자들은 이를 "노예의 합법화"라 일컬었다. 그것이 과거 대서양 경제의 근간을 이루었던 노예 제도를 대신하는 관행이었기 때문이다. 영국을 비롯한 유럽 열강들은 노예제를 폐지했다. 그러자 식민지가 폐허가 될 위기에 놓였고 노동력 수급의 길이 막혔다. 임금노동자들이 그 빈틈을 메웠지만, 그들은 여러 가지 질병을 가지고 왔다. 콜레라도 그 중 하나였다. 검역 절차를 통해 전염을 막아보려 했지만, 머지 않아 카리브해 지역의 플랜테이션 농장에서 콜레라가 발생했

---

5 Christopher Hamlin, *Cholera: The Biography* (Oxford University Press, 2009).

고, 이후 아시아와 아프리카의 여러 지역으로 퍼져 나갔다.

노동자 이주가 콜레라의 주요 매개체였지만 서구 세력은 갈수록 이슬람의 메카 순례로 확산되는 부분에 주목했다. 1865년에는 전염병으로 사망한 순례객이 3만 5,000명에 달했다. 메카에서 콜레라가 발생한 사건은 이 때가 처음이 아니었다. 그러나 메카와 인도 사이의 경로가 이제 확실히 드러났다. 그 이전에 콜레라가 발생했을 때는 훨씬 더 천천히 확산되었고, 전파 경로도 모호한 편이었다. 그러나 이번 경우는 분명 증기선과 철도였다. 무슬림의 성지와 아라비아 북부를 연결하는 헤자즈 철도(Hejaz railway)는 물론이었다. 이번에는 전염병 전파 속도가 빨랐고, 그래서 콜레라의 전파 경로도 보다 뚜렷하게 확인되었다. 메카에서 콜레라가 발생한 이후 불과 몇 달 사이에 콜레라는 아시아와 아프리카의 고향으로 돌아가는 순례객들을 따라갔고, 거기서 다시 유럽과 미국까지 전파되었다.[6]

1865-66년 콜레라의 파도가 몰아친 다음, 서방 국가들은 아시아에서 언제 어떻게 전염병이 터져 나올지 모른다는 불안감에 시달렸다. 1869년 수에즈 운하 개통을 앞두고 공포는 극대화되었다. 그렇게 되면 동방의 항구에서 유럽으로 전염병이 직항할 것이 분명했기 때문이다. 유럽인들이 보기에 이를 막을 수 있는 대안은 병원균의 출처와 유럽 사이에 위생 장벽을 건설하는 것이었다. 장벽 뒤편의 유럽 각국에서는 비

---

6 Myron Echenberg, *Africa in the Time of Cholera: A History of Pandemics from 1817 to the Present* (Cambridge University Press, 2011); Saurabh Mishra, *Pilgrimage, Politics, and Pestilence: The Haj from the Indian Subcontinent, 1860-1920* (New Delhi: Oxford University Press, 2011).

교적 선박 운항의 제한을 가하지 않고 위생 시스템을 운영할 수 있었다. 그러나 위생 안전 지대는 엄격한 감시 아래 놓여야 하며, 이는 중동 국가들에 무거운 짐이 되었다. 그럼에도 불구하고 이집트나 이란, 오스만 제국 등은 기꺼이 임무를 맡았다. 1821년 이후 그들의 영토에서 자주 발생했던 전염병이 근대화의 여정에 발목을 잡았기 때문이다. 그래서 제다(Jeddah)와 알렉산드리아(Alexandria)를 비롯한 여러 항구에 검역소가 설치되었고, 감염 위험 지역에서 오는 선박들의 검역을 실시했다.

중동의 검역소 설치가 콜레라 차단에 어떤 기여를 했는지 구체적으로 말하기는 어렵다. 그로부터 서쪽 지역에서는 분명 발생 빈도가 적었다. 그러나 검역소 이외에 다른 식의 설명도 가능하다. 콜레라는 오직 청결하지 못하고 인구가 과밀된 지역에서 청결한 식수 공급이 어려울 때 주로 발생했다. 당시 세계 도처의 노동자나 농민 거주지가 이런 환경에 놓여 있었다. 그러나 19세기 말엽에는 상당한 격차가 나타났다. 1866년 콜레라가 발생한 이후 유럽 대부분의 지역에서는 두 번 다시 콜레라가 발생하지 않았다. 그 사이 다른 지역에서는 여전히 콜레라가 번성하고 있었다. 영국에서는 애드윈 채드윅(Edwin Chadwick), 프랑스 파리에서는 조르주 오스만(Georges Haussmann)의 노력으로 위생개혁이 실시되었다. 이후 수십 년의 시간이 흐르는 동안 도시 환경은 변화되었고, 하수가 식수를 오염시키지 못하도록 분리가 유지되었다. 1840-50년대 런던에서 존 스노우(John Snow)가 수행한 질병 연구가 그 과정에 도움을 주었고, 독일의 세균학자 로베르트 코흐(Robert Koch)가 1884년 콜카타의 저수지에서 병원균(bacterium)을 식별하는 데 성공함으로써 콜레라를 감싸고 있던 신비의 장막을 걷어냈다. 덕분에 예방 조치는 더욱 구체화되었고 혼란의 여지도 더욱 줄어들었다. 1892년 함부르크(Hamburg)에서 콜레라가 유행한 이후 수에즈 운하의 서쪽에서는 더 이상 콜레라가 심각한 위협이 되지 못했다.

선진국에서 콜레라가 사라져갈 무렵, 훨씬 더 무서운, 새로운 위협이 동방에서 고개를 들었다. 19세기를 거치는 동안 아시아와 중동의 일부 지역에서 주기적으로 전염병이 발생했지만, 그것이 외부 세계로 확산될 조짐은 거의 없었다. 그 중 일부 지역에 병원균의 "숙주"가 살고 있었다. 마르모트(marmot) 같은 설치류가 페스트를 일으키는 박테리아를 보유하고 있었다. 때때로 이 동물들이 인간이나 쥐 등의 설치류 집단 감염을 일으키기도 했다. 지역 내에 고립되어 있던 병원균이 주변으로 확산될 때 환경변화, 전쟁, 자연재해 등이 계기로 작용했다. 19세기 중엽, 청나라 황실의 권위에 도전했던 무슬림의 반란 이후 내전이 남중국 운남성 고위도 지역을 휩쓸었다. 이 무렵 도처에서 페스트가 일어났으며, 1890년에는 주강(珠江) 강변의 번화했던 도시 광주(廣州, Guangzhou)까지 질병이 전파되었다. 당시 그 지역은 인도에서 중국으로 들어오는 아편 교역로상에 위치하여, 수십 년 동안 개방 무역이 이루어지고 있었다. 광주는 주요 상업 중심지였던 홍콩(1842년부터 영국 식민지)에서 강을 따라 상류로 약 80마일(130킬로미터) 가량 떨어진 위치에 있었다. 매년 남중국 지역에서 수천 명의 이주민들이 경제적 이유 때문에 홍콩으로 몰려들었다. 대영제국에 속하는 다른 지역이나 북아메리카의 일자리를 얻기 위해서였다.

이전 세대의 이주민들과 함께 콜레라가 이동했던 것처럼, 새로운 전염병이 절망에 빠진 노동자들과 함께 옮겨다녔다. 1894년 홍콩 당국은 전염병 발생을 공식적으로 선포했다. 전염병이 외부로 확산될 것을 우려하며 공포 속에서 세계가 홍콩을 주목했으며, 많은 국가와 기업이 홍콩항 이용을 중단했다. 의외로 페스트는 그로부터 2년 동안 남중국을 벗어나지 않았다. 그러나 1896년 여름, 드디어 인도의 대도시 봄베이(현 뭄바이)에서 페스트가 등장했다. 봄베이를 거점으로 페스트는 빠르게 확산되었다. 그러나 1898-99년까지는 인도아대륙을 벗어나지 않았다. 이후 마다가스카르, 이집트, 일본에서도 페스트가 발생했다. 이쯤 되자 페스트가 세계적 위협이 된다는 사실이 분명해졌다. 병원균의 계보는 고대로부터 이어져온 것이지만, 근대 세계의 조건에도 잘 맞았고, 성숙한 글로벌 경제의 근간을 따라 쉽게 확산되었다. 1900년대 초엽에 이르러 페스트는 남태평양, 오스트레일리아, 미국 등 사람이 거주하는 모든 대륙에 전파되었다.[7]

대부분의 피해 국가에서 전염병은 주로 항구 도시에 국한되었다. 그러나 인도는 예외였다. 페스트는 수십 년 동안 인도아대륙의 서부와 북부를 휩쓸었으며, 수백만 명이 목숨을 잃었다. 봄베이를 출발한 페스트는 철도를 따라 펀자브(Punjab)와 같은 농업 지역으로, 해로를 통해 카라치(Karachi) 같은 항구로 전파되었다. 1910년-11년, 그리고 1920-21년 만주에서 전염병이 확산될 때도 철도가 주요 경로였다. 그러나 만주에서 발생한 페스트는 기원지가 달랐다.(인도도 아니었고 남중국도 아니었다.) 만주 페스트의 기원지는 몽골이었다. 새해를 맞이해서 노동자들이 철도를 따라 몽골에서부터 남쪽과 동쪽으로 이동하면서 철도 근처의 마

---

7 Myron Echenberg, *Plague Ports: The Global Urban Impact of Bubonic Plague, 1894-1901* (New York University Press, 2007).

을에서 페스트가 발생했다. 다른 대부분의 경우와 달리 만주의 페스트는 독성과 전염성이 강했으며, 폐렴의 형태로 사람 대 사람 전파가 쉽게 일어났다는 점에서 이례적이었다.

이른바 1890년부터 1940년대까지 세 차례에 걸쳐 페스트 팬데믹이 일어났다. 그 중에서 역사가들이 가장 주목하는 사건은 혼란이 가장 심했던 제1차 팬데믹이었다. 페스트 발생이 알려지면 그 나라는 무역금수 조치를 당했고, 질병 감염국이라는 오명을 감수해야 했다. 대부분의 국가에서는 과감한 조치를 취했다. 피해자와 접촉자를 강제 격리 및 입원 시켰고, 그들의 소지품 내지 소유물을 파괴했으며, 굴욕적인 검문검색을 실시하였다. 이런 조치는 분노를 불러일으켰다. 홍콩과 인도에서는 격렬한 시위가 일어났다. 일부 지역에서는 페스트 담당관이 살해되는 사태로 이어지기도 했다. 또한 일부 지역에서는 정부 건물에 대한 공격, 파업, 도시 주민들의 집단 탈출 등 수많은 사건이 일어났다. 한 세기 전의 콜레라 발생을 연구할 때도 그랬듯이, 많은 역사가들은 페스트 발생을 연구하면서 그 사회가 기존에 안고 있던 잠재적 갈등이 드러날 것으로 예상했다. 그러나 비정상적인 상황에만 주목한다면, 지나친 일반화의 위험이 존재할 수밖에 없다. 그러므로 위기 상황에서 표출된 관리나 공공 기관에 대한 적대감이 일상적으로도 일어났다고 생각해서는 안 될 것이다.

초기 팬데믹 상황에만 지나치게 집중하면, 각국 정부가 초기의 실수를 통해 스스로 배워가는 과정을 놓칠 수 있다. 1900년 이집트와 1902년 시드니의 성공적인 페스트 퇴치 캠페인은 매우 좋은 학습 사례였다. 이 캠페인들이 성공할 수 있었던 이유는 지역 사회와 협력하여 상업과 사회생활에 생기는 혼란을 최소화했기 때문이다. 이런 성공 사례는 새로운 보건 정책의 방향을 제시했다. 전염병을 완전히 막는 것이 현실적으로 불가능하다는 사실이 명확해지자, 대부분의 국가는 보다 예측 가능하고, 통합된 대응 방식을 고민하기 시작했다. 또한 전염병 대응이 세계 경제와 연결되어 있다는 점도 중요하게 고려했다. 이러한 공감대를 바탕으로 1903년 파리와 1905년 워싱턴에서 국제회의가 열렸으며, 여기서 법적 구속력이 있는 국제 위생 규정이 채택되었다. 물론 실제로 규정을 완벽하게 시행하는 데는 한계가 있었지만, 변화의 방향은 분명했다. 국제 무역에 피해를 최소화하기 위해 위생 검역 절차가 과거보다 간소해지는 방향으로 갔다. 이제는 주로 출발지 항구에서 전염병 발생 여부를 감시하고 공중보건 조치를 확인하는 방식으로 변했다.

과학적 지식이 진보하면서 이런 변화는 점점 더 간편한 방향으로 흘러갔다. 1894년 페스트가 박테리아로 인한 질병이란 사실이 밝혀졌지만, 그것이 페스트 방역 수단에 직접적 영향을 미치지는 못했다. 그러나 페스트가 특히 선페스트 형태로 직접 전염되지 않으며, 오히려 쥐의 사체가 많을수록 전염병이 많이 확산된다는 사실이 점점 더 분명해졌다. 그래서 위생 당국은 사람보다는 설치류로 관심을 돌렸다. 쥐를 잡고 선박, 주거지, 창고에 쥐가 들어오지 못하게 하는 방법을 연구했다. 1906년 이후 대부분의 과학자들은 쥐에서 서식하는 쥐벼룩이 사람을 물면 페스트가 전염된다는 사실을 인정했다. 따라서 격리나 그 비슷한 강제 수단의 필요성이 줄어들었다. 다만 만주 지역의 페스트는 예외였다. 그곳에 진출해있던 일본, 중국, 러시아의 관리들은 격리와 고립을 정책의 중심에 두고 있었다.

몇 년 동안 황열병이나 콜레라 같은 질병이 지속될 때도 그랬지만,

전염병을 보다 구체적으로 파악하고자 하는 열망은 페스트를 계기로 더욱 확고해졌다. 그것이 파악되어야 근대 세계 교역에 전염병의 개입과 손상을 최소화할 수 있었기 때문이다. 1900년대 위생협약에 따라 파리와 워싱턴에 전염병 자료 수집 기구가 설치되었고, 축적된 정보는 다른 나라에도 배포되었다. 제1차 세계대전 이후 이런 경향은 더욱 강화되었다. 국제연맹의 보건기구와 지역 사무소들이 정보의 수집과 확산을 지원했다. 무선 라디오의 발명으로 통신 속도가 더욱 빨라졌고, 선박은 항구에 입항하기 전에 이미 전염병 발생 여부를 알 수 있었다. 세계 곳곳의 항구에 주재하는 위생검역 기관에 의해, 또한 분명한 위생 저해 요소 제거 활동을 했던 록펠러재단 같은 사회운동 기구를 통해 정보의 정확성과 신뢰성이 강화되었다.

콜레라 같은 전염병은 아시아와 아프리카의 빈곤 지역에서 여전히 문제로 남아 있었고, 특히 기근이나 사회불안의 시기에 문제가 더욱 심각해졌다. 그러나 콜레라, 황열병, 페스트의 발병률은 20세기를 거치는 동안 뚜렷하게 감소했다. 이는 공중보건의 향상과 쥐 등 숙주 동물의 후천적 면역력이 강화되었기 때문으로 추정된다. 어느 쪽이든 질병을 정복할 수 있다는 낙관론이 날로 커지는 추세다. 1914년에 발생한 세계대전은 결정적인 도전이었다. 1898년의 스페인-미국 전쟁, 1899년-1902년의 남아프리카 전쟁 등 그 무렵의 모든 전쟁에서 예외 없이 확인된 바로, 전투 중 부상보다 전염병으로 사망한 인원이 더 많았다. 동부전선, 중동, 지중해, 아프리카 등 제1차 세계대전 중에 벌어진 수많은 전투 현장에서는 발진티푸스와 콜레라 같은 질병이 또 다시 군사 작전에 악영향을 미쳤다. 민간인 또한 위생 인프라 파괴와 질병 감염으로 막대한 피해를 입었다. 그러나 전쟁은 위생의 관점에서 중요한 전환의 계기가 되었다. 오스만을 제외한 대부분의 군대에서 이번에는 질병 사망자 수가 전투 부상으로 인한 사망자보다 약간 더 적었다. 이는 근대 무기의 파괴력 때문이기도 하지만, 전반적으로 위생에 대한 관심이 높아지고, 장티푸스 예방접종 등 새로 나온 예방책이 사용된 결과였다.[8]

그럼에도 불구하고 전쟁은 역사상 가장 큰 팬데믹으로 마무리되었다. 1918년부터 시작해서 세 차례에 걸친 유행성 독감(influenza)의 파도가 몰아쳤다. 대부분의 국가에서는 1919년에 유행이 확산되어 최소 2,500만 명의 목숨을 앗아간 것으로 추정되지만 실제 인원수는 이보다 훨씬 더 많을 것이다. 유행성 독감은 1889년 이른바 러시아 독감(Russian Flu)이 확산되었을 때 그 잠재력이 확인된 바 있었다. 유행성 독감은 부자와 빈자를 가리지 않았기 때문에 매우 큰 경각심을 불러일으켰다. 1918-19년의 팬데믹도 마찬가지였다. 대부분의 "계절성" 유행성 독감과 달리 청년들 사이에서 희생자가 유난히 많았다. 대규모 분쟁 이후에 발생한 유행성 독감으로 놀라울 정도로 많은 사람들이 목숨을 잃었고, 거의 한 세대 전부가 사라지는 결과를 초래했다.(그림 9-1)

최근까지도 당시의 팬데믹과 그 사회적 영향에 관해서는 비교적 알려진 바가 많지 않았다. 이와 같은 침묵의 이유 중 하나는, 당시의 정부와 의료계가 예방에 무기력했기 때문이다. 콜레라나 페스트가 발생했을 때처럼 유행성 독감 또한 박테리아 전염병으로 간주하고 적극적 퇴치를

---

8 Mark Harrison, *The Medical War: British Military Medicine in the First World War* (Oxford University Press, 2010).

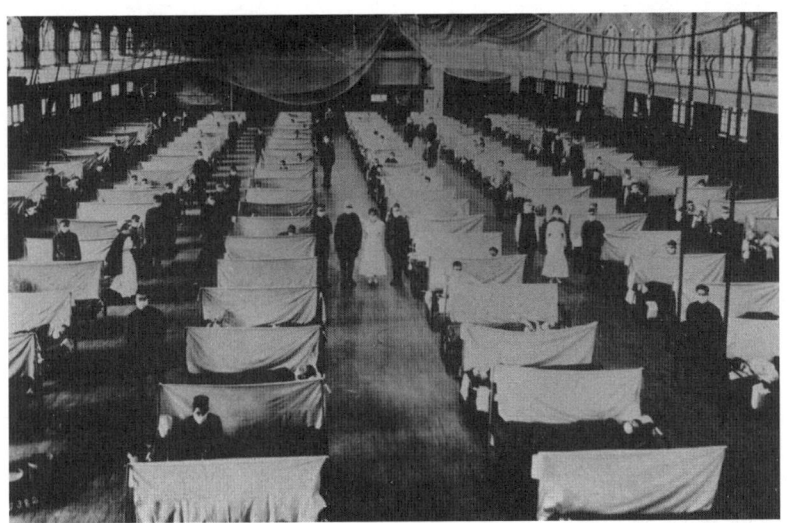

[그림 9-1] 스페인 독감(1918-19년) 당시 병동으로 개조된 미국의 학교 체육관
침상에 가림막을 쳤다.

시도했지만, 사람 대 사람으로 쉽게 전파되는 병원체(virus)에 대해서는 속수무책이었다. 한 마디로 의미 있는 성과를 거둔 적이 없었던 것이다. 더욱이 전쟁이 막바지로 치달으면서 참전국들은 시급히 해결해야할 다른 과제들이 많았다. 그러므로 당시의 팬데믹은 그 원인과 기원뿐만 아니라 많은 측면에서 미스터리로 남아 있다.[9] 일부에서는 유럽의 전쟁터에서 바이러스 변이에 유리한 조건이 형성되어 거기서부터 바이러스가 출현했다고 보기도 하고, 미국 혹은 중국 북부의 대규모 군대 병영에서

---

9 Howard Phillips and David Killingray, eds., *The Spanish Influenza Pandemic of 1918-19: New Perspectives* (London: Routledge, 2003).

바이러스가 시작되었다고 보기도 한다. 이런 여러 가지 가설 중 어느 것도 완벽한 설득력을 갖추었다고 말하기는 어렵지만, 유행성 독감의 초기 확산과 중국인 노동자 유입의 상관관계는 충분한 근거가 밝혀졌다. 따라서 아마도 동아시아에서 팬데믹이 시작되었을 가능성이 점점 더 커지고 있는 중이다.

동물의 질병

1918-19년의 유행성 독감을 끝으로 팬데믹의 세기가 막을 내렸다. 그러나 그로부터 수십 년 전부터 질병의 격동기는 인간 이외에 다른 동물에게도 영향을 미치고 있었다. 1830년대부터 구제역(口蹄疫, foot-and-mouth disease)과 우폐역(牛肺疫, bovine pleuropneumonia)이 동부 유럽 및 중부 유럽으로 확산되기 시작해서, 나중에는 서부 유럽과 아메리카 대륙까지 전파되었다. 이런 질병은 전파되는 곳마다 끔찍한 장면과 경제적 고난을 연출했다. 그러나 이에 대처하는 방식은 매우 다양했다. 경우에 따라서는 모든 가축을 도살하여 확산을 막아보고자 했다. 그러나 감염된 가축과 건강한 가축을 격리하는 경우가 더 많았다. 특히 구제역의 경우, 가축에게 큰 고통을 안겨주기는 했지만 치명적인 경우는 거의 없었다. 결국 이런 가축 전염병은 이전까지 전파되지 않았던 곳으로 흘러 들어가 풍토병으로 자리잡았다.

가축 질병의 확산은 동물의 장거리 교역이 가져 온 결과 중의 하나였다. 도시화가 교역을 가속화했다. 19세기에는 도시 주변의 배후지만으로는 급증하는 도시민에게 필요한 식량을 충당하기가 쉽지 않았다. 실질임금이 증가하면서 대부분의 산업화 국가에서는 육식의 수요가 함게 늘어났다. 육식은 이전까지는 접근하기 어려웠던 신분의 상징과도 같은 것이었다. 수요가 증가하면서 시장과 국경 통제가 느슨해졌고, 도시에서 도시로, 국가에서 국가로, 질병의 이동은 더욱 간편해졌다. 다만 한 가지 예외가 있었다. 대부분의 중부 유럽 국가들은 우역(牛疫, 獨 rinderpest, 英 cattle plague) 봉쇄령을 유지하고 있었다. 구제역과 달리 우역(牛疫)은 대대적인 피해를 입힐 수 있는 치명적인 감염병이었다.

과거 여러 차례에 걸쳐 우역이 유럽을 휩쓸고 간 적이 있었다. 전쟁 중 군대에 보급하기 위해 많은 가축을 한꺼번에 이동시켰을 때 우역이 발생하는 경우가 많았다. 1740년대부터 일부 국가에서 검역소를 설치하고 감염된 소를 도살하기 시작했다. 예컨대 프로이센에서는 우역에 대하여 매우 엄격한 위생 규정을 유지했다. 그러나 유럽으로 들어가는 소의 대부분은 러시아의 스텝 지역에서 사육되어 오스트리아-헝가리 제국을 거쳐 유통되었다. 러시아산 가축은 헝가리 축사에서 격리되어 검역을 거쳐야 했다. 그러나 이를 거치지 않고 소를 밀수하는 불법 상인들이 많았다. 1850년대에는 북유럽과 서유럽에서 가축을 수용하던 항구에 연결되는 철도의 완공을 앞두고, 가축 전염병의 신속하고 은밀한 전파를 우려하는 목소리가 나왔다. 미리 경고가 있었음에도 불구하고, 1866년 철도와 선박을 통해 가축 전염병이 급속도로 확산되었다.

우역은 성경에 나오는 전염병의 특성을 그대로 가지고 있었다. 콜레라의 확산과 시기가 겹쳤던 우역의 피해를 보고, 인간의 사악함과 종교적 신앙의 부족으로 천벌을 받게 되었다고 믿는 사람들이 많았다. 동물 학대 때문에 질병이 생겼다고 믿는 사람들도 일부 있었다. 그러나 대부분의 유럽 국가에서는 감염된 가축을 살처분함으로써 전염병을 "근절"

하려 했다. 영국을 비롯해서 일부 국가에서는 이런 방법을 법제화하고 항구에 검역소를 설치했다. 처음에는 이러한 조치에 상당한 거부 반응이 나타났다. 농민들에게 주어지는 보상이 전혀 없었기 때문이다. 그럼에도 정부의 조치는 그대로 유지되었고, 나중에는 구제역 등 다른 질병까지 대상이 확대되었다.

유럽 이외 세계의 다른 지역에서는 대응 방식이 완전히 달랐다. 북아메리카는 우역이 한 번도 발생하지 않는 행운을 누렸다. 그러나 아르헨티나에서는 1870년에 잠시 우역이 나타났지만, 살처분을 통해 신속하게 확산을 차단했다. 1890년대 이후 일본은 아시아의 동쪽 끝에서부터 영향력을 확대하기 시작했다. 1890년대 조선과 일본에서 우역이 발생한 뒤 일본 또한 감염된 가축 수입을 차단하기 위해 일본 열도에서 검역소를 엄격하게 유지했다. 그러나 인도에서는 1860년대에도 이미 우역이 널리 퍼져 있었기 때문에, 이후 영국 식민지 당국은 남인도의 작은 일부 지역에 국한해서 법령을 제정했을 뿐, 우역의 확산을 막기 위한 아무런 조치를 취하지 않았다. 소를 도살하면 인도인들이 반발한다는 이유로 영국의 식민지 관리들은 방임 정책을 정당화했다. 그게 아니더라도 과연 그러한 조치가 현실성이 있을지도 의심스러운 일이었다. 인도는 땅이 너무 넓고 가축의 수가 너무 많아서 격리를 하려 해도 실행하기가 어려웠다. 1889년 아프리카 북동부에 유입되었던 우역 또한 같은 이유로 아무런 제한 조치 없이 대륙 전역으로 확산되었다. 불과 몇 년 사이에 우역은 아프리카의 남단에 도달했다. 확산 경로에 있는 수많은 목축 사회가 파괴되었다. 이를 막을 수 있는 수단이 전혀 없는 가운데, 19세기 말 로베르트 코흐(Robert Koch)가 효과적인 예방접종법을 개발해냈다. 그럼에도 불구하고 아프리카와 남아시아에서는 20세기 말이 되어서야 우역이 최종적으로 퇴치되었다.

19세기에 확산된 대부분의 가축 전염병은 유라시아의 질병이었다. 우역도 마찬가지였다. 다만 몇몇 예외가 있었다. 19세기 후기 미국 남북 전쟁의 와중에 텍사스 열병(Texas fever, 진드기병)으로 알려진 가축 전염병의 확산이 상당한 우려를 자아낸 적이 있었다. 이후 가축을 북부의 산업 도시로 운송하려 했을 때, 전염병의 확산을 우려한 중서부 지역 농민들의 폭력적 저항이 일어났다. 해당 지역에 가축 검역소를 설치하자는 제안도 있었지만, 북부에 기반을 둔 목장주들과 육류 업계는 비용 증가를 우려하여 반대하는 입장이었다. 유럽 국가들 또한 미국으로부터 질병의 유입을 우려하여 정기적 검역을 실시해서 미국 농민들의 반발을 불러일으켰다. 거의 같은 시기였던 1870년대와 1880년대에는 미국에서 유럽으로 수출한 돼지고기에서 선모충병(trichinosis)이 발견되어 상당한 논란을 빚기도 했다. 미국의 농민들은 독일 같은 유럽 국가의 검역 조치가 자국 생산자 보호를 위한 방안이 아닌지 의심했다. 당시 유럽의 농가는 규모도 더 작았고 효율성도 더 낮았다.

동물 전염병 예방을 위한 통제 장치가 규정되어 있었음에도 불구하고, 동물 전염병에 대한 상호 의견 불일치는 다음 세기 내내 국제 관계를 악화시켰다. 예컨대 쇠고기의 순수출국이었던 아르헨티나와, 미국과 영국 등 수입국 사이에서는 구제역 때문에 자주 갈등이 빚어졌다. 남아메리카의 많은 나라에서는 그것이 여전히 풍토병이었지만, 수입국에서는 이미 퇴치된 상태여서 질병청정국의 상태를 유지하기 위해 노력하는 입장이었다. 이런 갈등은 해결이 쉽지 않았다. 수입국의 생산자들은 모호한 위생 평가를 보호주의 강화를 위한 수단으로 활용하려는 의도를 가지고 있었다. 1995년 세계무역기구(WTO)가 설립되고, 무역에서 위생식물검역조치(SPS 협정, Agreement on the Application of Sanitary and Phytosanitary Measures)가 실시되면서 보호주의를 위한 검역의 남용은 줄어들 것으로 기대를 모았다. 이후 공식적으로 장애물은 사라졌지만, 이후 무역에서 위생이나 기타 "기술적" 장애물을 활용하려는 시도는 더욱 빈번해졌다.[10]

질병으로 분열된 세상

19세기 말에는 새로운 박테리아 과학 덕분에 대부분의 선진국에서 위생 조치가 가능해졌고, 전염병을 통제할 수 있게 되었다. 그러나 빈곤국에서는 질병의 멍에가 거의 혹은 전혀 변화가 없었고, 사실상 늘어나기만 했다. 이는 우역병이나 페스트 같은 전염병뿐만 아니라 토착 풍토병에도 해당되는 이야기였다. 대표적인 사례가 천연두(smallpox)였다. 19세기 세계의 곳곳에 천연두가 창궐하고 있었다. 그러나 천연두는 구체적이면서도 효과적인 예방법이 개발된 거의 유일한 질병이었다. 1796년 영국의 의사 에드워드 제너(Edward Jenner)가 백신의 효능을 입증한 이후, 이 기술은 세계로 빠르게 전파되었다. 기존의 관행은 천연두 농포를 말린 가루로 접종하는 위험한 방법이었다. 사람들은 안전하고 효과적인 제너의 백신이 기존의 관행을 대체할 수 있기를 기대했다. 인두법(variolation)이라 불리던 기존 관행은 아시아와 북아프리카의 일부

---

10 Harrison, *Contagion*, chapters 8 and 9.

지역에서 이미 흔히 사용되었으며, 1720년대에 유럽과 북아메리카로 도입되었다.

서구 의학 엘리트들의 지원에도 불구하고 백신 접종은 도입되는 곳마다 반대에 부딪혔다. 동물에게서 추출한 물질을 인간에게 접종하는 것이 자연의 법칙을 거스른다고 생각하는 사람들이 많았고, 그 효과에 대해서도 회의적이었다. 처음 몇 년 동안 백신은 현실적으로 지지자들이 생각하는 만큼 효과적이지 못했다. 완벽한 보호를 위해서 두 번의 백신 접종이 필요하다는 사실이 나중에서야 밝혀졌다. 또한 더운 기후에서는 림프가 부패하기 쉽고 금세 효능을 잃어버리는 문제도 있었다. 게다가 처음에는 백신을 접종하려면 수술용 칼로 몸에 상처를 내야 했는데, 이는 감염과 흉터의 위험이 수반되는 방법이었다. 주사 요법은 100년 뒤에나 나온 것이었다. 그래서 백신 접종을 의무화하려는 시도에는 반대의 목소리가 컸고, 종종 폭력적 시위를 불러 일으켰다.

그럼에도 불구하고 자원이 충분한 국가에서는 천연두 퇴치에 박차를 가했다. 그 결과 천연두로 인한 사망률이 크게 줄어들었다. 그러나 유럽 식민지 지역에서는 이와 같은 진전을 이루지 못했다. 자금 부족, 관료의 무능, 문화적 민감성, 기술 및 물류의 문제 등이 복합적으로 작용한 결과였다. 예컨대 인도에서는 20세기 중엽까지 천연두 사망률이 어느 정도 줄어들었지만, 이는 천연두를 사실상 완전히 퇴치한 서구와 비교할 때는 극명한 대비를 보였다. 1948년에 설립된 세계보건기구(WHO)는 천연두 퇴치를 세계적 캠페인 사업으로 시행했다. 비로소 개발도상국에서도 천연두 퇴치를 위한 자원을 확보할 수 있었다. 세계적으로 천연두 퇴치의 목표가 달성된 때는 1979년이었다.[11]

천연두 캠페인은 궁극적으로 성공했지만 다른 감염병들의 개선은 그만큼 일반적이지 못했다. 대표적인 사례가 결핵(Tuberculosis)이었다. 한때 결핵은 "소비병" 혹은 "백색 페스트"라는 별명을 얻었다. 이 또한 박테리아에 의해 쉽게 전염되는 병이었지만 사람들은 이 병에 대해서는 다른 전염과 같은 반응을 보이지 않았다. 감염된 사람들 중에 증상이 전혀 나타나지 않는 사람들도 많았다. 그러나 증상이 나타나는 사람의 경우, 19세기에는 사망하는 경우가 많았다. 그래서 질병의 의미를 여러 가지로 해석해야 할 상황이 되어버렸다. 왜 어떤 사람은 결핵에 굴복하고 다른 사람은 그렇지 않은가? 20세기 초엽, 결핵은 몇 가지 낭만적인 이미지와 결부되었다. 유명한 시인이나 음악가들이 결핵으로 사망했기 때문이다. 그러나 20세기 중엽에 이르러서는 공장지대와 빈민가에서 창궐하는 병이 되었다. 이후 점차 결핵도 전염병으로 간주되기 시작했다. 20세기 초엽의 많은 의사들은 결핵의 원인은 타고나는 "체질"이며, 생활습관과 환경조건에 의해 발현된다고 믿었다. 이런 믿음이 사라지지는 않았지만 나중에는 결핵에 전염성이 있고, 환기가 잘 되지 않는 밀폐된 공간에서 쉽게 확산된다는 사실이 알려졌다. 1882년 박테리아가 결핵을 일으킨다는 사실이 밝혀진 이후, 기차역이나 기타 공공장소에서 침을 뱉지 말라는 포스터를 걸었고, 그것이 전염을 방지하는 최선의 방안이라고 믿었다.

정부의 공중보건 조치와 자연적 면역력 증가가 결합되어 대부분의 선진국에서는 결핵 사망률이 줄어들었다. 거의 모든 산업 국가에서 결

---

11 Sanjoy Bhattacharya, *Expunging Variola: The Control and Eradication of Smallpox in India, 1947-1977* (Hyderabad: Orient Longman, 2006).

핵은 가장 큰 사망의 원인이었기 때문에 결핵 사망률 감소는 곧 세계 전체의 사망률 감소에도 기여했다. 그러나 서구에서 결핵이 감소하는 동안 아프리카와 아시아에서는 결핵이 급속도로 확산되고 있었다. 인도 서부 면화 공장과 같은 새로운 제조업 중심지나 남아프리카 광산 주변의 정착지에서 결핵의 확산이 두드러졌다.[12] 이런 산업은 대부분 이주민 노동력에 크게 의존하고 있었기 때문에 질병이 그들의 고향 마을까지 전파되는 데 그리 오랜 시간이 걸리지 않았다. 결핵이 산업 노동자들 사이에서 끊임없이 증가하고 있었지만 대응은 활발하지 못했다. 유럽과 북아메리카에서 공중보건이 개선되고 빈민 치료를 위한 요양 시설이 제공되었지만, 그 외에 다른 지역에서는 뚜렷한 성과가 보이지 않았다. 더욱이 1930년대부터 효과적인 예방 접종(BCG)이 가능해지면서 지역별 격차는 더욱 커졌다. 유럽과 아메리카 이외 다른 지역에 예방 접종이 보급되기까지는 몇 년이 더 걸렸기 때문이다. 최초의 직접적 치료도 사정은 마찬가지였다. 부유한 국가에서는 1940년대 말엽부터 항생제 스트렙토마이신(streptomycin)을 일상적으로 투여했다. 치료약이 도입되고 나서 몇 년 만에 일부 내성이 나타났다. 그러나 빈곤과 의약품 규제 소홀로 인한 항생제의 오남용은 항생제에 저항하는 새로운 변종 결핵균(XDR-TB)의 탄생으로 이어졌으며, 그것이 오늘날 세계 곳곳으로 확산되고 있는 중이다.

일부 의사들은 결핵의 증가가 불가피하다고 믿었다. 그들이 보기에

---

12 Randall M. Packard, *White Plague, Black Labor: Tuberculosis and the Political Economy of Health and Diseases in South Africa* (Berkeley, CA: University of California Press, 1989).

결핵은 "문명의 질병"으로, 산업사회가 거쳐가야 할 통과의례와도 같은 문제였다. 한편 말라리아 같은 또 다른 풍토병은 대개 문명이 없어서 생기는 병으로 인식되었다. 그래서 여전히 말라리아로 큰 고통을 겪고 있던 이탈리아를 비롯한 유럽 국가들은 과학적 발전의 성과에 힘입어 말라리아 퇴치를 위해 막대한 노력을 기울였다. 1880년 말라리아 균이 발견되었고, 1898년 병원균 운반체인 모기를 확인했다. 병원균 운반체가 모기라면, 모기의 유충이나 성충을 박멸함으로써 말라리아 퇴치가 가능하다는 희망이 생겼다. 키니네(quinine)라는 약물을 사용하기도 했고(키나나무 껍질에서 추출), 더불어 모기 서식이 가능한 습지에 물을 빼거나 살충제를 살포하는 등의 조치를 취함으로써 정도의 차이는 있었지만 대응은 성공적이었다.

싱가포르처럼 비교적 한정된 공간이나, 파시스트 체제의 이탈리아처럼 집중적으로 막대한 자원 투입이 가능한 곳에서 가장 크게 성공을 거두었다. 그러나 말라리아가 기승을 부리던 대부분의 국가에서는 대응할 여력이 턱없이 부족했다. 더욱이 말라리아는 애초에 상상했던 것보다 훨씬 더 복잡한 문제로 얽혀 있었다. 기생충은 화학적 합성 약물에 면역이 되어버렸고, 모기는 다양한 살충제, 특히 제2차 세계대전 당시 엄청난 호응을 얻었던 DDT에 내성이 생겨버렸다. 말라리아가 창궐했던 일부 지역에서 전염율과 사망률이 모두 안정적으로 감소하는 동안, 오히려 다른 지역에서는 약물에 내성을 가진 새로운 균주가 등장했다. 말라리아를 운반하는 모기는 빠르게 발전하던 도시 주변의 웅덩이에서 새로운 서식지를 찾아냈다.[13] 이런 상황이 세계무역의 확대나 기후변화와 맞물려 뎅기열과 같은 운반체 매개 질병 발생이 증가했다.

이런 질병은 개발도상국에 국한된 것이 아니었다. 그러나 특히 말라리아의 경우 개발도상국에서 그 부담이 가장 크게 작용했다. 매년 2억 5,000만 건의 말라리아 감염이 보고되고 있으며, 사망자는 100만 명으로 추산되는데, 사망자의 대부분은 저소득 국가에서 발생하고 있다. 더욱이 빈곤국과 선진국 인구의 질병 경험은 놀라울 정도의 차이를 보이고 있다. 고소득 국가의 주요 사망 원인은 심장질환이나 뇌졸중 등 뇌혈관 질환, 호흡기 암, 알츠하이머나 기타 여러 가지 형태의 치매 순이다. 이는 대체로 고령인구와 관련된 병으로, 구체적으로 말하자면 전염병을 효과적으로 정복한 덕분에 고령 인구가 늘어난 데 따른 질병의 구조다. 반대로 저소득 국가에서는 감염병의 확산이 지속되고 있다. 빈곤국의 주요 사망 원인은 심각한 호흡기 감염, 설사, HIV/AIDS, 심장병, 말라리아 순이다. 이런 질병은 대부분 약물을 사용하면 쉽게 예방, 치료, 관리가 가능한 것들이다.[14]

이러한 사망률 구성을 보면 사회경제적 불평등의 역할이 분명하게 드러난다. 마찬가지로 같은 나라 안에서 확인되는 불평등 격차 또한 간과해서는 안 된다. 예컨대 인도는 최근 급속한 경제성장 가도를 달리는 중으로, 중산층이 많이 생겨났다. 이들의 사망률 구성은 서구 국가들과 비교해도 별 차이가 없다. 실제로 많은 국가에서 당뇨병 등 비만 관련 질

---

13 Randall M. Packard, *The Making of a Tropical Disease: A Short History of Malaria* (Baltimore, MD: Johns Hopkins University Press, 2007); James L. A. Webb Jr, *Humanity's Burden: A Global History of Malaria* (Cambridge University Press, 2008).
14 Paul Farmer, *Infections and Inequalities: The Modern Plagues* (Berkeley, CA: University of California Press, 1999).

[그림 9-2] 보건부 주최 뎅기열 예방 캠페인. 2012년 페루 리마의 판자촌
한 여인이 현수막 옆에서 창밖을 내다보고 있다.

병이 늘어나고 있다. 음식 선호도가 바뀌고(복잡한 가공 과정을 거친, 당이 많이 함유된 식품이 갈수록 인기를 얻고 있다) 앉아서 생활하는 습관이 증가한 탓이다. 특정 유형의 암도 마찬가지다. 한때 암은 서양의 질병이라 했지만, 20세기 중엽부터 대부분의 국가에서 암 발병률이 증가했다. 산업화와 도시화의 진행, 그리고 부분적으로는 오염과 식습관 및 생활관습의 변화 때문이었다. 오늘날 개발도상국에서는 공중보건 교육이 일관되지 않고 법적 제한도 적어서 특정 암으로 인한 사망자가 비례적으로는 오히려 더 많이 발생하고 있다. 가장 분명한 사례는 폐암일 것이다. 선진국에서는 폐암이 감소하고 있지만 개발도상국에서는 반대로 늘어나고 있다. 그러나 모든 국가에서 특정 형태의 암, 특히 폐암 발병률은 사회 계층과 교육 수준이 낮은 사람에게서 더 흔하며, 주요 위험 요인은 흡연이다.

세계화

오늘날 세계적으로 감염병보다 비감염성 질병의 비중이 커지고 있다. 그러나 전염병이 과거의 일이라고 생각해서는 안 된다. 1980년대 면역결핍증(HIV/AIDS)의 등장은 새로운 감염병을 일으킬 수 있는 자연의 능력과 이를 확산하는 인간이 만든 세계를 새삼 일깨워주는 계기가 되었다. 애초에 면역결핍증(AIDS)은 현대 세계의 상호연결성에 이목을 집중시켰다. "0번 환자"로 추정되는 인물의 성적 취향에 초점을 맞춘 끔찍한 이야기는 새로운, 항공여행을 통해 먼 거리도 빠르게 전파되는 새로운 전염병의 공포를 불러 일으켰다. "0번 환자"의 직업이 항공 승무원이었기 때문이다. 인간면역결핍바이러스(HIV)가 열대 아프리카의 원숭이 면역결핍바이러스 형태의 레트로바이러스(retrovirus, RNA 바이러스의 한 유형 – 옮긴이)로부터 변이한 것이라는 사실이 공감대를 형성하게 되자, 감염병의 "온실"과도 같은 열대 아프리카에서 또 다른 질병이 등장할지도 모른다는 생각에 관심이 집중되었다. 에볼라(Ebola)처럼 이전에는 잘 알려지지 않았던 열병의 발생은 열대 지방에서 새로운 위험이 인류를 기다리고 있으며, 다른 지역으로 쉽게 확산될 준비가 되어 있다는 인상을 심어주었다.

소위 "신종" 질병의 위협은 건강의 "유동화(securitization)"를 촉구하고 있다.[15] 질병은 정권을 불안정하게 만들고, 새로운 세계화 경제를 위협한다는 주장이다. 공중보건의 언어와 관행의 변화가 시작되었고, 감시

---

15 Andrew T. Price-Smith, *Contagion and Chaos: Disease, Ecology, and National Security in the Era of Globalization* (Cambridge, MA: MIT Press, 2009).

와 격리에 더 큰 무게가 실렸다. 이런 경향은 9·11 테러 공격 이후 더욱 뚜렷해졌다. 생물학적 전쟁에 대한 공포가 시작되었기 때문이다. 2003년 사스(SARS, Severe Acute Respiratory Syndrome)가 등장하자 이런 흐름은 더욱 확고해졌고, 테러와의 전쟁은 질병과의 전쟁에 통합되었다. 구체적인 공포는 경제적 불안, 기존 공동체의 파괴, 대량 이주 등 세계화에 대한 불안감 확대를 반영하고 있다. 사스(SARS)는 무엇보다 홍콩, 싱가포르, 토론토 같은 "국제도시", 즉 거대 디아스포라 공동체를 자랑하는 글로벌 무역의 중심지의 질병이다.[16]

이와 같은 방어적 사고는 이후 10여 년간 주요 질병의 위협에 대응하는 기본적 틀을 형성했으며, 대부분은 인플루엔자와 관련되는 질병이었다. 2000년대에 들어서서 수많은 치명적 인플루엔자가 발생했다. 조류독감(bird flu, H5N1)이 수차례 발생했으며, 주로 동아시아나 동남아시아에서 시작되었지만 경우에 따라 서유럽까지 확산되기도 했다. 이와 같은 감염병의 발생으로 많은 농민들의 생활수단이 파괴되었고, 감염된 가금류와 밀접하게 접촉했던 사람들은 일부 목숨을 잃은 경우도 있었다. 그러나 사람 대 사람으로 전파되지 않는다는 사실이 확인되면서, 오히려 보건 당국은 더욱 큰 두려움에 휩싸였다. 2009년 멕시코에서 신종플루(H1N1, 혹은 돼지독감 swine flu)가 발생했을 때, 많은 사람들은 심각한 팬데믹이 다가오고 있다고 믿었다. 처음에는 사망률이 일반적 "계절성" 인플루엔자보다 높은 것으로 보였지만, 공식적 팬데믹 선언 이후 오

---

16 David P. Fidler, SARS, *Governance and the Globalization of Disease* (Houndmills: Palgrave Macmillan, 2004).

히려 예상했던 높은 사망률은 나타나지 않았다.

이와 같은 사건이 발생했을 때, 감시, 격리, 비상조치수단(백신과 항바이러스 약제 비축), 비상계획 수립이 이루어졌다. 그러나 로버트 웹스터(Robert Webster) 등 인플루엔자 전문가들과 동물복지 단체(CIWF) 등은 질병의 기원지에 주목했다. 특히 그들은 가금류나 돼지를 대규모 밀집사육하는 경우가 최근 아시아에서 대대적으로 증가했다는 사실에 주목했다. "공장식 가축 사육" 환경에서 치명적이고 전염성이 강한 돌연변이 인플루엔자 발생의 위험이 증가하는 것으로 알려져 있다. 세계보건기구의 담당자도 2012년 같은 내용을 경고한 적이 있었다. 즉 밀집 사육 환경에서 정기적 항생제 투여가 내성을 가진 병원균을 키우는 결과를 가져올 것이라는 우려였다. 실제로 항생제 내성은, 과거 반 세기 이상 축적된 성과를 뒤집어, 평범한 감염으로도 목숨을 잃는 시대로 되돌아갈 가능성을 예고하는 것일 수도 있다.

인간과 동물 건강의 상호 의존성에 대한 인식이 높아지면서 보다 총체적인 공중보건 전략이 필요하다는 목소리가 높아졌다. 세계보건기구, 세계무역기구, 세계동물보건기구 등의 국제기구들이 이러한 노력을 조율하기 시작했다. 그러나 문제는 본질적으로 구조적 문제이기 때문에 해결이 쉽지는 않다. 공장식 사육과, 이와 결부된 약물 내성 신종 질병의 위험은, 무엇보다 도시화와 그에 따른 생활방식의 변화에서 발생하고 있다. 급격한 도시화가 진행 중인 세계 곳곳에서는 건강을 위해 개발을 어떻게 관리해야 할지 어려운 결정을 해야 할 입장에 놓여 있다. 그들의 행동은 자신이 속한 공동체뿐만 아니라 나머지 세계 전체에 영향을 미치게 될 것이다.

더 읽어보기

Bhattacharya, Sanjoy. *Expunging Variola: The Control and Eradication of Smallpox in India, 1947-1977.* Hyderabad: Orient Longman, 2006.

Echenberg, Myron. *Africa in the Time of Cholera: A History of Pandemics from 1817 to the Present.* Cambridge University Press, 2011.

    Plague Ports: The Global Urban Impact of Bubonic Plague, 1894-1901. New York University Press, 2007.

Farmer, Paul. *Infections and Inequalities: The Modern Plagues.* Berkeley, CA: University of California Press, 1999.

Fidler, David P. SARS, *Governance and the Globalization of Disease.* Houndmills: Palgrave Macmillan, 2004.

Hamlin, Christopher. *Cholera: The Biography.* Oxford University Press, 2009.

Harrison, Mark. *Contagion: How Commerce Has Spread Disease.* New Haven, ct, and London: Yale University Press, 2012.

    The Medical War: British Military Medicine in the First World War. Oxford University Press, 2010.

Ladurie, Emmanuel Le Roy. "A concept: the unification of the globe by disease." In *The Mind and Method of the Historian.* Brighton: Harvester, 1981, pp. 28-83.

McNeill, J. R. *Mosquito Empires: Ecology and War in the Greater Caribbean, 1620-1914.* Cambridge University Press, 2010.

Mishra, Saurabh. *Pilgrimage, Politics, and Pestilence: The Haj from the Indian Subcontinent, 1860-1920.* New Delhi: Oxford University Press, 2011.

Packard, Randall M. *The Making of a Tropical Disease: A Short History of Malaria.* Baltimore, MD: Johns Hopkins University Press, 2007.

    White Plague, Black Labor: Tuberculosis and the Political Economy of Health and Diseases in South Africa. Berkeley, CA: University of California Press, 1989.

Phillips, Howard, and David Killingray, eds. *The Spanish Influenza Pandemic of 1918-19: New Perspectives.* London: Routledge, 2003.

Price-Smith, Andrew T. *Contagion and Chaos: Disease, Ecology, and National Security in the Era of Globalization.* Cambridge, MA: MIT Press, 2009.

Webb, James L. A., Jr. *Humanity's Burden: A Global History of Malaria.* Cambridge University Press, 2008.

CHAPTER 10

천연두 퇴치

에레즈 마넬라
Erez Manela

1806년 5월 미국 대통령 토머스 제퍼슨(Thomas Jefferson)은 에드워드 제너(Edward Jenner)에게 편지를 한 통 보냈다. 그는 영국의 의사로 십여 년 전 천연두 백신(vaccine)을 발견한 인물이었다. 제퍼슨은 "아메리카에서 그 효능을 비교적 일찍 인정한 사람들 중의 한 사람으로서, 국민들에게도 일찍부터 백신을 권장"했음을 밝히며 이런 말을 덧붙였다.

이 자리를 빌어 귀하에게 인류 가족 전체가 드리는 감사의 찬사를 일부나마 전하고 싶습니다. 단 한 종의 의약품 개선으로 그와 같은 효용에 도달했던 적은 일찍이 없었습니다. … 귀하는 인류의 가장 큰 고통 중 하나를 앞으로의 역사에서 지워버렸습니다. 인류는 귀하께서 살아왔던 시대를 결코 잊을 수 없을 것이며, 평온한 마음으로 과거를 추억하게 될 미래는 귀하의 덕분입니다.

결론적으로 제퍼슨은 그의 발견 덕분에 "미래의 사람들이 혐오스러운 천연두가 존재했다는 사실을 역사책 속에서나 알게 될 것"이라고 말했다.[1]

---

1 토머스 제퍼슨이 에드워드 제너에게 보낸 편지. 1806년 5월 14일. The Thomas Jefferson

당시 미국 대통령이었던 토머스 제퍼슨의 의견은 다소 이른 감이 없지 않았지만, 나중에 밝혀졌듯이 그의 선견지명이 틀리지는 않았다. 다만 마지막 자연발생 천연두가 제거되기까지는 이 편지를 쓴 날짜로부터 171년이 지난 뒤였다. 왜 그토록 오랜 시간이 걸렸던 것일까? 대답의 일부는 기술적인 문제에 달려 있었다. 천연두를 세계적으로 퇴치하려면 대규모 백신 제조 기술도입이 필요했지만, 더 중요한 것은 백신의 냉장 보관 및 운송이 가능한 동결 건조 기술의 등장이었다. 또한 천연두 퇴치에서 기술의 문제 못지않게 중요했던 부분은 바로 당시에 등장했던 국제 정치의 이론과 관행이었다. 무엇보다 질병 통제가 지역 혹은 개별 국가의 과제가 아닌 전 지구적 과제라는 개념을 폭넓게 인정될 필요가 있었다. 뿐만 아니라 세계적인 거대 사업을 추진할 플랫폼, 즉 세계보건기구(WHO)의 조직과 운영이 필요했다. 바로 이 정치적 과정, 천연두 퇴치 이전부터 발전을 거듭해서 마침내 천연두 퇴치에 성공했던 그 과정이 이 글의 중점이 될 것이다.

백신 이전: 1800년 이전의 천연두와 천연두 통제

치명적 전염병이었던 천연두는 수천 년 동안 인류를 괴롭혀 왔다. 천연두는 바리올라 마요르(variola major)라는 이름의 바이러스가 일으키는 질병으로, 가장 전형적인 형태의 바이러스가 확산될 때는 몇 주 사이에 감염자의 30-40퍼센트가 목숨을 잃는다. 생존자들은 평생에 걸친 면역을 얻기는 하지만 대개는 치명적인 손상을 입은 뒤였다. 세계의 수

Papers, Series 1, General Correspondence, Library of Congress, Washington, D.C.

많은 지역에서 수 세기 동안 천연두가 풍토병으로 자리잡고 있었다. 기본적으로 어린이들이 많이 걸리는 병이었지만, 시기 혹은 장소에 따라 갑자기 궤멸적인 전염병으로 비화되어 모든 연령대의 인구를 강타하기도 했다.[2] 천연두가 과연 처음에 언제 발생했는지는 알 수 없다. 다만 동물 숙주로부터 인간으로 전염되었을 가능성이 크다. 천연두가 고대 이집트 사람들을 괴롭혔던 증거도 있다.(람세스 5세도 천연두로 사망했을 가능성이 있다.) 또한 중세 초기 중국이나 인도의 의학 관련 문헌에서 천연두의 증거가 확인되었다. 존 맥닐(John R. McNeill)이 최근에 주장한 바와 같이, 역사적 사건과 관련된 어떤 집단에 질병이 특별한 영향을 미쳤다면 질병 또한 역사의 주체로 간주할 수 있을 것이다. 그렇다면 역사의 무대에서 아마도 가장 크고 파괴적인 역할을 자행했던 주인공은 천연두였다. 천연두는 16세기 무렵 대서양을 건넜고, 면역이 전혀 없었던 아메리카 원주민 인구의 90퍼센트를 몰살시켰다. 신세계에 전해진 구세계의 병원균 중에서 가장 치명적인 것이 천연두였다.[3]

병원균을 인체에 집어넣어 천연두 면역을 생성하는 기법은 옛날부터 전해오던 것으로, 유럽에 소개되기 전에 이미 아시아와 아프리카에서 시술이 되고 있었다. 일부에서 시행되던 방법을 예로 들자면, 천연두 환자 피부의 상처에서 마른 딱지를 떼어 낸 다음, 그것을 갈아서 마시거

---

2 Cyril William Dixon, *Smallpox* (London: J. & A. Churchill, 1962), chapter 10.
3 John R. McNeill, *Mosquito Empires: Ecology and War in the Greater Caribbean, 1620-1914* (Cambridge University Press, 2010); Alfred W. Crosby, *The Columbian Exchange: Biological and Cultural Consequences of 1492* (Westport, cn: Greenwood, 1972), pp. 42-62.

나 피부에 상처를 내고 가루를 뿌려 신체에 투입했다. 혹은 환자의 농포에서 직접 고름을 짜내서 병원균을 얻는 방법도 있었다. 의학사에서는 이 기술(접종법接種法inoculation 혹은 인두법人痘法variolation)을 유럽으로 도입한 사람이 메리 워틀리 몬태규(Mary Wortley Montagu) 여사로 알려져 있다. 오스만 술탄의 궁정에 파견나가 있던 영국 대사의 부인이었다. 집안 사람 몇 명이 천연두로 사망하자 본인도 천연두에 걸릴까 두려웠던 메리 여사가 이스탄불에 주재할 당시 시행되던 천연두 예방 의술에 관심을 가졌던 것은 충분히 이해할 만한 일이다. 1717년 영국으로 돌아온 메리 여사는 영국에서 접종법을 알리기 시작했다. 1721년에는 영국의 저명한 의사들과 함께 공개적으로 자신의 딸에게 접종법을 실시했다. 의사들 중에는 왕립의사회(Royal College of Physicians) 회장이었던 한스 슬론(Hans Sloane)도 포함되어 있었다. 그의 참여는 왕실에서 접종법을 승인한다는 의미였다.[4]

일부 학자들은 메리 여사가 주도적인 역할을 했다는 역사적 평가에 도전장을 내밀었다. 그들은 메리 여사 이전에 이미 유럽의 일부 지역에서는 농민들을 중심으로 그와 같은 접종법이 시행되고 있었다는 사실에 주목했다. 더욱이 메리 여사와 비슷한 시기 대서양 문화권의 다른 주요 인사들도 접종법에 주목하고 있었다. 18세기로 넘어가는 시기에는 천연두 희생자가 워낙 홍수를 이루었기 때문이다.[5] 예를 들면 코튼 매

---

[4] Philip H. Clendenning, "Dr. Thomas Dimsdale and smallpox inoculation in Russia," *Journal of the History of Medicine and Allied Sciences* 28:2 (April 1973), 109-110.

[5] Genevieve Miller, "Putting Lady Mary in her place: a discussion of historical

더(Cotton Mather) 목사 같은 인물도 그랬다. 그는 보스턴에 있던 프로테스탄트 목사였는데, 1707년 아프리카 노예로부터 접종법(inoculation)을 배웠고, 1714년 왕립학회 학술지(Transactions of the Royal Society)에서 오스만과 "기타 아시아 지역"에서 수십 년 동안 접종법이 시행되었다는 글을 읽은 뒤, 1721년 뉴잉글랜드(New England)에서 천연두가 발생하자 접종법(inoculation)을 주도하는 대표적인 인물이 되었다. 코튼 매더 목사는 아프리카인의 설명을 듣고 그 치료법을 "무오류 예방법(Infallible Praeservative)"이라 일컫고, "지속적 성공을 약속"한다고 주장했지만, 당시 보스턴에서는 이를 두고 맹렬한 논란이 벌어졌다. 코튼 매더 목사는 다른 몇몇 성직자들의 지지를 얻었지만 시술에 동의하는 의사는 단 한 명(Zabdiel Boylston)뿐이었다.[6]

그러나 보스턴의 대대적인 성공(접종자 사망률 2퍼센트, 비접종자 사망률 14퍼센트)과, 더불어 메리 여사의 옹호, 그리고 아시아 지역의 추가적인 성공 사례를 바탕으로, 영국의 주요 인사들도 접종법에 확신을 가지게 되었다. 1721년에는 웨일스 공비(Princess of Wales)도 자녀들에게 예방접종을 실시했다.[7] 이후 수십 년에 걸쳐 유럽의 다른 궁정으로도 접종법(inoculation)이 확산되었다. 그러나 그 속도가 빠르지는 않았다. 대개는 왕실 가족 중에 누군가가 천연두 관련 질병으로 사망한 뒤에 이를 받

causation," *Bulletin of the History of Medicine* 55:1 (Spring 1981), 2-16.
6 Eugenia W. Herbert, "Smallpox inoculation in Africa," *Journal of African History* 16:4 (1975), 539-542.
7 Shirley Roberts, "Lady Mary Wortley Montagu and the Reverend Cotton Mather: their campaigns for smallpox inoculation," *Journal of Medical Biography* 4:3 (August 1996), 129-136.

아들이는 사례가 많았다. 1770년대에는 프랑스와 러시아 및 스칸디나비아의 여러 궁정에서도 접종법을 받아들였다.[8] 18세기에는 평민들 사이에서도 접종법이 확산되었다. 그러나 18세기를 거치는 동안에도 여전히 논란이 남아 있었다. 결국 건강한 신체에 병원균을 주입할 수 있다는 사실, 그리고 예방접종을 거친 사람들의 사망률은 1-2퍼센트에 불과하다는 사실이 확인되었다. 또한 예방접종을 하면 천연두가 전염되고, 이후 몇 주 동안은 다른 사람들에게 질병을 전염시킬 수 있다는 사실도 명확히 밝혀졌다. 그러나 왕실 이외에 유럽이나 다른 지역에서 천연두 접종법(inoculation)을 실시했던 규모와 효과, 즉 인구에 미친 영향 등에 관련된 명확한 자료는 흔치 않아서 아직 결론을 내리기는 어렵다.[9]

백신 접종: 1800년대 초국가적 확산과 국가적 정책

1796년 영국 시골 의사 에드워드 제너(Edward Jenner)의 발견은 천연두를 막아낼 기념비적 성과였다. 그의 성과 덕분에 결국은 천연두를 퇴치할 수 있었다. 에드워드 제너의 이야기는 의학사에서는 가장 유명한 이야기다. 에드워드 제너는 소젖 짜는 일을 하는 여자 아이들의 피부가 매끈하다는 점에 주목했다. 당시 잉글랜드에서 워낙 흔했던 천연두

---

8 Anne Eriksen, "A case of exemplarity: C. F. Rottböll's history of smallpox inoculation in Denmark-Norway, 1766," *Scandinavian Journal of History* 35:4 (December 2010), 351-370.
9 Compare Peter Razzell, *The Conquest of Smallpox: The Impact of Inoculation on Smallpox Mortality in Eighteenth Century Britain* (Firle: Caliban Books, 1977) and Deborah Christian Brunton, "Pox Britannica: smallpox inoculation in Britain, 1721-1830" (Ph.D. thesis, University of Pennsylvania, 1990).

흉터를 유독 그 아이들에게서는 볼 수 없었다. 또한 그 아이들이 우두(牛痘, cowpox)에 자주 감염된다는 사실도 에드워드 제너의 눈길을 끌었다. 오늘날 알려진 바로 우두는 소에게 감염되는 천연두의 일종으로, 천연두와 유사하지만 바이러스의 종이 달라서 천연두보다는 훨씬 약한 질병이다. 물론 제너는 바이러스에 관해 아는 바가 없었지만, 다른 질병의 접종법(inoculation)에 관해서는 오랜 경험을 가지고 있었다. 그는 천연두 면역 형성을 기대하며 우두의 물질을 인체에 접종해 보았다. 당시는 오늘날처럼 인체 실험의 법적 제약이 없던 시대였다. 에드워드 제너와 같은 동네에 살고 있던 아이들이 실험 대상이 되었다. 제너는 아버지의 농장에서 소 젖을 짜다가 우두에 감염된 소녀 사라 넬름스(Sarah Nelmes)로부터 병원균을 채취하여 자신의 하인이었던 소년 제임스 핍스(James Phipps)에게 접종했다. 몇 주 후 약간의 병증을 겪었다. 회복한 제임스 핍스에게 제너는 다시 천연두를 접종했고, 그에게 면역이 생겼음을 확인했다. 에드워드 제너는 이 과정을 백신(vaccination)이라 했는데, 라틴어로 소를 뜻하는 바카(vacca)에서 따온 이름이었다.[10]

이후 수십 년 동안 백신은 무역과 제국의 경로를 따라, 지식과 권력의 세계적 네트워크를 따라, 유럽을 거쳐 세계 전역으로 확산되었다. 여러 가지 측면에서 백신의 확산은 이전 세기의 접종법(inoculation) 확산과 비슷한 양상이었다. 다만 그 속도가 달랐고, 어쩌면 더 중요한 사실은, 확산이 방향이 달라졌다는 점이다. 접종법의 경우 유럽 도입이 늦었다. 아시아나 아프리카에서 이미 수 세기 동안 시행된 뒤에야 유럽으로

---

10 Dixon, *Smallpox*, chapter 12.

전파되었기 때문이다. 그러나 백신의 경우 전파의 방향이 반대였다. 유럽에서(그것도 영국에서) 시작되어 세계로 확산되었다. 접종법은 유럽이 "아시아로부터" 배워야 할 의학의 최첨단 기술이었지만 하룻밤 사이에 처지가 달라지고 말았다. 이제 접종법은 까마득한 과거의 "전통"일 뿐, "근대" 기술에 자리를 비켜주고 사라져야 할, 후진성의 대표적 상징이 되어 버렸다.

과연 제너의 발견은 전례 없는 성과였고, 백신은 세계로 빠르게 확산되었다. 불과 십여 년 사이에 백신은 유럽 전역은 물론 러시아와 오스만 제국으로까지 전파되었다. 스페인 왕실에서는 백신 운송을 담당할 사절단을 파견하여 스페인령 아메리카로 백신을 보냈고, 거기서 다시 태평양을 건너 필리핀의 마닐라까지 백신이 건너갔다. 영국인 의사들은 인도와 중국으로 백신을 가지고 갔다.(1815년 동인도회사는 광동廣東에서 백신 접종 병원을 설립했다) 유명한 식민지 행정관 스탬퍼드 래플스 경(Sir Stamford Raffles)도 그곳에서 백신을 구해다 자와섬으로 가져갔다. 냉장과 동결건조 기술이 개발되기 전, 장거리 항해 기간 동안 백신을 보관할 수 있는 방법은 인간의 연쇄적 감염뿐이었다. 때로는 자원자나, 혹은 고아 등 어린 소년 20명을 함께 배에 태웠다. 그 중 한 명이 배가 출발하기 전 백신을 맞았고, 그 뒤 감염 증세가 나타나면 일주일 정도 기다렸다가 농포에서 감염물질을 채취하여 그 다음 사람에게 다시 백신을 접종했다. 이렇게 바이러스가 한 사람 한 사람 건너가면서 결과적으로 배가 목적지에 도착했을 때 소중한 농포를 간직한 사람이 적어도 한 명은 남아 있어야 했다. 이렇게 해서 백신 기술은 대서양을 건너 북아메리카로 전파되었다. 미국에서는 1800년 메사추세츠(Massachusetts)주의 의사 벤저민 워터하우스(Benjamin Waterhouse)가 최초로 백신을 시술했다. 또한 벤저민 워터하우스는 백신을 토머스 제퍼슨(Thomas Jefferson)에게도 보냈다. 그는 가족 전체에게 백신을 접종했으며, 나중에 영국 의사 에드워드 제너에게, 그의 발견을 치하하고 천연두 퇴치를 기대하는 유명한 편지를 썼다.[11]

그 다음 세기에는 백신 접종이 세계적으로 확산되었다. 이에 따라 질병 통제 정책도 변해 갔다. 질병 통제는 처음에는 지역으로부터 국가적 문제로, 그리고 나중에는 세계적 문제로 확대되었다. 그래서 대응 과정의 주체도 국내 정치에서 국제 정치로 바뀌어 갔다. 당시 유럽에서는 국민국가(nation states) 체제가 등장하고 있었다. 그래서 질병의 통제가 국가의 책임으로 인식되기 시작했고, 그것이 광범위한 국가 건설 프로젝트에 포함되었으며, 국경의 설정 및 통제, 보다 철저한 국민의 파악과 생산적 체제 건설에 기여했다.[12] 국가보건체제의 등장과 거의 같은 시기에 국제적 보건기구가 만들어졌다. 유럽과 북아메리카에서 연쇄적으로 콜레라 전염병이 확산되면서 주요 국가들의 회의가 이어졌고, 국제 방역 규제를 보장할 국제 조약이 만들어졌다.[13]

---

11 John Z. Bowers, "The odyssey of smallpox vaccination," *Bulletin of the History of Medicine* 55:1 (Spring 1981), 17-33; Ian and Jenifer Glynn, *The Life and Death of Smallpox* (London: Profile Books, 2004), chapter 9.
12 Peter Baldwin, *Contagion and the State in Europe, 1830-1930* (Cambridge University Press, 1999).
13 Norman Howard-Jones, "Origins of international health work," *British Medical Journal* 1 (May 1950), 1032-1046; Howard-Jones, *The Scientific Background of the International Sanitary Conferences, 1851-1938* (Geneva: World Health Organization, 1975).

과거 19세기에 체결된 검역 시스템 또한 국제 무대에서 만들어진 것이었고, 국제 협력 메커니즘도 이미 존재하고 있었다. 그러나 질병 통제는 어디까지나 국가적 과제로 규정되어 있었다. 결국 당시의 조약은 세계적으로 질병을 통제하기보다는 국가별로 자국의 영토에서 전염병 발생을 방지하는 데 주안점을 두고 있었다. 다른 지역, 즉 유럽 외부에서 유행하는 질병은 유럽 인구나 재산에 위협이 될 경우에만 문제가 되었다. 그러나 천연두 퇴치를 위해서는 이런 관점의 수정이 불가피했다.

세계 보건 개념의 등장

20세기에 접어들면서 세균성 질병 개념이 점점 더 폭넓게 인정되었다. 그에 따라 질병 통제의 새로운 방법들이 다양하게 제기되었다. 특히 프랑스의 루이 파스퇴르(Louis Pasteur)와 독일의 로베르트 코흐(Robert Koch)를 비롯한 과학자들의 새로운 발견은 신속하게 세계 전역으로 전파되었다. 특히 식민지 세력들이 새로 획득한 열대 지방에서 안정적인 권력을 구축하고 식민 통치의 "문명화" 효과를 과시하기 위한 동기가 적지 않았다. 이와 관련해서 가장 유명한 사례가 파나마 지역의 모기 매개 황열병과 말라리아 퇴치 캠페인이었다. 캠페인의 성공 덕분에 운하 건설 공사가 성공할 수 있었고, 미 육군 군의관 월터 리드(Walter Reed)와 윌리엄 고가스(William Gorgas)는 공중 보건 역사에 길이 이름을 남겼다. 미국은 다른 강대국들과 마찬가지로 쿠바와 필리핀 등 새로 획득한 해외 영토에서도 질병 통제 프로그램을 추진했다.[14] 같은 시기 록펠러재단

---

14 Warwick Anderson, *Colonial Pathologies: American Tropical Medicine, Race, and*

은 주로 남아메리카와 중국에서 질병 통제 프로그램에 자금을 지원하기 시작했다.[15] 그러나 록펠러 가문이 아직 글로벌 캠페인은 시도한 것은 아니었다. 다만 질병 통제가 국가 내지 국가 간 문제가 아니라 지구 전체의 문제라는 인식이 뿌리내리기 시작했다.

제1차 세계대전 이후 국제연맹 보건기구(League of Nations Health Organization, LNHO)가 설립되었다. 이로써 보건 정책의 새로운 무대가 마련되었으며, 세계적 차원에서 질병 통제가 가능해졌다. 국제연맹 보건기구의 지도자들은 세계적 차원의 책임을 자임했지만, 그들의 개념을 실현할 수 있도록 그들에게 허용된 자원은 거의 없었다. 그래서 대개는 정보를 수집하고, 예를 들면 사망원인의 기록과 같은 의학적 조치의 국제 표준을 개발하는 데 역량을 집중했다. 국제연맹 보건기구를 중심으로 형성된 전문가 그룹은 또한 "인식의 공동체"로 단결하기 시작했다. 공중보건 전문가 네트워크의 연결과, 전망에 대한 그들의 공통된 인식은 제2차 세계대전 이후 세계보건기구(WHO)를 비롯하여 세계적으로 보건 관련 기관의 부상에 밑바탕이 되었다.[16]

    Hygiene in the Philippines (Durham, NC: Duke University Press, 2006).

15 John Farley, *To Cast out Disease: A History of the International Health Division of the Rockefeller Foundation, 1913-1951* (Oxford University Press, 2004); Anne-Emanuelle Birn, *Marriage of Convenience: Rockefeller International Health and Revolutionary Mexico* (Rochester, NY: University of Rochester Press, 2006); Marcos Cueto, *Missionaries of Science: The Rockefeller Foundation and Latin America* (Bloomington, in: Indiana University Press, 1994).

16 Neville M. Goodman, *International Health Organizations and Their Work* (London: J. & A. Churchill, 1952); Norman Howard-Jones, *International Public Health Between the Two World Wars - the Organizational Problems* (Geneva: World Health Organization, 1978).

19세기 백신 접종이 세계적으로 널리 확산되었음에도 불구하고 천연두는 20세기에도 여전히 세계 여러 지역에서 풍토병으로 자리잡고 있었다. 심지어 20세기 중엽에도, 이미 유럽이나 북아메리카에서는 체계적인 백신 접종에 의해 천연두가 거의 사라진 뒤였지만, 남아시아나 사하라 이남 아프리카, 인도네시아, 브라질을 비롯한 수많은 저개발 지역에서는 여전히 풍토병이 남아 있었다.[17] 그래서 제2차 세계대전 이후 세계보건 체제가 새로운 단계에 접어들면서, 국제연맹 보건기구의 잿더미 위에 세워진 세계보건기구(WHO)는 전임자에 비해 훨씬 더 야심찬 출발을 해야 할 환경이었다. 창설자들의 세계적 야심이 반영되어 세계보건기구는 명실상부한 국제기구로 조직되었다. 이는 개별 국가 차원이 아니라 인류 전체를 위한 조직이었다.

그러나 1948년 세계보건기구의 야심찬 정관이 비준될 무렵, 본격적으로 냉전이 시작되고 있었다. 소련과 동유럽 블록이 조직의 의도를 의심하여 탈퇴했다. 그래서 1955년부터 시작되었던 말라리아 퇴치 캠페인은 세계보건기구 최초의 주요 캠페인이었지만, 대개는 미국의 지원에 의존해서 사업을 진행했다. 이 사업에도 소련은 참여하지 않았으며, 나아가 미국의 냉전 전략이 노골적으로 투영되었다. 예컨대 동남아시아처럼 미국 정치권에서 영향력 확대를 도모하는 지역에는 지원이 집중된 반면, 아프리카처럼 정치적 중요성이 상대적으로 약했던 지역의 지원은 우선순위에서 밀려났다.[18]

---

17 Frank Fenner et al., *Smallpox and Its Eradication* (Geneva: World Health Organization, 1988), chapter 8.

천연두 퇴치와 냉전 정치 전략

1958년 5월, 세계보건기구(WHO)의 의회인 세계보건총회(World Health Assembly, WHA)가 미네소타에서 열렸다. 여기에는 소련 보건부 차관 빅토르 즈다노프 박사(Dr Viktor M. Zhdanov)도 참석했다. 서방과 "평화공존"의 새로운 길을 추구하던 니키타 흐루쇼프(Nikita Khrushchev) 서기장의 정책 노선에 따라 세계보건기구 설립 이후 처음으로 소련 대표가 총회에 참석했던 것이다. 즈다노프는 총회에서 인류의 가장 오래고 치명적인 질병 중 하나인 천연두 퇴치를 위해 세계적 캠페인을 시작하자고 촉구했다. 회의가 개최되었던 장소를 감안하여 즈다노프는 1세기 반 전에 토머스 제퍼슨이 에드워드 제너에게 보낸 편지의 한 구절을 인용하며 연설을 시작했다. "미래의 국가들은 끔찍한 천연두의 존재를 오직 역사를 통해서만 알게 될 것"이라는 제퍼슨의 예언을 이제 실현할 때가 되었다는 제안이었다.

즈다노프의 제안은 과거 소련에서 실질적 효과가 있었던 방법을 사용해서 세계 전체의 천연두를 퇴치하자는 요청이었다. 즈다노프는 5개년 계획을 통해 풍토병 발병 국가 인구 전체의 의무 예방접종을 실시하되, 불가피한 경우만 예외를 허용하자고 했다. 세계적 차원의 천연두 퇴치 주장은, 세계의 연결과 병원균의 세계적 순환이 점차 강화되고 있다는 인식에 바탕을 둔 것이었다. 소련에서는 이미 전염병으로서의 천연두가 퇴치된 상황이었지만, 아프가니스탄을 비롯한 풍토병 발병 국가와

---

18 Javed Siddiqi, *World Health and World Politics: The World Health Organization and the UN System* (London: C. Hurst, 1995), pp. 104-109, 141-145.

긴 국경을 접하고 있었던 만큼, 국경을 통해 매년 수백 건의 천연두가 발생하고 있었다. 또한 항공 여행의 증가 때문에 발병 국가와 국경을 접하지 않은 선진국에서도 자국 인구 보호를 위해 고비용 백신 프로그램을 유지할 수밖에 없었다. 고비용 백신 프로그램을 무기한 유지하는 것보다는 국제 협력을 통한 세계적 캠페인을 실시하는 것이 경제적으로도 더 이득이 된다는 것이 즈다노프의 추론이었다.[19]

실용적인 논리는 비판의 여지가 없을 것처럼 보였다. 그러나 소련의 제안이 내포한 정치적 맥락은 미국의 대응을 복잡하게 만들었다. 1955년 이후 세계보건기구는 미국의 지원으로 세계 말라리아 퇴치 프로그램(Malaria Eradication Program, MEP)을 운영하는 중이었다.[20] 당시 소련은 천연두 캠페인을 제안하여 세계보건 분야에서 주도권을 잡으려 했다. 세계보건기구의 가장 큰 지원국이었던 미국은 당연히 즈다노프의 제안에 그다지 열정적으로 나서지는 않았다. 세계보건총회(WHA)는 단지 세계보건기구 사무총장에게 즈다노프의 제안을 실행하기 위해 필요한 기술과 예산 조사 사업을 결의하는 것으로 막을 내렸다.[21]

19 Resolution e b22.r12, "Gifts of smallpox vaccine," Executive Board, 22nd Session, Minneapolis, June 16-17, 1958, *Official Records of the World Health Organization* [ORWHO] 88:7.
20 Randall M. Packard, "Visions of postwar health and development and their impact on public health interventions in the developing world," in Frederick Cooper and Randall M. Packard, eds., *International Development and the Social Sciences* (Berkeley, CA: University of California Press, 1997), pp. 93-118; Socrates Litsios, "Malaria control, the Cold War, and the postwar reorganization of international assistance," *Medical Anthropology* 17:3 (1997), 255-278; Siddiqi, *World Health and World Politics*, pp. 142-143.
21 "Smallpox eradication: report by the Director-General," *ORWHO* 95 (12th WHA, 1959), 572-588.

1958년 파키스탄에서 다시 천연두 대유행이 일어나자, 소련 대표단은 이후 열린 세계보건총회에서 다시 한 번 즈다노프 프로그램을 촉구했다. 그러나 여전히 미국의 지지를 이끌어내지는 못했다. 총회에서는 모든 천연두 전염병 발생 국가에 퇴치 프로그램 실시를 촉구하고, 세계보건기구 사무국에 이를 지원하며 자료를 제공하도록 의결했지만, 별도로 이 사업을 위한 예산을 할당하지는 않았다.[22] 그래서 천연두 퇴치는 공식적으로는 세계보건기구의 최우선 과제가 되었지만, 미국의 지원 없이는 부족한 자금과 소수의 인력에 국한되는, 서류상으로만 존재하는 사업에 불과했다. 연간 예산은 1만-20만 달러 사이였다. 제네바에 주재하는 의료 관리 직원 1명이 프로그램을 책임졌고, 4명의 현장 직원이 모든 발생 지역(대부분 저개발국)의 상황을 관리했다.[23] 매년 세계보건총회에서는 소련 대표단이 참석하여 천연두 퇴치 캠페인의 느린 속도에 불만을 표시했으며, 말라리아 퇴치 프로그램에 투자하는 막대한 예산에 비해 천연두 퇴치 프로그램에는 지나치게 안일하게 대응하는 세계보건기구의 태도를 지적했다.[24] 그러나 불과 몇 년 뒤 미국 정부도 입장을 뒤집어 천연두 퇴치 프로그램을 지원하기로 결정했다.

---

22 *ORWHO* 95, 324-332, and WHA Resolution 12.54, "Smallpox eradication," *ORWHO* 95, 47, 450-451.
23 Donald Henderson, "Smallpox eradication – a Cold War victory," *World Health Forum* 19 (1998), 114.
24 See, e.g., *ORWHO* 103 (13th WHA, 1960), 241-245; *ORWHO* 119 (15th WHA, 1962), 102-105.

전염병 퇴치, 말라리아에서 천연두까지

1960년대 초엽에 이르러 말라리아 퇴치의 노력이 한계에 도달했음이 점점 더 분명해졌다. 그러나 전 세계적 말라리아 퇴치에는 아직 한참 미치지 못하는 상황이었다.[25] 이 프로그램의 기본적 접근 방식은 말라리아 병원균을 운반하는 모기를 표적으로 살충제를 살포하여 질병의 확산을 차단하는 것이었다. 주로는 디디티(DDT, dichloro-diphenyl-trichloroethane)라는 약제를 살포했는데, 대단히 비효율적인 약제로 악명이 높았다. 제2차 세계대전 이후 마라리아 방제를 위해 세계적으로 디디티(DDT) 살충제가 사용되자 내성을 가진 모기의 개체수도 그만큼 급증했다. 디디티(DDT)를 많이 사용할수록 내성은 더욱 확산되었다. 또한 디디티(DDT)는 환경문제를 일으킨다는 비난을 받기도 했다. 곤충의 개체수가 크게 감소하면서 먹이사슬에 영향을 주어 생태계가 교란되었기 때문이다.[26] 한편 천연두 바이러스(Variola)는 모기 같은 동물 운반체와 관련이 없었다. 밀접 접촉을 통해 한 개체에서 다른 개체로 직접 이동하기 때문에 이를 퇴치하기 위해 광범위한 생태학적 개입이 필요치 않았다. 이외에도 천연두는 다른 역학적 이점이 있었다. 백신은 이미 오랫동안 효과적으로 사용되었고, 황열병 바이러스처럼 다른 동물에 잠복하지도 않았으며, 소아마비나 결핵균처럼 무증상 보균자도 없었다. 면역이

---

25 Amy L. S. Staples, *The Birth of Development: How the World Bank, Food and Agriculture Organization, and World Health Organization Changed the World, 1945-1965* (Kent State University Press, 2006), pp. 161-171.
26 This was the focus of Rachel Carson's *Silent Spring* (Boston, MA: Houghton Mifflin, 1962), a seminal text of the environmental movement.

없는 채로 바이러스에 감염된 모든 사람들에게서 증상이 나타났으며, 다른 사람들에게 전염을 시킬 가능성은 오로지 감염자들에 국한되었다.

세계적으로 말라리아의 완전한 퇴치 전망이 약화되자 미국을 비롯한 여러 지역의 전염병 전문 학자들은 말라리아보다 오히려 천연두가 세계적 퇴치의 목표로 적당한 질병이라 생각하게 되었다. 보건 전문 공무원과 전문가 집단의 긴밀한 연대, (학문적 인연과 전문협회 회원 자격 등을 통해 형성된) 민간 전문가 네트워크 등을 통해 금세 이러한 목표 설정이 확산되었다. 1962년 미국 공중위생국(Public Health Service)의 국제보건부장 제임스 와트(James Watt)는 공중보건학회(APHA) 회원들에게 미국의 보건 관련 정부 기관이 수행해야 할 질병 퇴치 프로그램을 제안해 달라는 요청서를 보냈다. 회신 중에 세계적 차원의 질병 퇴치 프로그램으로 천연두를 제안한 사람들이 많았다.[27] 그 중 한 회원은 프로그램의 성공이 세계 공통체에 질병 퇴치 이상의 의미를 가져다줄 것이라 주장했다. "우리는 냉철한 현실을 직시해야 합니다. 지금까지 인간의 의도적인 노력으로 전 세계적 차원에서 전염병을 퇴치한 적은 없었습니다. 의도적인 노력으로 전염병 퇴치가 가능하다는 것이 단 한 번이라도 구체적 사례를 통해 입증된다면 그보다 보람된 일은 없을 것입니다. 그러한 글로벌 프로그램으로 천연두를 제안합니다."[28]

---

27 James E. Perkins, managing director of the National Tuberculosis Association, to Ernest S. Tierkel, September 26, 1962. A memorandum by T. Aidan Cockburn, September 12, 1962, also ranked smallpox as the top candidate for global eradication. USNA, RG 90, box 22, folder "Association - APHA - Committee on Disease Eradication."

천연두 퇴치를 위한 전문가들의 합의가 현실적으로 힘을 얻으려면 국제정치의 장에 전문가들이 직접 뛰어들어야 했다. 또한 최고위 정치지도자들이 전문가적 합의에 지지를 보내주어야 했다. 1995년 초봄에 기회가 찾아왔다. 세계보건기구 설립일에 맞추어 매년 4월 7일 세계보건의 날(World Health Day)이 다가오고 있었다. 말라리아 퇴치 프로그램(MEP)이 목표에 도달하지 못한 채 베트남 전쟁이 격화되면서 제3세계에서 미국의 명성이 손상되자, 미국의 존슨(Johnson) 행정부는 공중보건 분야에서 국제 협력의 의지를 과시할 새로운 방안을 모색하고 있었다. 세계보건기구(WHO)에서는 그 해의 주제를 "천연두 상시 경계(Smallpox Constant Alert)"로 정하고, 회원국에 광고를 전달하여, 전염병 잔존 지역에서 전염병 퇴치 지역으로 유입되는 천연두에 경계를 늦추지 말 것을 촉구했다. 미국 보건교육복지부(HEW)에서는 대통령이 직접 성명을 발표하여, 세계 대부분의 선진 지역(Global North)에서 천연두 퇴치에 성공한 성과를 강조하고, 세계보건기구의 세계적 천연두 퇴치 프로그램에 대하여 미국 정부의 지지 의사를 표명할 것을 제청했다. 백악관에서도 이에 동의하여 보건교육복지부(HEW)가 제안한 성명서가 약간의 수정만 거친 채 그대로 발표되었다.[29]

4월에 발표된 성명서로 미국은 7년 전 즈다노프의 제안에 대하여 처음으로 공개 지지를 표명했다. 사용된 용어는 여전히 모호했지만 다

---

28 Perkins to Watt, August 28, 1962. Underlined in original. USNA, RG 90, box 22, folder "Association – APHA – Committee on Disease Eradication."
29 Levy to Holborn, n.d., and Holborn to Horowitz, March 12, 1965, Lyndon Baines Johnson Library [LBJL], White House Central Files, Ex HE/MC, box 6.

음에는 무언가 구체적인 약속을 내놓을 수 있는 토대가 마련되었다. 1965년 유엔은 창립 20주년을 맞이하여 국제 협력의 해(International Cooperation Year, ICY)를 선포했다. 미국의 존슨 행정부는 여기서 많은 비용을 들이지 않으면서도 리더십을 발휘할 수 있는 방법을 모색하고 있었다.[30] 존슨 대통령과 참모들은 천연두 퇴치야말로, 많은 예산을 들이지 않고도 미국의 참여 성과를 확실히 보여줄 수 있으며, 논란의 여지도 없는 국제 협력 방안이라고 판단했다. 그에 따라 5월 제네바에서 세계보건총회(WHA)가 개최되자, 5월 18일에 백악관은 "세계 어디서든 천연두가 존재하는 한 세계 어느 나라도 천연두로부터 안전할 수 없다."는 성명을 발표했다. 존슨 대통령은 최신 전문가들의 연구 성과를 근거로 천연두 퇴치를 위한 "기술적 장벽"은 그리 높지 않으며, 백신 공급, 인력, 조율 등 "행정적 장벽"은 국제 협력을 통해 해결할 수 있다고 주장했다. 미국은 "1975년까지 천연두가 지난 과거의 일이 될 수 있도록 다른 모든 국가들과 협력할 준비가 되어 있다."는 것이 성명서의 결론이었다.[31]

존슨 대통령의 발표는 미국이 무슨 일을 할 것인지 세부내용은 거의 밝히지 않았고, 공급할 자원도 명시하지 않았다. 그러나 대통령이 직접 나서서 공개적으로 약속한 내용은 폭넓은 반향을 불러 일으켰고, 기존에 세계적 차원의 천연두 퇴치를 주장하던 사람들에게 힘을 실어 주었

---

30 "President Johnson on International Cooperation Year," Department of State, *Foreign Affairs Outline, 1965: International Cooperation Year*, in USNA, RG 90, box 42, folder "International Cooperation Year."
31 백악관 보도 자료. 1965년 5월 18일. LBJL, White House Central Files, Ex HE/MC, box 6.

다. 제네바에서 미국 대표는 세계보건총회(WHA)에서 약간의 메시지를 발표했고, 총회가 "큰 관심을 보였다"며 만족을 표했다. "대통령의 성명에 대하여 총회 의장이 깊은 감사의 뜻을 표했고," 세계보건기구 사무차장도 나중에 미국 대표단에게 "아주 걸맞은 시기와 내용"이었다며 찬사를 보냈다.[32] 불과 며칠 사이에 천연두 발생국에 나가 있던 미국 대표부에서는 기존 질병학자들의 현지 조사를 바탕으로 대통령의 약속을 이행할 구체적인 방안을 제시하기 시작했다. 천연두 백신 접종이 기존의 미국 지원 보건 프로그램에 통합되면 세계적으로 천연두 퇴치를 지원하겠다는 대통령의 약속을 "극적으로 실현할 수 있는 중대한 기회"라고 말하는 사람도 있었다.[33]

미국 국내 정치 무대에서는 국제 공조라는 수식어가 마냥 통하지는 않았다. 존슨 대통령은 미국이 천연두 퇴치 프로그램(SEP)을 비롯한 세계 보건 사업에 기여하기로 한 것은 냉전 체제를 넘어서기 위한 정책이라고 말했지만, 미국의 관리들은 국내적으로는 과거 냉전시대의 논리로 사업을 정당화하곤 했다. 즉 세계의 빈곤국과 저개발 국가에서 공산주의 확산을 막기 위한 조치이며, 이와 같은 지원은 "철의 장막(유럽의 공산권 국가 - 옮긴이)이나 대나무 장막(아시아 공산권 국가 - 옮긴이)을 뚫고 사람의 마음과 영혼에 닿을 수 있는" 통로가 될 것이고, 세계 평화를 증진하고 미국이 "의학의 종주국"임을 과시하며, 미국의 동맹국들이

---

32 US Mission, Geneva, telegram to SecState, May 19, 1965, USNA, RG 59, box 3159, folder "HLTH 3, Organizations and Conferences, WHO, 6/1/65."
33 US embassy, Lomé to DOS, May 22, 1965, USNA, RG 59, box 3172, folder "HLTH - Health and Medical Care - T."

공산주의에 맞서 싸우는 데 도움이 될 것이라는 주장이었다.[34] 미국의 천연두 퇴치 프로그램 지원은 보는 입장에 따라서 명분이 서로 달랐다. 국제사회나 세계주의자 입장에서는 그것이 냉전을 넘어서는 정책이었다. 강경한 반공주의자 입장에서는 그것이 상대를 이기는 정책이었다. 이런 관점에서 미국은 소련 체제가 내부로부터 무너지기를 기대하며 천연두 퇴치 문제에 기꺼이 소련과 협력했다.

정치와 백신 제조

백신 제조의 임무를 맡은 사람들은 행정가들의 생각과는 전혀 다른 정치적 상황에 놓여 있었다. 우선 천연두 퇴치 프로그램(SEP)에는 막대한 양의 백신이 필요했다. 나중에 확인된 바로는 20억 도스(dose) 이상이 소요되었다. 이 정도 수량을 생산할 수 있는 인프라를 갖춘 나라는 소련밖에 없었다. 서구 제조업체들의 입장에서는 천연두 백신 생산이 수익성이 맞지 않는 사업이었다.[35] 그래서 오하이오 태생의 의사이자 애틀랜타에 있던 미국 보건복지부의 질병통제예방센터(CDC) 전염병 감시국장이었던 도널드 핸더슨(Donald A. Henderson)이 천연두 퇴치 프로그램 책임자로 제네바에 부임했을 때, 그의 최우선 임무는 소련으로부터 안정적 백신 공급을 확보하는 일이었다.[36] 그의 임무는 결코 만

---

34 Undated document, LBJL, Office Files of Joseph A. Califano, box 29 (1737), folder "Health."
35 Fenner et al., *Smallpox and Its Eradication*, pp. 469, 564.
36 SEP 책임자가 CDC 국장에게 보낸 기밀 메모. 1968년 10월 28일, WHO Archive, Smallpox Eradication Program papers [WHOA-SEP], box 303, folder 30. CDC

만치 않았다. 소련은 처음부터 그의 임명에 불만을 품었다. 천연두 퇴치 프로그램(SEP) 자체를 소련이 제기했던 만큼 소련 사람이 책임자가 되어야 한다고 주장했다. 그래서 이듬해 5월, 핸더슨은 다소 걱정스러운 마음으로 세계보건총회에서 소련 대표 드미트리 베네딕토프(Dmitry Venediktov)에게 백신 공여를 요청했다. 소련 대표는 당장에 1년 이후의 백신 기부를 공식적으로 장담할 수는 없지만, 소련 계획 경제의 특성상 연간 생산 할당량이 정해지만 매년 안정적 공급이 가능할 것이라 설명해 주었다.[37]

이후 십여 년 동안 핸더슨은 소련과 우호적 관계를 유지하는 것을 매우 중요하게 생각했고, 협력관계를 발전시키기 위해 부단히 노력했다. 프로그램 책임자로 있는 동안 그는 프로그램의 시작을 소련이 했다는 공로를 충분히 인정했다. 또한 소련 관리들과 긴밀히 협력하여 소련 백신의 품질 문제 등을 해결함으로써 소련인들이 공개적으로 망신을 당하는 일을 미연에 방지했다. 세계보건기구 동료들에게 그는 소련과의 모든 문제를 "조용히" 해결해야 하며, 관계에 부담을 주지 않도록 "공개적 비난"을 해서는 안 된다고 지시했다.[38] 매년 세계보건총회가 열리기 전 핸더슨은 미국과 소련 대표를 모두 만나 프로그램 진척 상황을 보고했고, 이를 계속해서 총회의 의제로 다루기 위해 양측의 지원에 의존

는 이후 Centers for Disease Control and Prevention으로 명칭을 바꾸었으나 CDC라는 약자는 그대로 유지되었다.
37 Henderson, "Smallpox eradication," 115-116.
38 SEP 책임자가 CDC 국장에게 보낸 기밀 메모, 1968년 10월 28일, WHO A-SEP, box 303, folder 3.

했다. 핸더슨은 또한 천연두 발병국에 주재하는 미국과 소련 외교관들의 도움을 받아, 세계보건기구 지역 사무소나 혹은 국가보건 기관의 관료들이 프로그램에 적극 협력하도록 압력을 가했다. 핸더슨은 소련측과 협력하여 백신 생산의 품질 관리 체계를 수립하고, 프로그램 관리직에 소련 사람을 임명했다. 결국 모스크바 바이러스 대응 연구기구(Moscow Research Institute for Viral Preparations)와 애틀랜타의 질병통제예방센터(CDC)가 현장에서 채취한 표본 분석을 공동으로 수행했다.[39]

결과적으로 돌이켜보면 분명한 사실은, 미국의 자금과 소련의 백신이 결합되지 않았다면, 다시 말해 두 강대국이 프로그램에 제공한 제도적 추진력과 정치적 지원이 없었다면, 천연두 퇴치 프로그램(SEP)은 성공은커녕 시작조차 할 수 없었을 것이다. 프로그램에 사용된 총 9,800만 달러의 예산 중 약 3분의 1이 세계보건기구 및 기타 국제기구 예산에서 나왔다. 이러한 국제기구의 예산은 주로 미국이 지원한 것이었다. 이외에도 미국은 프로그램 계정에 직접 2,500만 달러를 추가로 기부했다.[40] 물론 이는 같은 기간 미국의 군사비 지출에 비하면 극히 적은 금액에 불과하다. 더욱이 말라리아 퇴치 프로그램에 지출된 예산보다도 훨씬 더 적은 금액이었다. 그럼에도 불구하고 천연두 퇴치 프로그램(SEP)에서 미국의 기여는 결정적이었다. 한편 소련은 최대 백신 공급국으로, 이 프로그램에서 세계적으로 사용된 약 20억 도스(dose)의 백신 중 약 17억

---

39 핸더슨이 사무차장 Payne에게 보낸 메모, "Summary report- visit to Moscow to discuss matters pertinent to the SE Program," 1967년 7월 27일. WHO A-SEP, box 303, folder 30; Henderson, "Smallpox eradication," 116-117.
40 Fenner et al., *Smallpox and Its Eradication*, p. 464.

도스(dose)를 공급했다.[41]

현장 속으로 : "전통"과의 협상과 저항

    냉전 시대 경쟁 강대국들의 협력을 이끌어냈다 하더라도, 세계에서 가장 가난하고 접근조차 어려운 지역을 포함해서 수많은 나라에 흩어져 있는 수십 억 명의 사람들에게 어떻게 백신을 접종할 수 있었을까? 천연두 퇴치 프로젝트(SEP)의 결정적인 특징 중의 하나는, 무엇보다도 현대 과학의 지식으로 저개발국의 다양한 관습을 제압하는 것이었다. 저개발국에서는 이미 천연두를 이해하고 대처하는 나름의 오랜 관습을 보유한 수많은 공동체들이 있었다. 사실 표준화(백신의 생산 및 품질, 접종 기술, 전염병 감시 및 통제 방식 등)야말로 프로그램의 핵심적 존재 이유였다. 그래서 프로그램의 지도자들은 그것을 글로벌 퇴치의 필수불가결한 요소로 간주하고 있었다.

    그래서 다양한 지역에서 프로그램 진행 요원들은 해당 국가 및 지역의 보건 당국과 협력하여 기존의 전통에 맞서 싸워야 했다. 그 전통이란 정교한 토착 신앙 체계와 의료 관행을 통합하여 천연두에 대응하는 그들 나름의 방식이었다. 서아프리카의 일부 지역을 예로 들자면, 천연두의 "신(fetish)"이라고 하는 소포나(Sopona)를 모시는 사제와 협상하여 협력 내지는 묵인을 이끌어내야 했다. 당시 백신의 최대 수요처는 인도 아대륙이었지만, 여기서도 프로그램 진행 요원들은 천연두의 신 시탈라 마타(Sītalā mata)의 숭배 및 관련된 관습에 맞서 싸워야 했다.[42] 한편 아

---

41 Ibid. pp. 469, 564.

프가니스탄 시골에서는 퍼다(purdah)라는 관습(남성과 여성의 공간을 분리하는 생활 관습 – 옮긴이) 때문에 접종을 담당하는 의료 인력들이 여성과 아이들을 만나기가 어려워 이를 우회할 방법을 찾아야 했다.[43] 또한 오랜 전통의 접종법을 시행하는 직업적 의료인들도 문제였다. 그들이 생업을 중단시키거나, 아니면 그들이 사용하던 가루(환자의 상처에서 피부 조직을 떼내어 말린 것)와 백신을 교환해야 했다. 이를 위하여 입법이나 강제력을 동원하거나, 공동체를 방문하는 등의 수단을 사용했고, 심지어 "전통 접종법을 시행하던 어떤 의료인이 자신의 방법을 포기하고 아들에게 백신을 접종하는 의료인이 되라고 권장하는 이야기" 같은 도덕적 이야기를 유포하기도 했다.[44]

프로그램의 목표는 천연두를 단순히 통제하는 것이 아니라 전 세계에서 완전히 박멸하는 것이었다. 그래서 발생할 수 있는 모든 저항을 극복해야 했고, 필요하다면 협상을 통해 타협하기도 했다. 백신 접종을 거부하는 사람들에게는 여러 가지 방법으로 압력을 가했다. 끈질기게 설

---

42 Ibid. pp. 716, 887-888. 인도에서 백신접종과 인두법의 상호작용에 대한 비판적 접근은 다음을 참조. Frédérique Apffel Marglin, "Smallpox in two systems of knowledge," in Frédérique Apffel Marglin and Stephen A. Marglin, eds., *Dominating Knowledge: Development, Culture, and Resistance* (Oxford: Clarendon Press, 1990), pp. 102-144.
43 Henderson to Millar, May 29, 1967, WHOA-SEP, box 159, folder 378.
44 아프가니스탄 SEP 책임자였던 A. G. Rangaraj가 작성한 날짜 미상의 기록. 인두법에 맞서 벌인 SEP 프로그램의 노력에 관해서는, SEP 본부장이 SEARO 지역국장에게 보낸 1967년 10월 30일자 메모(헨더슨은 이 메모에서 아프가니스탄 정부가 아직도 인두법을 불법화하지 않았다고 불만을 표했다), 헨더슨이 Khwaja-Waisuddin에게 보낸 1969년 1월 17일자 메모, 헨더슨이 Rangaraj에게 보낸 1969년 11월 17일자 메모, 그리고 Vladimir Sery, Svend Brøgger, Amin Fakir and Aminullah Saboor가 작성한 날짜 미상의 보고서 "Variolation in Afghanistan" 참조. 모두 WHO A-SEP, box 159, folder 378에 수록.

득하거나 사회적·법적인 압박을 가했고, 때로는 금전적 보상을 제시하기도 했다. 심지어 군사작전을 펼치듯이 갑자기 들이닥쳐 강제로 백신을 접종하기도 했다. 유명한 사례 중 하나는 인도의 천연두 퇴치 프로그램을 책임졌던 고위 관리가 겪었던 일이다. 그는 군부대를 이끌고 멀리 떨어진 비하르(Bihar) 주 남부의 한 부족장 집에 한밤중에 쳐들어갔다. 부족장은 종교적인 이유로 백신 접종에 저항하는 것이 자신의 사명이라고 믿고 있었다. 결국 부족장을 강제로 제압한 뒤 백신을 접종했다. 그후 부족장은 마침내 부족 사람들도 백신을 맞도록 허락했다.[45]

물리적 힘을 동원하는 사례는 전형적인 방식은 아니었다. 그러나 수많은 지역에서 다양한 수준의 저항이 있었다. 초기에는 저항이 현대 과학에 반대하는 "전통적" 신앙 때문이라고 믿었지만, 신앙과 백신 접종은 사실상 별 상관이 없다는 연구 결과가 나오면서 기존의 인식이 흔들리기 시작했다. 신앙의 문제라기보다는 오히려 백신 접종 프로그램의 실행을 담당하는 사람들이 문제였다. 정부 관료나 외부인이 프로그램을 진행하다보니 의심을 사는 경우가 많았다. 특히 고립된 지역 주민들은 정부 관료라 하면 세금, 징병, 기타 약탈과 관련 있는 사람들이라 생각했다. 그들은 일반적으로 외부인의 의도와 동기를 의심하는 편이었다.[46]

---

45 Paul Greenough, "Intimidation, coercion and resistance in the final stages of the South Asian smallpox eradication campaign, 1973-1975," *Social Science & Medicine* 41 (1995), 633-645. Lawrence Brilliant with Girija Brilliant, "Death for a Killer Disease," *Quest* (May/June 1978), 3-10.
46 예를 들어 SEP 초기 단계에 다호메이(Dahomey)와 토고(Togo)에서 수행된 연구의 결론이 그러했다. G. E. Robbins, "The role of fetish practices in vaccination campaigns," in "The SEP Report: Seminar on smallpox eradication and measles

핸더슨은 저항의 문제를 심각하게 고려하지 않았다. 그는 인도인 동료에게 이렇게 말한 적이 있었다. "저항과 관련된 대부분의 이야기는 보건 관료들의 나태함에서 비롯되었습니다. … 그들은 걷기보다는 앉아있기를 좋아하며, 백신 접종이 마무리하지 못한 이유를 적당히 둘러대려 합니다."⁴⁷ 하지만 현장의 반응은 그리 낙관적이지 않았다. 인도의 프로그램 훈련 매뉴얼에는 저항이 "일반적으로 절대적이기보다는 상대적이므로, 봉쇄팀의 끈기가 필요하다"는 내용과 함께, 접종을 거부하는 사람은 상급 기관에 보고해야 한다는 다소 심각한 이야기가 포함되어 있었다.⁴⁸

그러나 저항은 대개 개별적이었으며 조직화되거나 특별히 광범위하지는 않았다. 과거 북아메리카나 유럽에서도 일반적으로 예방접종에 저항이 있었고, 1950년대 인도에서도 결핵 예방 접종과 관련해서 광범위한 반대 운동이 일어난 적이 있었지만, 수많은 다양한 지역에서 실시된 천연두 백신 접종과 관련해서는 특별한 반대 운동이 일어나지 않았다.⁴⁹ 그러므로 천연두 퇴치 프로그램의 이야기는, 국가적이든 국제적이든, 외

---

control in Western and Central Africa, Proceedings of a meeting held in Lagos, Nigeria, May 13-20, 1969, Part I." 미발간 CDC 보고서, WHO A-SEP, box 52, folder 208.
47 Henderson to De, July 7, 1972, WHOA-SEP, box 193, folder 436.
48 Smallpox Training Seminar, Bhopal, 1974년 4월 29일-5월 3일. 또한 Ian D. Carter가 R. N. Mitra에게 보낸 1974년 2월 10일자 기밀 보고서 참조. 모두 WHO A-SEP, box 194, folder 388에 수록.
49 Michael R. Albert, Kristen G. Ostheimer, and Joel G. Breman, "The last smallpox epidemic in Boston and the vaccination controversy, 1901-1903," *New England Journal of Medicine* 344:5 (February 2001), 375-379; Christian W. McMillen and Niels Brimnes, "Medical modernization and medical nationalism: resistance to mass tuberculosis vaccination in postcolonial India, 1948-1955," *Comparative Studies in Society & History* 52:1 (January 2010), 180-209.

부 권위에 대한 지역의 저항 같은 것이 아니었다. 그보다는 동양과 서양은 물론, 저개발국과 선진국의 수용, 묵인, 협력의 이야기였다. 결국 프로그램을 운영했던 국제기구의 공무원과 전문가들은, 천연두 발생국 모든 계층의 수많은 사람들의 협력이 없었다면 임무를 제대로 수행하지 못했을 것이다. 또한 현장 요원은 모두 15만 명이 넘었는데, 대부분 현지인을 고용했다.[50]

이러한 지역 통합 덕분에 천연두 퇴치 프로그램은 이례적인 유연성에 입각해서 현지의 정치적, 행정적, 역학적, 문화적 상황에 맞는 방법을 찾아냈다. 프로그램 출범 직후 100퍼센트 접종이라는 목표가 비현실적이라는 사실이 확인되자, 신속하게 목표를 "감시와 봉쇄"로 변경했다. 이는 조기에 발병 상황을 파악하여 그 주변 일정 반경 이내 거주자들에게 집중적으로 백신을 접종함으로써 외부 전파를 막기 위한 방안이었다.[51] 일부 지역에서는 내전으로 유혈사태가 일어났지만 프로그램은 그대로 진행되었다. 예를 들면 나이지리아, 벵골, 아프리카의 뿔 지역 등이었다. 분쟁 지역에서는 다양한 국가 및 비국가 단체와 협상을 거치는 경우가 종종 있었다. 결국 역사서에서 냉전 시대에 등장하는 다른 수많은 프로젝트와 달리, 천연두 퇴치 프로그램은 성공적으로 목표를 달성했다. 세계적으로 "천연두-제로"에 도달한 해는 1977년 연말이었다. 이는 1965년 미국의 존슨 대통령이 설정했던 시한보다 불과 2년 늦어진 것이었다.

---

50 Jonathan Tucker, *Scourge: The Once and Future Threat of Smallpox* (New York: Grove Press, 2001), p. 3.
51 D. A. Henderson, "Surveillance – the key to smallpox eradication," WHOdocument no. WHO/SE/68.2.

천연두 퇴치 프로그램과 세계 보건 정치

천연두 퇴치는 세계보건기구의 대표적 업적을 회고되는 경우가 많다. 그러나 승리의 이야기 속에서 해당 프로그램이 진행되는 동안 수많은 지역에서 여러 가지 이유로 강력한 반대에 부딪혔던 과거가 묻혀버리는 경향이 있다. 우선 오래도록 사무총장을 맡았던 브라질의 역학 전문가 마르콜리노 칸다우(Marcolino Candau)를 비롯하여 세계보건기구 최고위 관계자들 중에는 초기부터 프로그램에 별다른 관심을 보이지 않는 사람들이 많았다. 마르콜리노 칸다우는 1953-73년 세계보건기구 사무총장을 역임했는데, 말라리아 전공자로 존스홉킨스 대학에서 공중보건 학위를 받았고, 남아메리카 말라리아 퇴치 프로그램(MEP)으로 경력을 시작했던 인물이다.[52] 말라리아 퇴치 프로그램의 실패가 세계보건기구의 명성에 심각한 타격을 입혔던 사실을 목격했던 그로서는 천연두 퇴치 프로그램의 실패로 세계보건기구가 더욱 나쁜 평판에 휩싸이는 것을 우려하지 않을 수 없었다. 무엇보다 당시 과학계의 주도적 인물들은 생물학적, 정치적, 경제적, 사회적 이유를 들어 병원균의 박멸을 목표로 하는 천연두 퇴치 프로그램이 무모하다고 생각했다. 어느 저명한 전문가는 당시 인기를 모았던 저서에서 천연두 퇴치 프로그램이 현대인의 오만함을 반영하고 있다고 주장하기도 했다. 이는 또 다른 유형의 사회적 유토피아와 다를 바 없으며, 역사의 쓰레기통보다 더 불명예스러운, 이른바 "도서관 서가에 꽂혀 있는 호기심"으로 끝날 운명이라고 했다.[53]

---

52 Staples, *Birth of Development*, pp. 143-144.
53 René Dubos, *Man Adapting* (New Haven, CT: Yale University Press, 1965), p. 379. See also Fenner et al., *Smallpox and Its Eradication*, p. 388.

1965년 5월 세계보건총회(WHA) 회원국들이 만장일치로 천연두 퇴치를 "주요 목표"로 의결했을 때, 세계보건기구(WHO) 최고위 관리들은 이를 적극적으로 받아들이지 않았다.[54] 그러나 총회의 의결을 무시할 수는 없었다. 한편으로 그들은 조직의 역량 범위 안에서 임무를 수행하여 기존의 우선 사업에 혼란을 방지할 방안을 연구했다. 그 이듬해 봄 사무총장 칸다우는 총회에 1967년 예산을 신청했다. 신청 금액은 천연두 퇴치 프로그램을 감안하여 전년 대비 16퍼센트 증액한 240만 달러로, 예년보다 훨씬 큰 액수였다. 선진국 대표들은 예산 증액이 너무 가파르다며 불만을 제기했다. 이는 칸다우가 미리 예상했던 바였다. 칸다우는 그렇다면 세계보건기구에서 지출할 천연두 퇴치 프로그램 예산을 삭감하자고 제안했다. 메시지는 명확했다. 세계보건기구의 입장에서는 천연두 퇴치 프로그램은 최우선 순위의 사업이 아니었다. 만약 그 사업을 추진하고자 한다면 선진국들은 비용을 지불해야 할 것이다.[55] 사무총장의 입장에서는 그것이 예산을 요청하기 위한 협상 전략이었을 수도 있지만, 빈곤국 대표들은 이를 액면 그대로 받아들였다. 이어진 토론을 거쳐 천연두 퇴치 프로그램 예산 240만 달러를 포함한 칸다우의 요청은 제3세계 대표들의 표심에 힘입어 근소한 차이로 통과되었다.[56]

54 US Mission, Geneva, telegram to SecState, May 18, 1965, USNA, RG 59, box 3159, folder "HLTH 3, Organizations and Conferences, WHO, 6/1/65."
55 이에 대해서는 1966년 3월 30일자 US Mission, Geneva가 DOS에 보낸 문서와 1966년 봄 DOS가 발송한 여러 문서에서 논의되었다. 모두 USNA, RG 59, box 3160, folder "HLTH 3, WHO, 1/1/66"에 수록.
56 ORWHO 152 (19th WHA, 1966), 258-264, 288-296; US Mission, Geneva to SecState, May 12, 1966, USNA, RG 59, box 3160, folder "HLTH 3, WHO,

예산이 통과된 뒤에도 세계보건기구 관계자, 특히 실무의 상당 부분을 감당해야 할 지역 사무소의 관계자들은 이 프로그램에 상당히 회의적인 태도를 보였다.[57] 세계보건기구가 기본적인 공중보건 사업에 집중하기를 원했던 그들은 천연두 퇴치 프로그램이라는 제한적인 목표를 의심스럽게 바라보았다. 이는 기본적 보건 역량 강화라는 조직의 핵심 목표에 비추어서는 우선순위가 낮을 뿐만 아니라 심지어 방해가 되는 면도 있었다.[58] 1970년대 중엽 천연두 퇴치 프로그램의 성공이 가시화되었지만, 그들의 관점에서 보기에 그 성과는 조직의 근본문제를 악화시킬 따름이었다. 1970년대 후기에도 세계보건기구는 "천연두 제로" 달성을 인증하기 위해 노력하는 와중에도 천연두 퇴치 프로그램과 같은 수직적 사업보다는 수평적 보건 개입의 중요성을 강조하는 방향으로 나아가고 있었다. "수직적" 프로그램은 특정 건강 문제 하나의 해결을 목표로 하는 반면, "수평적" 개입은 개발도상국 보건의료 환경의 광범위한 변화를 목표로 하며, 사회경제문화적으로 민감한 맥락을 감안하며 예방과 1차적 건강 관리를 강조했다.[59]

세계보건기구 내부의 이러한 긴장은 1978년에 최고조에 달했다. 당

5/1/66"; Fenner et al., *Smallpox and Its Eradication*, pp. 414-416.
57 이러한 제도적 저항의 예는 SEARO 지역국장이 WHO 본부에 보낸 메모 "Strictly Confidential"(1967년 5월 1일, WHO A-SEP, box 159, folder 378)와 SEARO 지역국장이 사무총장에게 보낸 문서(1967년 3월 16일, box 193, folder 416)에서 찾아볼 수 있다. 또한 Fenner et al., *Smallpox and Its Eradication*, pp. 417-418; Henderson, "Smallpox eradication," 114-115도 참조.
58 Fenner et al., *Smallpox and Its Eradication*, p. 417.
59 Sung Lee, "WHO and the developing world: the contest for ideology," in Andrew Cunningham and Bridie Andrews, eds., *Western Medicine as Contested Knowledge* (Manchester University Press, 1997), pp. 24-45.

시 카자흐스탄의 수도 알마아타(Alma-Ata)에서 세계보건기구 창립 30주년을 기념하여 회원국들이 모였다. 이 무렵 천연두 퇴치 프로그램은 거의 성공적으로 마무리되고 있었다. 당시 알마아타 선언에서는 야심찬 목표를 공표했다. 야심찬 목표란, 세계보건기구 헌장에 기록된 건강(health)이란 "질병이나 영양실조가 없는 정도가 아니라 신체적, 정신적, 사회적으로 완전한 상태"를 의미한다는 점을 재확인하고, "2000년도까지 세계 모든 사람의 건강을" 달성하겠다는 선언이었다.[60] 알마아타 선언은 세계보건기구의 수평적 접근 방식이 조직 전체적으로 발달하게 된 기념비적 계기로 평가된다. 여기서 조직의 목표는 세계의 모든 사람들에게 1차 의료 서비스 제공하는 것으로 규정되었다.[61] 이와 같은 목표를 지지하는 사람들이 보기에 세계적 천연두 퇴치의 성공은, 광범위한 프로그램을 희생하는 대신 좁은 범위의 기술적 개입에 집중하도록 함으로써 조직의 목표를 모호하게 할 우려가 있었다.

천연두 퇴치 프로그램에 대한 양면적인 평가에도 불구하고 세계보건기구는 구상에서 실행에 이르기까지 프로그램의 모든 단계에서 필수적인 역할을 담당했다. 세계보건기구에서 제공한 국제적 행정관리와 협력의 틀은 미국을 비롯한 여러 나라의 보건 관련 공무원들에게 일정한 역할 공간을 만들어 주었다. 그 속에서 그들은 천연두 퇴치가 세계적인 과제이며 세계적으로 조율된 해결책이 필요하다는 사실을 인식하고 담

---

60 Socrates Litsios, "The long and difficult road to Alma-Ata: a personal reflection," *International Journal of Health Services* 32:4 (2002), 709-732.
61 알마아타 선언의 전문은 www.who.int/hpr/NPH/docs/declaration_almaata.pdf에서 확인할 수 있다.

당 업무를 추진했다. 결국 국제기구가 등장하기 전까지의 국제 보건은 검역 규정에 관한 조약에 불과했다. 그에 따르면 질병 통제는 세계적 차원의 조율이 필요한 전 지구적 문제가 아니었고, 국경의 불가침을 강화하는 국가적 방어조치였다.[62] 더욱이 천연두 퇴치 프로그램은 초강대국의 협력을 통해 결정되었다. 만약 세계보건기구 같은 중립적 기관이 없었다면, 정치 이데올로기적 라이벌 관계를 잠시 묻어두고 근대 과학적 진보의 최첨단 성과라는 공통의 담론에 따라 행동할 여지도 없었을 것이다. 세계보건기구가 때로 천연두 퇴치 프로그램을 장애물로 인식하기도 했지만, 세계보건기구라는 상징적이고 협력적인 기구는 천연두 퇴치에 필수불가결한 존재였다.

결론

3년 동안의 엄격한 검증 과정을 거친 뒤, 1980년 5월 제네바에서 개최된 세계보건총회는 전 세계 천연두 퇴치를 알리는 공식 선언문을 발표했다. 그 뒤로 천연두 바이러스(variola virus)는 미국과 소련 두 곳의 저장소와 더불어 비공식 저장소에 보관되었다. 이를 완전히 폐기할지 아니면 미래의 과학 연구를 위해 보존할지는 과학적 논쟁의 주제가 되었다.[63]

---

62 Neville M. Goodman, *International Health Organizations and Their Work* (London: J. & A. Churchill, 1952), pp. 40-65.
63 E.g. Raymond S. Weinstein, "Should remaining stockpiles of smallpox virus (variola) be destroyed?" *Emerging Infectious Diseases* 17:4 (April 2011), http://dx.doi.org/10.3201/eid1704.101865.

1960년대 중엽에서 1970년대 중엽 사이 국제사회의 특수 상황에 따른 여러 가지 요인들이 결합된 결과 천연두 퇴치라는 성과에 도달할 수 있었다. 쿠바 미사일 위기 이후 초강대국 양측은 화해(détente)의 시대로 접어들었다. 동시에 탈식민지화가 급속도로 전개되면서 신생 독립국들의 "감정과 이성"을 사로잡기 위한 초강대국의 경쟁도 강화되었다. 양측 모두 세계의 빈곤층을 위해 무언가를 하는 것처럼 보이기를 원했고, 세계 천연두 퇴치라는 유망한 분야를 어느 한 쪽도 포기하지 않음으로써 경쟁이 협력으로 바뀔 수 있었다. 그 시대는 또한 세계보건기구 같은 유엔 전문 기구들의 "황금기"였다. 1950년대 후반 소련이 다시 참여함으로써 황금기가 시작되었고, 신자유주의 물결 이후 미국이 발을 빼면서 그 시대가 막을 내렸다. 공중 보건 전문가들은 자신의 권위를 강화할 수 있는 극적인 성과를 갈망했다. 당시로서는 세계적 퇴치에 성공할 수 있는 유일한 질병이 천연두였고, 보건전문가들은 초강대국이 비교적 저렴한 비용으로 선의를 과시할 수 있는 프로그램을 제안함으로써 정치적 지지를 이끌어냈다.

이후 천연두 퇴치 프로그램은 질병 통제의 역사상 패러다임을 바꾼 성공 사례로 널리 알려지게 되었다. 천연두 이외에 인간에게 전염되는 주요 전염병이 완전히 퇴치된 사례는 없었다.(소의 전염병 린더페스트는 2001년 세계적으로 퇴치에 성공했고, 2011년 공식적으로 인증된 바 있다.) 그러나 천연두 퇴치 프로그램의 성공이 가지는 의미는 세계 보건계 안팎에서 여전히 논란의 여지를 남기고 있다. 과연 그것이 소아마비, 결핵, 말라리아, 황열병, 심지어 에이즈까지 여전히 인류를 괴롭히는 다른 많은 전염병의 퇴치 모델이 될 수 있을까? 아니면 천연두의 독특한 역학적 특성, 즉 완벽한 백신의 출현, 무증상 보균자 부재, 동물 숙주의 부재, 냉전 시기 강대국의 경쟁적 협력, 국제기구의 위상과 효능이 최고조에 달했던 황금기 등이 결합되어, 1970년대 특수한 국제 정세 속에서만 가능했던 단일한 사건에 불과할 것인가?

더 나아가 천연두 퇴치 프로그램의 성공이 다른 질병에도 적용될 수 있다면 어떨까? 실제로 현재 소아마비 바이러스는 거의 퇴치 직전 단계에 와 있다. 그러나 이런 성공 사례를 보면 1978년 알마아타 선언 이후 일어났던 논쟁이 다시 떠오른다. 논쟁의 핵심은 특정 질병을 개별적으로 없애려는 접근이 과연 옳은가 하는 점이었다. 즉 개별 질병보다 오히려 전 세계 빈곤층의 건강 상태를 전반적으로 개선하는 노력이 더 중요하며, 특히 기본적인 의료 서비스 자체를 폭넓게 개선하는 것이 우선이라는 주장이었다. 과연 이 같은 수평적 접근이 더 바람직한 것은 아닐까? 1806년 미국 대통령 토머스 제퍼슨은 천연두가 언젠가 사라질 것이라고 예측했다. 비록 그의 예상보다 오랜 시간이 걸리기는 했지만, 결국 그의 예언은 현실이 되었다. 그러나 당시 천연두 퇴치 프로그램을 둘러싸고 일어났던 논쟁은 지금도 계속되고 있다. 주된 내용은 제한된 자원을 어디에, 어떻게 분배해야 하는가에 따른 정치적 논란이다. 천연두 바이러스는 자연계에서 이미 사라졌지만, 이 질병을 퇴치했던 역사와 그 과정에 담긴 정치적 의미를 이해하는 일은 오늘날에도 여전히 중요한 현실로 남겨져 있다.

더 읽어보기

Albert, Michael R., Kristen G. Ostheimer, and Joel G. Breman. "The last smallpox epidemic in Boston and the vaccination controversy, 1901-1903." *New England Journal of Medicine* 344:5 (February 2001), 375-379.

Anderson, Warwick. *Colonial Pathologies: American Tropical Medicine, Race, and Hygiene in the Philippines*. Durham, NC: Duke University Press, 2006.

Baldwin, Peter. *Contagion and the State in Europe, 1830-1930*. Cambridge University Press, 1999.

Birn, Anne-Emanuelle. *Marriage of Convenience: Rockefeller International Health and Revolutionary Mexico*. Rochester, NY: University of Rochester Press, 2006.

Bowers, John Z. "The odyssey of smallpox vaccination." *Bulletin of the History of Medicine* 55:1 (Spring 1981), 17-33.

Clendenning, Philip H. "Dr. Thomas Dimsdale and smallpox inoculation in Russia." *Journal of the History of Medicine and Allied Sciences* 28:2 (April 1973), 109-125.

Crosby, Alfred W. *The Columbian Exchange: Biological and Cultural Consequences of 1492*. Westport, CT: Greenwood, 1972.

Cueto, Marcos. *Missionaries of Science: The Rockefeller Foundation and Latin America*. Bloomington, in: Indiana University Press, 1994.

Dixon, Cyril William. *Smallpox*. London: J. & A. Churchill, 1962.

Eriksen, Anne. "A case of exemplarity: C. F. Rottböll's history of smallpox inoculation in Denmark-Norway, 1766." *Scandinavian Journal of History* 35:4 (December 2010), 351-370.

Farley, John. *To Cast out Disease: A History of the International Health Division of the Rockefeller Foundation, 1913-1951*. Oxford University Press, 2004.

Glynn, Ian, and Jenifer Glynn. *The Life and Death of Smallpox*. London: Profile Books, 2004.

Goodman, Neville M. *International Health Organizations and Their Work*. London: J. & A. Churchill, 1952.

Greenough, Paul. "Intimidation, coercion and resistance in the final stages of the South Asian smallpox eradication campaign, 1973-1975." *Social Science & Medicine* 41:5 (1995), 633-645.

Herbert, Eugenia W. "Smallpox inoculation in Africa." *Journal of African History* 16:4 (1975), 539-542.

Howard-Jones, Norman. *International Public Health Between the Two World Wars: The Organizational Problems*. Geneva: World Health Organization, 1978.

"Origins of international health work." *British Medical Journal* 1 (May 1950), 1032-1046.

The Scientific Background of the International Sanitary Conferences, 1851-1938. Geneva: World Health Organization, 1975.

Lee, Sung. "WHO and the developing world: the contest for ideology." In Andrew Cunningham and Bridie Andrews, eds., *Western Medicine as Contested Knowledge.* Manchester University Press, 1997, pp. 24-45.

Litsios, Socrates. "Malaria control, the Cold War, and the postwar reorganization of international assistance." *Medical Anthropology* 17:3 (1997), 255-278.

"The long and difficult road to Alma-Ata: a personal reflection." *International Journal of Health Services* 32:4 (2002), 709-732.

Marglin, Frédérique Apffel. "Smallpox in two systems of knowledge." In Frédérique Apffel Marglin and Stephen A. Marglin, eds., *Dominating Knowledge: Development, Culture, and Resistance.* Oxford: Clarendon Press, 1990, pp. 102-144.

McMillen, Christian W., and Niels Brimnes. "Medical modernization and medical nationalism: resistance to mass tuberculosis vaccination in postcolonial India, 1948-1955." *Comparative Studies in Society & History* 52:1 (January 2010), 180-209.

McNeill, John R. *Mosquito Empires: Ecology and War in the Greater Caribbean, 1620-1914.* Cambridge University Press, 2010.

Miller, Genevieve. "Putting Lady Mary in her place: a discussion of historical causation." *Bulletin of the History of Medicine* 55:1 (Spring 1981), 2-16.

Packard, Randall M. "Visions of postwar health and development and their impact on public health interventions in the developing world." In Frederick Cooper and Randall M. Packard, eds., *International Development and the Social Sciences.* Berkeley, CA: University of California Press, 1997, pp. 93-118.

Razzell, Peter. *The Conquest of Smallpox: The Impact of Inoculation on Smallpox Mortality in Eighteenth Century Britain.* Firle: Caliban Books, 1977.

Roberts, Shirley. "Lady Mary Wortley Montagu and the Reverend Cotton Mather: their campaigns for smallpox inoculation." *Journal of Medical Biography* 4:3 (August 1996), 129-136.

Siddiqi, Javed. *World Health and World Politics: The World Health Organization and the UN System.* London: C. Hurst, 1995.

Tucker, Jonathan. *Scourge: The Once and Future Threat of Smallpox.* New York: Grove Press, 2001.

케임브리지 세계사 15

생산, 파괴, 접속 1
세계 경제와 질병

2025년 10월 25일 1판 1쇄

존 로버트 맥닐·케네스 포메란츠 편집
류충기 옮김

펴낸곳 : (주)소와당笑臥堂 | 신고 번호 : 제313-2008-5호
주소 : (03994) 서울시 마포구 연남로 13(영상빌딩 3층)
전화 : (02)325-9813
팩스 : (02)6280-9185
전자우편 : sowadang@gmail.com

저작권자와 맺은 협의에 따라 인지를 생략합니다.
값은 뒤표지에 적혀 있습니다.
잘못 만든 책은 서점에서 바꾸어 드립니다.

ISBN 978-89-6722-043-3 94900
ISBN 978-89-6722-028-0 94900 (세트)